ピーター・アダム

アイリーン・グレイ

建築家・デザイナー

［新 版］

小池一子訳

みすず書房

EILEEN GRAY

Architect / Designer

by

Peter Adam

First published by Harry N. Abrams, New York, 1987

アイリーンが使用した漆工芸用の道具と材料。
粉末顔料、パレットナイフ、彫刻道具、箆、石の重し、
刷毛、未完成のパネルと容器

茶漆塗りの小パネル（1913 年ごろ）。短剣を振りかざして
一方の男に襲いかかる男を左上の人物が眺めている。
左ページ・ドア用漆パネル（イギリス版「ヴォーグ」1917 年 8 月号に
一部掲載）。抽象画風の背景にふたりの女性が描かれる。
銀色の漆塗りフレームは未完成

3

「運命」四曲スクリーン（1913年）。
表（右ページ）にはふたりの若者が描かれ、ひとりは肩に老人を担いでいる。
裏面（上）は渦を巻く描線の抽象デザイン

上・象牙と深緑色の漆で仕上げられ、琥珀の球で装飾された蓮のテーブル。1913年ごろ、ジャック・ドゥーセのために制作。
左・二枚板の丸テーブル（1915年ごろ）。脚部の銀色の漆塗りの彫刻デザインにはアフリカの影響がみられる。天板に朱と銀で拳玉のカップとボールが描かれているが、アイリーンの主張によれば購入主ジャック・ドゥーセが後で加えたもの

左・セイレーンチェア（1913 年以前）。
セイレーンと黒漆で仕上げられた
タツノオトシゴが彫刻されている。
下・黒白の革が市松模様に配されたアームチェア
（1920 年代初期）。最初にオーナーとなったのは
カーデザイナーのジャン＝アンリ・ラブルデット

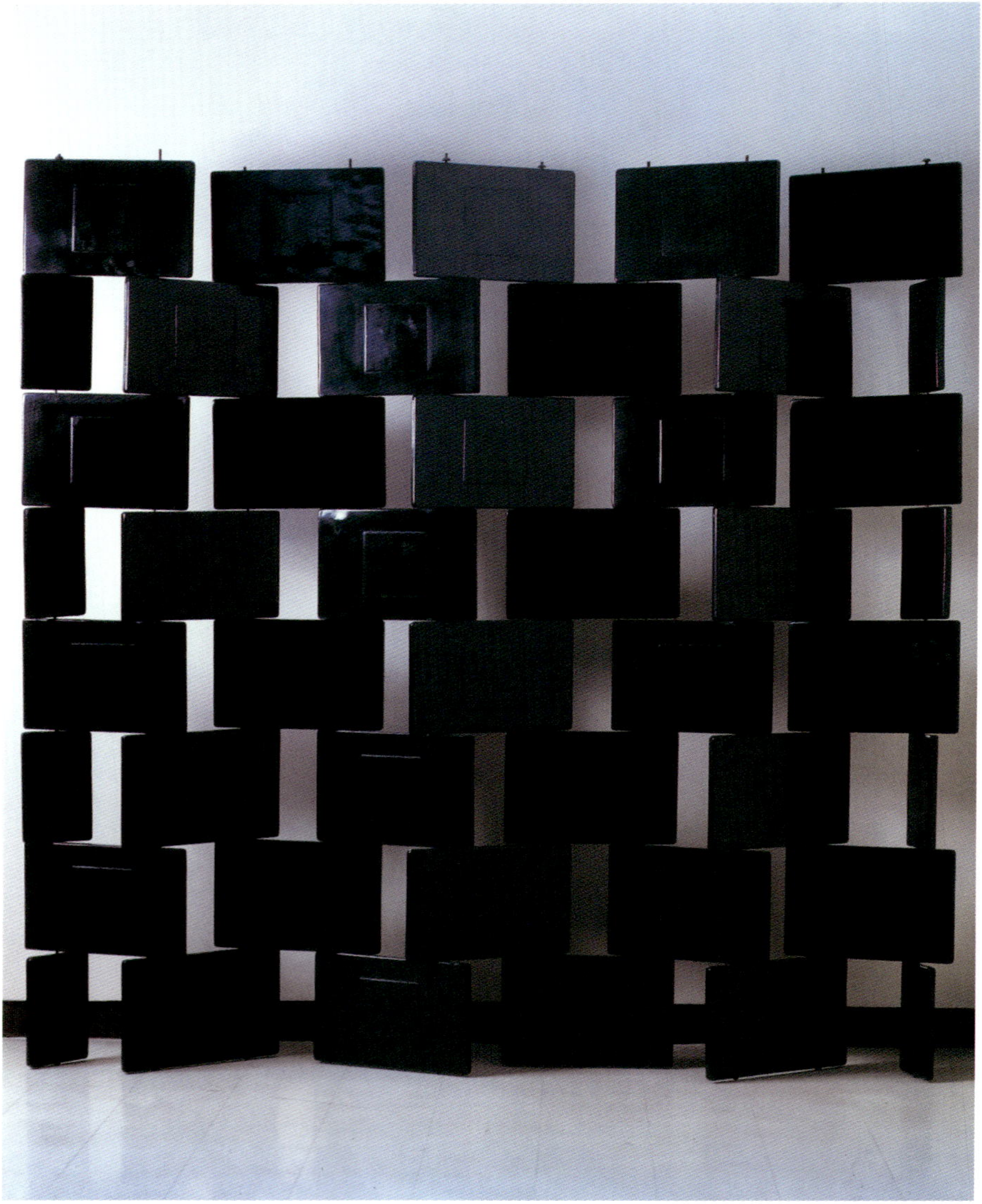

黒漆のブリックスクリーン（1925年）。「モンテカルロ・ルーム」
（第14回装飾芸術家協会展、1923年）のスクリーンはこの白色版

「モンテカルロ・ルーム」のためにデザインされた黒漆の机。
抽斗の象牙の把手は稲垣吉蔵が制作した。ベンチは「ジャン・デザール」のために
制作されたもので、机と一緒に展示された（オリジナルに似せて制作されたもの）

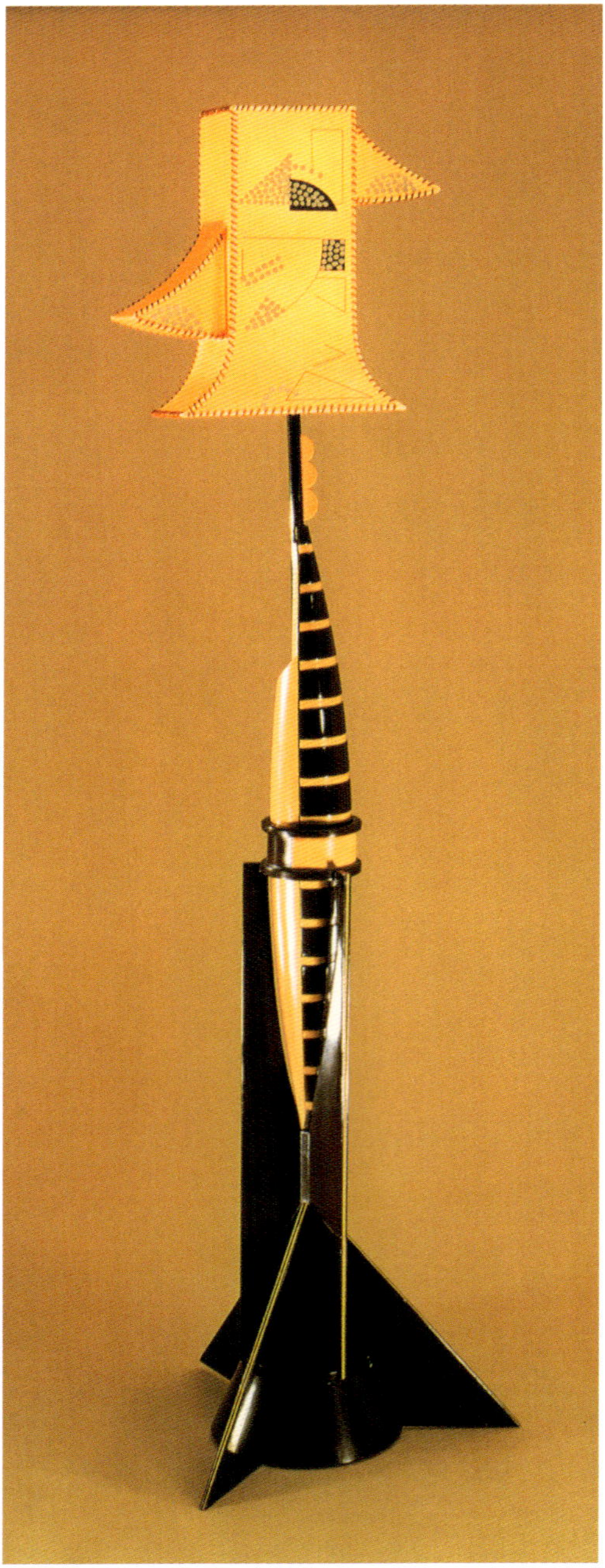

左・「モンテカルロ・ルーム」のために
デザインされた漆塗りの木製ランプ。
笠は羊皮製。
上・インドールのマハラジャのために
デザインされたサテライトライト。
アイリーンは自分のためにもうひとつ
つくり、ボナパルト通りの
アパルトマンの仕事部屋に吊るした。
下・駝鳥の卵を使った白漆塗りの
木製天井ランプ。ロタ通りの
アパルトマン用にデザインされたもの

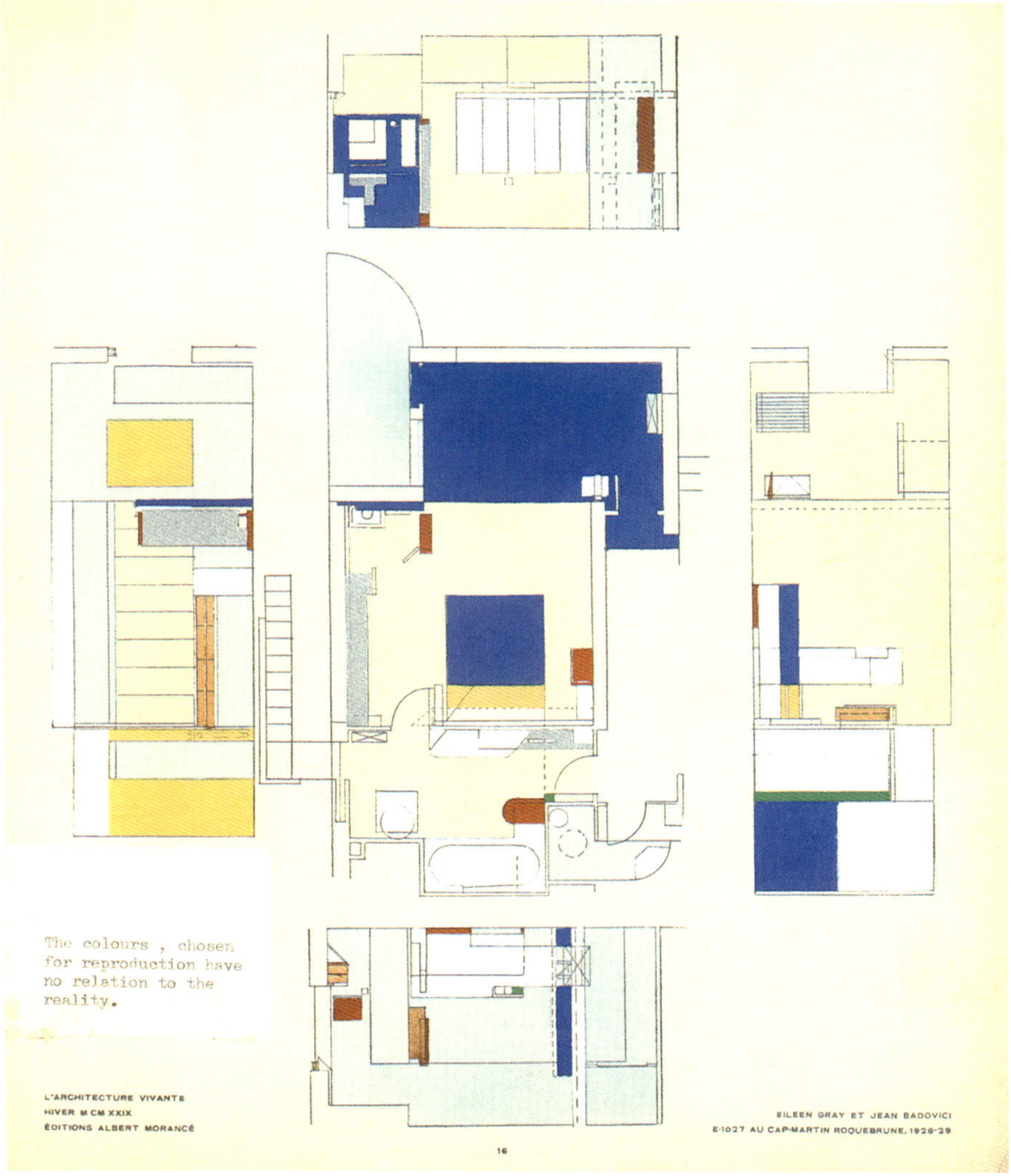

E1027（竣工 1929 年）主寝室図面。周囲 4 点は断面図。

中央平面図、上よりアトリエ（青色の部分）とテラス（グレー）、寝室、浴室。

アイリーンがタイプして「アルシテクチュール・ヴィヴァント」

（第 26 号、1929 年）掲載ページに貼りつけたコメントは以下のとおり。

「誌面に再現するために選ばれた色は現実とはなんら関係がない」

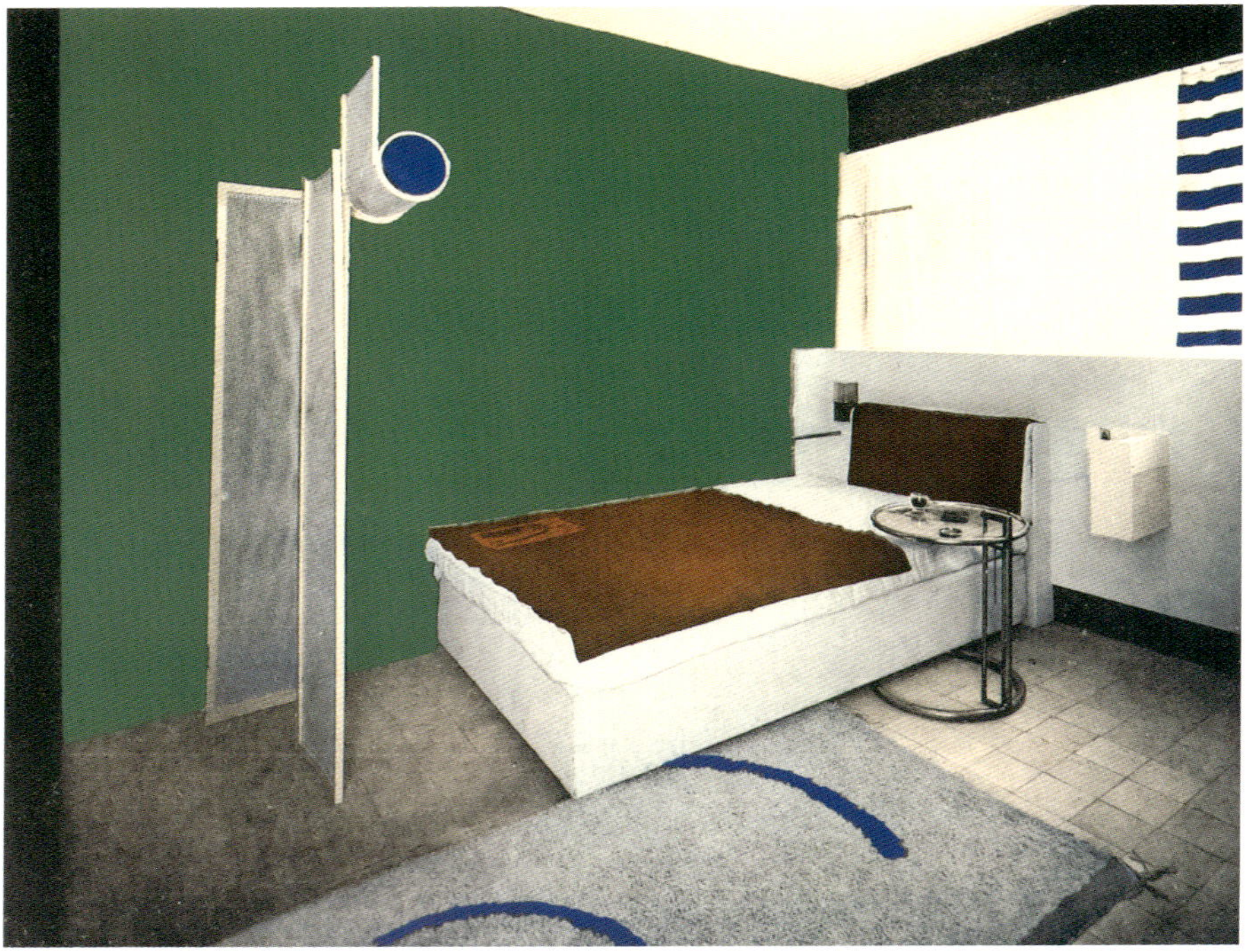

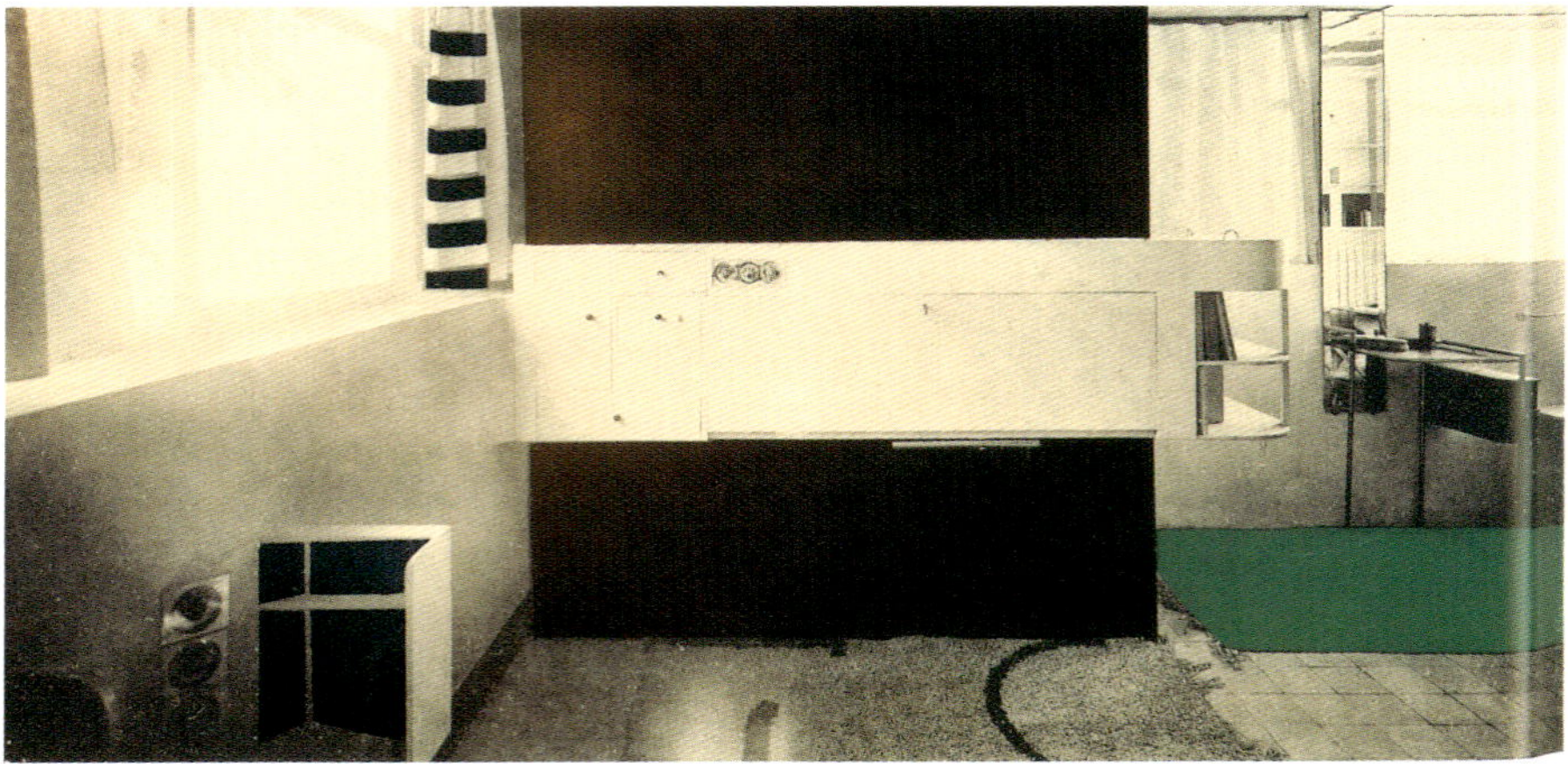

E1027 ゲストルーム（「アルシテクチュール・ヴィヴァント」掲載）。
上・ベッドのわきに「E1027 テーブル」。下・ベッド側から見たキャビネット。
抽斗、書棚、つくりつけの照明、ライティングデスクが収められている。
左ページ・E1027 のためにデザインされた敷物（2 点とも）

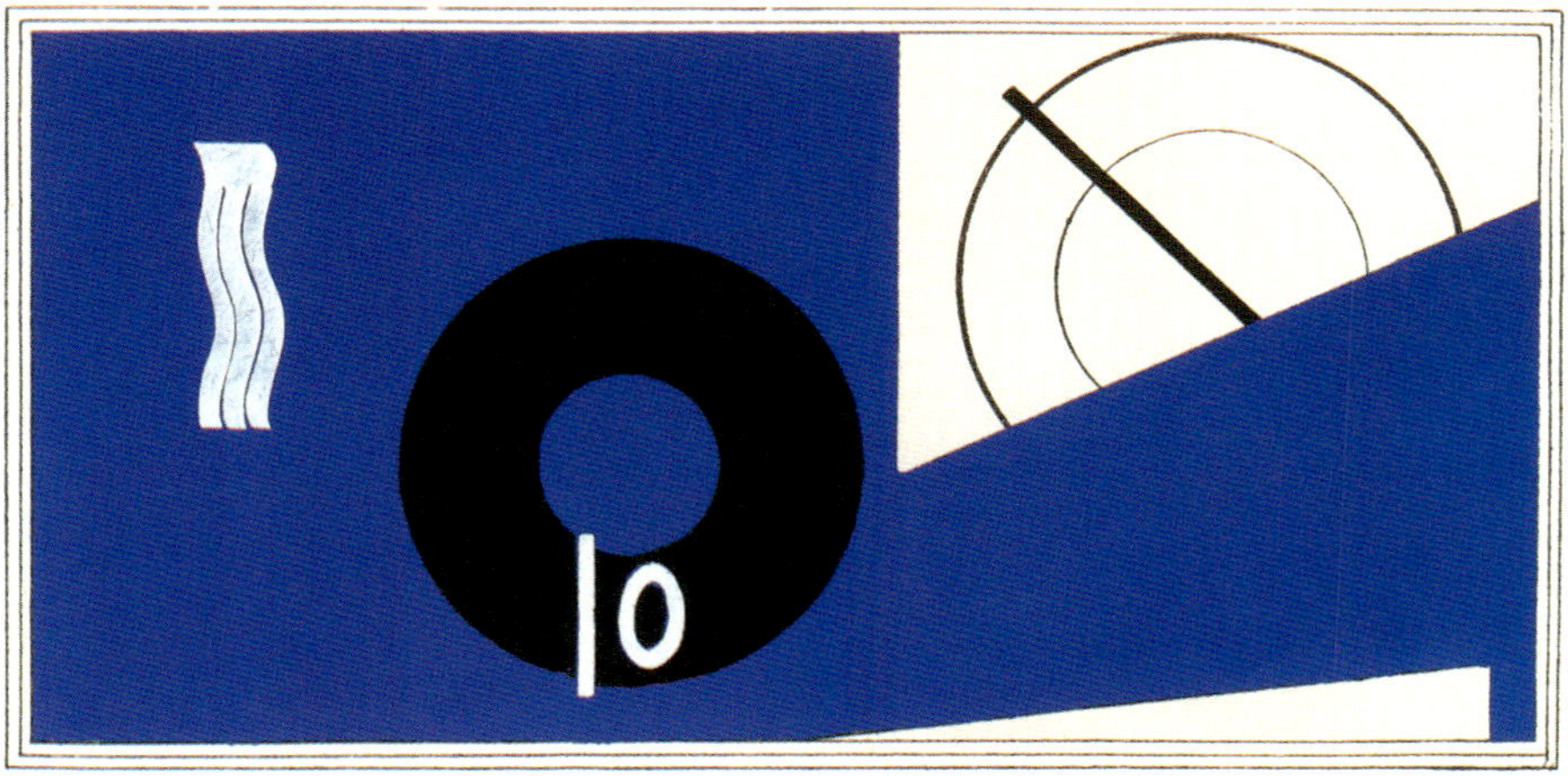
10

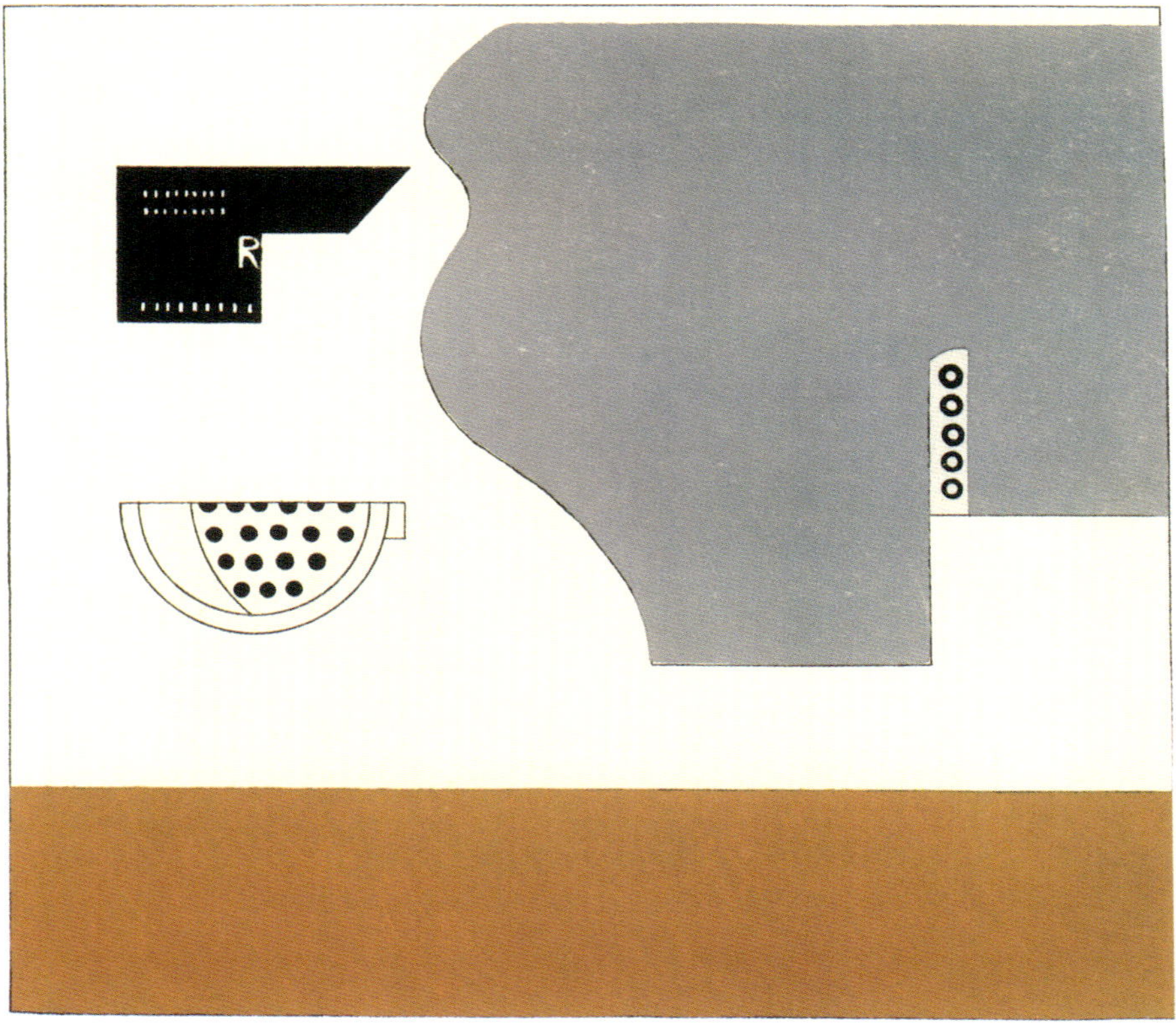
R

アイリーンがデザインした敷物。
左は「カステラー」と呼ばれる

トランザットチェア（2点とも）。
フレームは黒漆塗り、座面は
革張り、金具は真鍮製。
トランザットチェアが最初に
制作されたのは1925年で、
1930年に特許認可されている

第二次世界大戦中に描かれたグワッシュ（2点とも）

アイリーン・グレイ　目次

アイリーン・グレイ　建築家・デザイナー

創作においては、まずあらゆることに疑問をもたねばならない。――アイリーン・グレイ

未来の計画は光、過去はただ影である。――アイリーン・グレイ

詩人でさえ自分自身の人生の物語を綴ることはできない。
あるのはあまりにも多くの謎、ありあまる真実の嘘、
そしてさまざまな事柄のもつれ。
日付は混乱し、歳月は交じりあって霞んでいく。――ジャン・コクトー(『阿片』より)

はじめに

わたしがはじめてアイリーン・グレイに会ったのは一九六〇年のことだ。彼女は八十二歳だった。いまやモダンデザインのパイオニアと認められ、そして二〇年代、三〇年代には建築家たちのあいだで高名だったこの女性は、そのときまるで忘れられた存在になっていた。彼女の仕事について ふれる雑誌も本もありはしなかった。彼女の家具を買う人もいなかった。病気と老いに弱ってしまった彼女は、気分にしっくりくるということで隠遁生活をおくっていた。孤独な生活をともにした唯一の人間は忠実な家政婦のルイーズ・ダニーだった。彼女は一九二七年、十九歳のときからアイリーンに仕えていた。

一九七二年十一月八日、有名なホテル・ドルーオのパリ・オークションハウスで、クチュリエでアートコレクターであった亡きジャック・ドゥーセ所有のアールデコの家具が競売にかけられることになっていた。そのカタログに次のようななめずらしい品目が載っていた。「グレイ（アイリーン）。「運命」。赤地に緑と銀模様の漆塗り四曲スクリーン」。このスクリーンに三万六〇〇〇ドル以上という途方もない値がついたそのとき、「フィガロ」「ル・モンド」「タイムズ」「ヘラルド・トリビューン」の各紙は三十五年ぶりにアイリーン・グレイの名前を載せた。コレクターと数人の美術史研究者が注目した。ジャック＝エミール・リュールマンやジャン・デュナンの家具と同じように彼女の家具が捜し求められだした。ミステリアスなアイリーン・

グレイのことが調べられはじめた。あちこちでいくつかの作品が捜しだされ、コレクターたち、とりわけイヴ・サンローランが熱心に買った。アイリーン・グレイはまた突如としてファッショナブルとなったのである。そのことは彼女にまるで変化をもたらさなかった。「ばかげた話」、彼女はよく言っていた。そしてここ三十年来ずっとそうしてきたように、たったひとりで食事をしつづけた。外の世界との唯一の接触は、いわば生命線をなしていた二、三人の友人だった。彼女は、病いと老いが日々の生活をさまざまに困難にしていることをこの友人たちには打ち明けることができた。

晩年の六年間にパリ、ロンドン、ロサンゼルス、ブリュッセル、ウィーン、ニューヨークで彼女の作品展が開かれた。だが、アイリーンはどんな公式のオープニングにも出席しようとしなかった。ロンドンと生まれ故郷のアイルランドで名誉称号を受けることになったとき、彼女はその式典に友人を代理として行かせた。

一九七六年十一月五日、音楽も称賛の言葉もなく、彼女は静かに葬られた。三人の友人が参列するなか彼女は埋葬された。わたしはこのような葬儀が彼女にはふさわしかったと思う。

死の直前に、彼女は個人的な生活にかかわる手紙や写真をほとんど燃やしてしまった。生涯にわたって示しつづけた慎重さが、仕事以外のどのような痕跡をも残させなかったのだ。彼女は仕事への情熱と集中度のみを理解してほしいと望んでいた。彼女は死後の名声をまったく求めていなかった。それでも彼女が名声を得てしまうなら、それは彼女の仕事の強さと表現された意匠のオリジナリティによるのだ。彼女の生涯に関する情報がまったくないことから、彼女はけっして演じるつもりがなく、心の底から拒絶した役どころ、一種のカリスマに仕立てあげられてしまった。

アイリーン・グレイがこの本を承認することはなかったろう。彼女は自分自身の評伝が書かれることなどけっして望んでいなかった。彼女はいかなる個人的な秘密も明らかになることを避けていた。彼女は「不必要」と考えてはいたが、仕事に関するいくつかの言葉は聞き入れていた。わたしがこの本を書こうと決意したのは信頼と温かい友情を裏切るためではなく、多くの噂を、彼女のまわりで膨らんでしまったおびただしい誤解と憶測を一掃するためである。それはまた彼女がわたしに残したノートや手紙を整理し、交わした会話やパリ、ロンドン、南フランスで一緒に過ごした多くの幸福な時間を想い起こすためである。彼女はわたしが公表することを責めるだろうが、そうすることを止めることはもはやできない。

アイリーンの生涯を順を追って記述することはなまやさしいことではない。たいていの当事者はこの世になく、もはや問うこともできない。彼女が生まれたとき、ヴィクトリア女王はまだ在位中だった。彼女がほぼ百歳で死んだときには人間は月に飛んでいたのである。わたしたちにできることは、誰に聞いても文字どおり特別のことだったいくつかの記憶をつなぎとめること、生前の思い出をよみがえらせることだけである。

この本のおもな情報源はアイリーン・グレイ自身である。死後、身のまわりの品を集めているとき、わたしはスクラップ、写真、ページの色あせた古い住所録、店の売り上げ台帳、何冊かのノート、ごくわずかの建築のドローイング、私的な生活用品の遺品などを見つけた。引用した言葉はすべて――他に帰せられていないものは――彼女の言葉である。それは残された手紙や交わされた会話にもとづいている。たびたび会ったことについてのわたし自身の記録は自分のためにしたものであって、それらを公表するつもりはない。彼女はわたしにとってまず第一に友人であって、公人ではない。わたしたちの話題は飛んでしまったヒューズを取り替えるといったことで、バウハウスについての彼女の考えなどではなく、そのときどきの日常的なありふれた出来事が多かった。いまわたしが聞いてみればよかったと思う質問はけっして彼女に問われることはなかった。とにかく、彼女自身よりも他の人びとの人生に関心をもっていたとしても、わたしはたやすく彼女に問うたりはけっしてしなかっただろう。彼女はしぶしぶという感じだったし、つねに信頼のおける証言をしたわけではなかった。彼女は過去(それはいかなる場合でも不鮮明であった)を、とりわけ自分自身の過去を調べることを好まなかった。

知り合いの人たちも彼女については漠然とした思い出しかなかった。彼女は多くの人びとの思い出よりも長生きしてしまった。細かい点の多くはルイーズ・ダニーに補ってもらった。しかし、もっとも強力な援助はアイリーンにとって唯一の、真の、生涯にわたる友人であった姪のプルネラ・クロウから受けた。彼女自身も際立った芸術家であったプルネラはアイリーンと関心事、思想、苦労の多くを共有することができた。ルイーズ、プルネラ両人に対し、わたしは友情と感謝の意をあらわさねばならない。

初期パリ時代のアイリーンと同時代人たちの伝記や自伝からも、情報のいくつかを得ることはできた。

わたしが意識的に避けたのは、アイリーンのもっとも身近な存在であった友人たちの個人生活を深く追求することである。人生にはたいてい自分だけのことにしておきたい、しかもそれは仕事とはなんの関係もないことがある。プライバシーを守る権利は芸術家にも適用される。

　わたしは友人の出版人アンドレアス・ランズホッフに感謝したい。彼は出版を提案し、あてにならない努力を信頼してくれた。そしてハリー・N・エイブラム社の社長であるポール・ゴットリーブは出版の勇断を下してくれた。疲れることなくわたしの過剰な言葉を削り、アポリネールがそのときどこにいたか、仮定法が仮定法でないときといったことまでを、つねに知りぬいていた編集者フィリス・フリーマンにも感謝したい。わたしはまたアイリーン・グレイの家についての自分の研究を利用させてくれたヤン・ヴァンデンウェッへにも謝意を表したい。それは価値ある情報源になった。

　ロビン・シムズとクリスト・ミカエリデスは彼らの写真コレクションを寛大にも提供してくれた。ロンドン・サザビーズのフィリップ・ガーナーはさらにくわしい資料を提供してくれた。PとFについては、この本を彼らに捧げることのほかに愛情と感謝を示す方法がない。

少女のころ

一八七八年八月九日、アイリーン・グレイはアイルランド、ブラウンズウッドの一族の家に生まれた。優雅な様式で建てられたその家は、もとは城の建っていたスレイニー川の川岸の美しい場所にあった。ブラウンズウッドはエニスコーシー——アイルランド南東部ウェックスフォードの郊外にある——から二マイルで、畜牛市で有名なノーマンタウンよりも辺鄙な所だった。十三世紀から十七世紀までブラウンズウッド城はブラウン家のものだった。一六五〇年三月にウェックスフォードの清教徒知事コロネル・クークが時勢に乗って城を占領し、居住者たちを皆殺しにした。今日では壊れた城の翼面がひとつ見られるだけである。医者であったアイリーンの祖父キャプテン・ジェレミア・ロンズデール・パウンデンは十九世紀のはじめに約二万五〇〇〇ドルで領主邸つきのブラウンズウッドの土地を買った。

アイリーンの母方の先祖は非常に際立っている。貴族としての系図をたどると十五世紀までさかのぼる。初代グレイ伯爵がジェイムス二世の近衛隊長だった時代である。彼女の叔父はスコットランドの郵政大臣であった。祖母ジェイン・スチュアートは、十代モレー伯爵の令嬢で、キャプテン・パウンデンと結婚し、一八四一年五月三日ひとり娘のエヴリーンが生まれた。

エヴリーンはたしかに月並な子供ではなかった。意志が強く、独立心があった。二十一歳のとき、ハンサムな三十歳の画家ジェイムス・マクラーレン・スミスとイタリアへ

後列左より長姉エセル、父、長兄ジェイムス。
前列左より次兄ロンズデール、母の膝に載る
アイリーン、次姉トーラ

駆け落ちしたのである。彼は「中流のいい家系の出」で、ヘイゼルグリーンのリチャード・スミスの息子であったが、この厳格な貴族のひとり娘の夫としてはじつのところ歓迎されなかった。しかし、ふたりは一八六三年には結婚し、一八六四年に最初の息子ジェイムス・マクラーラン・スチュアートが生まれた。二年後に女の子エセル・エヴリーンが生まれている。四年経って一八七〇年にはロンズデールが、一八七五年にはトーラ・ゼルマ・グレイスが生まれた。一八七八年八月九日、末っ子のキャスリン・アイリーン・モレイが生まれた（たいていの出版物ではアイリーンの誕生日が誤って一八七九年とされている。後年にはアイリーン自身がそのことについてまったく無頓着であった。テレビで九十六歳なのかそれとも九十七歳なのかと聞かれたとき、彼女はあっさりと「違いがあるの？」と聞き返している）。

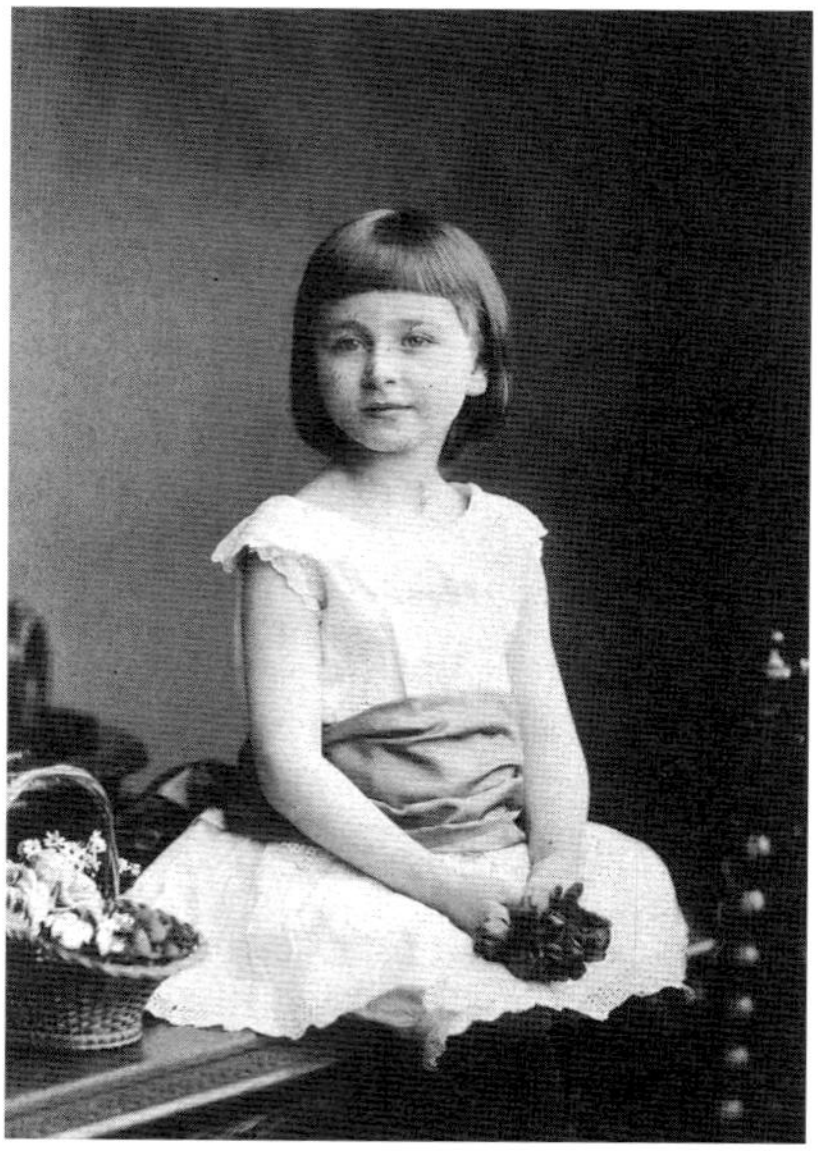

アイリーン、5歳

アイリーンは幼年時代のほとんどを、両親がケンジントンにタウンハウスを持っていたロンドンと、古くからのブラウンズウッドの屋敷で過ごした。彼女は祖父母のことをまったく憶えていない。祖母はたいてい病気だったし、そうでない日には召使たちが「令夫人はきょうはおかげんがよろしいようです」とささやくのだった。

しばらくのあいだアイリーンの両親は外に対して体裁を保っていた。彼女は、台所の長テーブルに黙って向き合い

座っていた両親を憶えている。しかし、父親はそれからイタリアに戻り、数回帰ってきたことを除けば彼の地にずっととどまっていた。このようにアイリーンは、親としての権威を支配的で少しばかり風変わりな性格の母親によって示された。母はめったに笑うことがないかのように重々しい顔をしていた。夫の愛を失ったことでプライドを傷つけられた女性なのであった。

アイリーンは母を尊敬していた。しかし愛していたのは父だった。彼女はよく父と一緒に旅行をした。父の生き方は冒険と独立だと彼女には思えた。母がアイリーンに立派な礼儀作法を教えこんだとしたら、父は愛と自由を教えた。父は形のよい鼻、黒い巻毛と口髭をもち、背が高くてハンサムだった――ちょっとしたダンディで、女性に対してとても魅力があることを十分意識していた。ヴィクトリア時代の芸術家のなかで、彼はイタリア風の描き方で風景や肖像ばかり描いていた少数派だった。アイリーンは父から美しい目と形のよい鼻ばかりでなく、芸術への愛をも受け継いだ。

古くからの大きな家で五人の子供の末っ子として、しかもかなり年齢の離れた兄弟のなかで成長したアイリーンは孤独感と愛の欠如とを感じていた。相当な富と多くの召使たちに囲まれてはいたが、ブラウンズウッドでの暮らしは

トーラ（左）とアイリーン

アイリーン、10歳ごろ

アイリーンが生まれた当時のブラウンズウッドの家

19世紀テューダー朝風に建てかえられた家

快適からはほど遠いものだった。寒くて雨がちの日には、子供たちは冷えたホールや階段を通るのにコートを着なければならなかった。しかも「子供部屋でさえけっして暖められてはいなかったように思えた」。

兄や姉たちが小さな馬車で走りまわっているあいだ、アイリーンは子供部屋を抜けだして庭の奥のスレイニー川の美しい流れまで降りていったり、丘に沿って歩きまわったりした。壊れた城に「おもしろい話をたくさん知っている」老人が住みついていた。アイリーンはよく彼を訪ね、ときどきは食べ物を運んだりした。大人の世界から離れたひとりきりの外歩きで、彼女のような気質や性格の人間が生きていくのはけっしてたやすくないことにはじめて気がついた。彼女は並はずれて怖がりの子供だった。晩年になって彼女はこう書いている、「わたしには幽霊に対する恐れ、人に対する恐れが本能的にあった。この恐れが消えてしまうことはけっしてなく、何度も克服しようとしたが無駄だった」。大きな暗い屋敷が音をたてて軋むことがあった。彼女はベッドから起きあがると、急いで母親の部屋の前にふたつ椅子を置いた。夜が明けて召使が凍りかけた子供を見つけるまで、そこで眠っていた。

しかし、日が昇ると恐れは消え去り、彼女は大胆になった。壊れた古椅子を持ちだして丘の上までひっぱりあげ、猛スピードで滑り降りるのだった。彼女の性質の一面が臆病であったとすれば、スピードの興奮を伴った大胆な勇気が、もうひとつの面だった。

アイリーンは誰かと仲よくなりたかった。しかし誘ったり言いなりにしたり、指図したりする技量がなかった。彼女はほかの子たちがボール遊びに行ってしまって取り残されたことや、指ぬきを使わないでしかられたことを憶えていた。彼女は、姉のトーラが男子四人のテニスチームのボールガールになり、きれいな絹のスカーフをもらったのをちょっとした嫉妬を感じながら見ていたことを想い起こしてもいる。淋しい子供時代の影はアイリーンからけっして離れることがなかった。長いあいだ彼女は息が詰まるような、不幸な幼年期の影響に苦しんだのだった。

アイリーンが受けた教育は彼女のような背景をもつ子女がたいていそうだったように、ほとんど家庭内でおこなわれ、連続性に欠けていた。子女たちの知的能力のためよりも、マナーや家族との協調といったことを教えるために女の家庭教師が雇われていた。アイリーンは正式な教育を受けなかったことをいつも後悔していた。だが彼女にはウィットがあったし、独学する好奇心があった。当然彼女は、文学――たくさんの小説やそれらしきもの――フランス語やドイツ語、ドローイングや音楽も少しばかり学んでいた。

このような退屈なレッスンから解放されると、待ち望んだドイツやイタリアへ父に会いに行く旅行に出た。ときとして彼女は短いあいだ外国の私立学校に行かされた。第一次世界大戦前のイギリス上流階級は、ドイツの文化から啓発され教化されることを期待していた。美術や音楽になじませるために子供をドイツ、オーストリアに行かせることがふつうにおこなわれていた。アイリーンは音楽とドイツ語を完全にするためにドレスデンの学校に行かされた。ウィーンに連れていかれて、八歳の子供にはむずかしいオペラ――ワグナー――をはじめて見たことを彼女は憶えている。ウィーンならオペラハウスよりもお城、と考えて出かけたのに。

　アイリーンが十歳のとき、姉のエセルはリンゼイ卿の子息ヘンリー・タフネル・キャンベルと結婚した。ヘンリーはスノッブで、姉のエセルと仲よく暮らしたことがないアイリーンは彼をひどく嫌った。富や力をいかに示そうとも、彼女にとっては呪われた人だった。彼女はいかなる虚飾も俗悪なものと考えていた。子供たちの名前を変えたのもヘンリーがけしかけたことだった。彼は義母に称号――一八九三年叔父の死により相続したスコットランド貴族社会におけるバロネス（男爵夫人）・グレイ――を名乗るよう説き伏せた。アイリーンの父親ジェイムス・マクラーレン・スミスは名前をスミス＝グレイに代える王室の認可を受け、その後子供たちはグレイという名で呼ばれた。

　アイリーンは子供のときから自分が属する階級の自己満足と傲慢さを嫌悪していた。アイリーンが生来もっていた同情心と社会的正義感とが、階級のプライドと自信を打ち砕いた。彼女は「貴族の」という肩書を利用したことはけっしてなかった。それはオペレッタのなかでだけ似合っているのであって、職人に注文を出す建築家にはふさわしくないと考えていた。

　さらに嫌なことが起こった。一八九五年、ヘンリーの発案でこの美しいアイルランドの古い荘園領主屋敷は、地方紙が「花壇を配した美しい庭園が申し分のないスタイルで続き、エリザベス朝時代建築の壮麗な実例である。入口の小屋は最近つくられたものだが、まさに逸品である」と書くようなものに変えられてしまった。アイリーンはその仰々しさのすべてが嫌いだった。彼女は愛した古い屋敷の写真を保存していた。それは彼女にとっての「家」をそっくり残していた。そこで彼女は非常に多くのものに囲まれて暮らし、あまりに多くの抑圧された敵対心と、あまりにわずかの思いやりとを見たのだった。結局、彼女を一族から引き離したのは、他の何よりも幼年期をおくった家庭の崩壊ということだった。そこは気どった、自己防衛する人

兄ジェイムスとクロケットをするアイリーン

フランス、アルプス地方の雪遊びに興じるアイリーンとトーラ。
場違いな麦藁のカンカン帽姿。左端は兄ロンズデール

たちばかりの死んだ家になってしまっていた。セピア色に変色した古い写真が、彼女に子供時代の「家」を残すすべてだった。

一八九〇年代の半ばまでには、アイリーンは背の高さがめだつ若い女性に成長していた。長いとび色の髪は頭の上で束ねられるか、派手な帽子で隠されていた。それが彼女を年齢よりも大人っぽく洗練された感じに見せていた。たいていの写真では彼女は猫かぶりなのか穏やかに見え、ときにかすかな微笑みが堅さを救っている。

十九世紀最後の年は政治的事件が頻発した。ブール戦争についての日々のニュースにほとんどの家庭が気をとられていた。アイリーンの兄ロンズデールは南アフリカに派兵された。そして一九〇〇年のはじめ、彼がその地で毒入りの水を飲んで死んだという知らせを家族は受けとった。その年にアイリーンの父親も亡くなり、彼女は深い悲しみに沈んだ。彼女は父が生涯の最後の数年を過ごしたテリテに彼を葬るため、家族と一緒にする最後のスイス旅行に出かけた。

当時のほとんどの若い女性は母親から離れ、独立をなしとげるための最良の手段として結婚を選んだ。しかしアイリーンの自由への切望は非常に強く、他者への依存の種類が変わるだけというような、たんなる転換でみたされることはありえなかった。実際、独立しようとするあまりに、彼女は生涯にわたって結婚や他人と長くつきあいつづけるということをしなかった。彼女は男性とも女性ともいくつかの関係をもったが、一緒に住みたいと思うほど深くはなかった。当然、彼女のような容貌や背景の女性であれば求婚する者も多くいた。しかしアイリーンは勇気というよりも強引に確信して、単調で平凡な生活や育ちのよさからくる物静かで品のある雰囲気から抜けだすことを大胆にも決めてしまったのだった。そのような決意に向かっての第一歩として、彼女はロンドンの美術学校に行かせてくれるよう母親に頼んだ。

学生時代

世紀の変わり目のころ、良家の子女が行く美術学校は、富裕な美術愛好家フェリックス・スレイドの名をとったスレイド美術学校だった。その学校は、後にブルームズベリとして知られるロンドン大学の一角、ガワー通りに一八七一年に開設された。それは女性男性を問わずもっとも信頼できる美術学校だった。美術の勉強は上流および中流階級の結婚前の女性にとって格好な時間の使い方と考えられていて、実際スレイド美術学校は良家の子女のための一種の花嫁学校になっていた。ふさわしくないと思われる影響を受けないように注意するのが学校の経営方針だった。一八七一年付の学事暦では次のように再確認している。「女性クラスをそのままにしておくことが強く望まれるならば、他と分離するのはたやすいことだ。いずれにしても女性だけに限定した特別クラスが用意されるだろう」

一九〇一年、アイリーンが入学するころまでには男女を分けることは現実的ではなくなっていた。写生クラスを除いては男女で画室を共有していた。だが、モデルに話しかけることは厳しく禁じられていた。何度も言われてきたようにアイリーンが最初の女子学生ではなかった。彼女は百六十四人の女子のうちのひとりであり、男子は六十人しかいなかった。想像されるようにお昼の休みがもっぱら「キューピッド狩り」になってしまい、スレイド美術学校の当局を大いに悩ませた。

彼女の指導教官は有名な三人だった。ヘンリー・トンクス、P・ウィルソン・スティア、フレデリック・ブラウンである。フレデリック・ブラウンは芸術家というよりも頑強な陸軍大佐を思わせる厳格な人物だった。パリ仕込みの彼は、構成的でないドローイングはなんの役にも立たない、ドローイングの最良のお手本は過去の巨匠たちの研究から得られると主張した。アイリーンは彼のクラスに一学期間出席するために七ギニー（当時の約三五ドル）支払っている。ヘンリー・トンクスは比較的若くて気の荒い長身の男だった。彼はよく怒って女子学生を泣かせた。ウィルソン・スティアもまたパリで学んだ優秀な芸術家だった。彼はずっと恐ろしい教師だということになっていて、アイリーンが憶えていることは、彼が風邪と徴兵を恐れていて、大きな外套を着て何時間も座っていたことくらいであった。

アイリーンは美術学校の教師によるアカデミックな訓練からは何も印象づけられることはなかった。彼らはラスキンとラファエル前派にほとんど依拠していた。彼女はまた、その学校のアカデミックな伝統で固くなった、古めかしい灰色の雰囲気が大嫌いだった。寒いアトリエへの、暗くて陰気な廊下には卒業生たちが描いた宗教画がかけられていた。その学校に登録していた二年のあいだに休みがちになっていくのは理解できる。最初のうちは毎日出席していたが、最後の学期になると出席簿には週に三日しか彼女の名前は出てこない。

すべての学生と同様に、アイリーンも古典の素描をするクラスに出なければならなかった。このクラスでは、巨大な教室で学生たちがウィリアム・オーペンのような画家の受賞作品に囲まれて古典彫刻の石膏像を模写するのであった。アイリーンは模写はかなり得意だったにちがいない。というのは、彼女には上級の学生だけにあたえられる特権として実物写生が許されていたからである。たしかに女子の写生クラスは男子とは安全な距離がとられてはいたが、わずか片隅の場所だった（男子は壁が前の学生の描いた落書きで飾られた半地下の教室だった）。学生たちはまたナショナル・ギャラリー、大英博物館、あるいは三年前にプリンス・オブ・ウェールズが公開したテート・ギャラリーでの模写を奨励された。美術館へ行くことは美術学生だけでなく、上流階級の者には必須のことだった。いまでは美術館はピープルズ・デイとして日曜日にも開けているほどなのだ。若い女性の一群がとりすまして大理石の彫像の室を女性ガイドについて歩いているのがよく見かけられた。アイリーンは彼女たちを遠くから見て楽しんでいた。一方で彼女は自分の求める美術館を探していた。お気に入りのひとつは、住まいからさほど遠くないサウス・ケンジントン美術館だった。そこは女王の公式命令により、一八九九年に

スレイド美術学校の学生たち（1905 年ごろ）

肖像画制作中の女学生（1904 年春）

現在ヴィクトリア・アンド・アルバート美術館として知られている美術館になった。彼女が最初に家具に関心をもち、漆塗りのスクリーンを見たのはこの美術館であった。

もちろん、アイリーンはまだサウス・ケンジントンの家に住んではいたが、自由な感じももっていた。ロンドンは驚かされ、心躍らされ、冒険あるいは逃亡ができるかもしれないと思わせるところだった。最初のうちはただ考えていただけだった。だが、ついに実行してしまったのだった。学校への道で彼女は生きているすべての階層、職業の人びとを見ることができ好奇心が研ぎ澄まされていった。公園には馬に乗る人たちがいて、ソーホー地区の数多いミュージックホールには露天商たちがいた。しかし、おおむねロンドンは憂鬱で暗かった。大気に霧と煙が充満した長い冬には終わりがないように思われた。

アイリーンのような育ち方をした女性にとってのロンドンは、チェルシー、ベルグラヴィア、セント・ジェイムス・パーク、リージェント・パーク、ブルームズベリなどから成り立っていた。その向こうは未知の世界だった。異なった階級の人びとは公園のなかでさえ混じりあうことがなかった。ハイド・パークの南端はお高くとまっていて、有料ベンチは上流社会の人びとで占められ、一方北の端は「大衆化」されていた。アイリーンが気に入っていた場所は「改革者の木」と呼ばれるところだった。そこでは政治運動の扇動者、伝道師、あらゆる変わった考えの者たちが議論していた。彼女はよく歩いた。そしてときたまふたり乗り馬車でなく、バスに乗った。まだたいていは馬が引いていた乗合バスは、とくに夏には屋根のない上の階に座ることができたのでかなり一般的になっていた。もちろん、若い女性がとりあえず男子専用になっているこのバスへあえて乗るのは勇気のいることだった。しかし、アイリーンの慣習に縛られまいという決意はいまや固かった。彼女はロンドンを探検した。ソーホーの小さな通りでよく昼の時間を過ごしたが、そこは当時、芸術家たちの寄り合いの中心のようになっていた。

彼女が新たに獲得した自由は、新しい友人を得ることでもあった。ただ一九〇〇年の学生生活は、けっして今日のように自由とはいえなかった。学校外で女子学生と交際する男子学生はわずかだった。アイリーンはしばしば優越感のあらわれと誤解されてしまうほど内気だったが、どうにか数人の友人ができた——ほとんどスレイドの学生仲間だった。若い画家のジェラルド・ケリー、ウィンダム・ルイス、若い探検家ヘンリー・サヴェージ・ランドール、そしてふたりの女性キャスリン・ブルースとジェシー・ギャヴィンがいた。数年後、彼らは全員パリで会うことになる。

パリへ

一九〇〇年、アイリーン・グレイは母親とはじめてパリへ行った。そのことは彼女の人生に直接深い影響をあたえた。世紀初頭の数年間、近代的世界が実現されてきたが、パリはそのことをもっとも感じさせる場所だった。一九〇〇年のベデカー旅行案内には次のように書いてある。「パリを訪れるのにもっともよい時期は四月から六月である。上流の人びとは暑さを避けて海へ行っている。彼らは十月末になるまでは帰らない」。ベデカーは、また次のようにもアドバイスしている。「劇場では紳士たちは幕が開くまで帽子をかぶっていなければならない」

広い並木道があり、品のよい商店が並ぶパリの街路計画のおおらかさ、そして電灯にかわってガス灯がともる通りの様子にアイリーンは感銘を受けた。すべてにおいてロンドンよりも生き生きとしていて、気楽な感じがした。劇場、コンサートホール、そしてイヴェット・ギルベール、ポレールのようなスターたちが出ているスカラ座やエルドラドといった演芸場がそこここにあった。街の壁にはサラ・ベルナールやダンサーのロワイエ・フラーのポスターが貼られていた。彼女たちは数年のあいだにアイリーンの生活と深くかかわることになる。

街並はかなりにぎわっていた。ふたり乗り馬車は電車やガソリン車に早々とかわっていて、短い区間だったがメトロも完成していた。だが女性は乗らなかった。辻馬車は一時間で約四〇セント、ポン・ヌフを渡ってサン・ミシェル大通りを走る三頭だての乗合馬車には、こわごわながら乗ることもできた。アイリーンはこのかわいそうな生き物に申し訳なく感じ、その負担を減らすために歩いた。生涯を通して彼女は、動物に対して脅迫観念を抱いていた。彼女はつねに捨て犬や猫の世話をしていたし、ハンターたちを憎悪していた。自宅の庭にはめだつように「鳥の避難所」と書いていて、無類の鳥撃ち好きのフランス人がその掲示を無視すると激怒した。

アイリーンと母親は万国博覧会を見るためにパリへ行ったのだった。万博は数ヵ月開催され、グラン・パレ、プチ・パレを中心に広大な会場でおこなわれた。多くの国々

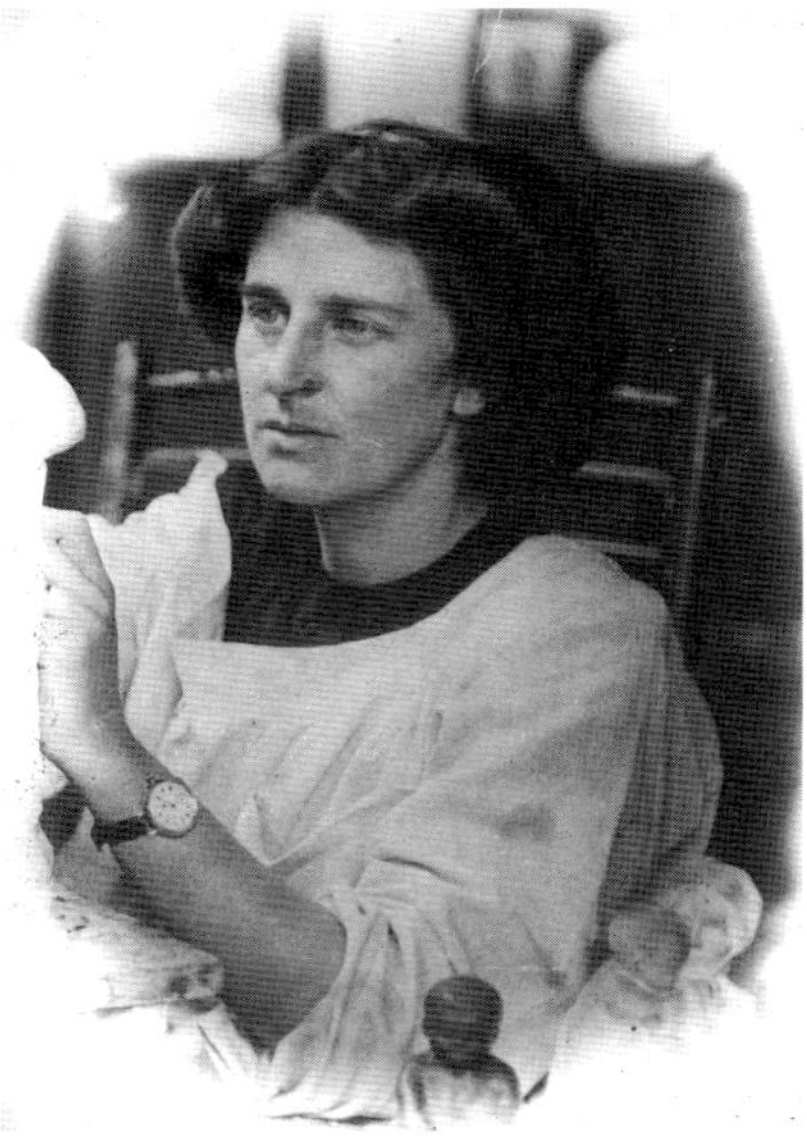

キャスリン・ブルース（後のスコット卿夫人）

が展示館をつくり、イギリスはサー・エドウィン・ルティアンによるエリザベス朝様式のいろいろなものを展示した。アイリーンはまだ美術をきちんと勉強しはじめたばかりだったし、三年前にグラスゴー美術学校をデザインしたチャールズ・レニー・マッキントッシュの作品が噂で聞いて知っている唯一のものだった。しかしアイリーンは、ボン・マルシェ、ルーヴル、プランタンといった三つの先進的デパートのディスプレイでルネ・ラリック、ウジェーヌ・グラッセ、エミール・ガレのデザインを見た。

最初のパリ旅行から、パリに行ってそこで勉強したらという考えが俄然起こってきた。スレイド美術学校に戻ると、彼女は友人のキャスリン・ブルースやジェシー・ギャヴィンらとパリへ行くための計画を練った。母親を説得して許可を得るまで手間がかかったが、一九〇二年に許しが出た。

アイリーンがパリに行って間もないころのキャスリン・ブルース宛の手紙がたくさんある。キャスリンは彫刻家で、後にスコット夫人、つまり探検家キャプテン・ロバート・ファルコン・スコットの妻になったが、一九四九年『一芸術家の自画像』を出版している。そのなかで彼女は、ふたりの友人たちとともに過ごしたパリでの初期のころのことを書いている。自分にしかわからない理由で彼女はアイリーンとジェシーをそれぞれヘルミオーネ、ジョセリンと呼

パリのアイリーン

パリのアイリーン

んだ。

パリへ向かって飛びだそう！　わたしには、パリへ行って芸術家になるのはすばらしい考えだと教えてくれた友人がふたりいた。彼女たちはふたりともとても愛らしかった。ジョセリン（ジェシー）は長身で浅黒く、黒い瞳だった。それは人の心の底にあるもっとも卑しいところを好意的な冷笑を浮かべてのぞきこんでいるようだった。彼女は明らかにミッドランド〔イングランド中部〕の裕福な中流家庭の出だった。もうひとりの女の子（アイリーン）はジョセリンとはまったく違っていて、わたしからみると愛敬はあったが遠い感じだった。アイリーンは色白で、眼のあいだが離れた瞳は薄いブルー、長身でみごとなプロポーション、生まれがよく、ちょっと変わった素敵な服装をしていた。一見ぼんやりした様子と、うわの空の態度がなければ彼女はすばらしいと思われただろう。わたしは彼女をすばらしいと思ったし、ある晩彼女が、家系に狂人がいることが原因で一生恐怖を感じながら生きていくと言うのを聞いて、わたしは、彼女は外見だけでなくこれまで出会った人のなかでもっともロマンティックな人物だと思った。

グレイ一族には風変わりな人間がかなりいて、当時は狂気だと思われていたが深刻な精神疾患はなかった。アイリーンは見たところたしかに、とてもロマンティックな人物だった。背が高く、いつも痩せていた。彼女は生来のスタイル感覚をもっていて、よい仕立てで高価な服が好みだった。彼女には自分自身のスタイルがあって、特定のファッションにかまう必要がなかった。清楚な装い、上等な仕立てのスーツと女らしいシャツを着たときの彼女は最高だった。彼女は宝石をあまり身につけず、いつもブローチひとつと、美しくマニキュアした指に指輪がひとつだけだった。彼女は手づくりの靴に目がなくて、驚くほどたくさん持っていた。以前には彼女は帽子がとても好きだった。帽子は彼女をよそよそしく優雅に見せた。彼女の顔は美しかった。

完璧な容貌、そして澄んだ青い瞳がいつもいたずらっぽくあたりを見まわしていた。彼女の外観には何か無視できないような悲しみがあった。しかし、彼女がそうしたいなら人を引きこむことができる生来の魅力と少女のような笑顔があった。

パリを近代都市に変えようとしたオスマンの努力にもかかわらず、アイリーンが着いたころはまだそこは小さな村の寄せ集めだった。サン・ジェルマンの周辺には高級住宅街があり、モンマルトルやモンパルナスには芸術家が住むような安い地区があった。アイリーンとふたりの友人は、モンパルナスからさほど遠くないバラ通り七番の「きたない」ちっぽけなペンションに下宿した。有名なカフェ・ド・ドームはまだ小さくてきたないところだったし、労働者が行くカフェ・クーポール、セレクトやロトンドはまだできていなかった。

当時、多くの人びとはパリを避難場所と考えていた。オスカー・ワイルドはレディング刑務所を出所後、小さなホテルに住んでいた。アイルランドの作家ジェイムス・ジョイスは二十一歳のときアイリーンが住んでいたところからさほど遠くないところに短期間逗留していた。アメリカからはレオ・スタインが来て、その妹のガートルードがすぐに続いて来た。アイリーンが称賛したポーランド出身の若い作家グリエルモ・アルベルト・コストロヴィツキー、つまりアポリネールはすでにパリへ来ていた。

三人の女たちはグラン・ショミエール通りにあるエコール・コラロッシに入った。そこは外国の学生によく知られていた美術学校で、同校の外国人学生にはアメリカから来た者が多く、ほとんどフランス人との接触がなかった。素描、絵画、水彩、彫刻といった標準的クラスに加えて、衣装デザインと「装飾構成」と呼ばれていた特別なコースがあった。アイリーンは最初素描のコースに出席していた。授業は一日中あり、朝八時に始まることもよくあった。しかしアイリーンは早いクラスにはあまり出なかったと回想する。すぐに三人の女たちはドラゴン通りにあるアカデミー・ジュリアンへと変えることを決めた。そこの入口のドアには、次のようなアングルの言葉が書かれていた。「自然の性質を探求せよ」、そして「デッサンが芸術にとっての誠意である」。その学校は一八六八年、もとプロボクサーで美術モデルのロドルフ・ジュリアンが設立した。彼は絵画については何も知らなかったといわれている。画家のウィリアム・ローゼンスタインはそこのことを「学生たちであふれたスタジオが寄り集まっていて、ひっかき傷のついた薄い壁、暑くて空気の循環が悪く、おそろしくうるさい」ところと述べている。教室には人が多く、イーゼルを立てる場所もそう簡単には見つからなかった。しかしながら、厳しかったスレイド美術学校の後ではアカデミー・ジュリアンの雰囲気はにぎやかで明るかった。規律はほとんどなく、教室はときとして勉強ができないくらいやかましかった。指導者はおおかた公立のエコール・デ・ボザール（公立美術学校）で学んでいた。

パリは画廊や美術館などにも新しい世界がみられるようになっていた。個人の画商が経営する小さな画廊はまだめずらしかった。ラファイエット通りでセザンヌを展示していたヴォラールは、わずかな例外のひとりだった。ヴォラールはインド洋レユニオン島の出身で、地下でカレーを食べさせていたので、その小さな画廊はいつも香料の香りがしていた。春ごとに大規模なサロン展があり、五千点にもなる作品が展示された。そして人びとは芸術を見るために、さらにはそうしているところを見られるためにアンヴァリッド記念館の裏にあるブルトゥイユ広場に群れ集まるのだった。

一九〇三年、プチ・パレの地下に新しいサロンができた。それが最初のサロン・ドートンヌである。会長は建築家のフランツ・ジュールダンであった。千点近い出品があり、そのなかには装飾美術の作品も含まれていた。このイベントは当時の先進的批評家ルイ・ヴォークセル、クロード・ロジェ＝マルクスに熱狂的に歓迎された。彼らふたりはやがてアイリーンの仕事を称賛することになる。このときからサロン・ドートンヌとアンデパンダン展の開会は芸術界における二大社会的出来事になった。アイリーンはそこではじめてヴァン・ゴッホ、ゴーギャン、スーラ、ボナールを見た。一九〇二年にはアンリ・ド・トゥールーズ＝ロートレックの回顧展が開かれた。彼は前年母親に抱かれて息絶えたのだった。

アカデミー・ジュリアンでは、学生たちのあいだでモンマルトルのラヴィニャン通りのバトー＝ラヴォワール（洗濯船）として知られている建物に、いつも集まっている貧しい画家たちが話題になっていた。そこには若いドイツ人のキース・ヴァン・ドンゲン、モーリス・ユトリロ、ちょっと変わったメランコリックなイタリア人アメデオ・モディリアーニがいた。アイリーンは興味をもったが、これらの若くてまだよく知られてもいない画家たちを探しだそうという考えは三人の女たちに浮かぶはずもなかった。学校の外ともなれば新しい画家に注目する者などほとんどいなかった。アイリーンは、ほとんどの人たちが一九〇三年にロンドンで死んだ「ホイッスラーに魅了されてしまっていた」ことを記憶していた。

アカデミー・ジュリアンでは毎年、展覧会という形でいくつかコンクールが開かれた。学生たちは審査を受けるために作品を肖像、女性全身像、男性全身像、女性トルソ、男性トルソの五つのカテゴリーのどれかで提出することになっていた。アイリーンがそこでの勉強に興味をもたなかったことからも、このカテゴリーのつまらなさがわかるというものだ。一九〇三年のイギリスの雑誌「ステューディオ」にクリーヴ・ホランドがフランスの美術学校の教程について書いている。

学校生活は非常に興味深く、楽しく、ときには悲しくもある。女子美術学生はおおむね男女混合クラスに出席する。そこで彼女らは同じ美術学生の男子と肩を突きあわせ、コスチュームや人物モデルのドローイングをするのである……。ある朝、コラロッシ美術学校では五人の女子と十人ほどの男子が一緒に闘牛士の扮装をしたスペイン人をスケッチしていた……

アイリーンは「人並以上の強い性格」だったにちがいない。彼女はあえて男女混成クラスに登録していた。キャスリン・ブルースは書いている。

最初の日、画室のひとつの開け放しのドアから入っていくと、ヘルミオーネ（アイリーン）がドアの近くの部屋の奥に立っているのが見えた。ヘルミオーネは品定めをするように一方に顔を向けて落ち着いた様子で立っていた。画室の端を男のヌードモデルの列が次々に通っていった。ひとりずつモデル台に飛び乗り、ポーズをとって降りた。その週のモデルが選ばれた。

そして気分が悪くなってそこから出てしまったブルースには、どうしてあのかわいらしいヘルミオーネがそこに立って、落ち着いて評価ができるのか理解できなかった。アイリーンは、まったくその場面に動じているふうはなかった。

アイリーンは礼儀をとても大事にし、なれなれしさを嫌っていた。人との接し方には彼女なりの決まりがあった。彼女は慣習からかけ離れていて性的な事柄に対してほとんどショックを感じなかった。彼女はずいぶん前にいわゆる性解放のために戦った進歩的女性の世代に属していた。けれども個人的な解放は避けていたようである。

アイリーンの学生時代の作品が一点だけ残っている。伝統的な人体描写のクラスでの若い女性のドローイングで、他の学生の作品と比べてどこがめだつというほどのこともないが、素材を巧みに使いこなしている。彼女はおそらく

美術学校時代のアイリーンの作品（1900年ごろ）

残りのスケッチを処分してしまったのだろう。あるいは彼女の他の作品とともに第二次世界大戦中になくなってしまったのかもしれない。彼女は過去に少しもこだわらなかった。そして画家としての自分の仕事をきわめて批判的な謙虚さでみていた。「絵画は生涯にわたる仕事である」と後に書いている。生涯を閉じるまで、彼女はときとして驚くほど美しい仕上がりの絵画作品を描きつづけていた。

　世紀の変わり目に結婚前の女性が美術の勉強にパリへ行くことは冒険だったが、必ずしもめずらしくはなかった。クリーヴ・ホランドは「パリが何年もの間、男女の美術学生のメッカになっていた」理由は、「イギリスの美術学校は……個性、とりわけ女性の個性を尊重しているようにみえない」からだと説明している。だが彼は、「これらの「女子美術学生」たちのそこでの生き方が自由さと勤勉さに関して男子の同僚たちの生き方とは違っていた」ことはたしかであると言っている。アイリーンと友人たちはすぐに「三人のかわいいイギリス人」として知れわたり、まさにホランドが書いているようにふるまっていたようだ。「もし彼女（女子美術学生）が非常に独立心旺盛ならば下宿を避けて、財産持ちかどうかにもよるが……二級または三級のアパルトマンの家賃を多少不満気味に、あるいはイギリス人のやり方で支払いつづけていた。一級のアパルトマンに住んでいる女子美術学生は非常にめずらしかった」。キャスリン、ジェシー、アイリーンの三人はまさにアパルトマンを借りていた。キャスリンとジェシーはスタジオを共同で借りていて、アイリーンはバラ通りの五階の部屋を借りていた。その当時は安く暮らせた。サン・ジェルマン地区の小さな家具つきの部屋の家賃が、月に三〇—四〇ドルだった。ほとんどの家具つきの部屋のようにアイリーンの部屋も装飾が倹約されていて、ブルジョワが借りる十八世紀の家具や、十九世紀の模造品でごてごて飾られ、壁がシルクとベルベットで張られた部屋などとは大違いだった。

どの家庭にも暖房はほとんどなかったし、ごくわずかな人しか電話を持っていなかった。しかし近代的な生活は進んでいた。最初の無線電信が大西洋をこえ、ジョルジュ・メリエスが最初の映画スタジオをつくって「月世界旅行」を撮った。フロイトの『夢判断』が出版された。だが多くの人びとの生活をただちに変えてしまうようなこれらの出来事は、若い美術学生の生活にはほとんど関係がなかった。

ホランドは根気よく次のように述べている。女子美術学生は「毎日が学校かアトリエへ行くだけの孤独な生活をおくっている……芸術家の友人（彼女が開けていれば友人は男女）ができるのはたまに遊びに行くとき、一緒に行ってくれる人として……」。このことのうちいくらかはアイリーンの生活にあてはまる。ときおり訪ねてきていた母親にはそのようなことはきわめて妥当で、それがふつうのことにみえた。ホランドは次のように書いている。「これら小さなアパルトマンは、なんてかわいらしく、興味深いことか！　成り行きにまかせてまったく雑然とさせている女の人はほとんどいなかった。パリで見た女子のスタジオは、男子のそれと比べてたいてい完全に整頓されていた。わずかなあいだでもカルチエ・ラタンに住むと、女子学生は自分をとても解放し、スタジオでのお茶の会や音楽の夕べを催すようになる……。このような小さなパーティは非常に楽しい！　ここには真のボヘミアン的同志愛がある」。ボヘミアンの同志愛があったかもしれない。だがアイリーンのような気質の女が小さなスタジオをお茶と音楽の夕べのために提供したとは考えられない。それよりもアイリーンは楽しく過ごしていた。パリ生活は、彼女が疎外感を感じていた一族から決定的に離れられる、つまり縁を切るということを意味していた。彼女は、完全ではないが過去の思い出を拭い去ることができた。彼女にとってパリは新しい自分自身であり、新たな自由だった。彼女はパリをうまく利用した。

ジェシーとアイリーンの間のロマンティックな愛情はどこか真剣さを増していった。キャスリンは著書のなかで、むしろ堅苦しく自分で正当化してそのことをほのめかしている。「わたしは彼女たちと居るとき、けっして気が休まることがなかった。だが、わたしはそのわけに気づくまで長い時間がかかった。ある晩、長身で痩せていて、おとなしそうな美男子でコーデュロイのノーフォークジャケットを着た若者が入ってきた。それがジョセリン（ジェシー）だった。かつらと薄い黒の口髭をつけていた。「さあチェスをしにカフェへ行こう。男と一緒でなければ行けないところへ連れていってあげるよ」」

このたわいない男装ゲームはしばらく続き、あるときアイリーンがジェシーとバーに行くと、ジェシーの男装がスペイン人のように見えたので、バンドが突然スペイン国歌を演奏しはじめた。彼女はそのことを思い出してよく笑っていた。この尋常でないふるまいは、キャスリンがアイリーンと仲たがいをしていた唯一の理由というわけではない。キャスリンは、同じようにパリに来ていたいとこのヘンリーを深く愛していた。ヘンリーはギリシャとスコットランドの混血の音楽家だった。彼は「ものすごく美男子」で読書家であり、たちまちアイリーンに恋してしまった。彼は毎晩のようにアイリーンを連れだした。アイリーンは彼のスタジオで、学生たちのあいだで最新流行だったニーチェについて語り明かしたことを憶えている。ヘンリーは彼女に小さなギリシャ時代のトルソを贈り、彼女は生涯それを持っていた。

ジェラルド・ケリー（1905年ごろ）

　しかしながら高貴でよそよそしいふるまいの、この美しい物静かな少女に夢中になったのはヘンリーだけではなかった。パリに来ていたスレイド美術学校の友人たちがいた。そのひとりがジェラルド・ケリーだった。彼は才能ある若い画家とみなされていた。彼は紹介状を携えてアイリーンと同じ年にパリに来ていた。彼は快適なユニヴェール・エ・ポルテュガル・ホテルに滞在していた。その後、彼はモンパルナス大通りからはずれたカンパーニュ＝プルミエール通りにスタジオを持った。クリーヴ・ベルとヴェネッサ・ステファン夫妻はケリーをよく知っていた。ベルはケリーのことをウィットに富み、教養があり、着想が豊かな人物だと書いている。彼は誰それが芸術家であるといったことを議論の末に説得できる学者だった。芸術に関する彼の知識は幅広かった。彼はモネにジヴェルニーへ招かれ、またすぐにロダン、マイヨール、そして彼が「短気で変わった小柄な男」と呼んだドガに会っている。ケリーは成功した画家だった。一九〇四年のサロンではボルディーニ、ミュシャ、シッカート、アルマ＝タデマと同じ部屋の展示だった。アイリーンには彼がまったく特別な存在に映り、この話好きなアイルランド人を好きになった。彼はつきあっていておもしろかった。

ケリーはアイリーンの肖像を描きはじめた。ケリーのスタジオに居候していた詩人のアリスター・クロウリーは『告白』のなかで、ケリーは絵を描くとき「ホイッスラーとヴェラスケスの沈んだ色調を好み、最後にはブロンドのハイライトを出すのに泥色を使っていた。あるとき彼は上描きするために古いカンヴァスをとりだしてきた。そして相当に描きこんでから、それが彼の気に入っていたアイリーン・グレイ［原文の表記はGrey］嬢の肖像だとわかるのだった」と述べている。

魔術師に扮するアリスター・クロウリー

アリスター・クロウリーはこの時期にケリーを通してアイリーンが知り合ったなかではもっとも変わった友人のひとりだった。クロウリーはメキシコ、ハワイ、インドへの二年にわたる旅行の後、一九〇二年の十月にパリに来ていた。彼はまだ有名ではなかったが、出版した数編の詩によってわずかな評判を得ていた。アイリーンは彼が大変な贅沢好みで、シルクのシャツにフロッピータイを締め、指には貴石の指輪をしていたことを憶えていた。彼は超自然の世界をかじりはじめていて、後に偉大な野獣、プリンスチヴァ・カーンとみずから称していた。とくに知的な仲間のあいだではオカルティズムが流行っていて、ときたまハッシシや阿片が吸われることもあった。素人がする秘儀が画家や作家のあいだでさかんにおこなわれた。アイリーンがクロウリーとつきあっていた儀式は少しもエロティックでなく、彼女の説明ではむしろ退屈だった。「わたしにはこのナンセンスをどうやって我慢すればいいのかわからなかった。彼はとても孤独だった」。たいてい彼女の生来の親切心が打ち勝っていた。一九〇五年、クロウリーはH・D・カーというペンネームで『ローザ・ムンディと愛の唄、ロダンによるオリジナル習作つき』というタイトルの薄い詩集を出版した。それはバラ色のカバーで、サン＝ペール通りにあるフィリップ・ルヌアールという小さな出版社か

ウィンダム・ルイス（1905 年ごろ）

ら出された。クサンティッペ、メアリー、ノラ、フラヴィア、アニー、ブリュンヒルデ、ドラ、ファティマを讃え、捧げる詩に混じって「アイリーン」という詩がある。その詩は内気で近づきがたいスコットランドの湖の女神に捧げられていて、次のような詩句になっている。

凍りつく風の指先
憂鬱な風の瞳
愛が運ぶ静かな風の声
いや増すほのかな風の秘め事
悲しくもなんと楽音にみちた
風のハーモニー！　アイリーン！

アイリーンはケリーのスタジオで彼がロダンや画商のポール・デュラン＝リュエル、エレオノーラ・ドゥーゼ、マイヨールに会ったときの話を聞いたり、クロウリーと何か「不思議なこと」が起こるのを待ったりして過ごした多くの夜を憶えていた。当然、内気な彼女はケリーに、彼が友人と会うとき一緒に連れていってくれるよう頼めなかったし、クロウリーとの終わることのない儀式をやめてしまうにはあまりに礼儀正しかった。

アイリーンは聞き上手だった。彼女は生まれつき好奇心が強く、批判力を失わずに、新しい事柄に対しつねに熱心に探究した。彼女は「アヴァンギャルド」というラベルのついた一連のものには簡単には心を動かされなかった。それを技術改革と納得したときにのみ、まさに一歩譲ったのだった。

当時パリに来ていたもうひとりの友人は一八九八年から一九〇一年までスレイド美術学校にいたウィンダム・ルイスだった。彼とアイリーンはアカデミー・ジュリアンでまた会ったのだった。ルイスは内気で際立った容姿のうちに強烈な個性を秘めていて、文筆か美術か身の立て方を決めかねていた。彼はたいていの国外脱出者と同じにモンパルナス近辺に下宿していた。キャスリン・ブルースが自分のスタジオの右隣、ドランブル通り二十二番にスタジオを見つけてやっていた。アイリーンは彼とツルゲーネフ、ボードレール、ユイスマンスについて話をした。しかし、彼は信頼できる友人ではなかった。彼はよく行方知れずになってしまい、何週間も姿を見せなかった。たいていの男子学生と同様、身持ちのしっかりしたイギリスの女の子とよりもフランス人モデルやお針子たちとの手軽なつきあいのほうを選んだ。ウィンダム・ルイスと仲間の芸術家オーガスタス・ジョンの思い出は、冒険のほら話や、きちんとした女性なら行かないようなキャバレーやカフェをうろついた話ばかりだった。だが、クロウリーが自伝のなかで言っているように、彼らもたまにはアイリーンを連れていくことがあった。というのは、彼らは「自分たちがあらゆる面で男であることを正しくわからせるためには女子美術学生への愛情を」示して見せなければならなかった。アイリーンたちはカフェ・ド・ベルサイユやオデッサ通りのシャ・ブランという小さな店へ行った。ジェラルド・ケリーは著名な作家マルセル・シュオブの家へアイリーンを連れていった。シュオブはコメディ・フランセーズの女優マルグリット・モレノと一緒に暮らしていた。アンドレ＝メイエ＝マルセル・シュオブの家はいつも出入り自由になっていて、サロンは多くの作家たちの集会所になっていた。『ハムレット』の翻訳者である彼は流暢な英語を話した。アイリーンはそこでポール・レオトーに会った。彼はジッド、プルースト、ヴァレリーと親しい若い作家で最初の小説『ル・プチ・アミ』をちょうど出版したところだった。アントワーヌ・アルバラは『カルチエ・ラタンの三十年』で彼を次のように回想している。「人騒がせで皮肉屋のレオトーは、幸福な厭世家で動物を愛するあまり、人間を愛さなかった。彼は決まり文句、あざけり、ばかな行為、知ったかぶりを嫌悪した。彼は人から影響を受けることを嫌い、尊敬するものが何もなかった。彼がしゃべるときは彼の声も、しぐさも、息遣いもすべてが率直な説得力に満ちて、ふるえるのだった」。この青白い顔でよく通る太い声の三十二歳の男にアイリーンが惹かれたのも当然である。この男は社会に順応するのを望まず、街で拾ってきた犬や猫だけに囲まれて社会の外で暮らしているようで、明らかに宗教や神秘、モラルからは自由だった。彼は知的で明晰だった。アイリーンは彼をバラ通りのアパルトマンに招いた。何があったかはレオトーの膨大な日記から拾い集めることができるだけである（彼は全生涯にわたり、三十巻におよぶ日記を貪欲に書いている）。アイリーンは彼に強い印象をあたえたにちがいなかった。「わたしは社会からはずれた人が好きだ」と彼は書いている。アイリーンは彼の日記に「バラ通りの美しいイギリス人」として七回出てくる。

アイリーンとレオトーは一九〇四年に会った。彼の説明では、彼女は「愛について語りたいので夜十一時に来てほしい」と彼を誘ったとある。男の恋への期待は裏切られた。彼がアイリーンを訪ねると、彼女ひとりではなかった。ジェシーが一緒にいた。このことが悪名高い放蕩者を思いとどまらせることはなかっただろう。その夜を無駄にしてしまったのは、彼が小心だったせいだと説明している。その出来事から二十二年経った一九二六年、彼は次のように記録している。「手紙を整理していたら、バラ通りに住むかわいいイギリス人画家からもらった手紙を見つけた。わたしはほんとうに愚か者だ。そして彼女もわたしをそう命名していることだろう。わたしがすべきだったことは一言ささやくか、そぶりを見せることだった。そうすればわたしは、これ以上の人はいないような最高にかわいい恋人を得ることができたのに。そのうえ金持ちなのだ。わたしはばかだ、ばかだ」

実際にどんなことがあったのか、一九一二年の記録から浮かびあがってくる。「彼女たちは玄関の明かりもつけずにわたしの鼻先でドアを閉めた」。並はずれて虚栄心の強いレオトーは、実際には見当違いの部屋のドアをノックしたのだ。だが、アイリーンはすぐにショックを受けるような、くよくよした性格ではないし、そのような求愛行為にも怒らなかった。彼女は彼に本を借りつづけたし、彼は会おうとするのをやめなかった。アイリーンはすぐにこの出来事をみんな忘れてしまった。一方、レオトーにとっては彼女は「一生のチャンスを逃した」相手——彼女にふさわしい役どころである——として残りつづけたのである。

アイリーンはまた小説家として身を立てたがっていた若いイギリス人医師ウィリアム・サマセット・モームにも会っている。モームは一九〇八年に出版された小説『手品師』のなかでカフェ、シャ・ブランを書いている。主人公はアリスター・クロウリーにほかならない。その小説に美術の勉強のためにロンドンからパリへ出てくる若い女性がいるが、アイリーンと一致する点が多い。

ボヘミアンのあいだでは友だちづきあいや仲間意識は自由で気軽だったが、アイリーンは持ち前の内気と慎ましい素養、それにおぼつかないフランス語とが邪魔になって大勢の人間に会うことがなかった。一九〇四年ごろ、クリーヴ・ベルはこう書いている。「その地区のたいていのイギリス人、アメリカ人芸術家が努力してフランス語を話そうとしていたかどうかはよくわからない。フランス人の友人がいる者、パリの知識人の暮らしに加わっていた者はきわめて稀だった」。これはアイリーンにもいえることだった。「わたしたちはそのただなかにいたというのに、このような芸術家の暮らしが目の前にあって、しかもそのことに気づいていなかったとは信じられない」。彼女は何人かのいとこたちや裕福なレストラン経営者と結婚していたジェシーとよく会ったり、同じ境遇の者とばかりつきあった。ジェシーは名前をジャクリーヌに変えていた（友人はたいてい「ジャッキー」または「ジャック」と呼んだ）。彼女とアイリーンとの豊かな友情は一生続いた。

ジャッキーはナイトクラブが好きで、ときには誰かを誘い、またふたりだけのときには目を見張るような男装で出かけた。彼女らは夜どおし踊り、レアールで朝ご飯を食べるのだった。ジャッキーは積極的な社交家だった。彼女はアナトール・フランス、アンリ・ド・レニエ、ポール・アダムら有名な文学者と知り合いだった。アイリーンはときたま彼らの集まりに連れていかれることがあり、多数の先端を行く小説家や詩人に会ったが、さらに親しくつきあうことはおよそしなかった（ただ、アナトール・フランスは『神々は渇く』の一冊にサインをしてくれた）。

アイリーンはクロズリー・ド・リラに一、二度行っている。そこはいまほど高級なレストランではなかったが、小さくて控え目で、そこにある大きな栗の木の下に文学者たちが集まった。彼女はそこでひとりの小説家を知った。彼女は高く評価し、雑誌にコレット・ウィリの名で連載していた彼女の小説を買っていた。だが、アイリーンはこの有名人の集まりにあえて近づこうという気はなかったようだ。

もちろん、この都市で起こったことはイギリス人のあいだでも広く話されていて、一九〇五年、最初の「フォーヴ」展が学生たちのあいだで話題になった。アイリーンはA＝M・リュネ＝ポーが一八九六年にテアトル・ド・ルーヴルで初演したアルフレッド・ジャリの戯曲「ユビュ王」を見に行ったことを憶えていた。その上演は、使われている言葉が多くの人びとにショックをあたえ、パリ中をユビュ王支持派と否定派に二分してしまった。アイリーンは支持派だったが、パリに来ていた家族やいとこたちにその芝居を実際に見たことはけっして明かさなかった。

旅行に出るという案はいつもアイリーンを浮き浮きさせた。休みには当然、彼女は家族のもとに帰った。彼女はたいていの裕福な美術学生と同じで、ノルマンディで開かれた芸術家のためのサマースクールに参加した。アイリーンは、コドゥベック＝アン＝コーで過ごした楽しかった夏をよく憶えている。彼女はそこで、ニュージーランドの画家フランシス・ホジキンからレッスンを受けた。

一九〇四年ごろ、ジャッキーとルネ・ラウル・デュヴァルの子供が幼くして死んだ後、ルネがアイリーンにふたりと一緒のチュニジア行きをもちかけた。北アフリカへの旅行は、慣れ親しんだ世界をこえて新しい異文化を体験するということだった。アイリーンは砂漠との最初の出合いが忘れられない。ラウル・デュヴァル家はビスクラという古い街にアラブの家を借りていて、しかもコックを同行していた。ビスクラはそこのロイヤルホテルにオスカー・ワイルドやアルフレッド・ダグラス卿が泊まったところである。アイリーンと友人はそのホテルに四週間泊まり、アラブ人のガイドと通訳を連れ、ラクダに乗って頻繁に砂漠旅行に出かけた。アンドレ・ジッドは一八九五年に訪れたビスクラの魅力を日記に書いている。アイリーンは彼の『背徳者』の初版本を死ぬまで持っていた。その本には感じとられたこの街の魅惑が描きだされている。ジッドのようにアイリーンも「砂漠が誘いだす限りない孤独」に感動した。

彼女たちは二度道に迷い、砂漠で夜を明かさなければならなかった。彼女たちはまたカイルアンという、旅行者のめったに行かない美しいオアシスにも出かけ、いく晩か過ごした。そこで土地の踊りを見たり、アラブ料理を食べたりした。ジャッキーとアイリーンはケフを吸った。アイリーンはその感覚を大いに楽しんだので六十代から七十代のころ、誰かがマリファナを吸ったことを話すと微笑んでいた。彼女はヘビースモーカーだったが、以後ハッシシをやってみることはなかった。だが、申し分のない夜空のもとで過ごした幸福な時間の思い出として、彼女はいつも小さな木箱に芳しいタバコを入れていて、気分のいいとき、客に一本すすめるのだった。

その旅行は楽しいことばかりではなかった。ラウル・デュヴァル一家は非常に独占欲が強く、実生活でもそうだったので、アイリーンは「紐でつながれた」気持ちだった。彼女はどんなに柔らかくとも束縛されるのをつねに嫌った――自分から望む場合を除いては。だから彼女は、パリの小さな自分の部屋に戻ったときには心から喜んだ。

アイリーンは一九〇四年にははじめてスペインへも行った。そのすぐ後で、牡蠣にあたってチフスにかかり生命を失いかけた。心配した母親がパリに飛んできて、アイリーンがよくなりかけると療養のために南仏のイエールに連れていった。

イエールはコート・ダジュールの古い冬期リゾート地で、漆喰塗りのエレガントな家が建ち並び、広々とした並木道を椰子の葉が涼しげにおおっている。イギリス人がよく行くところで、まわりを丘に囲まれたプロヴァンスらしい風景がまだ失われずにあった。ローズマリーの強い香りと夾竹桃の甘い香り、それにクリケットに興ずる声が聞こえた。

この旅行で、アイリーンは地中海の風景への生涯にわたる情熱をいっそう深いものにした。彼女は人生の多くをサントロペの岬からイタリア国境までのこの恵まれた土地で送った。彼女はそこに三軒の住宅をつくり、三つのフラットの装飾をした。彼女は人生最後の年――ほぼ百歳――まで年に二度、パリからサン・ラファエルへの汽車旅行をしている。一度は春の花を見る旅で、もう一度は葡萄の収穫がおこなわれるのを見るためだった。「まだパリには戻れません。糸杉の木を二本植えたばかりで、八日間は水をやらなければならないのです。葡萄の木を植えかえたのですが、わたしのまわりにまでのびてきて、海が見えなくなるほど大きく育って見上げるようなことになりそうです」と手紙に書いている。

アイリーンは自然に対して強い親近感をもっていたが、それは感傷や楽しみからではなく、自然が生命力をあたえる強い力だという認識に立っていた。彼女は中年をはるかに過ぎてこう書いている。「自然があたえてくれる生気あふれる力を忘れないようにしたい。わたしたちは生まれついてから建物に囲まれていて、花瓶のなかの葉のようにわたしたちの強さをつくりだすものとコミュニケートする絆を壊してしまっている」

彼女はどんなときでも海が好きだった。彼女は海の「比べもののない雄大さ」、打ち寄せる波の単調さがあたえてくれる力の効果について語った。そしてアンリ・ミショーの詩の一行を引いた。「海はわずかな水の繰り返し。おびただしい繰り返し」

健康が回復するとすぐにアイリーンはパリへ戻った。クロウリーはケリーの妹のローズと婚約していて、アイリーンにくれたダイヤモンドのブローチを持っていってしまった。そのようなことも彼女にはさして変化をもたらさない。晩年になってたびたびそうだったように、彼女の持ち前の知性と生来の批評好きからすれば馴れあっている派閥やグループはすぐ嫌になってしまい、ケリーはその後ロンドン・ロイヤル・アカデミーの会長になったが、アイリーンはたんに「パリの学生時代に知り合いだった人」として語っていた。クロウリーは出版した本はすべてアイリーンに贈りつづけたが、彼女は献呈の言葉を剝ぎとっていた。

とりわけ真剣に求婚していてアイリーンの家族からとても気に入られていたアカデミー・ジュリアンの同窓生がヘンリー・サヴェージ・ランドールだった。彼は額の広い、とりわけ魅力的な男でもなかったが、名だたる裕福な家の出だった。祖父は有名な作家で学者のウォルター・サヴェージ・ランドールである。

ヘンリー・ランドールは探検家で、アイリーンに会うまでにかなり方々へ旅行していた。彼は一八九七年にチベットのブラマプートラ川源流に白人ではじめて到達した。一八九九年にはネパールのルンパ山、七〇二〇メートルに登頂の世界新記録をつくっている。アイリーンはいつもながら疑い深く、彼の話を絶対信じなかったが、彼の両親には魅力を感じていて会いたがった。ランドール家は通常はイタリアに住んでいて、フィレンツェの近郊にヴィラ・ゲルディスカという大きな屋敷を持っていた。アイリーンはテラスに置かれた優雅なテーブルに彼と隣りあって写真を撮っている。彼女は長いヴェールのついたとても素敵な帽子をかぶり、無理に笑おうとしている。玄関でこの家族に「まるで公式訪問みたいに」出迎えられた後で、彼女は双方の親からいかに強く望まれようとこの縁組は自分自身のためにはならないと決意したのだった。ほかに彼女に求婚した者はジェフリー・ブレイルスフォードと、後に有名な東洋学者になったエヴァード・コルスロープで、彼は東京で彼女のために自分の肖像写真を撮らせたり、根付をたくさん彼女に贈ったが、うまくいかなかった。彼女の母親が「結婚相手にぴったり」と思っていたレストロップもだめだった。また、ドミニカに移民した同窓生の作家ステファン・ハヴェイスは生涯手紙を書きつづけ、「老いたチンパンジーにとてもとてもよく似ている」写真を、「頼みもしないのに」送ってきた。彼女は「「羞恥心」のかけらもない」と怒りをこめて語っている。

もちろん、裕福な家系の若い女性はふさわしい集団に参加するようにしつけられていた。彼女たちはよき妻になるために育てられた。独身で人生を送るのは少なくとも間違っていると考えられていた。望んでひとりでいるのは変わったことだった。アイリーンはどちらに受けとられることも恐れなかった。彼女は自分自身を変える気も、家族が望んでいる標準型にはまっていくために修正する気もなかった。彼女はけっしてあからさまに頑固だったわけではなく、属する階級の基準よりも自分自身の判断に従って生きたのである。孤独な幼年時代を通して、彼女はひとりで思いめぐらすことをおぼえ、そして自由を求めることを妨害しようとする者と戦っていくために周到な準備を整えていた。

プロフェッショナルの生活

アイリーンは、だんだんドローイングの練習に飽きてきた。ドローイングはさほどうまくないと彼女はいつも思っていた。彼女の才能からすれば何かより現実的なことをやってみる必要があった。デザイン、建築を独学したときも彼女は直接ドローイングから実物を思い浮かべることがまったくできなかった（その後彼女は設計図のかわりに椅子や住宅の小さい模型をつくった）。壁を装飾するためには、パネルやスクリーンをデザインすることが彼女にとって必要な段階にきていた。

今世紀初頭の装飾作家やデザイナーの世界が組織化されるのには何年か待つことになるが、装飾美術への関心は広まるのが早かった。一九〇一年にパリで国立装飾芸術家協会が設立された。その組織にはデザイナーで装飾作家のエクトル・ギマール、メトロの入口の設計者ウジェーヌ・ガイヤール、ウジェーヌ・グラッセ、彫刻家（そして女優）のサラ・ベルナールらのようなたしかな名声を得た人たちが入っていた。さらにそのまわりにピエール・シャロー、フランシス・ジュールダン、モーリス・デュフレーヌ、ポール・フォロらの若い世代のグループがいた。この協会の目的のひとつは、会員を従来唯一の場であった画壇の展覧会から自由にして自分たちのための展覧会を組織することだった。フランツ・ジュールダン（フランシスの父）は一九二八年に出版されたサロン・ドートンヌの回想記のなかで「絵画、彫刻、グラフィック、建築だけに限った展示は現状では時代の美意識を完全にあらわすことはできない。したがってわれわれはシンデレラのように扱われてきた装飾美術を従来の重要な位置に戻すことに決めた」と書いている。

一九〇六年以降、装飾芸術家協会は毎年マルサン・パビリオンで作品展示をした。それはデザインや装飾に関心のある者なら誰でも見に行くようなイベントであり、アイリーンもかかさず行った。最初は家具を単独で展示するだけだったが、一九二三年にはひとりのデザイナーが制作した部屋全体を展示することが始まった。

イギリスでは開拓的な雑誌「ステューディオ」が主催する最初のコンペティションが一九〇二年に開かれて、優秀なグラフィック、装飾美術作品が選定された。ヨーゼフ・ホフマンとコロマン・モーザーは一九〇〇年の「ウィーン・ゼセッション」展に出品された作品を見て、グラスゴーにチャールズ・レニー・マッキントッシュを訪ねた。彼らはウィーンに戻ってウィーン工房（一九〇三年）をつくった。

アイリーンは装飾美術に深い関心をもち、フランスやまわりの国で開かれる大きな展覧会の新聞記事を注意して読みはじめた。アイリーンは生涯を通して他のデザイナーから遠慮なく吸収した。彼女が簡潔な線を好んで使うのは、故郷のアーツ・アンド・クラフツ運動の思想とたしかに関連している。フランス、ベルギーのアールヌーヴォーの過剰装飾に対して、それはデ・ステイルやロシア構成主義を先取りしており、このふたつの運動をアイリーンは評価した。彼女の初期作品には、グスタフ・クリムトの絵画やオットー・ワグナーの建築を通してウィーン派からの影響もみられる。後に彼女が建築と家具の融合に関心をもったことも、ホフマンのブリュッセルにあるストックレー邸、バルセロナにあるアントニオ・ガウディの作品、ベルギーのアンリ・ヴァン・ド・ヴェルドから着想を得ていることもわかる。それらはみな建築と家具を総合的デザインとして考えていた。

数年後の一九〇七年、ヘルマン・ムテジウスと弟子の建築家グループがベルリンでドイツ工作連盟を設立した。工作連盟が最初にパリで展覧会を開いたのは一九一〇年で、そのときすでにアイリーンはデザインに深入りしていて、このグループの仕事に強く印象づけられていた。彼らのみごとな仕上がりの家具、木材の幅広い使い方には、たいていのフランスのデザイナーが影響を受けた。フランス人が好む派手なデザインとは正反対の、彼らの簡潔なデザインは過去の時代の模倣から抜けだしきってはいないが、たしかに訴えるものがあると彼女には思われた。

著名な批評家M・ピラール＝ヴェルヌイユは「アール・エ・デコラシオン（芸術と装飾）」誌でフランスでの反応を概観し、外国からの貢献に対してはかなり強い愛国主義の態度で臨んでいる。

この展示は、ドイツ人のデザインへの探求の成果を示す驚異的な完成度において称賛に値する……。われわれは、これらドイツ芸術家たちが自国における近代的生活や日常生活での必要に調和するような近代的様式をつくりだすこと……国民的様式をつくりだすこと……を切望しているのは無条件で認める。プロシア人よりもババリア人のほうがたしかにわれわれに近いが、それでもやはり彼らはドイツ人であり、われわれのラテン的嗜好がドイツ的嗜好から示唆を得ることはけっしてないだろう……。彼らの重苦しさ、対照法における荒さ、誇示するような表現は、穏やかさ、節度、優美、調和を要求するわれわれの嗜好とはあまりにも対立する……。われわれは彼らから何かを学ぶことはできるが、影響を受けることはない。だがたんなる展覧会をこえたこの展示をやってのけたこれらの芸術家のみごとな組織は讃えられるべきである。それは商人と芸術家のあいだで互いに孤立する――わが国におけるように――ことなく永続的最終的な知的提携を結ぶことである……。それは苦しい努力と美しい芸術的成果の結果としてなされることである。われわれは、ここにみずからの社会的役割と権利について意識的になろうとする芸術家の努力の始まりをみる。

ピラール＝ヴェルヌイユはブルーノ・パウル、パウル・ウェンツ、リヒャルト・リーマーシュミットらのデザインの厳格さを評価しなかったようだが、家具、ランプから材料にいたるまでデザインのすべての側面における工作連盟の統一見解――フランスには欠けた何かを正しく理解していた。工作連盟のデザイナーたちはオランダ、イギリス、フランスから影響を受けていたが、それに対してフランスのデザイナーたちはほとんど自国の過去にこだわりつづけていた。アイリーンが心底拒絶し、他の国のデザインへの興味を募らせていくようになったのはこのことからだった。

パリで三年過ごした後、アイリーンは母親が健康を害したため、一九〇五年にイギリスに戻った。ほぼ二年イギリスにとどまった。ときどき思いついたように彼女はスレイド美術学校を訪ねて素描を続けたが、いまや彼女は切実に変化を望んでいた。

ロンドンで過ごしていたある日、ディーン通りでD・チャールズ経営の漆器修理店を偶然見つけた。チャールズはふたりの職人を使って、古い漆塗りの屏風の修理をしていた。彼女はそれまでに古い中国製や日本製の屏風を見たことがあって、高貴な素材感と触感のなめらかさに強く魅せられていた。彼女はチャールズの店に入っていって、しばらくそこで働かせてくれるかと聞いてみた。チャールズはこの冒険心あふれる学生に驚いたが、大変親切に彼女がその材料を経験することを歓迎してくれた。彼は屏風の修理にはだいたいヨーロッパの色ワニスを使っていたが、中国産の生漆もいくらか持っていた。もちろん、アイリーンのような初心者が生漆を使うことなどできるわけもないが、彼女は職人の仕事を観察し、漆に必要な何層もの塗りを何週間か手伝うなどした。

一九〇六年末にパリに戻ったときには彼女は漆の素材サンプルを持参し、この分野で仕事をしている何人かの名前も知るようになっていた。その後二十五年間アイリーンはチャールズと往き来があった。彼女はときどきチャールズに試作やアドバイスを頼んだ。

直接チャールズを通じて、あるいは彼の知り合いを通じて、アイリーンは漆の技術について教えを乞うのにふさわしい男と出会った。その信頼できる指導者の名は菅原精造——フランス語の綴りではSougawara——といい、二十代の貧しい日本人学生だった。漆工芸で有名な北日本の小さな村、浄法寺の出身である菅原は、一九〇〇年の万国博に日本から送られた漆製品の修理のためにパリに来たのだった〔熱田充克『パリの漆職人 菅原精造』白水社、二〇一六年によれば山形県の酒田出身で渡仏は一九〇五年〕。彼はパリがひどく気に入り居つづけていた。アイリーンが彼に会ったときには数人の友人と同居していた。アイリーンは彼に古い漆工芸について教えてくれるように頼んだ。最終的に彼女はこの素材を完全に習得し歴史上偉大な漆の芸術家のひとりとしての地位を確保した。しばらくのあいだアイリーンは彼から教えを受けていたが、彼女が漆からより近代的な素材へと変わっていくと別々の道を行くことになった。菅原は一九七〇年に死亡するまでフランスにいた。漆工芸で果たした重要な役割にもかかわらず、彼は無名の存在でありつづけていた。アンドレ・ドラク・ゲルボーはその著書『漆の芸術』のなかで「フランスの漆芸術は彼に多くを負うているのに、その作品は残されていない」と述べている。

パリは急速に変わっていた。白く光るトップハットを被った御者と黄色い辻馬車はなくなりかけていた。電灯はもはやめずらしくはなかった。一九〇五年に最初の自動車ショーがプチ・パレで開かれた。アイリーンは確実に時代とともに動いていた。彼女はサン゠ペール通りにアパルトマンを借り、自動車の運転免許をとった。一九〇七年までにはアイリーンはパリに永住する決意をし、もっと広いところを探していた。彼女はボナパルト通り二十一番、セーヌ河畔、サン＝ジェルマン＝デ＝プレの小さな広場にほど近い由緒ある屋敷がアパルトマンになっているのを聞きつけた。そのアパルトマンは十八世紀に建てられた古典様式の美しいプロポーションの建築で、シル侯爵の邸宅の二階にあった。広い階段を登ると丸石を敷いた中庭が見える窓があった。壺の置かれた二本の特徴ある柱が両脇についていて、高い壁が通りを隔てていた。アイリーンのアパルトマンはかなり広く、エントランスホール、広い居間、ダイニングルーム、ベッドルームがふたつ、そしてキッチンがあった。賃貸料は年三〇〇〇フランだった。それはけっして

ゲネゴー通りの工房で木材彫刻を制作中の菅原精造（アイリーン撮影）

初期の作品。六角形の台と漆で茶色に仕上げられた小型丸テーブル

安くはない。彼女は母親に、仕送りを増やしてくれれば「住まいと仕事のために」ここを借りることができるのだが、と手紙を書いた。頼みは聞き入れられて、アイリーンは大喜びで引っ越した。彼女はプロフェッショナルの道への第一歩を踏みだしたのだ。

彼女は家主の許可を得て書斎とダイニングルームにかかっていた二枚の金の鏡をはずした。さらにイギリス人の建築家に頼んでガラス張りの廊下の前にあったバルコニーを取り去った。彼女の書斎はブルーに塗られた――「マドモアゼル・グレイの好みに従った特別な色」と家主の記録には簡潔に書かれている。彼女はバスルームをもすっかり近代的にしてしまった。三年後にはそこを買いとり、七十年間住みつづけた。

二十九歳から九十八歳で死ぬまでのあいだずっと、この住まいにはわずかな変化しか起こらなかった。他人の住まいや家を装飾したこの女性が自分のところには何もしなかったというのは大変なことだ。三つのフランス風の細長い窓をもった居間はほとんど白く塗られ、天井の漆喰繰形《くりがた》(彼女はそれをフランス語でパン菓子と呼んでいた)を彼女は嫌っていた。だが、借家人のころは取り払うわけにもいかず、しかし後になってからはまるで頓着しなかった。あるとき彼女はベッドルームを真っ黒に塗り、壁と天井の境に濃いブルーの線を入れた。同じようにキッチンにも黒が塗られた。しかし、後にはまたこの住まいはすべて白に戻された。二〇年代に彼女が金属の家具をつくりはじめたときには、居間に明るいブルーのウールのカバーがかかったクロムのソファが置かれた。「誰かが座って壊してしまった」白いガラス天板の丸テーブルがあり、そして「ビベンダムチェア」としてよく知られているちょっと変わった座り心地のよさそうなアームチェアがあった。

彼女が好んでいたにちがいない装飾案に関するちょっとしたノートがある。というのは次のように書かれたそのページを切りとって持っていたからである。「部屋――内側が明るい白い円になっている、明るい黒のまるい天井ですべてシルバーの壁紙。家具は錫張り、カーテンはグレー」。この衝撃的な色彩計画はおそらく実現されなかった。アイリーンはきれいなたんなる装飾的なものをつねに拒絶していた。彼女のインテリアデザインから受ける印象は、シンプルで実用的な快適さと強い個性をもっているということである。ごたごたした感じや装飾過多はどこにもない。彼女自身の部屋もけっしてデザイナーの商品陳列所ではない。それらはたんに暮らし、仕事をする場所だった。彼女は一種のショック効果がほんとうに好きだった。骨董品の椅子を全面グレーに塗ったり、粗織りのグレーのリンネルでおおったりした。また、彼女は素朴なアフリカのスツールをエレガントなテーブルに合わせたりした。しかし、これらはさほど深く考えずに、簡単におこなわれた。彼女はどこか贅沢なセンスをもっていたが、それは贅沢な素材のせいで、めずらしい絹や高価な木材を使うといった点にあった。

住まいを定めると、彼女は漆工芸を真剣に習得するために菅原のところで制作しはじめた。それは時間のかかる作業で、忍耐と集中のいる仕事だった。漆は東アジアに生えるウルシの木からとった樹脂である。不純物を取り除くと、乾いて固くて艶のある物質になる。

アイリーンは小さなノートに試行と失敗を記録している。たとえばコロマンデル材や彼女が日本から取り寄せた砥粉(サビと呼ばれた)の使い方で、これはもう一度漆と混ぜて使った。彼女は、簡単な覚書に木材をいかにして白くするか、パリの漆喰を使っていかにして型をつくるかを書きとめている。でこぼこの表面をつくりだすのに最良の方法と炭の使い方について書いたところがある。何事にも職人のように対処する彼女の態度が書き記された一行一行から読みとれる。彼女は根気よく作業全体を学んだ。ときには塗った漆が濃すぎて波打ってしまい、すべて最初からやりなおさなければならなかった。彼女は忍耐強い人間ではまるでなかった。それどころか短気を起こして怒りだし、一緒に働いている人たちに恐れられた。しかし彼女はいったん事を始めると自身の批評精神と批評眼とを満足させる結果を得るまであきらめないという頑固さをもちあわせていた。

ノートのページにたしかな質感や色を獲得するためのさまざまな方法を書きこんだ後で、彼女は漆の小品と浮き彫りのスクリーンの制作を始めた。「それらの作品は幾何学的デザインによって図案を簡素化すること、そしてティファニーやアールヌーヴォーのおおげさな波形や曲線をも変えようとすることだった」と彼女は説明している。徐々に彼女は非常に精巧で立派な作品をつくるようになっていった。彼女は商業的な漆工芸品によくある下品な艶を避け、彼女がひかれた材質感である荘重さを完成しようとした。

最初、アイリーンはロンドンのチャールズから買った中国漆を使っていた。しかし菅原の影響を受けるにつれ、徐々に日本漆を使うようになっていった。彼女によればこれらの漆にはさほどのちがいはないが、「中国漆は硬い日本漆に比べて油が多く、反発が少ない」。粉にしたフェルトをすりつぶして漆と混ぜてよく練り、継ぎ目に詰めた。そうして表面の肌理をなめらかにし、わずかな跡を残すために絹や非常に上等な布を米糊で一面に貼った。

漆は湿気の多い場所で乾かさなければならない。そこでアイリーンは住まいのいちばん端にあるバスルームに作品を持っていき、一晩中水を出しっぱなしにしておいた。彼女の住まいは作業による臭いと埃でいっぱいになり、乾燥中の小品がそこら中に置いてあった。

アイリーンは伝統的な黒で何点かつくったが、漆に自然染料を加え、それによって特別な色調を出したいと思っていた。赤味を帯びた茶色、あざやかな赤、そしてとりわけ、彼女が最初につくったブルーなどである。ときとして彼女は金銀の箔を貼ったり、貝の象嵌をほどこしたり、全面に「うすい蜂蜜のように」念入りに漆を塗ったりしている。

彼女は際限なく骨の折れる作業に何度も失望した。「漆には長い時間がかかる。二十回塗り、あるいは四十回塗ることもある。木の裏面も同じようにしなければならない。そうしないと反ってしまうのだ」。漆の仕事をする者がほとんどなる漆かぶれにアイリーンもなった。手と腕に発疹ができてなかなか治らなかった。発疹が出たとき彼女はかなり驚いた。彼女はそのことについて知っていたし、日本の塗師は生まれた子供に漆の免疫をつけるため、産湯に漆の木の葉を入れてつからせるという話が好きだった。この素材に執着するにつれ彼女は免疫ができ、発疹も出なくなった。彼女は自分自身を憐れむことをけっしてしなくなっていたし、その後おびただしい病気にかかり、また晩年に一部視界を失ってもそのことをとりたてて話すことはなかった。

菅原とアイリーンは四年間一緒に仕事をした。ふたりはかなり好調にやっていたにちがいない。というのは、アイリーンがボナパルト通りに越した直後に、パネルやスクリーンの材料にする板を提供してくれる家具職人が必要だったほどだからである。彼女は同じ通りに若い大工がいるのを見つけ、よく確かめてから契約した。このように職人を探しだし、鍛えていくことが彼女のプロフェッショナル人生を通して続けられている。彼女は職人とつきあうことをいつも楽しんでいた。直接彼女の指図で専属で働く者もいたし、特別な仕事のときだけ頼む者もいた。彼女の住所録には皮、象牙、クロム、コルク材など彼女が必要とする材料を扱う小さな工房の名前がいつもびっしりと書きこまれていた。ほんの少しだが漆を扱う店も書いてあり、そのうち何軒かは日本から来たものだった。菅原を通じて彼女はパリにいる他の漆職人、稲垣吉蔵、碓田《うすだ》勝己と知り合った。

当時の家具デザイナーはたいてい画家か建築家で、職人から始めた者はいなかったが、アイディアを実現するために腕のいい職人を雇うことが多かった。アイリーンも同様に職人に頼んでいた。彼女は自分のデザインが形になるあいだ根気よく職人たちについて離れなかった。職人と共同で仕事をすることで彼女の眼が磨かれ、当時好まれていた余分な装飾を取り除く発想の助けとなった。彼女の初期のデザインは、把手のかわりに絹の房を使うような手法から完全に抜けだしてはいなかったが、すぐにより実用的な解決法を見いだした。アイリーンがシンプルな線を好むようになっていったのは美的理由からだけでなく、もちろんたしかな理由があった。漆を使うことで表面に手を入れすぎないようになったのである。

すぐにボナパルト通りのアパルトマンは住居と工房を兼ねるには手狭になった。彼女は菅原のためにさほど遠くなく、セーヌへ通じる狭い道であるゲネゴー通りの建物の最上階の場所を見つけた。漆の仕事はほとんどそこですることになった。

黒漆塗りの椀（1910年代後半）

銀色の模様が描かれた漆塗りの皿（1910年代後半）

二〇年代でもっとも有名な漆工芸家はスイス人のジャン・デュナンだった。真鍮細工師デュナンとして知られるようになった彼は最初はもっぱら真鍮を使った彫刻や細工物をつくっていた。アイリーンは装飾芸術家協会に加入してデュナンに会った。彼は一九〇八年に同協会の事務局長となっていた。彼はそのときにはまだ漆の仕事をしていなかったが、打ち出しの金属細工に装飾するいろいろな方法を探し求めていた。アイリーンは彼が非常に丹念で、あらゆる実験を試みる人であったと回想している。「どうやってこうするのか、ああなるのか」という態度だったと。ある日彼はボナパルト通りのアイリーンを訪ねてきた。彼は「彼女がやっていることに並々ならぬ興味をもっている」と言っていたのだが、漆の技術を教えてくれるように菅原に頼んでほしいと乞い、アイリーンからまだ仕上がっていないスクリーンを習作用に買った。アイリーンはその訪問者をいたく気に入ったにちがいない。彼女は未完成の漆の作品を一点差し出し「好きなようにしていい」と言ったのだ。かくして一九一二年、ジャン・デュナンは菅原の二番目の弟子になった。デュナンはまるでフランスの学生のように熱心にノートをとっている。それによれば最初の授業は一九一二年五月十六日、二回目は五月二十一日になっている。彼は道具のことや若い師匠から受けた助言を勤勉に書きとめている。一方でアイリーンとの仕事も続けていた菅原は、デュナンの進歩ぶりを彼女に定期的に話していた。

ある日アイリーンはデュナンの工房を訪れたが、そこで見たものがあまり気に入らなかった。彼女は持ち前の批判好きを発揮して「まったく古いもののイミテーション」と言った。もちろんデュナンはその気があっても、まだ漆工芸家になってはいなかった。アイリーンが単独でつくる方法をとったのに対し、後にデュナンは工房に百人も雇い入れ、他のデザイナーの漆仕上げを引き受けたり、さらに大きいスクリーンを制作した。そして彼はノルマンディとアトランティックの外洋航路船の漆装飾の仕事の依頼を受けるまでになった。一九二一年装飾芸術家協会展に最初の漆仕上げのスクリーンを出品したが、それはアイリーンがはじめて漆のスクリーンを同展に出品した八年後のことであった。

しかし、いまや漆だけが彼女にとってうまく合っている素材ではなかった。絵を描くことに関する知識を別の「実際に使う」ことができる平面へ適用しようとして彼女は敷物のデザインを始めた。多くのデザイナーが自分の技術を敷物のデザインへと応用しはじめていた。もっともよく知られているデザイナーは、最初はエーヌ県の小村の工房から始めた画家で装飾芸術家ブルーノ・ダ・シルヴァ・ブルンズである。アイリーンと同様に彼も後に服飾デザイナー、ジャック・ドゥーセとともにインドールのマハラジャの仕事をするようになった。アイリーンは、オリエンタル産のカーペットを買って分解して手法を学んだブルンズの仕事をいつも誉めていた。後にコレット、アンドレ・ジッド、ミスタンゲットら多くの上流の人たちが彼のつくったカーペットを買っている。

一九〇七年ごろ、王立音楽院出身の若いチェリスト、エヴリン・ワイルドがパリに出てきた。エヴリンとアイリーンは姉同士が親友だったので幼いころから知っていた。エヴリンはケイト・ウェザビーを連れてきていた。ケイトの家は豊かな醸造業者だった。彼女は大変なスポーツ好きで、乗馬が大好きだった。気が強くて独立心に富み、自由な考えをもった女性だった。一歳年上のアイリーン同様、家の拘束から逃れるためにパリに出てきたのだ。エヴリン・ワイルドは意志が強かった。この特徴は婦人参政権運動の活動家だったふたりの叔母ヘンリエッタ（エッタ）とエヴァ・バードン＝ミューラーから受け継いだと思われる。ふたりは「ウーマンズ・ペニー・ペイパー」誌の編集者だった。アイリーンとケイト、エヴリンはすぐに親しくなり、生涯の友人となった。彼女たちの友情は多くの障害や衝突にも耐えて続いた。アイリーンはちょうど漆の仕事を始めたところで、この三人はパリで何をしたらよいか、どうしたらエヴリンが名をなすことができるかなどじっくりと話しあった。ケイトはアイリーンが「ひと吹きのさわやかな空気」と言っていたように、よく新しい考えを提案した。エヴリンをたきつけて敷物をつくってみることをさせたのはケイトだったし、後に彼女はアイリーンに家具デザインをすることをしつこく勧めている。ケイトはまた装飾に関してある種のひらめきをもっていて、部屋の壁を四つの色調

敷物のデザイン（2点とも）

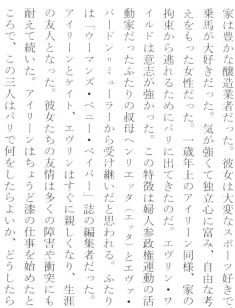

詩人バイロンを装うアイリーン（1910 年ごろ）

の白で塗るなどした。アイリーンとエヴリンは北アフリカに旅行している。ふたりはウールの織りと天然染料染めを学ぶために、モロッコでアラブの女性と一緒にしばらく仕事をしている。アイリーンは漆の技術を学んだときと同様に、今度もウールの経験、つまり染め方、織り方を自分だけのノートに書きとめている。

一九〇九年、エヴリンが織物と敷物編みを学ぶためイギリスに戻り、アイリーンは敷物のデザインを始めた。エヴリンはイギリスから織機と材料のウール、そして国立織物学校から教師をひとり連れてきた。

アイリーンはまたもや場所を探しはじめる。今度はカーペット製造工房をつくるためだった。サン・ジェルマンの薄暗い小さな狭い通りに三つの部屋が見つかった。ヴィスコンティ通り十七番にある、前世紀のはじめにバルザックが版画の販売をしていた建物の最上階だった。そこは裏に小さな庭のついた素敵なところで、織機を二台入れるのに十分な場所があった。アイリーンとエヴリンは次のような了解でカーペット製造の共同作業を始めた。ひとりは模様をデザインし、もうひとりがそれを織りだすというわけである。アイリーンにはこれが抽象芸術の世界へ入る最初の機会になった。この時期の漆の仕事では、ほとんど彼女はアールヌーヴォーの有機的形態の影響から抜け出ようとしている。しかし、カーペットデザインではさらにもっと徹底して幾何学的な模様になっていった。

一九一〇年にセーヌ河の堤防が切れ、サン・ジェルマンのまわりの小路のほとんどに浸水するということがあったが、そのころにはこの地域にアイリーンの小さな帝国が築かれていた。ボナパルト通りには大工と磨き工がいた。ゲネゴー通りには菅原が漆の仕事をしていた。そしてヴィスコンティ通りにはアイリーン以上にタフで積極的な性格のエヴリンがフランス人女性ふたり雇い、彼女たちに織りを教えていた。カーペットが売りやすくなり、コストでも製作時間でも漆の仕事より安くつくれるようになるのに時間はかからなかった。しかし、アイリーンが制作できる量は少なかったので、カーペット部門でほんとうに採算がとれるようになるにはさらに十年かかった。

もちろんアイリーンは、人づきあいをまったく放棄してしまったわけではなかった。彼女はスレイド美術学校からの古い友人たちとは会うのをやめていたが、漆の仕事を通じて新しい人とのつきあいが始まった。その友人のひとりに彼女の仕事を生涯称賛したモーリス・マルタン・デュ・ガールがいた。彼は「レゼクリ・ヌーヴォー」誌の編集者でプルーストやジッドの友人でもあった。彼は新しい家具のコレクターで、ピエール＝エミール・ルグランやほかにも流行のデザイナーの家具を買っていた。もうひとりの友人に有力な美術評論家のクロード・ロジェ＝マルクスがいた。アイリーンはまた活発な社交をくりひろげていたラウル・デュヴァル家ともつきあいがあった。一九〇七年にドイツから来た若い銀行家のダニエル・ヘンリー・カーンワイラーがヴィニョン通りにギャラリーを開き、アイリーンはそのオープニングに出席している。後に彼女の注文主になったジャック・ルーシェは新しい実験的な芸術劇場を開いた。コレットはとうとう夫のほうの名前ウィリを名乗るのをやめて、彼女自身の名前で出版しはじめた。アイリーンも多くの人と同じで、ムーラン・ルージュのスキャンダルにはお腹を抱えて笑った。コレットが「モルニー侯爵夫人」という、そこで上演された芝居に出演していたのである。彼女は作者のベルブーフ侯爵夫人、別名マティルド・ド・モルニーと共演していた。作者本人はむしろマックスおじさんと呼ばれることを好んだが、人びとのあいだでは「ミッシー（お嬢さん）」で通っていた。さて劇の終わりでふたりの婦人が激しくキスをすると観客席にいた侯爵が警察を呼び、劇場を閉鎖してしまったのである。アイリーンはまた一九〇九年にディアギレフがパリに連れてきたロシア・バレエを見に行った。とくにデザイナーのレオン・バクストは、氾濫する色とオリエンタルな模様の使い方など当時の流行と装飾に強い影響をあたえ、アイリーンのデザインにもその跡がみられる。

アイリーンが興味をもって見守り、それからの彼女の方向になんらかの関係がみられる催しがあった。一九〇九年にフィリッポ・トンマーゾ・マリネッティが『未来派宣言』を出版したとき、アイリーンはすぐに買い求めた。シカゴではフランク・ロイド・ライトが有機的建築という新しい理念を導入したロビー邸を設計し、ベルリンのＡＧＥタービン工場ではペーター・ベーレンスがもっと機能的デザインが可能なことを見せた。アイリーンはまだ発表するほどの技術は学んでいなかったが、少なくとも芸術とテクノロジーが新たに生みだすものについていけるように、もっぱら研究することはできた。この時代の多くの人びとがそうであったように彼女も自動車や飛行機に魅せられた。彼女が買った最初の車はシェナード・ウォーカーだった。一九〇八年には飛行機のショーの一角で最新の自動車ショーが開かれた。これが知られている「エア・ロコモーション・ショー」である。それからは毎年開かれるようになり、アイリーンは必ず行きたいと思っていた。クレメント・アデールが飛行機をつくってからというもの、ほとんど毎日のように、あらゆる種類の機械で大空へ飛び立とうとする人びとのことが報告された。

アイリーンはイギリスにいるときに、母の友人の有名なレーシングドライバーで気球乗りでもあったロールスロイス家のC・S・ロールスを通じて飛行士の世界を知った。アイリーンは彼に気球に乗せてもらって空を飛んだとき、みずからそう呼んだ「大空への洗礼」を受けたのだった。

姉エセル、友人とともに家族の自動車に乗ったアイリーン

上・ラザムによる英国海峡横断飛行のポストカード。
下・マルセイユ上空を飛ぶアイリーンとシェロン（1913年）

レーシングドライバーのまわりには上流社会のかわいい女性がついていることがよくあったのだが、アイリーンにとっては、それらの事柄が生涯情熱を燃やした新しいものづくりを学びとる糧となった。一九〇八年、美術学生からレーシングドライバーになったヘンリー・ファーマン（父親は「スタンダード」誌のパリ特派員だった）がパリ郊外のイシー＝レ＝ムリノーで彼の操縦する複葉機ではじめて円形飛行をした、とトップ見出しで報道された。すぐにアイリーンは彼と親交を結んだ。だが彼女が彼の飛行機で一緒に飛んだというのは誤りで、彼女はそうすることを夢見ていたというのが真実である。

彼女はヒューバート・ラザムと英国海峡を飛んだとも言われている。残念ながらこの話も真実ではない。一九〇九年にイギリス系フランス人飛行家ラザム――フランス人は「ラッタム」と呼んだ――はアントワネットという彼の単葉機でシャロン平野のムルムロン＝ル＝グランで飛行を試みていた。スポーツ、社交欄にはこのハンサムでたえず煙草を吸っている若い男の記事があふれていた。オックスフォードで学び、大仰なアクセントの英語を話すこの男は聡明な女性との交際を好んでいた。アイリーンはラザムが気球で英国海峡横断飛行に挑んでいるとき、パーティで彼に会っている。そしてある日、それは彼が「デイリー・メイル」紙の後援で賞金五万ドルの英国海峡横断飛行に成功することになっていた日なのだが、朝早くアイリーンはルネ・ラウル・デュヴァルから電話をもらい、ラザムが離陸するのを見に行こうと誘われたのである。彼女たちはカレー近くのサンガットまで車で行った。「いやな感じの夏の日だった」と彼女はその日を回想している。彼女たちが海岸に着いたときにはもう大勢の新聞記者たちが集まっていて、ほんのわずかだがパリから来た高貴な男女もいた。ラザムの気球の製作、技術担当のレオン・ルヴァヴァスールはがっちりした赤髭の男で、物見高い群衆を入江に押しとどめておこうとしていた。天候がよくならず夜になって彼らはついにあきらめた。三週間後、一九〇九年七月十九日に再度の挑戦がなされた。アイリーンは伴走の船に乗っていた。彼女はラザムが一二マイル先の海上に不時着したのを見ている。彼女はツイードの上着を着たラザムが海の上に浮かんでいる光景がずっと忘れられなかった。彼はもう一度挑戦したが、ドーヴァーのホワイト・クリフに手が届くところで救助されるにとどまった。アイリーンは彼が冷静だという評判をお笑いとして受けとめていた――彼は乗っている飛行機から鴨を撃つと言われていた。そして屋敷の上空を低空飛行した者に五〇〇ドルの賞金をかけたアメリカの大富豪から賞金を獲得したとも。アイリーンはラザムと何度かパリで夕食をともにしている。しかし皮肉なことに、彼はしばらくして狩猟中に手負いのバッファローに殺されてしまった。

彼女はラザムと一緒に飛んだことはなかったが、一九一三年にシェロンとマルセイユ付近を飛行した。その後二〇年代後半にメキシコシティからアカプルコへの郵便飛行機に最初の乗客として乗っている。これらの飛行のとき感じたスリルがずっと彼女には忘れられなかった。新しい飛行機への憧れは、とくにいくつかのランプなどその後のデザインに反映している。

バラのある黒漆のフレーム（菅原精造制作と思われる）のなかに日本の風景と女性の姿が描かれた小パネル（1913年ごろ）。

一九一二、三年ごろにはアイリーンはもはや無名ではなくなっていた。漆の作品は売れはじめていたし、出展されたりもしていた。パリの知的な人びとがこのイギリス人芸術家に注目しはじめていた。しかし、アイリーンは人脈をつくっていくのが苦手だった。彼女は「あまりに淋しそうだったから」、ときどき藤田嗣治に話しかけたのを憶えている。それでも彼女はマックス・ジャコブ、サンドラール、マリー・ローランサンの友人で陽気なロシア人彫刻家シャナ・オルロフに出会った。シャナ・オルロフは一八八八年ウクライナの小さな村で生まれている。一九〇五年、一家はパレスティナに移住し、一九一〇年シャナは決意してパリに出て装飾美術学校で木彫を学びはじめたのだった。彼女はモディリアーニと親友で、モディリアーニはふたりでカフェにいるとき封筒に彼女のスケッチをしている。この画家は「ラファエロの娘シャナ」とヘブライ文字でドローイングに書きこんだ。シャナとアイリーンはよく会っていたが、アイリーンはシャナがサン・ミシェル大通りのラ・プリュームで、彼女の友人で常連の有名人に会わせに連れていってくれないのが不満だった。「彼女はちょっと嫉妬している」とシャナは考えていた。あるときシャナが友人との夕食にアイリーンを誘うと、後では残念がったがそのときは恥ずかしがって行かなかった。それはギョーム・アポリネールとの夕食だった。アイリーンは、恥ずかしいからといってひとりでいることがほんとうに多かった。シャナ・オルロフとの友情はアイリーンが自分の画廊ジャン・デゼールでオルロフ展を開く一九二〇年代まで続いた。

戦前のこの時期に交友があったもうひとりは、ガブリエル（ゲイビー）・ブロッホである。ガブリエル・ブロッホはよく知られたアメリカ人ダンサー、マリー・ルイーズ・フラーの話相手兼マネージャーだった。フラーはロワイエ・フラーとして知られていて、一八九二年、彼女を有名にした回転ダンスをひっさげてパリにやってきた。彼女は幅広の衣裳をつけ、鏡に映った素材を照らしだすように照明を工夫していた。彼女はパリに旋風を巻き起こした。芸術家をはじめ人びとは、彼女の踊りを見にフォリ＝ベルジェールへ大挙しておしかけた。ロダンは彼女をイサドラ・ダンカンと同じレベルとみている。画家が彼女を描き、とうとう一九〇〇年ごろにフランソワ＝ラウル・ラルシュによって有名なアールヌーヴォーのランプとして永久に残ることになった。アイリーンは、彼女は小さくて、むしろふくよかなアメリカ人だったと書いている。

ロワイエ・フラーは日本のものに関心をもっていて、彼女のヨーロッパ公演旅行にしばらくのあいだ和服を着た日本人ダンサーと俳優を伴ったりしている。アイリーンは友

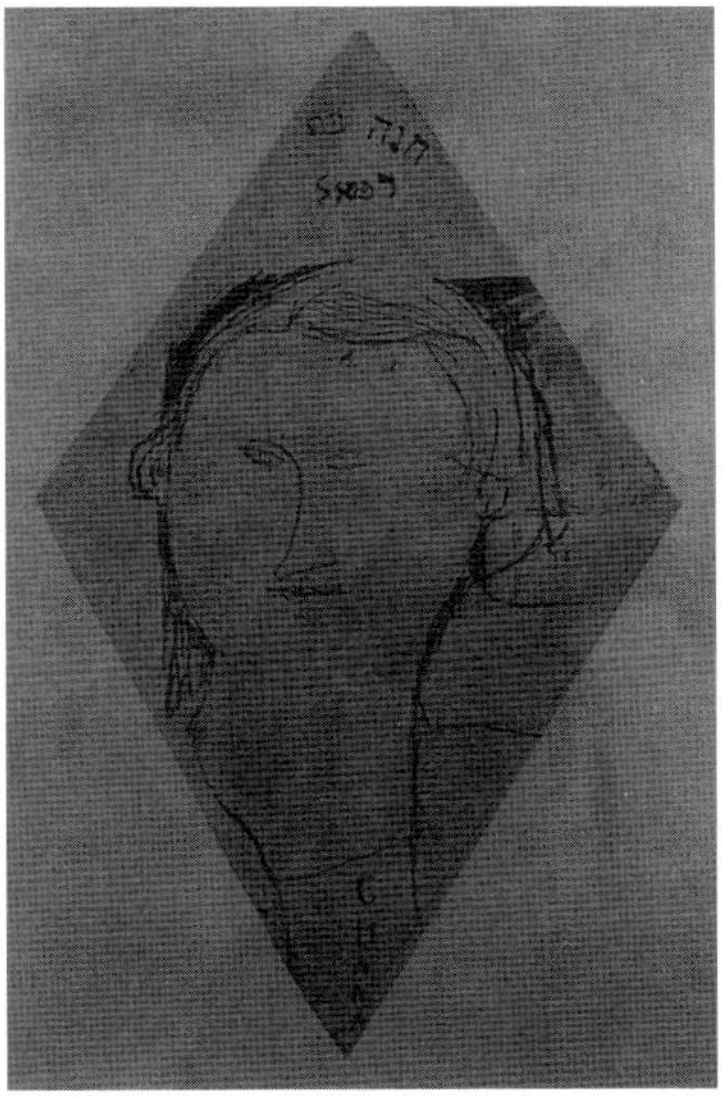

シャナ・オルロフを描いたモディリアーニのスケッチ

フランソワ＝ラウル・ラルシュ作、ブロンズ製ランプ「ダンサー　ロワイエ・フラワー」（一九〇〇年ごろ）

ゲイビー・ブロッホ

人を通じてロワイエ・フラーと知りあったが、お互いの日本文化への関心がふたりを結びつけた。裕福な銀行家の娘だったガブリエル・ブロッホがはじめてロワイエ・フラーに出会ったのは彼女が十四歳のときだった。すぐさま彼女はのぼせてしまい、感情あふれる詩を何ページも書いた。ロワイエ・フラーは一九一三年に出版された自伝『ダンサー生活十五年』のなかで次のように思い出している。「ガブとわたしは八年間非常に親密にともに暮らした」。このアメリカ人ダンサーはゲイビーについて次のように書いている。「(彼女は)とてもまじめだった。彼女の眼は切れ長で黒く、いつも眠そうに見えた。……穏やかで物静かで内気で……どんなことをしても人に会わせることができなかった。ガブは鉄の意志をもっていた」。「この十六歳の手に負えない女性は古代インド文学を研究していて」、十八歳で母親が書いたインドについての原稿を出版している。イサドラ・ダンカンも自伝『わが人生』でガブリエル・ブロッホについて書いている。ロワイエ・フラーとのベルリン、ライプチヒへの旅でイサドラは「(フラーをいつもとりまいていた)これらの海の精やニンフの虹色の幻影のまんなかに黒い男仕立ての服を着た奇妙な娘がいた。その娘は内気で無口で、美しいが気の強そうな顔立ちだった。黒い髪をおでこからまっすぐに後ろへ整えていて、悲しそうで知的な眼をしていた。彼女は必ずスーツのポケットのなかで手を握りしめていた」のを見ている。アイリーンは彼女よりわずか一歳年上で、気の強いこの女性に強く惹かれた。ゲイビー・ブロッホの慎み深さはアイリーンもよくわかっているだけに、響きあうものがあった。そして彼女の人生はこれからの十五年間ゲイビーと絡みあうことになる。

　一九一二年、アイリーン、姉のトーラ、ゲイビー・ブロッホとフロレンス・ガーディナーは一緒にアメリカへ行った。アイリーンには最初の大西洋横断だった。彼女はニューヨークが気に入った。ブルックリン橋を渡りながら彼女はロアー・マンハッタンの摩天楼の気持ちよい眺めに飽き

アイリーン、1913年ごろ

ることがなかった。彼女たちはアメリカ横断鉄道に乗り、ロッキー山脈で降りてグランド・キャニオンを訪れた。アイリーンがそこで撮った写真がある。彼女たちの終点はカリフォルニアだった。「最後にシアトルに着いたときには、くたくたに疲れていて、それからサンフランシスコに戻るまで他の街を見ることもできなかった」

アイリーンはここ数週間に彼女のなかであふれてしまったたくさんの印象をまとめるためにひとりになる必要があった。三人の同行者を残して彼女はモンテレーへ行って休むことにした。そこはカリフォルニアの岩だらけの美しい海岸で、後からゲイビーが合流した。パリに戻ったときには、彼女にとって「何もかもが小さく見えた」。しかし、アイリーンにはじっくり考えている暇などなかった。彼女の新しい友人たちが活動の渦のなかへ引きこんだのだった。ゲイビーは豪奢なことが好きだった。高級レストラン、プルニエでは彼女たちのためにトカイ・ワインつきのテーブルがいつも特別に用意されていた。しばらくのあいだアイリーンは、ジャッキー・ラウル・デュヴァルと夜のパリを遊び歩いたころを思い出させるようなパリの友人たちとの陽気で楽しい生活を楽しんでいた。

第一次大戦前の数年というもの、パリはほとんど熱狂的でとりつかれたように快楽を求めていた。クチュリエのポール・ポワレと妻デニスは「バッカス祭」を催し、パリの名士たちは葡萄のついた金色の針金のかつらを被って、これに応じた。ポワレはジャック・ドゥーセと仕事をした後、自分のメゾンを開いていた。彼はなんでもやってみた。「鷲」のなかでサラ・ベルナールに有名なトラウザースーツを着せたのをはじめ、家具、道具、香水もつくった。新しい感覚の服装、デザイン、芸術をみんなが探し求めているようだった。そしてこの三つの分野が重なり、互いに育てあうということがこれほどはっきりと見えたことはかつてなかった。ポワレはルイ・スーが装飾を手がけた新しい劇場を開き、ロシア・バレエの公演をした。パリの観衆は一九一三年にストラヴィンスキーの新作バレエ『春の祭典』を見たのだが、全員総立ちの熱狂だった。新しい芸術の形態はことごとく富裕な階級から熱く迎え入れられ、パリは芸術家にとってのメッカになった。

一九一一年のアンデパンダン展、サロン・ドートンヌでのキュビストの展示室が広く話題となった。二年後にアポリネールは『キュビストの絵画』を出版した。モンパルナスがモンマルトルにかわって芸術家たちの中心地となった。ドームやロトンドといった店でモディリアーニが一抔の酒のためにドローイングを売ったり、ピカソがフアン・グリスやレジェとおしゃべりをしていた。シャガール、アーキペンコ、ザッキン、そして若いマックス・エルンストがいた。ドローネー夫妻、ディエゴ・リヴェラとロシア人の妻らの顔もあった。さらには世界中から芸術家がパリへやってきた。オランダからモンドリアンが、ロシアからタトリンが芸術家と詩人によって形成されたクボ＝フトゥリズム運動の情報をもってきた。一九一四年、マルセル・デュシャンは最初のレディメイド作品をつくっている。パリとベルリンの間に活発な交流があり、そして出てきた新しい名前がカンディンスキーと「嵐」であった。ロシア・バレエ、キュビスム絵画からの影響も、ツタンカーメン王の墓の発見をきっかけにしたエジプトからの影響もアイリーンを避けて通りはしなかった。彼女はものすごい早さで、数多くの新しい考えを仕事に取り込んだ。彼女の漆の仕事、とくにスクリーンは突然人気が出た。彼女は菅原と夜も昼も関係なく、大きな漆のパネルをつくりつづけた。彼女自身大変驚いたことに、アイリーンはまじめな学生から仕事をまともに受けとめられ、世間の注目を浴びるほどのプロのデザイナーとして扱われる存在になっていた。この移り変わりは順調にいったようにみえる。彼女はそのことにまるで関心がなかったようだ。たいそう慎み深い彼女はその後の生活においてさえ、どうしてなぜそうなったのか思い返す時間などとろうともしなかった。

漆礼賛

アイリーンはさまざまな工房での仕事や活動を続けてはいるが、それらの家具やスクリーンの制作が大量におこなわれていたと考えるのは間違いのようである。彼女はゆっくり、ていねいな仕事をするようになっていて、ほんの少ししかつくらなかった。最新作のほとんどは一般の人には高すぎ、結局原価か損が出てしまうほどだった。しかし、彼女の名前も徐々に知られてきた。「急にわたしの仕事に関心をもつ人たちが出てきた。まわりにはそういう技術をもつ人がいない——たいてい、まだむかしからの家具の模倣をしていた——のでわたしの仕事は増えた」

彼女が最初につくった中国漆の四曲の大型スクリーンは、友人のフロレンス・ガーディナーのためのものだった。「銀河」と呼ばれたそれは、山をまたぎこす裸体像があり、髪が銀河になっている。ほとんど夜の闇に近いブルーの背景に、真珠母を使ってそのデザインを浮き立たせている。アイリーンは塗った漆が完全に乾く前に貝を置く、するとふたつの物質は一緒に乾く。しかし、色が彼女の思うようにいかなかった。「まだグリーンの色調が残った」のである。不幸にもこの最初の重要な作品は失われてしまったようだ。アイリーンの回想によれば「このスクリーンはイギリスへ船便で運ばれ、その後最終的にはカナダかオーストラリアにいった」ということだ。写真が二枚残されている。それは一九二四年のオランダの雑誌「ヴェンディンゲン」と一九一七年のイギリス版「ヴォーグ」八月号掲載の「漆の芸術家」という論文である（「ヴォーグ」誌の編集者マッジ・ガーランドはアイリーンの家族を通じて彼女を知っていて、パリに出向いて彼女の作品を見て文章を書いている）。写真の説明によれば「このブルーの漆塗りの美しいスクリーンは非常にシンプルなデザインだが、強い印象をあたえる。擦る工程に、樹脂と色の混ぜ方に、そして微妙な感じの装飾的線によってそれらの効果が生みだされる。それはグレイだけが知ることなのだが、そのできあがりはこれを見るすべての人にとって不思議なものだ」。この論文はさらに次のように続けている。「彼女は仕事のむずかしさに魅了されてしまい、もう一点（スクリーン）つくった。その後テーブル、椅子、その他の小品を漆を使ってつくっている」「ヴォーグ」誌に掲載された他の数点の作品も、もっと前につくられたものである。それは中心に銀色の星が浮かんだいくつかの占星術の記号を想わせる四角形のテーブル天板と、グレーの木の葉形が浮かぶ黒い池のなかで白い魚が泳いでいるサンドグレーの丸テーブルである。パネル作品のなかには、グスタフ・クリムトの作品から影響を受けているように思われるものもある。クリムトはブリュッセルにあるヨーゼフ・ホフマン設計の評判の建物、ストックレー邸の壁面装飾をしている。

三年後「ハーパーズ・バザー」誌は「パリ、ロンドンでは、漆塗りの壁と家具が古来の偶像にとってかわった」というセンセーショナルなタイトルをつけて次のように報じた。「いまパリでは、いつも誰よりも先に新しいもの、芸術や芝居を認めることになっている社交界の人びとのあいだで漆を使って制作する芸術家が熱狂的な人気を呼んでいる。アイリーン・グレイがこの取り扱いのむずかしい素材を使った最初の作品を展示したとき、パリの洒落者たちがまず注目した。そうして話題となり、激しい勢いで知られていった。それは新しく眼に見えて斬新であり、そうしてあまりにも高価だった。いわば、一夜にして漆は熱狂の的となったのだ」。この単純化して書かれたアイリーンの成功の記事はまったく事実に沿っていない。彼女の成功はけっしてそのような瞬間的なものではなかった。

一九一三年、アイリーンは数点の作品を第八回装飾芸術家協会展に招待出品している。彼女が出したのは数点の漆のスクリーンで、そのうちの一点が *Om Mani Padme Hum* である（このスクリーンの標題は仏教の祈りの六音であり「ようこそ、蓮のなかの宝よ、ようこそ」という意味をもつ）。銀と黄色の漆の書斎用のスクリーン、帯状装飾も出展された。彼女のデザインした作品が一般の人たちの眼にふれたのはこのときがはじめてである。これはまたフランスの最高のデザイナーと並ぶプロフェッショナルとして彼女を権威づけ

AN ARTIST IN LACQUER

Some of Us Paint Miniatures, Weave Strange Tissues, or "Do Things With a Pen," But Miss Eileen Gray Chooses Lacquer As a Medium of Expression

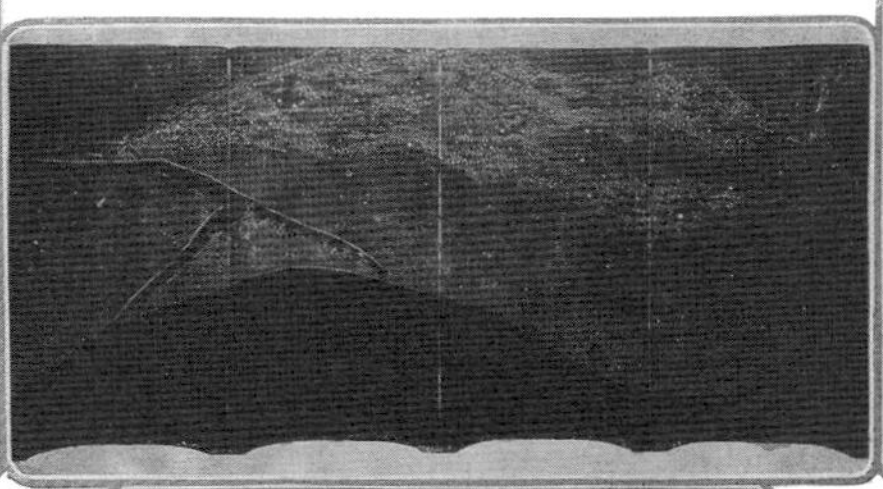

What is the mystery which impels? What desire sways these strange figures? This door when completed—the illustration represents only a part of the design—will be more than usually interesting. Miss Gray who is a successful artist in "oils," fascinated by the difficulties of lacquer, now gives it her undivided attention

(Centre, above) This beautiful screen of blue lacquer is very simple but most effective in design. By what process of rubbing, by what mixture of resin and colour, by what subtle feeling for decorative line her effects are produced, only Miss Gray knows, but the results are here for all to wonder at; for all to covet

Influenced by the modernists is Miss Gray's art, so they say. But is it not rather that she stands alone, unique, the champion of a singularly direct free method of expression, and for this she has chosen the strange medium of lacquer. This design for a table-top, which dimly suggests the zodiac, is palely illumined by a silver planet

(Left) There is something Japanese in the spirit of this sand-grey table-top, where white fishes dart about a black pool, in which float strange grey leaf forms. Best adapted to lacquer are flat surfaces carefully covered with cloth or silk before the resinous gum is applied, thus rendering the grain of the wood for ever invisible

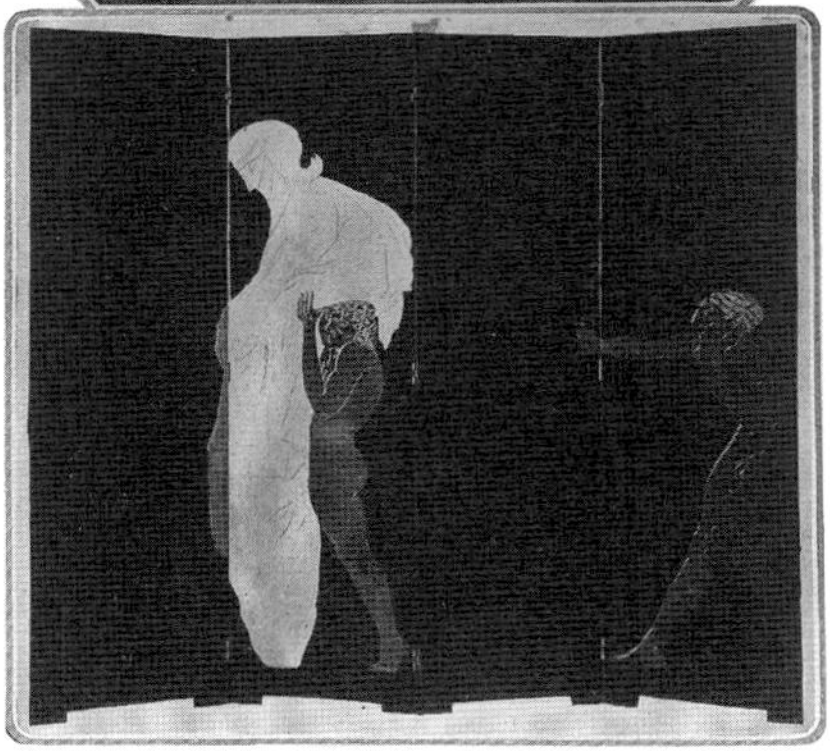

SOME of us paint miniatures. Some of us, as Kipling puts it, "do things with a pen." Some of us weave strange tissues on hand-looms. Suspecting ourselves of histrionic ability we aspire to the stage, or cherish secret hopes of one day figuring in politics. But not one of us—is there, indeed, one other?—has chosen, as has Miss Eileen Gray, lacquer as a medium of expression.

For years a successful artist in oils, it was in search of a new medium that Miss Gray opened, as it were, a lacquered gate and entered a new field. Her first production was a lacquered screen, and then, fascinated by the difficulties of the work, she made another; afterwards designing tables, chairs, and other objects which she executed in lacquer.

Artists saw her work and pronounced it good. Collectors saw it and added specimens of Miss Gray's lacquer to their collections. No less a person of taste than Doucet purchased the screen shown in the centre below. Very striking in colour is this screen, which is done in brilliant red lacquer. The nude figures are rendered in dark blue with just a suggestion of silver in the outline, which throws the figures slightly in relief, and the draped, mysterious figure is done in silver.

By what process of rubbing, by what mixture of resin and colour, by what subtle feeling for decorative line Miss Gray produces her effects, only Miss Gray knows; but the results are here for us all to wonder at, for us all to covet.

The difficulties of the work are great. Best adapted to lacquer are flat surfaces, which are carefully covered with cloth or silk before the resinous gum is applied, thus rendering the grain of the wood for ever invisible. Then—but it is forbidden to write of the manner in which colour is mixed with the gum, which, by a process of rubbing and drying—and lacquer perversely dries best in a damp atmosphere—results in the mirror-like, flinty surface we know so well.

Miss Gray is an artist of rather an extraordinary sort, expressing herself sometimes with a terseness which is almost Japanese, as in the sand-grey table-top reproduced in the centre of this page, where white fishes dart about a black pool in which float strange grey leaf-forms. Again, as in the design for a door shown at the left above, she stirs the imagination. This door when completed—the illustration represents only a part of the design—will be more than usually interesting.

All the shades of blue, made brilliant by much polishing, appear in the curious design for a table-top reproduced at the right above. This design, which dimly suggests the zodiac, is palely illuminated by a silver planet. Of blue lacquer again is the screen, still in an unfinished state, shown in the centre above, where dark blue mountains rear themselves against a paler blue heaven, across which streams a milky way of silver stars.

A. S.

(Left) A person of no less taste than Doucet purchased this screen. It is very striking in colour, being of brilliant red lacquer, with nude figures of dark blue, and just a suggestion of silver in the outline which throws them slightly into relief. The draped mysterious figure is done in silver

アイリーンを紹介した「漆の芸術家」、イギリス版「ヴォーグ」1917年8月号。
中央上に大型四曲スクリーン「銀河」、最下段にジャック・ドゥーセ購入の「運命」
（1913年ごろ。本書口絵4-5ページ参照）

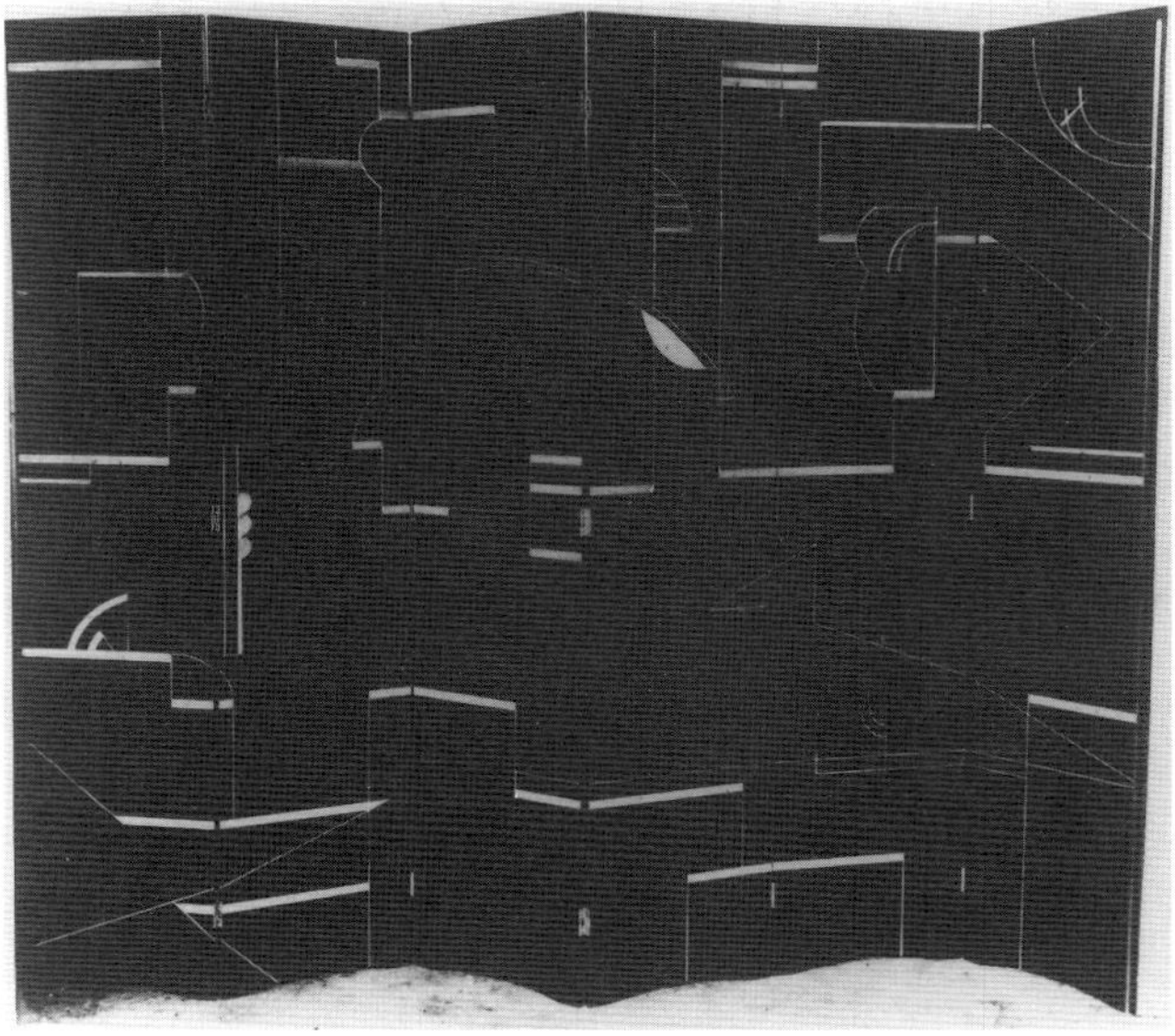

六曲のスクリーン（1912–15年）。こげ茶の漆で彫り口は黄褐色

ることになった。ジャック＝エミール・リュールマンははじめてこの同じ展覧会に家具を出品した。これによって彼はもっとも人気のある高級家具デザイナーとしてただちに名声を得ることができた。家具作品を初出品したもうひとりの芸術家はロベール・マレ＝ステヴァンだった。彼は音楽室と玄関ホールを出品した。アイリーンはまた一九一二年ごろつくった「夜の魔術師」という標題の、ブルーと赤の漆のスクリーンを出している。その作品は一九一三年三月号の「アール・エ・デコラシオン」誌に掲載されている。同誌は「グレイはすばらしい素材である漆を使い、おもしろい変わった暖炉、帯状装飾、書斎用スクリーンをつくった。彼女の出品作を見ればこの美しい技術がわが国の装飾芸術家たちにさほど認められていないのが残念に思われる」と書いている。

　彼女の作品を見にきた「洒落者たち」のあいだで、後に彼女の顧客になる三人の有力者がいた。子爵シャルル・ド・ノワイユ、有名なクチュリエ、ジャック・ドゥーセ、そして別名クレルモン＝トネール公爵夫人として知られている作家のエリザベート・ド・グラモンである。公爵夫人は有名な社交界の花形で、ガートルード・スタインやナタリー・バーネイと友人だった。プルーストのゲルマント公爵夫人は彼女をモデルにして書かれた。彼女は左翼思想教育を受けていたので「赤い公爵夫人」としても名が通っていた。ほとんどの人が「リリー」として知っていた。アイリーンは彼女のことをいつも、名前のトネールを「稲妻（トネール）」ともじったり、新しいものならなんでも吸収する強烈な情熱の反映として「嵐」だと言っていた。エリザベート・ド・グラモンはアイリーンの作品を大変高く評価し、アイリーンについての論文（『芸術論集』一九二二年所収）をフランスでもっとも早く書いた。

　アイリーンの顧客で最初の重要人物はジャック・ドゥーセだった。フランスのファッション王である彼がつくった洋服はプルーストの小説のヒロインたちの憧れだった。しかしながら、ドゥーセはパリで有名な権威あるクチュリエだっただけでなく絵画、家具、稀覯本の熱心なコレクターでもあった。彼は偉大なコレクターとして歴史に名が残るような人だった。このような眼が利く愛好家を後援者としてもつことは実際きわめて栄誉あることだった。彼はもっともめずらしくて美しいものを手に入れたいとつねに思っていると評判の人物なのだ。ドゥーセは、アイリーンのブルーと赤の漆塗りスクリーン「夜の魔術師」を一九一三年のサロンで見ている。そして彼はすぐにこの作者に会いたいと思った。数日後、彼はボナパルト通りにやってきた。アイリーンは「ちょうど大型四曲スクリーン（後に「運命」として知られている）の最後の仕上げをしているところだった」と自身で記憶している。それは、小さな人物が、大きな重そうな人物を担いでいるもうひとりの人物を見ているという寓意的な場面が描かれていた。アイリーンは、よく知られたパリのサルペトリエール病院で見た狂人が描いたドローイングに心を捉えられていた。彼女はモティーフを写し、さらに濃い赤の地に錫を使って「もうひとりの人物を加えた」。

　彼女は異なる色彩や色調をつくりだす試みを続けていく。彼女は最初の助言者であるチャールズのいるロンドンへ、自分がもっとも気に入っているブルーの色について尋ねる

「夜の魔術師」または「魔法の森」（1912年ごろ）。青と赤の漆塗りパネルに蓮の花をもつ古代風の人物が描かれている

「運命」（部分）

手紙を何度も書いている。そしてチャールズや他の漆工芸家に、その色は漆では出せない、いつもグリーンが滲みだして勝ってしまうということを教えられた。彼女は持ち前の頑固さで、どうにかしてブルーを出そうと試みつづけた。一九一三年、チャールズは彼女にペルシャンブルーを粉末でなくチューブ入りのものを使うように言った。アイリーンはさらに実験を進めるうち、とうとう彼女がほしかったブルーが出せる「新しい化学物質」を見つけたことを憶えている。アイリーンは喜んだ。彼女はおおよその予測を打ち負かしたのだった。彼女は何度もこの濃いブルーを使った。この色が「夜の魔術師」を見たドゥーセを魅了したことは明らかである。アイリーンによれば、彼は「運命」を五〇〇〇フランで買った。

　愛する女性の死後、一九一二年にドゥーセは十八世紀の家具、骨董、絵画、素描――シャルダン、ブーシェ、ワトーの作品が含まれていた――のコレクションすべてを売り払ってしまった。売り出しの前にパリの名士たちはスポンティニ通りの豪華な邸宅へその財宝を見に行った。彼がゴルフに出かけているあいだに一三〇〇万フランという途方もない値がついた。彼はスポンティニ通りの家を引き払った。急な引っ越しを決心させたのは、愛あふれる暮らしの思い出がつらいだけでなく彼が自分の時代につくられたものに囲まれて暮らしたいとの望みを認めることでもあった。

彼はポール・イリベにボワ大通り四十六番の新しいアパルトマンの内装を頼んだ。そのときすでにもうひとりの大人気の服飾デザイナーだったポール・ポワレの友人であるイリベは画家として仕事を始めていたが、「ル・テモアン」や「ラシェット・オ・ブール」といった雑誌のイラストレーターとして知られていた。ポワレのオートクチュール店のために描いた彼のイラストレーションは、ファッショナブルな顧客に送られていった。後にイリベは自分のメゾンを開き、自作の家具、壁紙、生地を売った。ドゥーセのアパルトマンの内装をするのに、イリベはピエール＝エミール・ルグランという若いアシスタントを雇った。イリベはドゥーセのための家具のデザインを何点かアイリーンに依頼し、アイリーンはルグランに会うことになった。ルグランはアイリーンの仕事を非常に称賛し、タシャール夫人、モーリス・マルタン・デュ・ガール、ノワイユ子爵ら、他の顧客にも推薦してくれた。パリで大流行していたアフリカ美術を好きだという共通点から、アイリーンはルグランを気に入っていた。彼女は自分で漆の地の上に貝を嵌めこんだ眼をもつ小さなアフリカ人像と、みずからグレーに塗ったアフリカの仮面を、生涯を終えるまで持っていた。

エリザベート・ド・グラモンは回想記『船員の時代』第

ジャック・ドゥーセ

クレルモン＝トネール公爵夫人
（ロメイン・ブルックス画、1924年ごろ）

ロンドン、セントジェイムス通りのドゥーセのスタジオ（家具はボワ大通りのアパルトマンから移された）。
左の壁にルソーの「蛇つかい」、中央にアイリーンの丸テーブル（本書口絵6ページ参照）

一巻で、ドゥーセを次のように書いている。「お金という言葉をけっして言わないレディがいるとその人のために服をつくった。彼のお金の使い方は高貴だった。彼は絵画、家具、書物、写本に囲まれて暮らしていた。彼はかなりの確信をもって現代美術へと関心を移していき、洞察力に富んだ嗜好で新しい作品を収集した。彼はアイリーン・グレイの漆の作品とアラゴンの新作を集めた」

アイリーンがドゥーセのためにつくった漆作品のうち何点かは初期のもっとも重要な作品である。四隅に房のついた蓮のテーブル。これは房の先には琥珀の玉（アイリーンが大好きだった素材）がそれぞれついている。そして銀と赤の拳玉（カップとボール）のデザインが嵌めこまれている黒天板の小型丸テーブル。このデザインについてはアイリーンは自分がしたのではなく、彼女がつくったテーブルに後になって加えられたと言っていた。ふたつ抽斗がついた明るい赤の小型テーブル、そして「彼が多くの小さな貴重品をすべて入れておいた道具入れで、開けるとブティックみたいな大型ワードローブ」、これは赤とブルーの漆塗りだった。これらふたつともいまはない。

わずか数枚だが、ドゥーセのアパルトマンの写真が残っている。一九二五年一月号「フェミナ」誌では「モダンアートの神殿」と呼ばれ、その記事といくつかの部屋の写真が掲載されている。まずラリックのクリスタルガラスが嵌まったドアを開けてなかに入る。アイリーンのテーブルはマルセル・コールのソファ、ポール・イリベのチェスト、まだ無名だったジャン・リュルサのカーペットとともに中心に置かれていた。最新刊のジャック・ドゥーセの評伝(フランソワ・シャポン『ジャック・ドゥーセの秘密と栄光 一八五三―一九二九年』)にはこの有名なアパルトマンのさらに詳しい記述がある。「ポワレが考案したダイニングルームには、アトリエ・マルティヌ制作のクリスタルガラス製の果物と花で満たされたフルーツバスケットを模したランプ……フォコネ制作の漆塗りスクリーン……イリベのデザインのアームチェア……があり、モザイクの床にはたくさんのクッションが置かれ、部屋のまんなかには波が固定されたように輝くテーブルが巨大なクリスタル製の魚影を映していた。このテーブルは非常にシンプルな楕円形だが、高価な木製だった」。アイリーンとこの注文主は、高価な材料をとくに好むという共通点があった。ドゥーセの注文を受けた多くの芸術家はすべてもっとも高価な材木である黒檀や斑紋のある木および、とくに漆のような高価な技法を使うように勧められた。

ドゥーセの写本原本、稀覯本、印刷物の膨大なコレクションは、パリで有名なジャック・ドゥーセ文書館の基礎となった。彼の死亡時には十万点の版画、二千点の写本、および記録文書集、十五万点の写真が所蔵されていた。近代絵画のコレクションは伝説的だった。彼はピカソの「アヴィニョンの娘たち」、税関吏ルソーの「蛇つかい」を持っていた。戦後彼はふたりの若い無名の男アンドレ・ブルトンとルイ・アラゴンを雇い、並ぶもののない近代美術のコレクションをつくりあげた。近代絵画のコレクションを新しい額縁に入れようとしたドゥーセは、そのためにもっとも洗練されたデザイナーに注文した。ステンドグラス制作者のエティエンヌ・クールノウがブラックの額制作を受けた。ルグランが五点のピカソを引き受けた。イリベはマネの作品に茶色の漆塗りの額をつくった。ローズ・アドレールはピカビアの水彩作品のために金属と金色の皮製の額をつくった。アイリーンはヴァン・ゴッホの作品のために漆塗りの額を注文されたが、彼女には「つまらない」仕事だった。彼女はかなり頑固だったはずだから、顧客との関係はけっして最良ではなく、あるいは少なくとも耐えようとしてはいなかった。彼女は、ベルベットのジャケットをいつも着て、顔半分が白い髭で隠れていて、少々傷つきやすいチャーミングで穏やかなドゥーセに対しては不満はなかった。しかし彼女は彼をスノッブだと考えていたし、ドゥーセは彼女がデザインした何枚かのドアパネルが雑誌に掲載されたのを見て、注文を取り消してしまった。「彼は自分より前に他の人に見られるのは我慢できなかった」。また別のときには、「わたしが写真を撮る時間がないように、作品を運び去ってしまった」。

アイリーンは作品にサインするのをいつも断っていた。プライドと謙遜が混じった気持ちから、ドローイングにさえサインがない。ドゥーセが買ったスクリーン「運命」はサインがついているめずらしい作品である。いつもはしないこの譲歩は、注文主が強く望んだからにちがいない。

ドゥーセは非常に強く注文をつけることで知られていた。芸術家は彼の要求に従わなければならなかった。アンドレ・マッソンはドゥーセが以前買った絵に鳥を一羽描き加えるように言われたし、マックス・エルンストは絵のなかの五つの壺のうちふたつを移動するように言われた。蓮のテーブルに絹の房をつけさせたのはドゥーセのアイディアだった。アイリーンはいやいや従うしかなかった。彼女はつくってから五十年後の展覧会で、ふたたびそのテーブルを見たとき、「はさみを持っていたら、あの忌まわしい房を切りとってやったのに」と言った。彼女は干渉にいつも怒っていた。その後の人生でドゥーセを非難するように語らせたのは、ほかでもないこの理由からである。彼はアイリーンが嫌った「世俗的」世界のすべてに対して責めを負うべきなのだった。彼女は雑誌のインタビュー（「コネサンス・デザール」一九七三年）にやや厳しい口調で、ドゥーセの趣味はありきたりで「洋服屋の趣味」だと言っている。彼女にとっては「古い伝統的な十八世紀風インテリアをわずかに現代風に変えた、たんに混乱しているだけ」のドゥーセの最初のアパルトマンには反感をもっていた。彼女は一定の距離を保っていた。彼女にとってドゥーセはつねに「ムッシュ・ドゥーセ」であり、彼の顧客たちのあいだで呼ばれていたような「ムッシュ・ジャック」ではなかった。

容赦しない彼女の言葉は、ドゥーセが代表する彼女とはなんの共通点もない皮相的で束の間のシックな世界にむしろ向けられている。彼女は堂々たる老人としてのドゥーセに、腹を立てることはできなかった。彼は彼女の家具を最初に注目し買ってくれたのだ。ポール・ヴァレリーはこう書いている。「嗜好の多様性を予見する力についてドゥーセ以上の者はなかった。さらに、これから伸びる才能を援助することで文学、芸術のすべての領域でのもっとも力強い実験を支えた」。よくいわれているようにドゥーセがアイリーンを見いだしたというのは真実ではないが、この名高いコレクターが作品を買ったことで彼女の作家としての道が開かれたのである。

ドゥーセはデザインに対してたしかな眼をもっていたし、

ドゥーセの「東洋美術陳列室」。中央右手にアンティークのブロンズ作品を載せたアイリーンの蓮のテーブル（本書口絵6ページ参照）

才能を発掘することに非常に優れているのをみずから誇りにしていた。大戦中の一九一七年に、彼は負傷したピエール＝エミール・ルグランに製本をやってみるよう勧め、ルグランは有名な製本家になった。一九一九年のアンデパンダン展で、ドゥーセはハンガリー人ギュスタヴ・ミクロスを見いだし、品物やカーペットのデザインを依頼している。一九二三年にはアンドレ・ラングランとともに装飾芸術学校で製本を学んでいるローズ・アドレールを見いだし、テーブルのデザインを任せた。一九二五年の装飾美術展では彼は誰よりも早くマリー・キュトーリの即売所で若いデザイナー、ジャン・リュルサの敷物を買っている。一九二六年から一九二九年にドゥーセは、彼が手に入れた新しい家具や近代絵画を管理するために「スタジオ・モデルヌ」をつくるのに夢中になっていた。彼は建築家のポール・リュオーに頼んで彼の妻所有の屋敷の中庭に別棟をつくった。後に「アールデコ」と呼ばれるものとして注目すべき神殿であるこの建物は、すぐに取り壊された。わずか数枚の写真が残っているだけである。ドゥーセはこの建造の指揮をとった。それにはジョゼフ・クサキーがつくったガラスと、鉄の入口と階段がついていた。イリベは映画のセットの仕事でアメリカへ行っていたので、ルグランがスタジオの家具配備の世話をしたが、いわゆる東洋美術陳列室で、モザイク床に金の鋲を打った牛革張りの壁の部屋となった。自作のと、彼が選んだデザイナーの家具とでルグランはまさにめったにない趣味の室内をつくりだした。彼はみずから多くの作品をデザインし、アフリカ産の材木でつくった。その部屋はモンラート設計の光る天井がついていた。金属に嵌めこんだルネ・ラリックの特大のガラスドアがあった。他にドゥーセのスタジオのために作品をつくったデザイナーはアンドレ・グルー、マルセル・コール、ローズ・アドレールだった。リュルサ、ミクロス、ルイ・マルクーシのカーペットが敷かれていた。

ドゥーセはそのスタジオにアールデコの家具コレクションをほんの少ししか入れなかった。コール作の「カナペ・ゴンドル（ゴンドラ型長椅子）」、ルグラン作のスツールが数脚、アイリーン・グレイの蓮のテーブルと同じく拳玉模様小テーブルだけだった。そのスタジオはドゥーセが近代芸術とデザインの真髄であると考えたものが入っていた。

一九二九年、スタジオ完成後すぐにルグランが死に、ドゥーセも世を去った。

一九三〇年、「リリュストラシオン」誌に、ドゥーセのスタジオの数枚の写真つきで長い記事が載った。写真にはブランクーシの彫像やデ・キリコ、マックス・エルンストの絵画に囲まれた東洋風陳列室のまんなかにアイリーン作の房つきテーブルが見える。アンドレ・ジューバンが書いた記事はアドレール、グルー、コール、ルグランらの家具にはふれているが、アイリーンの名前はどこにもない。

ドゥーセの友人でもこのスタジオを見たものはわずかだった。それはインテリアデザインの歴史のなかでほとんど神秘的ともいえる評価を得たし、一九七二年におおかたの家具が売りに出されたことが広く報道されると、大変な評判になった。このセールはまたアイリーン・グレイのコレクターたちの興味をも引いた。

一九一三年にドゥーセが最初にスクリーンを買ったことがアイリーンのプロフェッショナルとしての自立を助けただけでなく、新しい友人や顧客をもたらした。アイリーンには少なくとも新素材を使って新たな試みをしたいという内なる欲望を充たすような何か価値あることをなしとげた満足感があった。

アイリーンはしばらくロワイエ・フラーやゲイビー・ブロッホたちとじつに頻繁に会って過ごしたが、例によって派閥的な行動にあきあきして仲間から脱けてしまった。「わたしは仕事に集中するために行かなければならなかった。オーストリアの王位継承者フェルディナント大公が暗殺される（一九一四年六月二十八日）数週間前にサラエボに向かった」と彼女は記憶していた。アイリーンはいくつかの点で伝統的で古くさくさえあっても新しい場所を切望し、つねにわかろうとすることにおいては近代的であった。「自由のための戦いとはつねに自由があるという以外はない」とは、彼女がイプセンからゲオルグ・ブランデス宛の手紙「自由を長く得ようと努力すれば、それは広がっていく」に書き留めた言葉である。とにかく、第一次世界大戦はすべての人びとの生活に多くの重要な変化をもたらした。アイリーンも例外ではなかった。

第一次世界大戦

一九一四年七月二十三日、オーストリアはセルビアに最後通牒を通告した。八月一日、ドイツがロシアに宣戦布告した。ガートルード・スタインは次のように書いている。「一九一四年の春から初夏に人生はすべて終わった」。大戦が始まったとき、アイリーンは三十五歳だった。彼女の家族はすぐに実家へ戻るようしきりに勧めた。しかし、彼女の家はいまやパリだった。そしてまた彼女はドゥーセの注文した作品を数点制作中だった。しかし、戦争に伴って起こる耐乏生活によって、高価な室内デザインはすぐに需要がなくなった。

戦前のパリは完全に国際都市だった。いまや人びとは忠誠を証明しなければならなかった。すべての者が極端な愛国者になり、侵略者ドイツへの全体的憎しみをあらわさねばならなかった。リヒャルト・ワグナー通りはゲルマン語の痕跡を消すために改名され、オー・デ・コロンもオー・デ・ルヴァンと言われるようになった。

開戦してただちに人びとの暮らしは犠牲を強いられた。救急車を運転することが、外国から来ている作家や芸術家のあいだでさかんにおこなわれた。E・E・カミングス、アーネスト・ヘミングウェイ、ジョン・ドス・パソスらが救急車を運転するためにアメリカから来ていた。女性も一緒だった。ガートルード・スタインとアリス・B・トクラスは古いフォード（レディ・ゴディヴァと呼ばれた）を引っぱりだし、ロワイエ・フラーとゲイビー・ブロッホたちも救急車の一種を乗りまわした。別の救急隊にはミシア・セール、ポール・イリベ、ジャン・コクトーらがいた。そしてアイリーン、エヴリン・ワイルド、ケイト・ウェザビーがその仲間に加わっていた。これは彼らが滞在している国に対する忠誠を示すひとつの行為だった。アイリーンのような外国人が公然とそうするのも同様だった。というのは、アイリーンもすぐに経験したのだが、フランス人でない者への疑いが現実となるとスパイされるようになってしまうからであった。おびただしい量の外国人を告発する手紙が地方警察へ寄せられた。フアン・グリスは画商のカーンワイラーへの手紙で次のように書いている。「どこの国の人間であれ、すべての外国人がどんなにひどく疑われたか、あなたには想像できないでしょう」。ドイツ生まれのカーンワイラーは、戦争が始まったときにはイタリアにいた。彼は敵国の在留外人として殺されるのを逃れるためにスイスへ行った。彼のコレクションはフランス政府に没収され、戦後パリで公売にかけられた。

ルネ・ラウル・デュヴァルは在仏英国総指令部で通訳として働いていて、アイリーンと友人を、シャンゼリゼに開業した病院を経営していた正規の看護婦マダム・アルシュディコンのところで救助要員の仕事をするよう世話してくれた。彼女たちは前線から汽車で送られてくる負傷兵をオーベルヴィリエ＝ラ＝クルヌーヴ駅で迎え、クレルモン＝トネール公爵夫人が管理するいろいろな戦時病院へ運ばなければならなかった。護送の様子は恐ろしいものだった。血の匂い、腐臭、そして若い男たちの苦しみなど耐えがたかった。彼女たちは十二時間後にわずかな睡眠をとるために交代するまで、昼も夜も働きつづけなければならなかった。アイリーンは、エヴリンが指図して負傷兵収容のために徴用された屋敷の床を磨いたことを憶えていた。ある晩、アイリーンの車はふたりのスパイ捜索をしていた憲兵に止められた。後部座席に苦しんでいる兵隊がいるにもかかわらず、アイリーンは何時間も待たされ、ついには彼女も怒ってしまった。そしてやっと彼女は、負傷兵を病院へ運ぶことを許可されたのだった。

エヴリン・ワイルドは一九一五年までにはイギリスに帰り、緊急基金をつくってフランス軍のために資金を集めた。彼女は物資を満載した車を運転してフランスへ戻り、兵隊たちに分配した。ケイト・ウェザビーはフランスの農業計画にかかわっていて、南フランスへ行っていた。アイリーンは突然パリでひとりでいる淋しさを感じた。また、彼女は自分の奉仕活動がもはや必要でないとも感じていた。救急車を運転する女の人は大勢いた。じきに召集されるはずの息子と一緒の母親は、彼女にイギリスに戻ってほしいと懇願していた。一九一五年末、アイリーンはフランスを離れる決心をした。彼女は菅原精造を連れていった。彼女たちは仕事を続けられるように、できるだけ多くの道具とまだつくりかけの家具を数点車に積みこんだ。ボナパルト通りとゲネゴー通りの家には鍵をかけた。アイリーンと菅原、そして運転手は混雑するフランスの田舎道を走る長く退屈な旅に出たのだった。

ついにロンドンに着いて、彼女はチェイン・ウォークに家を借りた――空き家の道具屋で、裏に菅原が寝られる部屋がついていた。アイリーンは当然ケンジントンにある母親のタウンハウスで暮らさなければならなかった。自由に過ごした数年後に、また母親と暮らすことでどうなってしまうかは簡単に予想できる。だがさいわいにも母親は、ほとんどアイルランドのエニスコーシーにあったカントリーハウスにいた。

イギリスにはほとんどわずかな友人しかいなかったから、アイリーンはできるかぎりの時間を小さな工房で過ごした。彼女は必死になって家具の注文者を探そうとした。一九一七年の「ヴォーグ」誌で大変な称賛を受けたにもかかわらず、一点も売れなかった。アイリーンはイギリス人の好みが豪華で洗練されている彼女のフランス人顧客とははるかにかけ離れていることに気づいた。ロジャー・フライのオメガ・ワークショップや、ブルームズベリ地区の他の家具屋でつくられている、より質素で平凡な木製品がまだ好まれていた。彼女が売ろうとしたものはすべて「コウノトリの脚がついたふざけたテーブル」と思われた。高価な家具を売るのは困難な時代だったのだ。ドイツ軍は潜水艦で封鎖してイギリスへの食料補給路を断ち、多くの食品が不足した。灯火管制がおこなわれ、頻繁なツェッペリンの空襲があった。誰もができるかぎりなんとかやっていこうとしていた。クリスティーズは赤十字のための芸術品販売会を開き、戦争協力のため所得税が数シリング上がった。

個人的な苦しみもあった。アイリーンは母親とふたりの姉と一緒に、召集されて入隊する兄のジェイムスに別れを告げるためにティルブリーへ行った。彼は戦争で受けた怪我がもとで一九一九年に死んだ。

アイリーンは惨めさと絶望的な孤独を感じていた。彼女はパリの友人たちに会えなくて淋しかった。とりわけ彼女が雇っていた職人たちとパリの工房の活気に満ちた雰囲気が懐かしかった。一九一七年には彼女はフランスへ戻ろうと決めた。彼女は母親に別れを言うため車でエニスコーシーへ行き、それから菅原とのフランス行きの苦しい旅が始まった。

パリはかつてないほど寒い冬だった。通りには雪が積もり、薪や石炭もまったくなかった。しかし、アイリーンはまたわが家に戻った気分だった。彼女は工房を再開した。ロンドンからみればパリは生気にあふれているようだった。シャトレ劇場ではピカソが舞台デザインをし、マシーンが振付をしたバレエ『パレード』が上演され、アポリネールは新作戯曲『ティレジアの乳房』を発表した。翌年の終わり、つまり一九一八年十一月十一日停戦協定が結ばれた。はじめてパリは、フランス軍が備えつけた何百という投光機によって照らしだされたコンコルド広場を見たのだった。

一九一九年、アイリーンの母親が他界した。アイリーンは葬式のためにアイルランドへ帰った。彼女が「屋敷」を見たのはこれが最後だった。母親との奇妙な絆も終わった。反抗的で、慣習のようなものにはむかってきたが、また安らぎを心から切望していた娘が最後になすべきことだった。彼女は争うつもりはなかったから母が期待することをよくしてきた。彼女の母親は、娘にとって重要なことならすべてわかっていると言い張っているようだった。実際には彼女はアイリーンのことを少しも知らなかったし、理解するなどなおさらできなかった。

一九二〇年代へ　ロタ通り

実際、アイリーンがふたたび戻ったパリは、彼女が知っていたそれまでのパリとはまったく違っていた。戦争は終わったが、とくに若者には大変な犠牲者が出た。しかも多くの芸術家が含まれていた。アポリネールは死んだ。ブラックは負傷し、ピカソとマチスはパリを去った。人びとの心は人間らしい暮らしを失った気持ちでいっぱいだった。贅沢のためのお金はなかったが、戦争中の耐乏生活が終わって、人びとはそんなことは忘れたがっていたし、楽天的な雰囲気もみられた。

レストランや劇場が再開し、新聞、雑誌はキオスクに並びはじめた。フランスのインテリは彼らがもっとも気に入っている気晴らしをまた始めた。文学談議である。一九一九年十二月にはゴンクール大賞がマルセル・プルーストの『花咲く乙女たち』にあたえられた。とくにアメリカやイギリスから多くの新しい人たちが来ていた。パリはすぐにまた流行をリードし、ポンドやドルを持った人たちが浪費するところになり、暮らしはふたたび安楽なものになった。一九二〇年には八十万人のイギリス人と五十万人のアメリカ人が訪れた。続く数年間、パリの街は外国人であふれた。そのなかに非凡な個性と才能をもった女性たちがいた。シルヴィア・ビーチ、ケイ・ボイル、ジャネット・フラナー、ナンシー・キュナードである。職業をもった女性はもはやめずらしくはなかった。勇ましく負傷兵の世話をしたり、男性の代理をつとめたりした女性たちは、いまさら彼女たちが新たに見いだした特権や義務を簡単に放棄することはなかった。その後数年間のアイリーンの活動のためになるような社会変革が起こったのである。一九二〇年までのパリはずっと以前と同じように感じられたし、そのようにみえていた。シャンゼリゼ劇場ではジャン・コクトーがフランシス・プーランク、ジョルジュ・オーリック、エリック・サティ、ダリウス・ミヨーの音楽つきで上演した。マックス・ジャコブはロシア・バレエの初日のチケットを買おうとして車に轢かれて病院で死んだ。金持ちは以前のように着飾り、イギリス国王夫妻訪仏のおりには駐仏大使ダービー卿主催でパリの名士たちを呼んだ大規模なレセプションが開かれた。それは贅沢で豊かな時代の幕開けだった。たしかにすべての人たちというわけではないが、中産階級にとっては暮らしは予想以上に上昇していた。モンパルナス大通りにはむかしのような雰囲気はまったくなくなってしまい、とくにドーム、セレクトといったカフェもなくなり、芸術家にとっての伝説の古都バビロンのようなものになった。すぐに最初のナイトクラブが開店した。バル・ネグロ、ジャングルといったジャズ演奏つきのクラブは戦前のカフェシアターやミュージックホールとはまったく違っていた。「びっくりパーティ」とか「神経衰弱」のようなまったく新しいヴォキャブラリーができていた。一九一八年、ル・コルビュジエはアメデ・オザンファンと共著でピュリスト宣言『キュビスム以後』を出版した。この本は一九〇八年のサロンのときはじめて使われた「キュビスト」という言葉を普及させるのに一役買った。この語はいまや一般社会のヴォキャブラリーに入り、作家モーリス・サックスによれば非常に特別な場合にも使われている。「彼はちょっとキュビストっぽい」——少々性的にはめをはずした若者をこういう。あるものはキュビスムを良家の娘がもった庶子だとして非難し、トロツキーの信奉者は「もうひとりのキュビスト」として歓迎された。

アイリーンはもうむかしのようなお高くとまった女の子ではなかった。彼女は世間に知られた四十歳の女性だった。彼女は美術展のオープニングに行ったり、チャップリンの最初の映画やロベルト・ヴィーネの『カリガリ博士』を見に行ったり、そしてダダやその他パリのイベントを見て笑ったりしていたのだろう。かなり後になって、海岸を梱包するクリストの労作の話を聞いたとき、アイリーンは「自然がもはや美しさを欠いているから」とディエップの断崖を青く塗るよう要求したピカビアを思い出した。

そこかしこで変化が起こった。ウジェーヌ・フレシネの設計によるパリの格納庫つき新空港がオルリーにできた。変わったのは大都市ばかりではなかった。小さな漁港だったリヴィエラは、フランス社会でむかしからの避暑地だったドゥーヴィルやトーヴィルよりも人気が出はじめた。人びとはサントロペやサント・マキシムを話題にしはじめた。

繁栄が増すとともに、生活様式を変えたいという欲望が起こってきた。余裕のある者は、家やアパルトマンの模様替えをした。何世紀にもわたって同じ家具で暮らしてきた人たちは、内装屋に頼んでベッドルームをエジプト風寝室に変えたりした。オットマン、吊りランプ、錦織などが置かれた金持ちのアパルトマンは、まるでヨーロッパ版『千一夜物語』だった。

アールデコと後に呼ばれる新しいスタイルが生まれたが、アイリーンはこれを嫌っていた。このスタイルは、よくいわれるがアールヌーヴォーに対する反作用としてではなく、さまざまな傾向から育ってきた。つまり、贅沢な材料がわかってきたことや、ロシア・バレエによってかきたてられたオリエンタリズム、アフリカ趣味と現代美術としてのキュビスム、さらには小さな部屋向きにつくられたシンプルな家具が必要だったことによるのである。しかし、どんな理由であっても、みずからフランス社会の趣味を先取りする者を自認する人たちによって採用されたスタイルだった。装飾の活力が大々的に見いだされ、そしてそれは服装の流行と同じくらいはかなく、まさにオートクチュールの店へ押しかけるのと同じ人たちがはやらせたのである。

これら流行をつくる人たちの多くは、アパルトマンの内装を有名なデザイナーに依頼した。洋服屋のマドレーヌ・ヴィオネと婦人帽子屋のマダム・アニエスはジャン・デュナンに依頼して住まいを漆塗りの家具でいっぱいにした。服飾デザイナー、ジャンヌ・ランヴァンの客間はアルベール・ラトーが内装をした。クレルモン゠トネール公爵夫人は「現代の贅沢は飽くことを知らない」と書いた。「マダム・シュザンヌや、上流の人たちのあいだではポール・ポワレとジャック・ドゥーセが注目されていた」。戦争前にジャック・ドゥーセのためにデザインを担当した女性を人びとが憶えていたことは間違いない。一九一九年、アイリーンは有名な婦人服サロン「シュザンヌ・タルボ」のオーナーだった裕福なマダム・マシュウ゠レヴィの依頼で、十六街区のロタ通りにあるアパルトマン内装のスケッチにとりかかった。シュザンヌ・タルボはマダム・ジャンヌ・タシャールが始めた婦人帽子店である。一九一七年、彼女は主任販売員だったマダム・マシュウ゠レヴィに店を売った。ピエール・ルグランは、マダム・タシャールのパリのアパルトマンとサン・クロードの屋敷の内装をした。彼はまたピエール・メイエにモンテーニュ通りの邸宅の内装を任せた。ふたりともアイリーン・グレイの顧客になった。ドゥーセとルグランの親しい友人で洗練された眼の利く女性だったマダム・タシャールはアイリーンの仕事を知っていて、マダム・マシュウ＝レヴィに推薦したのも彼女だった。

マダム・マシュウ＝レヴィがボナパルト通りのアイリーンを訪ねてきて数日後に、アイリーンはロタ通りの彼女のアパルトマンへ行った。そこでアイリーンは天井や壁にほどこされた「優美でない」装飾にただちに反感を示した。それにはこの新しい顧客も驚いたにちがいない。というのは彼女はアイリーンのアパルトマンでまったく同じ装飾を見たばかりだったからである。作業が始まると、マダム・マシュウ＝レヴィは彼女のアパルトマンがすべて新しい様子になるのを望み、デザイナーの提案を喜んで受け入れた。それはアイリーンにとってそれまででもっともおおがかりで広範囲にわたる仕事で、彼女は大変な気力をもって没頭した。彼女は家具だけをデザインするにとどまらずにランプ、カーペット、壁かけなど空間全体をつくることができるようになっていた。これが彼女を最終的にはたんなる装飾から建築へと向かわせる展開の最初の一歩となった。ロタ通りの仕事は四年以上かかった。一九二二年にはアイリーンはまだ大型漆塗りスクリーンを制作中で、アパルトマンのホールは一九二四年まで完成しなかった。マダム・マシュウ＝レヴィは三十代の小柄ではつらつとした女性で、要求が強く次々と家具をほしがった。あるとき彼女はアイリーンにバーのスツールを注文した。アイリーンにすればそれは「ばかげたこと」に思えて断った。マダム・マシュウ＝レヴィの嗜好は、当時流行の贅沢で高価な感じなのだった。だが、アイリーンは最終的には贅沢の極みであり、しかもなお他のデザイナーが手がけた室内装飾とは根本的に違った大いなる簡潔さをもつ空間をつくろうとしていたのである。

ドゥーセの最初のアパルトマンがごた混ぜの伝統的インテリアを感じさせるようないろいろなデザイナーの家具が一緒に置かれていたとするなら、マダム・マシュウ＝レヴィのアパルトマンはそれとは似ても似つかぬものだった。そこではひとりの人間の趣味とスタイルが実を結んでいた。ピエール・シャローが「ガラスの家」（一九三二年）のすべての内装をデザインする十年以上も前に、アイリーンはひとつのアパルトマンのためのトータルな室内構成を生みだしていたのだった。家具には彼女がジャック・ドゥーセのためにデザインしたものと比べて、同様の優美さは残っているとしても根元的な変化が認められる。家具は彼女が以前デザインしたどんなものより飾り気がなく、彫刻的である。装飾芸術へのキュビスムの影響は、アンドレ・マールが一九一二年のサロン・ドートンヌに「キュビストの

左ページ・小舟型ソファに座ってポーズをとるマダム・マシュウ＝レヴィ（香水の広告用にアドルフ・ド・メイヤーが撮影）。客間背景の漆塗りパネルは1919年から22年にかけてアイリーンが制作

家」を出品して以来強くなってきていた。続く数年間でロベール・マレ＝ステヴァン、ジョ・ブルジョワ、シャローのようなデザイナーがアールヌーヴォーの花模様をもっと角張った形に変えた。家具は立方体、球形、円形をとるようになる。アイリーンもキュビスムからの影響を受けないことはなかった。このことがもっともはっきりわかるのは、彼女がロタ通りのアパルトマンのために考案した「ブリックスクリーン」である。

それは玄関ホールに艶消しグレー、ゴールド、シルバーの小さな漆塗りパネルでつくられている。表面には莫大な量の漆の仕事が必要で、菅原は助手三人を増員した。しかしそれでも手が足りず、アイリーンは稲垣吉蔵などのパリに住む他の漆職人に助力を頼んだ。

何年にもわたって、稲垣は菅原が忙しいときよく彼女を手伝った。彼は大型テーブルに漆をかけ、漆のパネルや鏡をつくった。彼はまた象牙の把手を数種類つくっている。彼女の仕事には他にも興味を示す人びとがいて、ゲネゴー通りに大きなアトリエを持つことになった。そこは二階で大きな部屋が三つあった。ひとつの部屋には彼女が使う作業台と、デザインするための大きな製図机が置かれた。二番目の部屋では菅原が仕事をした。そして奥には漆職人の、三人の助手とひとりの職人のための大部屋があった。

アパルトマンをひとつ内装し、壁をすべておおうのは膨大な仕事だった。玄関ホールをおおうスクリーンは、「さび」で表面処理した四百五十枚の漆塗りの薄い板からできている。使用人入口を隠していて動かせる一枚を除いては、ほとんどのスクリーンは壁に据えつけだった。狭いホールの突きあたりに、サロンへと入っていく黒とゴールドの豪華な漆塗りのドアがある。サロンの壁全体は幾何学形にデザインされたパネルスクリーンでおおわれ、小型のスクリーンがその横に置かれている。

マダム・マシュウ＝レヴィのために「途方もなく贅沢」なデザインを依頼されたアイリーンは、ロシア・バレエの『シエラザード』（アイリーンはバクストのデザインの小さな複製を二点持っていた）上演で印象に残ったバレリーナのイダ・ルーベンスタインの物憂げな様子を思いつき、漆塗りで色つき鼈甲がほどこされた一種の舟型ベッドである小舟型ソファをつくった。大型クッションは艶消しゴールドだった。アイリーンはこのソファのバージョンを三種つくっている。一九八二年にパリのオークションで小舟型ソファのひとつが、一三万二〇〇〇ドルをこえる値で売れた。他の「ふつうでない」作品といえば、鎌首をもちあげた黄色い水玉模様の蛇がついた赤漆塗りのアームチェアがあった。それには細い縞模様の薄いサーモン色のカバーがかけられ

左ページ・ロタ通りのアパルトマン。上・エントランスホール。羊皮紙製の天井ランプ、敷物もアイリーンのデザイン。下・駝鳥の卵の天井ランプが吊るされた客間。右手に小舟型ソファ

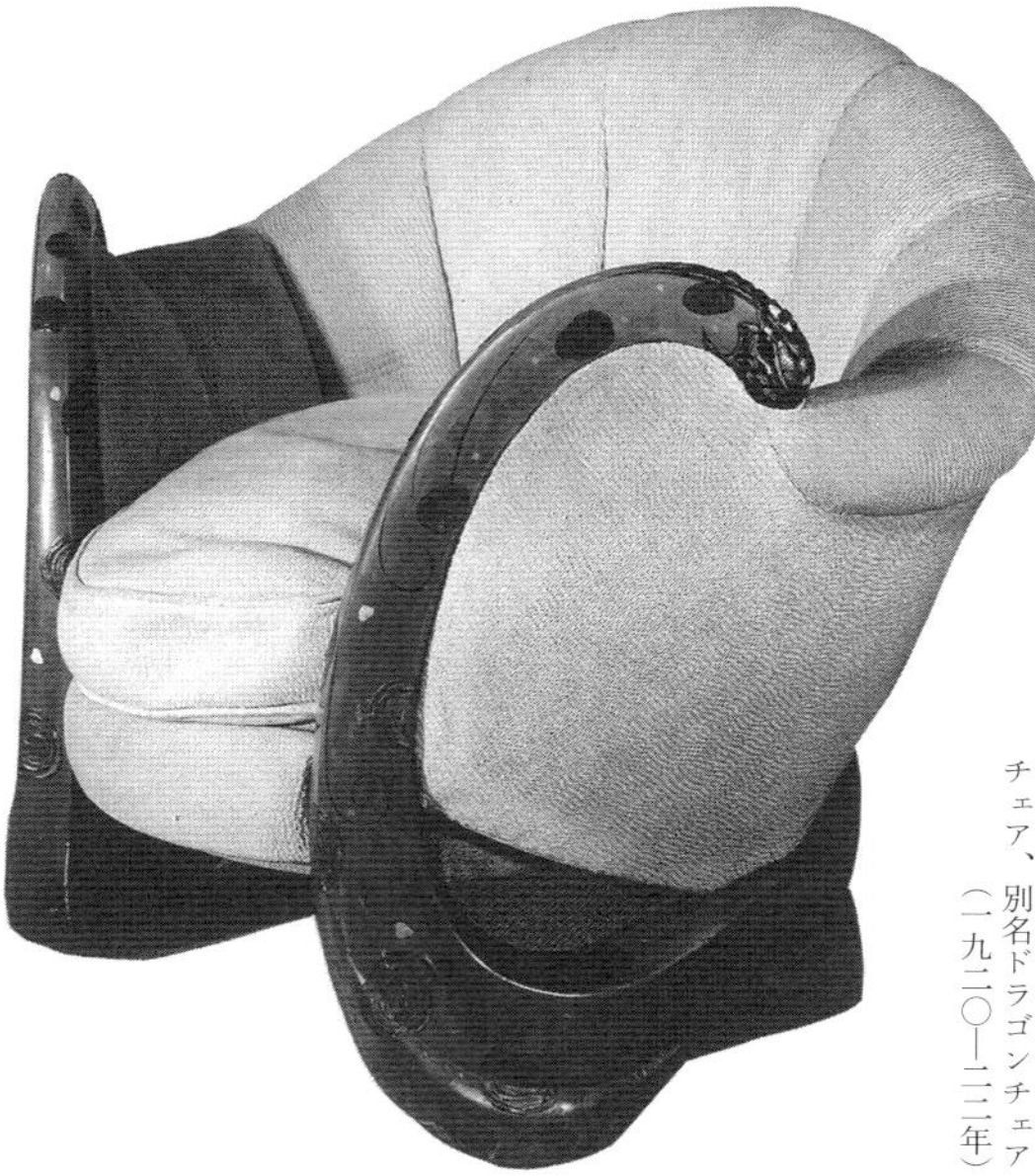

赤と黄色の漆塗りによるサーペントチェア、別名ドラゴンチェア（一九二〇―二二年）

ていた（後にイヴ・サンローランのアパルトマンで見られるような黒い革ではない）。アイリーンの実用主義を示すような、本の高さに合わせられる三段の本棚もあった。

もうひとつの部屋、寝室にはブルーの革張りソファ、三本脚の低いテーブル、数個の小型スクリーンが置かれていた。シカモア材に象牙の抽斗つきの鏡台も置かれた。マダム・マシュウ＝レヴィは「秘めやかで心の落ち着く照明」を注文した。そこでアイリーンはいくつもの天井灯とランタン、羊皮紙製の変わった照明器具をデザインした。

彼女が「必要以上につくりもの」と言っていたいくつかの作品を後年にはどのように考えたとしても、アパルトマン全体の贅沢な精巧さはすばらしいものだった。本棚は艶消しシルバーで、象牙の引手つきの黒机の抽斗の内側もそうだった。これはシルバーの壁と調和していた。モノクロの写真からは、アイリーンの微妙な色彩計画はよくわからない。一九二〇年の九月、「ハーパーズ・バザー」誌はアパルトマンの詳細とその評価について長い記事を掲載した。

> パリとロンドンでは漆塗りの部屋の話題でもちきりだ。室内装飾の最新流行は、漆塗りの壁とそれに見合った家具を置くことである。パリにはこのむずかしい技術の名人といってよいミス・グレイがいるだけ、ロンドンよりも先行している。彼女のスタイルは完全に近代的だが、古典的情感もたっぷりとある。彼女のデザインには、またエジプト美術を想わせる落ち着いた上品さもある。驚かせるようなデザインが多く、いつも謎めいているが、それはもっとも単純な方法でつくられた結果なのである。ミス・グレイの仕事は美しさで他に卓越している。……彼女はこの分野で類い稀な技術の完璧さを見せた最初の

左ページ・ロタ通りのアパルトマン。上・黒漆パネルの上に変色させた銀の条線が描かれている。茶漆と銀のテーブル上の木彫り人形は菅原精造作。下・書棚。棚板は調節可能

デザイナーである。……たとえば仕上げたばかりの部屋のふたつのドアを見よう。扉枠は金を嵌めこんだ黒の漆塗りで、一方縦長の羽目板は黒である。壁は最近のキュビストの展覧会から学んだかのようだ。少なくとも一枚のパネル「階段を降りる裸婦」（原文ママ）がそうである。しかし、実際には銀色の色調に、ところどころわずかに艶消しの黒漆の線が走ることによってデザインされている。銀色の柔らかな色調によって穏やかだがおもしろい効果が生まれる。この部屋はわたしたちの子供のころとはずいぶん違っている。当然のことながら明らかに沈んだ感じの構成ともいえるこのサロンの持ち主は、あざやかな色の家具を好んだと考えられる。だが持ち主もつくった芸術家もそうではなかった。カーペットは黒で非常に贅沢な厚みと柔らかさをもちスクリーンは……黒地に銀が載せられ、スクリーンの上部でくっきりと立ち上がる頂点は山だ。この西洋の芸術家は、東洋人が山を老いた忠実な竜だとみなしたように表現しようとしていた。机も椅子も、ほとんどが柔らかな黒である。

同じ号に、ロタ通りのアパルトマンにあった「集会室」のカラー写真が載っている。そこでは間違って金色になった抽象模様の大型スクリーンが見える。怒ったアイリーンは欄外に書いている。「金でなく銀。色が間違っている」

マダム・マシュウ＝レヴィは、アパルトマンが世間の注目を浴びたことにすっかり気をよくしたようだ。優雅なポーズで小舟型ソファに座った自分の姿を撮影させたりしている。だがその満足も二、三年のことで、彼女は建築家のポール・リュオーにアイリーンの家具と配置をそのまま使ってこのアパルトマンをデザインしなおすよう依頼した。リュオーもドゥーセのスタジオ内装にかかわったひとりだ。アイリーンもまたマダム・マシュウ＝レヴィのアパルトマンのために新しい家具を数点デザインすることになる。ビベンダムチェア、白い寄せ木のスクリーン、両脇に漆塗りの立方体がついた直線形ソファなど。このソファには連作があって、それはボナパルト通りの彼女自身のアパルトマンのためにつくったものだ。けれどもマダム・マシュウ＝レヴィのためのソファはタバコ色で、アイリーンは自分のは赤いカバーとし、両脇にこれも赤い漆塗りの立方体をつけている。

一九三三年に「リリュストラシオン」誌がアパルトマンの写真を掲載したが、アイリーン・グレイの名前にはふれもせず、クレジットはすべてリュオーとなっている。ドゥーセのスタジオについての記載と同じことを繰り返しているのだ。アイリーンは争い好きではなく、争ったところで

ロタ通りのアパルトマン（「リリュストラシオン」掲載）。サーペントチェアにくわえ、両側にビベンダムチェア

彼女のためにもならなかった。彼女にはつらい対決に怖じ気づくといった傾向があった。このことは彼女が受けた多くの屈辱のほんの一例にすぎなかったのだ。ふたりの女性の関係がむしろよそよそしく、ビジネスライクでありつづけたというのもさほど驚くことではないようだ。

マダム・マシュウ＝レヴィは社交好きで有名な女性だったが、アイリーンは彼女が主催するディナーパーティには一度も出席したことがない。以前にはジャック・ドゥーセのような服飾クチュリエやカルチェのような宝飾商は、商人であるという理由から上流社会に招かれないこともあった。だがいまでは逆に、クチュリエや装飾デザイナーが客としていちばん洒落ている。しかも、まさに咲かんとする名花を思わせるアイリーンは、上品な美しさと貴族的な育ちのよさとでどんなサロンでも格別な人気だった。けれども彼女は生来内気で傲慢でさえあり、ファッショナブルな人間たちの世界を軽蔑していたこともあって、自分は自分という立場にこもっていた。そんなことより彼女は旅行を好んだ。一九二〇年に彼女ははじめてメキシコへ旅したが、この最初のメキシコ旅行のことを少しも憶えていなかった。数年後の二度目の旅行と記憶が混ざってしまうのだが、彼女はメキシコへ行ったことのある者には誰にでも必ず質問を浴びせたものだ。

一九二〇年ごろには、アイリーンの評判はフランスの外へも広がっていた。一九二一年八月の「タイムズ」には次のように書かれている。「漆愛好は十七世紀にとくにめざましかったが、いまではよく知られており、何人かの注目すべき芸術家たちは漆を自己の表現メディアとしている。もっともよく知られているのがミス・グレイとデュナン氏である」。このときはじめて彼女の名前がフランスの一流の漆芸家と並んであげられた。パリで刊行されてはいたが、ヨーロッパ全域で読まれていた「ニューヨーク・ヘラルド」誌は一九二二年六月二十日付の誌上で「ミス・グレイは個性豊かで独創的な芸術家であり、近代的なフォルムに対してためらうことがなく、彼女の有名なスクリーンの壮麗な色は、専門の漆芸家から学んだものである」と書いている。大勢の人たちが彼女の仕事に関心をもつようになってきたのだ。

著名な美術評論家のルイ・ヴォークセルは、アイリーンの漆の仕事について文章を書き送ってきた。その文章は彼女の制作をよく理解している。「応用美術の領域ではプロフェッショナリズム抜きの才能はありえない。……アイリーン・グレイはこのことを知っている。彼女は自分自身とあるエリート客のために、賢明にも時間のかかる方法をとった。彼女には仕事披露のばかげた祝宴などは無用。出席したところで彼女の存在がわかる人びとではない。彼女はもっと上の、さらに先のことをめざしているのだ」。「よく乾いた、非常に薄い」木を材料に選び、その上に絹の布やガーゼをどのように張りつけていくか、ヴォークセルはアイリーンの細かい手順まで記している。「どんな小さな失敗でも、その作品をあきらめてまた新しく始めなければならない。根気のいる仕事である。この熱狂の時代へのパラドックスではないか」。彼はアイリーンが仕事をするのを見たことがあったか、あるいは彼女とそのことについてかなり話したにちがいない。

彼女は通常使うワニス、硫化鉄、米酢に油を加えた。次に黒、黄色、砂金石色、そして赤の色。それから彼女はゴム、黒色動物性染料、茶油、豚の胆汁、辰砂、コチニール染料、コロマンデル、雄黄《ゆうおう》をていねいに測り分けた。彼女の作品がまるで星に包まれた夜空のような柔らかいトーンを帯びているのは、このようなつくり方からきている。さらにわれらがアイルランド女性の漆作品には、素材と主題のまったき調和のうちに真珠母、サンゴ、宝石、瑠璃が嵌めこまれている。この驚くべき技法はどこから得られたのだろうか。同化の名手である日本からではなく、真の創始者である中国からである。

ヴォークセルは、新しい地平を制するのにアイリーンは東洋の影響から自分自身を解き放ったと指摘している。

キュビスムという語はあえて使えるだろうか。そう、当然そうだ。線の組み合わせ、幾何学的な統合、堅固で独特な精密さはかの論理的画家たちと同様である。人間や動物、花の形態が応用美術のなかにあるからといって異議を唱えるべきではない。……ミス・グレイの優れた点は、家具の構造をデザインするときに彼女が極端な形を避けているということである。彼女のデザインはシンプルで率直、そして機能的である。高価な木材の透明感がこれに加わる。かくしてこの芸術家は統一のとれた豊かさ、幾何学賛歌をなしとげるのである。

アイリーンへの献辞が書かれたダミアのポートレート

アイリーンへの賛辞として、これ以上の言葉はなかっただろう。

残念ながら漆芸がのみこむ時間と骨折り仕事は、裕福で傲慢な顧客の好みに応えられるものではなかった。彼らはいつだって、できるだけ早く注文の品が完成するように言うだけなのだから。アイリーンは昼となく夜となく働いた。顧客や職人が暇なく訪ねてくるので、彼女は消耗を覚えはじめていた。

そこへさいわいにもある人が彼女を仕事机から誘いだし、今世紀はじめからまるでもう忘れてしまっていたパリの街をふたたび見に連れていってくれることになった。アイリーンとダミアの出会い。あの、しわがれ声で有名な歌手ダミアである。ダミアは一八九二年生まれ、本名はマリー＝ルイーズ・ダミアン、貧しい警察官の八人の子供のひとりだった。彼女はバル・タバランであらわな衣裳で「ポーズ」を見せた後にテアトル・シャトレに端役で出ていた。芝居好きの変わり者ジャック・ドハティが彼女を見いだし、名前をマリサ・ダミアと変えさせ、すぐれた女性歌手につくりあげた。彼女は藤色の服を着て、小さなカフェでしばらく歌っていた。俳優のサシャ・ギトリーが濃いめの色を着るように勧めたところ、彼女は黒の服を選んで着るのだが、それがトレードマークになっていく。一九一二年までには彼女は有名になっていた。レコードは何千枚と売れ、彼女お気に入りの腕を広げたポーズのポール・コラン制作のポスターはパリ中の壁に貼られていた。オランピア劇場でのコンサートの後、彼女はすぐにアメリカへの大規模なツアーに出ていく。そこで大歓迎を受けたのだが、ホームシックになった彼女はただちにパリへ戻り、開いたのがコンサート・ダミアである。いかがわしげな雰囲気のなか、

ダミア、コロンビア・レコードのポスター（1930年）

ダミアは「麻薬常習者」や兵士、独身女性などの聴衆を彼女が歌う「ドラマティックで悲しい歌」で興奮させた。彼女はシャンソン界の偉大な悲劇女優になり、持ち歌「気狂い」を歌う姿——彼女は、ステージへ駆けあがると床に身を投げだし、そしてひざまずいて歌い終わる——に聴衆は狂乱の喝采をおくった。彼女は映画にも何本か出演しており、アベル・ガンスは映画『ナポレオン』の挿入歌として「マルセイエーズ」を歌ってくれるように彼女に依頼した。

アイリーンはゲイビー・ブロッホを通じてダミアと会ったのだったが、どうやらアイリーンは未知の世界の緑の瞳のスターに恋をしてしまった。ふたりが出会ったとき、ダミアは三十代、アイリーンが四十代。アイリーンにとっては最後のうつろう世界との関係であった。彼女は美しいとび色の長髪を切ってボブ風に変え、仕立屋特製のテイラードスーツを着た。彼女はポワレの店で、はっとするように美しいイヴニングコートを数着求め、帽子はランヴァンで買った。彼女はダミアと連れだって、ナイトクラブやファッショナブルなレストランへ行った。

ダミアはボナパルト通りの仕事場によくやってきた。ペットにしていたハンサムな豹を連れてくることもあった。ダミアの笑い声が家中に響いた。レコードを持ちこんだが、それは自分のもの、それから「小さな家、売ります」「ち

ょっと一杯」などや、イギリスのポピュラーバンドのリーダー、ジャック・ヒルトンの「フォックストロット」だったりした。ダミアはアイリーンにバレエのデザインに手をつけてはどうかと勧めている。

ロシア・バレエの影響で、バレエのセットや衣裳のデザインをするものが多くなっていた。ディアギレフが努力して先端的な画家や彫刻家を使った後で、一九二〇年、スウェーデンの実業家ロルフ・マレはスウェーデン・バレエをつくり、テオフィル・スタンラン、フェルナン・レジェ、

エリザベート・ド・グラモン（左）とナタリー・バーネイ

ピエール・ボナール、藤田嗣治、フランシス・ピカビアにデザインを委託している。アイリーンの顧客で社会主義者のジェラルド・マーフィでさえも、コール・ポーターの音楽に踊りをつけたバレエ『割当のなかで』のデザインを手がけた。別の顧客のボーモン伯はジョルジュ・ブラック、アンドレ・ドラン、パブロ・ピカソがデザインした一連のバレエ公演にモンマルトルのテアトル・ピガールを貸していた。照明はロワイエ・フラーが担当していた。アイリーンは当然これらの公演をかなり見ており、ダミアの提案を受け入れるべく心が動いていたにちがいない。彼女が書いたバレエのシナリオが一ページ、ドローイングが数枚残っている。だが彼女はそれから先、何もしていない。「猫は退屈している。わたしはなんとかして彼を楽しませたいと思う。動物に見せるバレエ、失礼かな、動物が演じる動物のためのバレエ、あるいは台本かもしれない」

このころの数年間アイリーンはときどき仕事を休んでアメリカ人街で「魅力的なサークル」をつくっていた文学愛好の女性たちに会いに行った。アイリーンは戦後社会的にも知的な分野でも勇名をはせたふたりのアメリカ人女性ナタリー・クリフォード・バーネイ、ガートルード・スタインに会った。アイリーンはフランス人のあいだでもよく知られていたこのサロンにも、ふたりのパワフルなレスビア

ンの女性たちにもさほど気をとめなかった。当然彼女たちは同じ一角に住んでいたし、アイリーンが言うには「ときには一緒にお茶を飲んだりもした」。

アメリカ人作家デュナ・バーンズは「女の暦」と題して、パリに住む大勢の女性のモニュメントを書いている。彼女はその本を私家本で出版し、自分で街に出て売った。中心人物はナタリー・バーネイだとよくいわれる。アイリーンは偶然このうちの何人かを知っていた——ジャーナリストのジャネット・フラナー、その友人ソリタ・ソラノ、作家のミーナ・ロイ、それにオスカー・ワイルドの姪ドリー・ワイルド——しかし、彼女たちの情熱と家庭への志向といったものはアイリーンにはない。アイリーンはそれらについて時間もなかったし、好きでもなかった。ジャネット・フラナー、ソリタ・ソラノ、デュナ・バーンズが黒いテイラードスーツを着て白手袋、白のシルクのスカーフでカフェ・フロールに座ってマティーニをなめているのを見てはアイリーンは笑っていた。

アメリカ人のなかに画家のロメイン・ブルックスがいた。彼女は、ペンシルベニア生まれのベアトリス・ロメイン・ゴダードの相続人だった。ベアトリスは「人はみずからその歯ブラシ以外に従うべきものを持たず」という言葉を吐いてジョン・エリンガム・ブルックスと離婚したという。ロメインはジャン・コクトーやガブリエル・ダヌンツィオとも親交をもった。そしてとりわけ、ギリシャにレスビアンのコロニーをつくることを夢見ていたのだが、有名なパリの「愛の寺院」でよしとすることにしたナタリー・バーネイと親しくなった。彼女の寺院は芸術家や知識人の集まる場所になった。当時男性だけだったアカデミー・フランセーズに対する女性のアカデミーであるこの閉鎖的サークルには、デュナ・バーンズや当然ながらクレルモン゠トネール公爵夫人も入っていた。アンドレ・ジッドは「ナタリー・バーネイは時間があったら会っておくべき人物のひとりである」と言ったそうだ。ジャコブ通り二十番のサロンで開かれるナタリー・バーネイの金曜サロンは有名になっていった。白い絹の衣裳をまとった女主人のナタリーが大勢の著名人客をもてなした。アイリーンはときどきナタリーに会ったが、彼女は毛皮やタペストリーでいっぱいの鏡張りのサロンでは場違いな感じがしていた。「彼女にとって男性は友人であり、女性が恋の相手だった。情熱や気力あふれる人間にはこのほうが逆よりもよい」。これはナタリー・バーネイが自分のために選んだ墓碑銘である。

アイリーンはロメイン・ブルックスのほうがずっと好きだった。この内気で一本気な芸術家は、描く絵も着るものも黒とグレーを好んだ。ナタリー・バーネイは自分のことを「迷える天使、どこにあっても異邦人」だと言っている。ロメイン・ブルックスはレヌアール通りにあった彼女のアパルトマンに敷くのに、アイリーン作の敷物を二枚買っていた。そこでは芸術や社交界の著名人を彼女が定期的に招き、自分の絵を架けて見せるのだ。彼女はアパルトマンを、すべて色調の違うグレーと黒で塗っていた。

一九二九年、ナタリー・バーネイは『エスプリの冒険』を出版した。この本には彼女のサロンを訪れた作家や画家にまつわる逸話が書かれている。彼女はロメイン・ブルックスに挿絵を頼んだのだが、ロメインがこれを丁重に断り、それでナタリー・バーネイは自分で子供じみた「愛の寺院」の絵を描くことになった。その絵にはカップの並んだテーブルと、そのまわりに二百人あまりのよく知られた名前が書かれている。いわば彼女の「私的な美術館」であり、とりわけ大切なパンテオンなのである。そこに書かれた名前はアナトール・フランス、ギョーム・アポリネール、ラビンドラナート・タゴール、ジェイムス・ジョイス、ライナー・マリア・リルケ、アンドレ・ジッドらばかりでなく、アイリーン・グレイ（Grey と誤記）が若い詩人ルネ・クルヴェルの右隣に書かれている。ナタリー・バーニーはアイリーンの仕事を絶賛していたが、彼女たちの間柄は形式的なままだった。一九一九年十二月二十日、アイリーンがジャコブ通り二十番で夜を過ごした後で、ナタリー・バーネイは彼女に次のような銘文の入った詩集を贈っている。「グレイさんへ。いつも彼女を称賛するもの――そして彼女の隣人」。翌年もまたアイリーンは著書をもらった。有名な『アマゾーンの思考』である。「グレイさんへ。隣人で称賛者ナタリー・バーネイ」と献題がついていた。別の友人で寺院の常連だった詩人のルシー・マルドラスも、アイリーン・グレイに次のような献題をつけて詩集を贈っている。「マドモアゼル・グレイ［Grey と誤記］、木の魔術師、そのすばらしい芸術を讃えて」。

アイリーンはガートルード・スタインにいつ会ったかはっきりと憶えていない――大戦後すぐかもしれないし、もっと早かったかもしれない。というのは、キャスリン・ブルースがガートルード・スタインの肖像彫刻をつくっているからである。『アリス・B・トクラスの自伝』のなかでガートルード・スタインはキャスリン・ブルースについて「非常に美しくて活発なイギリスの少女だった。彫刻をやっているようだった」と記し、そして彼女のスタジオを訪ねたことを思い出している。アイリーンはすぐれた芸術コレクションを持っているこのパワフルなアメリカ人女性を、かねてから好きだった。「彼女はとても意志の強い方、でもいつも心は通いあえる」。アイリーンはミス・スタインの集会が開かれる土曜には、フルーリュス通りにたまに出かけて彼女と会うのだった。彼女はピカソ、マチス、ルノアール、セザンヌの絵が架けられた壁とは不釣り合いな、重苦しいルネサンススタイルの家具に座っていた。ふたりが最後に会ったのは一九三八年、ガートルード・スタインとアリス・B・トクラス（彼女のことをアイリーンは「インディアンの妻」と呼んだ）がクリスティーヌ通りに引っ越した後だった。アイリーンはいつでもこのサークルの人たちを少々ばかにするふうだったが、晩年にはこれらのアマゾネスが生みだすゴシップを聞きたがった。彼女たちの伝記が本屋にあふれるようになっていた。

アイリーンの人とのつきあい方は距離をもった知人という感じで、友情とまではいかなかった。アングロ・サクソンに対する彼女の偏見は非常に深かった。彼女にはイギリス人の文化の狭さと気どりを非難するところがあった。彼女はジョイスの『ユリシーズ』を出版したことで有名なシルヴィア・ビーチの書店シェイクスピア・アンド・カンパニーをのぞいてみることがあっても、主人に声をかけることはなかった。毎日、工房へ通う途中で彼女はゲネゴー通りのナンシー・キュナード画廊の前を通る。当然のことながら彼女はウィンドウのアフリカの仮面、美しいアフリカの衣服、そしてイヴ・タンギーやホアン・ミロの絵と一緒にキュナードが展示していたブラジルの作品に魅せられてしまった。だが彼女はあまりに内気で、両腕をおおうように並はずれた象牙のブレスレットをつけている上品で贅沢そうな女性に話しかけることができなかった。

アイリーンの気持ちは二〇年代に国際的な派閥を形成していた人びとから離れて別な世界へと移っていった。実際アイリーンをますます殻に閉じこめたのは、まさにこれらの人たちだったのではないかと思うほどだ。デザイナーについての記事を書くためにパリへ来ていたアメリカ人のジャーナリスト、写真家テレーズ・ボニーは彼女については次のようにまとめている。「アイリーン・グレイはきわめて穏やかで控え目、激しさはなく、ひたすら何かに没頭している様子だった。わたしがその世界で知ったすべての人間のうちで彼女はもっとも突きぬけた心の人という感じを抱かされた」

この間ずっと、アイリーンはダミアへの想いを極秘にしていた。ダミアはあっという間に人びとに熱愛されていた。ダミアのファンのひとりに「高すぎて座れない椅子」をデザインしたレミというデザイナーがいた。彼は「前後に六座席」とれる車も持っていた。一方でアイリーンはダミアと豹を連れて、パリの通りをドライブしては楽しんでいた。ダミアがアイリーンをみずから閉じこもった孤独から引きだしたというなら、アイリーンはこの歌手に欠けていた一種の安定感をあたえた。ふたりで連れだってはフォンテーヌブローの森を、長い散歩をして幸福な時を過ごした。

戦後間もなくアイリーンはサモワ＝シュル＝セーヌに土地を買った。アイリーンは最初バ通りと船着場の角に小さな家を持っていた。ちょっと後、隣が空いたときは菅原の仕事場をつくるためにそこも買った。その後数年間菅原はかなりの人を雇い、その家には大勢が暮らしていた。村の人たちは彼らを「中国人」だと思っていた。そのうちにアイリーンは二軒を一緒にして大きな家を一軒建てることにした。それはセーヌ河のすぐ際で、舟で河を渡らないと行けない小さな島もついていた。

その家には大きなリビングルームがあり、ベッドルームが数部屋あった。彼女はスペインの家具を置き、客間はそれぞれ違う色で内装した。ひとつはすべて黄色、すべてグリーンのもあった。仕事机として使えるような大きな長テーブルを置いた広いスタジオがあった。

アイリーンは週末をほとんどそこで過ごした。ときには数人お客があり、それはダミア、ジャッキー・ラウル・デュヴァル、ケイト・ウェザビーらだった。女性たちはバスケットにいっぱいワインや食べ物を入れて島に渡り、ピクニックをした。また、アイリーンは庭のテーブルに大きな漆の作品を置き、家をおおっている藤の大木の下でお昼ご飯をふるまった。しかし、客人たちが楽しんでいるというのに、彼女は仕事場でドローイングやデザインをしていることが多かった。

ダミアはアイリーンの漆作品が好きだった。そこでアイリーンは彼女に茶と銀の枠がついた大きな鏡を贈った。アイリーンはダミアに、ほんの少し油をつけた脱脂綿を使う漆塗りの掃除法を教えた。アイリーンはまたダミアの家具に漆をほどこした。時代物の鏡台の内側に漆を塗り、台には黒と赤の漆でパゴダを描いた。ダミアはまたアイリーンのデザインの黒地に金模様のアームチェアを持っていた。

いつものことながら、アイリーンはダミアがしているような暮らし方にじきに飽きてしまった。それで彼女はダミアやその友人たちと会うのをやめてしまうのである。いずれにせよダミアはゲイビー・ブロッホと暮らしはじめていた。アイリーンは失望し、傷ついた。彼女はサモア＝シュル＝セーヌにも行かなくなった。アイリーンはその家が気に入っていたので、数年間はそのままにしておいた。しかし、戦後になって手放したのは「あまりにも思い出が多すぎて耐えきれない」からだった。

たとえどんな形でも、友だちづきあいは彼女には負担だった。彼女のような性格では信頼や愛情の気持ちを簡単にあらわすことができなかった。アイリーンは豊かな感受性と情熱をもちあわせていながら、そんな人柄を少しも表に出さないのだった。彼女にはこの壁が破れなかった。彼女は人とつきあうとき、曖昧で責任逃れの雰囲気を保っていたので、よそよそしく冷淡とさえみえるような印象をあたえることが多かった。そのうえ、彼女はそれが自分の望むことと違っている場合には他人が期待してもけっして受けなかった。彼女は価値基準を高く置いていて、いつも厳しい判断をしたし、いくぶんか皮肉っぽかったし、ときには威圧的でさえあった。

アイリーンはたしかに短気で意地悪だったかもしれない。彼女は不当に扱われたときのことをけっして忘れない。上品な外観の下に不快ともいえる性格が隠されていた。しかし、彼女が間違っていることを指摘されれば、アイリーンはちょっとすねてからその根拠を理解した。彼女は生涯、突然おそわれる気の昂ぶりと戦っていた。それは彼女自身にも、他人にも気力を失わせる。彼女は好きなときに忘れがたい魅力を発散することができた。瞳は輝き、急に少女のように笑ったりした。彼女はいつも彼女とかかわる人たちを魅了してしまうことができた。それは彼女の並はずれた優しさであり、彼女が他人の生活を思いやる気持ちとしてあらわされた。そのことが彼女と出会った者を感動させるのだった。

一方でアイリーンは、他人とけっして打ち解けず、いつも少し不満を感じていた。彼女はこう言ったことがある。「植物や動物はよく育って自然に成熟するようにみえる。環境がよければ結果もよい。あまりに安楽な環境にいる人間は退化してしまう。彼は充たされる前に、進歩地獄へ落ち、みずからを否定し、足場を失わないようもがくにちがいない」。アイリーンは彼女の人生でわかったことをもう一度再認識したのだ。つまり、彼女が熱望していた自由は孤独に耐えるという報いがなければならない。そして仕事に没頭することだけが他人が描いた人生のパターンに陥る危険から彼女を逃れさせるのだった。

一九五〇年、アイリーンはふたたびダミアに会った。ボナパルト通りでばったり会ったのだ。ダミアは一年前にプレイエル音楽堂で最後のリサイタルを開いていた。彼女は一九七八年に八十六歳で死んだ。アイリーンはレコードとドレス、ポワレのイヴニングコートを二着、それにダミアが「気取りやさんへ、わたしのすべての愛をこめて」「鼠に」「わたしの愛しいそよ風」と書きこんだ数枚の写真を生涯持ちつづけていた。

店の経営

ジャン・デゼール

一九二二年、アイリーンはロタ通りのアパルトマンで働きつづけながらも、一方で仕事を拡げることを決めた。自分のデザインにふさわしい販売ルートがほしかったのだ。彼女は顧客が自宅に来て私生活に踏みこんでくるのが耐えられなくなっていた。また彼女は注文デザイン品をつくるのが割にあわないことを実感していた。

しばらくのあいだ菅原とアイリーンはゲネゴー通りから販売を始めることとした。「漆工芸家菅原が本物の日本製漆でつくったスクリーン、モダンな家具」、そして「磁器、芸術品の修理もいたします」と書いたリーフレットを出した。菅原ははっきりしていて、アイリーンから十分な仕事がもらえないからと自分で商売を始めてしまった。

ガブリエル・ブロッホは、アイリーンに店を開くようしきりに勧めていた。アイリーンは場所探しを始める。ギャラリーを持つには、ファッショナブルなフォーブル・サントノーレあたりがよかった。アイリーンは幸運だ。プレイエル音楽堂の真向かいが貸しに出ていて、すぐにそこが借りられた。店の名前が必要だったが、アイリーンは前から名前をつけるのが得意だった。砂漠へはじめて旅したことを思い出し、そして重みをつけるために男性名とした。彼女はそのギャラリーをジャン・デゼールと名づけた（ムッシュ・デゼール宛の手紙が彼女のもとに頻繁に届くようになったことから、彼女は「ジャン・デゼールとアイリーン・グレイ」の銘入りの便箋も印刷する）。

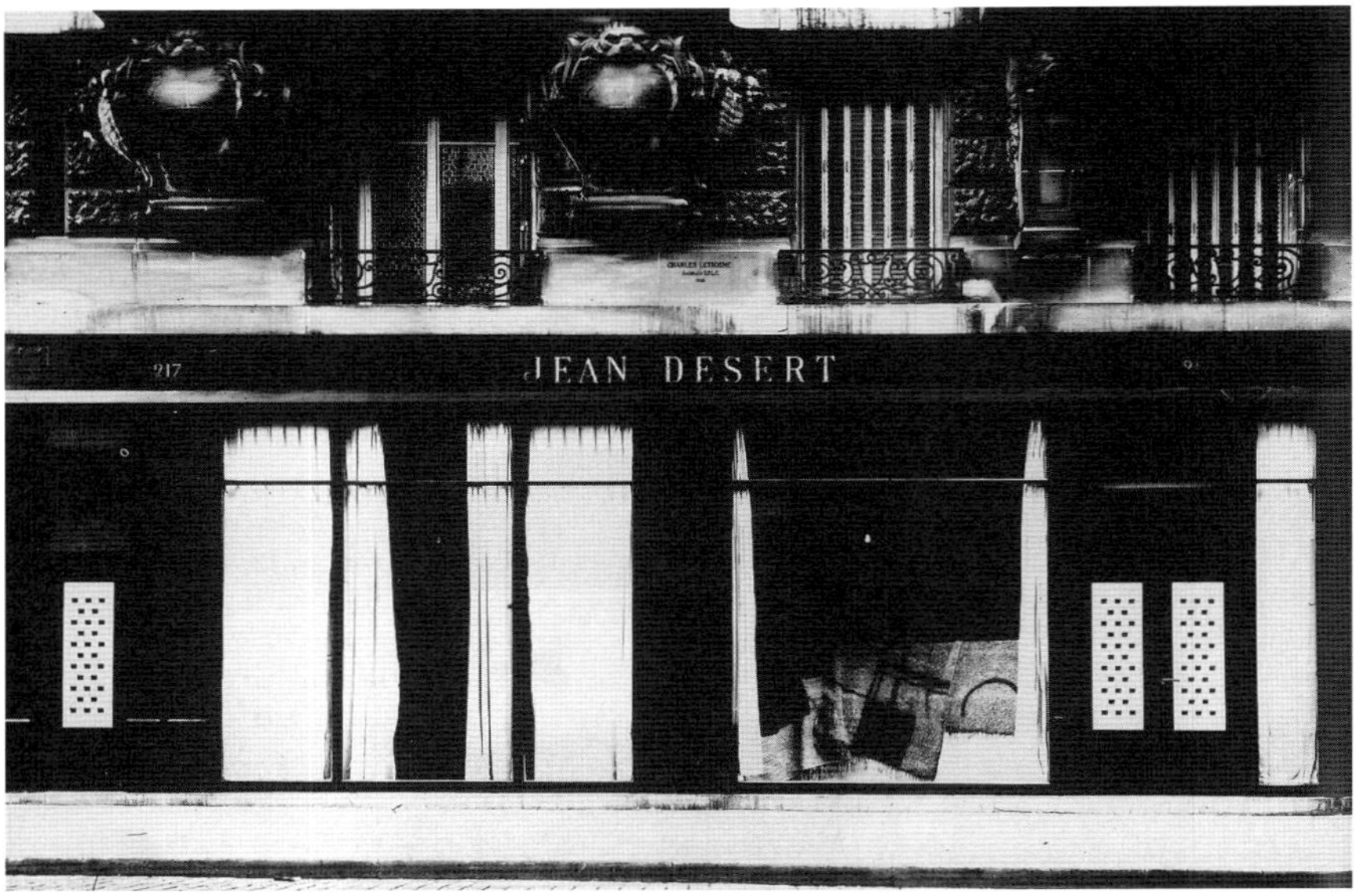

フォーブル・サントノーレ通り 217 番、ジャン・デザール。外観（上）と内観（左ページ）

古くさい化粧漆喰のライオンがついた古典的な店構えでは、モダンな家具店を探してはもらいにくい。そこで彼女はファサードを一新し、白と黒だけにしてしまった。窓を広げ、黒いドアを三枚の白い漆塗りのパネルに変えた。その上に彼女はあっさりと艶出しの文字で店名だけつけた。彼女は地下室へ光を取り込むために特別な青いガラスの平板をデザインし、そこから通行人も下の様子をちらと眺めることができるようにした。いつものことだが、彼女の実利的感覚と結びついた高度に洗練された趣味がすべてにあらわれている。店内は装飾蛇腹《じゃばら》や付属品を取り除き、壁をすべて白く塗った。地下室へ降りる新しいモダンな階段をつけた。ギャラリーの奥にはオフィスとして十分使える小部屋もあった。彼女は太文字のカードをデザインし、次のように書いている。「アイリーン・グレイによる家具、漆工芸、スクリーン、敷物」。また別のカードには「アパルトマンの装飾と内装」と書かれていた。彼女の熱意は大変なもので、店中を自分の作品でいっぱいにしたのだった。

　アイリーンは、自分の手がけた部屋のセッティングをよく写真に撮っている。彼女はディスプレイに優れたひらめきを見せており、自作の家具はそれだけで写真を撮ることは稀だった。いつでもそれはセッティングの一部だった。新しい店でもテーブルの上に大きな琥珀のネックレスを置

いた。別の家具の上にも開いたシガレットケースや小さな置き物をそえる。彼女の写真から感じられるのは人間の存在なのだが、その演出ぶりはけっしてやりすぎにはならず、いつもちょうどよかった。水の入ったグラスひとつでさえも必ずふさわしいトレーに置かれるというように。

アイリーンが自分で店に立つことは、はじめから無理とわかっていた。彼女は顧客との交渉など嫌いだった。ゲイビー・ブロッホがビジネス面を守り、お返しに利益の四〇パーセントをとるという取り決めが結ばれた。ゲイビーも店を経営する気がなく、彼女たちはマドモアゼル・ラルーシルという女性販売員を雇った。彼女はアイリーンの知っているお針子の妹で、洗練された品揃えを売る人材としてはとても最適とはいえなかった。

一九二二年の春には開店パーティが開かれ、招待状は次のとおり――。「五月十七日、ジャン・デゼール開店。開店パーティにご招待いたします。五月十七日火曜日、二時から六時まで、フォーブル・サントノーレ二百十七番」

いうまでもなく、これまでに小さな店を開いたデザイナーは他にもいた。一九一一年にポワレはアトリエ・マルティヌと名づけた店を開業し、若い女性デザイナーを育てようとしていた。彼はウィーン工房に出かけているが、その後第一回目のコレクション売り上げが一〇〇〇フランに達すると、装飾部門へと手を拡げたのだ。一九一二年、フランシス・ジュールダンのアトリエ・モデルヌ開店、一九一九年、ルイ・スーとアンドレ・マールがフランス芸術会社を設立、同じ年にリュールマンはギャラリーを開き家具を販売した。モーリス・デュフレーヌはギャルリー・ラファイエットのなかでデザインスタジオ、メトリーズを始め、ポール・フォロがこれに倣ってライバルのボン・マルシェに同じようなスタジオを出している。一九二一年にはジャン・デュナンも、ジョルジュ・プチ画廊で漆工芸と家具の展示を始めた。

これまで男性の独占だった装飾の分野で仕事を始めるのは、たしかに冒険だった。だが、女性デザイナーがそのころアイリーンだけだったわけではない。アングロ・サクソン社会では他にも女性デザイナーが名をなしていた。ロンドンにはドリー・マン、シビル・コルファクス、ベティ・ジョエルが、アメリカにはドロシー・ドレイパーがいた。サマセット・モーム夫人のシリーは爆発的人気を誇ることになるのだが、その彼女ですらアメリカデザイン界の高名な先輩エルシー・ド・ウルフにかつてこう言われたというのだ。「あなたは遅すぎたわ。装飾分野はもう満員なのだから」

だが、フランスでは女性の装飾デザイナーはめずらしい。

最初の年のジャン・デゼールの業績はかんばしくなかった。アイリーンはまるで接客の仕方を知らなかったし、うまく誘いかけることもできなかった。すばやく動き、商売上手でなければならない世界にもう彼女は首を突っこんでしまったのだ。煩雑で派手な装飾デザインの世界で起こることにみずから入っていくことなどできないはずなのに。賢いとはいえず、思いやりとか明るさも欠けている。つまり市場の一角を確保するのに必要な資質がすべて欠けていたのである。彼女は他の女性装飾デザイナーを驚きと軽蔑の眼で見ていた。彼女たちの華麗なライフスタイルは富裕な有名人たちの注目の的になっていた。エルシー・ド・ウルフという女優は、四十歳のとき装飾デザインの世界へ入ってきた。エルシーは友人のエリザベス・マービュリーと共同でベルサイユ近くのヴィラ・トリアノンを買ってふさわしい人脈に入ることに成功し、サラ・ベルナールやエレン・テリーなどの歓心を買った。エディス・ワートンという彼女たちの友人は、流行のもとになった本『家の内装』を一八九七年に出版した。また一九一三年にはエルシー・ド・ウルフ自身が『趣味のよい家』を書いた。

アイリーンには自己宣伝の才能などおよそない。たとえやり方を知っていたにしても、販売促進のために人とのつきあいを利用するなど彼女には思いもつかなかった。彼女の家具を買った人はほとんど誰がデザインしたかなどまるで無視していた。そういうことでは一年目の売り上げがほんのわずかだったとしても驚くにはあたらない。大帳簿に記録されている総売り上げは一万九〇〇〇フランで、家賃と販売員への払いにも足りなかったし、材料費はもとよりアイリーンが雇った職人の賃金にもならなかった。もっともよく売れたのは敷物だった。それはヴィスコンティ通りでエヴリン・ワイルドと弟子たちが織りつづけていたもので、ウール糸はオーベルニュ地方から仕入れ、パリで染色される。敷物には「エヴリン・ワイルドの工房でアイリーン・グレイがデザインした」という小さなラベルがついている。一番人気の商品は「フーティット」という小型の敷物で、一五〇フランで売られていた。その呼び名は人気のふたり組道化師ショコラとフーティットに由来している。

当初の何年間かにアイリーンが顧客とした人びとのリストは注目すべきもので、そのなかにはフランス社会で名をなした人びとや、上流階級の人たちのよく知られた名前がたくさんある。首相レーモン・ポアンカレ、共産党指導者モーリス・トレーズ、作家のモーリス・マルタン・デュ・ガール、ガートルード・スタインの友人で翻訳家、著述代理業のジェニー・ブラッドレー、ジェラルド・マーフィ、エズラ・パウンド、ジェイムス・ジョイス、それにシルヴィア・ビーチがいた。フランス社交界の人びと、またアンリ・ロランス、アンリ・パコン、シャルル・シクリス、シャルル・モローのような芸術家や建築家の名前もあった。シャルル・ド・ノワイユ子爵は大型クッション四個と化粧台を買ったが、まとめて一八〇〇フランのところを一六〇〇フランに値引きしていて、富と教養ある人びとといえども駆け引きすることがわかる。最初の年に売れたもっとも高価な品は、ベハーグ伯爵夫人が買ったゼブラの革だった。ピエール・メイエはモンテーニュ大通りの私邸のために敷物を数点買ったが、内装はルグランの手になっている。マダム・タシャールはサン・クロードの別荘のためにアイリーン・グレイの敷物を買った。その内装にもルグランは加わった。じきに他のデザイナーや建築家が彼女の店に注文するようになる。装飾美術と演劇を結びつけたテアトル・デザールで大戦前にショーを上演したりした宝石デザイナーのアンドレ・ルヴェイエ、ジャック・ルーシェ、そして自動車の特注ボディをつくり、車のオートクチュールとなったジャン＝アンリ・ラブルデットなど。ラブルデットの店ではダッシュボード、座席カバー、ドアノブなど細かい仕上げのすべてが特注製作で顧客の好みに的確にあわせられる。彼はモダンな家具を買い集めるのに自分が店でするのと同じようにしてほしいというのだった。またアイリーンにアルミニウムや他の金属の使い方を教えた。彼の住いにはデュナン作のもったいぶった漆のスクリーンがあったし、アイリーンからも黒漆塗りの机を買った。また彼はアイリーン作のアームチェア、漆塗りのテーブル、小型スツール、駝鳥の卵型ランプを持っていた。アイリーンは外国へも商品を送るようになったが、イギリス、オランダ、さらにはボルチモアにまで顧客はいるのだった。

いまやアイリーンの仕事は大衆誌の記事になるようになっていた。一九二一年八月の「タイムズ」誌では、アイリーン・グレイとM・ジャン・デュナンの漆工芸についてパリ駐在特派員がロンドンへ記事を送っている。一九二二年六月、ロンドンの「デイリー・メイル」紙では、ジャン・デゼールはフランスの大百貨店のサマーセールとパリ発のニュースを分かちあうまでになっている。

パリでは漆がファッションどころかパッションである……装飾美術展が開かれてからは美への傾倒ぶりが深まり、都会のアパルトマンという限界のなかでも装飾オブジェへのあくなき探求が続いているのだ。東洋の芸術、および芸術家からの影響は近代のパリ製品に非常に顕著で、精緻な漆工芸は腰かけや長椅子に使われるようになった。一方、戸棚やスクリーンには中国風の重い感じが

アフリカの木材に金の縞をつけ、茶色の革が張られたベンチ（1922年ごろ）。本書口絵9ページ参照。後に「モンテカルロ・ルーム」に飾られ、ボナパルト通りのアパルトマンでも使用されていた

見られる。パリで仕事をしているイギリスの芸術家が暗い色調の漆木工芸をすばらしく美しいものにしたが、浅彫りにされた線を、ときには真珠母を適度に使って輝きのある線にしている。赤漆はそれ自体の色と磨きあげた表面以外には抑えて使われているが、彼女は濃い茶色の漆を使っていて、これに囲まれて暮らしたらほんとうに落ち着けるだろうと思うような、すばらしく美しい家具をつくりあげている。大型スクリーンの傑作では澄み切った闇夜の空気のような透明な濃い青漆を使っている。彼女は家具の断片をサントノーレ通り二百十七の倉庫の寄せ木の床に手織りの生成《きな》りのウールの敷物とともに並べ、本物と同様のおもしろい効果を生んでいる。

一九二二年七月の「シカゴ・トリビューン」紙には、次のような見出しでアイリーンの記事が載っている、「不思議なスタイルの家具」。レポーターはアイリーンの「稀にみる装飾感覚と優れた細部処理」を讃え、ジャン・デゼールの店は「かつて見たことも聞いたこともないところのようだった」と言っている。そしてアイリーンが玄関のドアにつけた把手を、一節を費やしてほめている。「ドアを開ければ、そこは異常なほど完成度の高い世界……奇妙な形の椅子、風変わりなテーブル、ソファ、いままで考えられ

なかった形のランプやスクリーンへ導くのにふさわしい把手」

同様に華々しい評価が「フイエ・ダール」誌一九二二年三月号に載っている。筆者はクレルモン＝トネール公爵夫人で、アイリーンの仕事の仕方をていねいに追って、こう書いている。このデザイナーは「材料費と体力の消耗を考えず、ひとたび仕事にとりかかると想い描いた線や完全なアンサンブルを完成するまでやめなかった。……ルイ十五世の机などからはるか遠く、全体的に調和のとれた室内装飾を……われわれの生活にふさわしく、部屋と釣り合って、またわれわれの夢や感情にそった室内をつくりたいのだ」。この「アイリーン・グレイの漆工芸」は、フランスで書かれたアイリーンについてのいくつかの記事の最初のものである。アイリーンはどんなお世辞も無視したがったが、彼女の仕事が突然世間に認められるようになったことを喜び、切り抜きを集めている。

ジャン・デゼールのパブリシティから展覧会への出品要請が生まれてくる。古い友人ケイト・ウェザビーは、展覧会参加を何年にもわたって勧めていた。「みんなどうにかして、作品をサロンに展示してもらおうとしているのに」とケイトは繰り返し言っていた。

結局、一九二二年のサロン・ドートンヌにアイリーンは外国産の木材と黒漆を使ったスクリーン、茶漆の天板つきの抽斗、カーペット二種、壁かけ数点を出品した。この展覧会には、ル・コルビュジエが「シトロアン住宅」を出品しているが、彼がピロティのデザインを発表したのはこのときが最初である。それは柱で建物をもちあげ、下部空間をつくるシステムだった。また、ル・コルビュジエは大量生産用の標準家屋を提案した。マレ＝ステヴァンはアエロ・クラブのためのパビリオンを出品している。当然のことながら、アイリーンは両方の出展作品を見たのだった。

この年、アイリーンはフランス人装飾デザイナーのアムステルダムでのグループ展参加を依頼された。彼女は黒漆のスクリーンと鏡を出品している。後に彼女は、もっとも有名になった自作家具「トランザットチェア」というアームチェアを変形したデッキチェアを出品したと想い起こしている（実際にはトランザットチェアのための最初のスケッチは一九二四年に描かれているが、一九三〇年以前にはデザイン登録していない）。アムステルダムへ送ったのが最初の型だったことは考えられよう。アイリーンはいつものように批判的で気むずかしく、今度の家具の展示形態も気に入らなかった。彼女はオランダ人建築家ヤン・ヴィルスにどうにかしてくれるよう頼んだ。一九二二年十二月九日付の手紙で、ヴィルスは展覧会場へ行き、彼女が望んだようにしてきたから安心するようにと書いてきた。彼はカタログと彼女の作品の展示のドローイングを送ってきた。この手紙で彼はフランスの家具の展示全体を「ひどい」と思ったこと、そして「彼女の出品がそういったひどい異形のものに飲みこまれてわからないこと、なぜなら彼女のものはあまりにも洗練され節度のある美しさを備えているのだから」残念だと書いている。アイリーンは、フランスの家具を嫌悪することではヴィルスと同感であった。五十年後、アールデコの室内装飾をとりあげた本を見せられて、彼女は次のように書かずにいられなかった。「ほとんどがわたしをうんざりさせる。当時とまったく同じこと」

モンテカルロとその先

一九二三年、アイリーンは第十四回装飾芸術家協会展で一部屋全体の展示を依頼された。春に開催したこの展覧会は、アイリーンの生活をさまざまな面で変えることになる。

彼女は実際のスケールで展示をしたことがなかったので、素直に喜んでいた。彼女はつねに好んでベッドルーム兼リビングルームという概念——部屋は眠るためだけでなく、手紙を書いたり本を読んだりする場所であるという考え方をとってきた。マダム・マシュウ＝レヴィのためにベッドルームをつくったこともあった。ボナパルト通りの自分のベッドルームには書棚、小さな書き物机、そして座り心地のよいアームチェアが二脚置いてある。そんなことから、その展示のために彼女はふたつの目的をもつ部屋をデザインした。もともと彼女はそのデザインを簡単に〈ホール１９２２〉と呼んでいたが、「エキゾチックな感じを出すため、ホールではつまらないしモンテカルロが大流行だったから」呼び名を「モンテカルロ・ルーム——モンテカルロのためのくつろぎ室」と変えた（この部屋の写真が一九二四年「ラルシテクチュール・ヴィヴァント」誌、一九二五年「アンテリウール・フランセ」誌に掲載されたときには、彼女はもとの「ホール１９２２」に戻している）。

展示室をつくるため、アイリーンは大工をひとり雇い、三・九×二・七メートルという指定サイズの部屋をつくりあげた。階段と壁をつくり、アイリーンは塗装を手伝っている。その部屋はすべて彼女の考えていた方式に沿って家

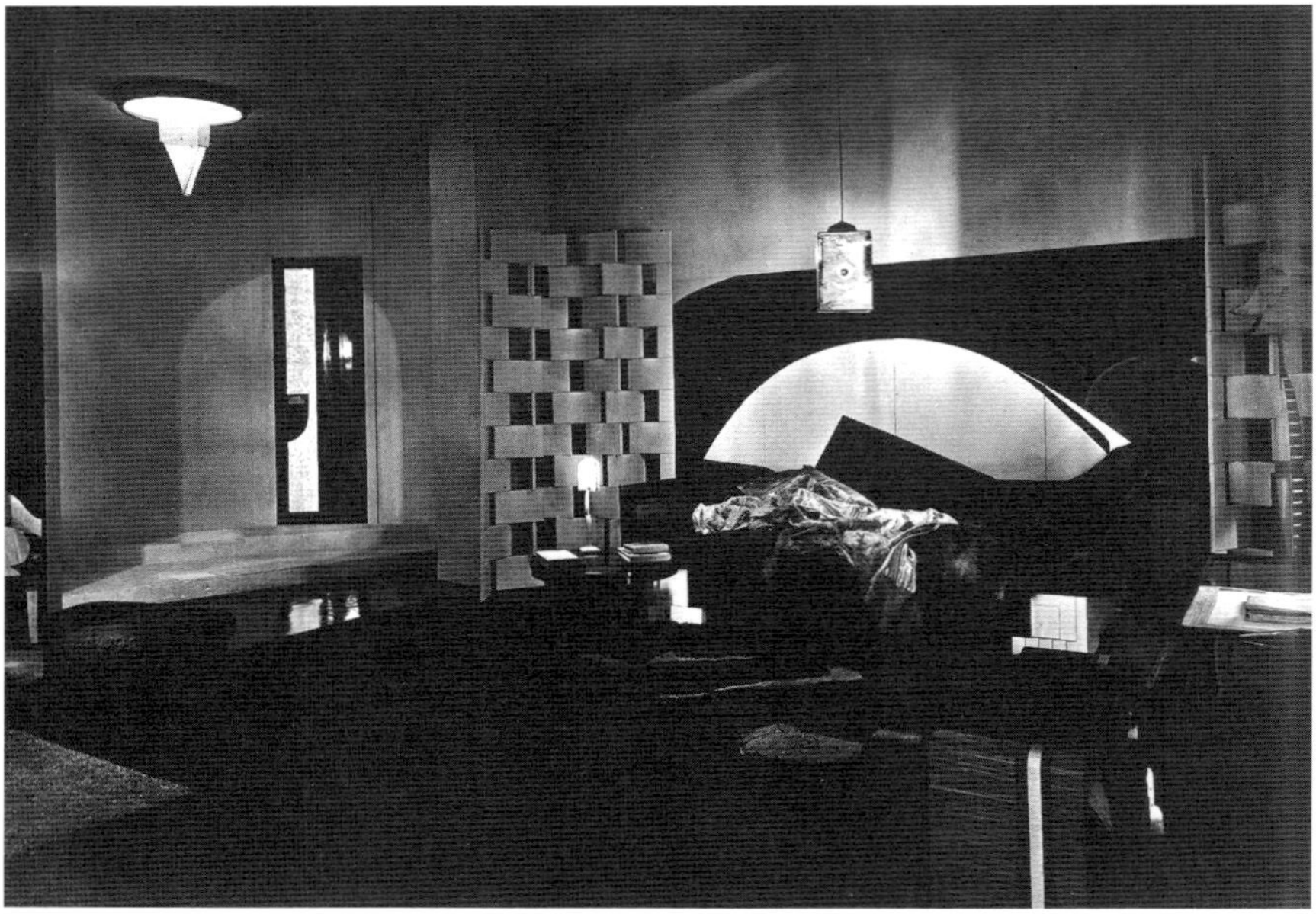

具が備えつけられた。大型のスクリーンの前に、ベッドとしても使える毛皮のカバーのソファが置かれた。ベッドは黒漆塗りで、白漆喰の脚がついている。ソファベッドの構造については彼女はとても悩み、完成するのに長い時間がかかった。黒漆の机、低いテーブル、スツールが数脚、白のアームチェア、そして「タラボス」「ヘリオポリス」といった敷物が数枚あった。

彼女自身が書いたところによれば「壁は白、濃い赤と艶消し白の漆のスクリーンがベッドの背後にある。ドアは非常に沈んだ茶色と金色の漆塗り。小型の白いスクリーンが二点。カーペットは濃い青と茶色だった。吊りランプは木製、沈んだ金漆塗りで、天井ランプはまるいおおいつきで中心部が光る照明だった」。青と銀のガラスがついた照明器具もあった。彼女が大好きだったもので、ボナパルト通りのアパルトマンにもひとつかけてあったほどだ。

しかし、大変な論議を起こしたのは別の照明器具である。ある美術評論家は「不安定な形の壁ランプ」(「アール・エ・デコラシオン」誌、一九二三年)と言った。その評論家を非常に不安定な気分にさせた照明は、赤と白っぽいアイボリー色のさまざまなデザインの羊皮紙でできている。「アール・エ・デコラシオン」誌は読者の関心を促している。「マダム・アイリーン・グレイの奇妙なベッドルームを一

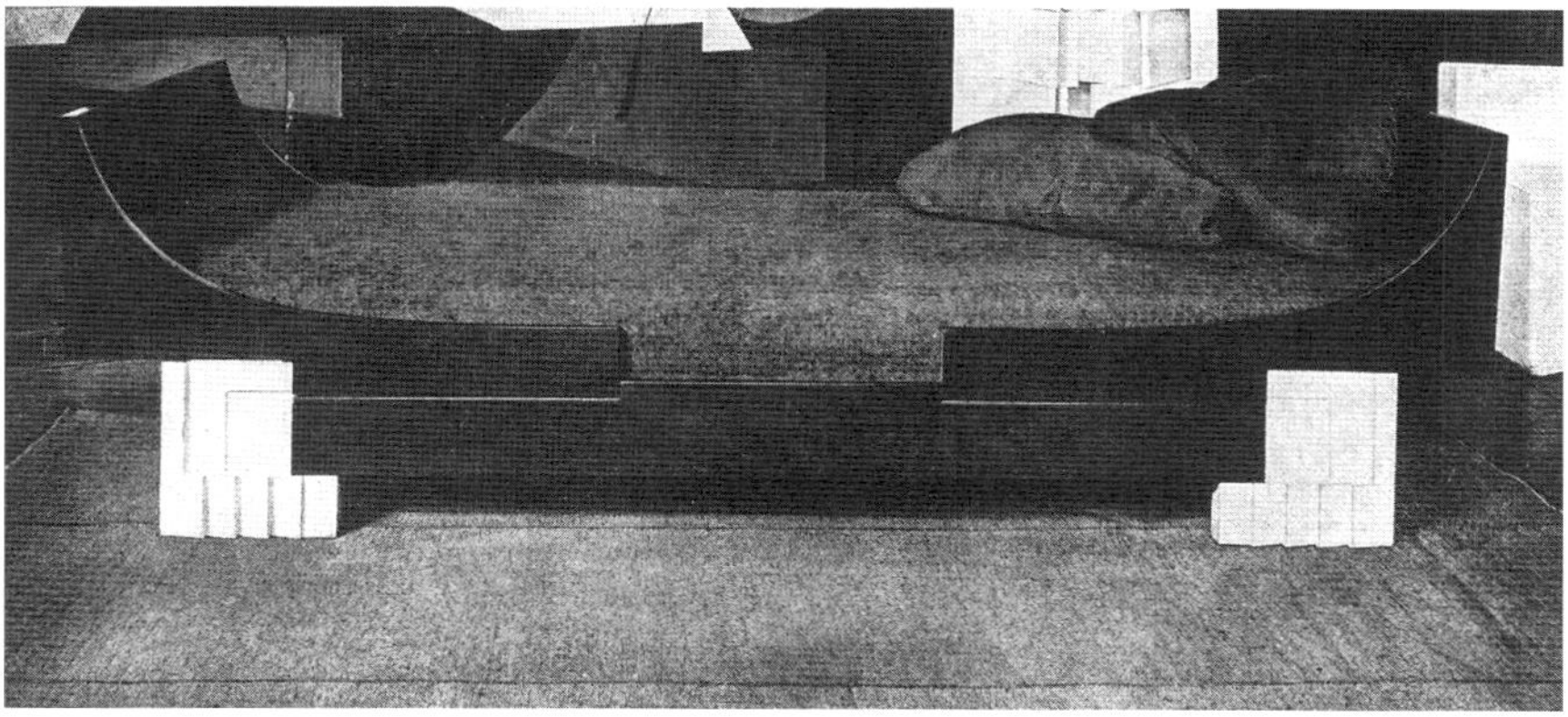

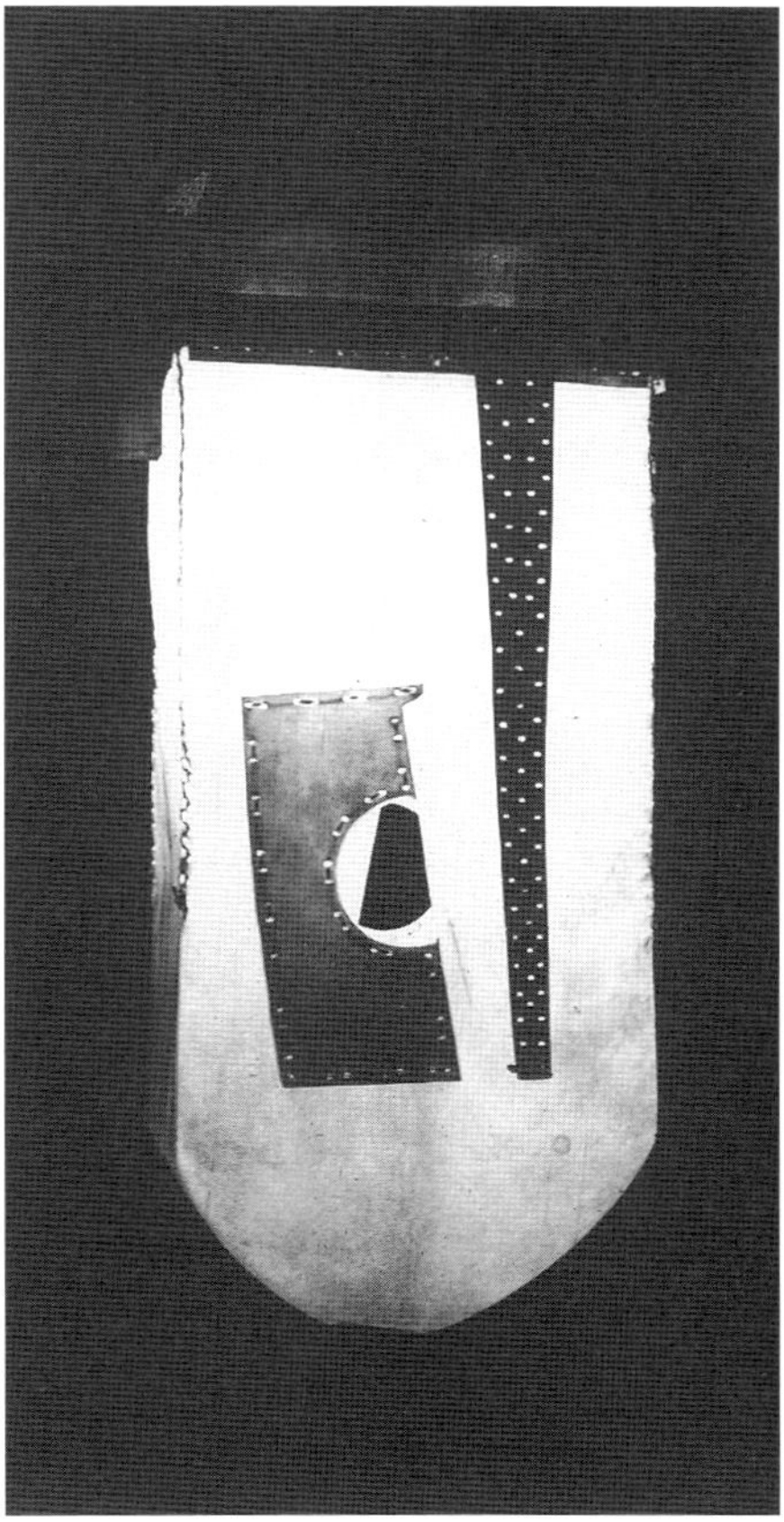

1923年、第14回装飾芸術家協会展で
展示された「モンテカルロ・ルーム」。
右ページ・ベッドルーム・ブードア。
ソファベッドわきに白いブリックスクリーン。
上・脚部に彫刻がほどこされた
黒漆のソファベッド。
左・吊り下げ型照明器具。羊皮紙製。
赤、白、アイボリー色で、アップリケの
デザインがある。
下・アフリカ調の円錐型天井ランプ。
羊皮紙製（以上、いずれも
「ヴェンディンゲン」1924年第6号より）

見のこと。滑稽で異常、だが雰囲気がある。そして調和と贅沢な感じを否定することはできない。つまり、才能と優れた感受性を感じさせるのだ」

部屋全体は使われている素材や色彩が多いにもかかわらず、近づきがたい厳しさを感じさせる。これは新たな表現法であり、ロタ通りのアパルトマンで使った方法よりもさらにもっと形式にこだわっていた。この街ではある決まったスタイルを注文する顧客などいないのだから、アイリーンはいかなる妥協もしなくてすんだ。そして彼女はモダニズムの世界、キュビスムをまねた世界へまっしぐらに飛びこんでいった。モダンだとどんなものでも誉めたことがなかった美術評論家ルネ・シャヴァンスは、次のように書いている。「ピエール・ルグランとアイリーン・グレイの作品の不安定なキュビスムに悲しむべき実験を見いだす。しかしながら、アイリーンの部屋の展示は風変わりで奇妙な調和があらわされている」(「ボザール」誌一九二三年六月一日)。

大胆な家具を配置したその部屋は、周辺の別な室内デザインとおよそ似てはいなかった。その展覧会に対する評論家の反応は強烈だった。アイリーンは気にしていた。ある評論家は、彼が「まるで葬式だが楽しいデザイン」と言ったもうひとりのデザイナー、アンドレ・ドランと彼女の部屋とを比較する。「マダム・アイリーン・グレイの「モンテカルロ・ルーム」は羊皮紙と包装紙のさなぎ型ランプがぞっとさせてくれる。カリガリ博士の娘の最悪版」(「ラントランジジャン」紙、一九二三年五月五日)。

アイリーンはずっとそうしてきたように、この部屋に対する悪口を憶えていて、かなりの称賛もまたあったことは忘れていた。「ジュルナル」紙(一九二三年五月十日)に載ったこの展覧会の記事はいくつかの「もっとも傑出した展示作品」、エドガー・ウィリアム・ブラント、ルネ・ラリック、ポール・フォロ、ブルーノ・ダ・シルヴァ・ブルンズ、ピエール・シャローらのなかからアイリーンをとくに選び、「われわれがかつて見たことのないものを見せるすばらしい感覚をもつアイリーン・グレイによるコート・ダジュール(そしておとぎ話)のためのチャーミングなダイニングルーム兼ベッドルーム」についてふれている。「エール・ヌーヴェル」(一九二三年五月八日)の記者は「モンテカルロ・ルーム」の「率直で力強い発想」を讃えている。

他のデザイナーなら、このように一般に受け入れられることは幸運としただろう。多くの新聞がアイリーンの名前をフランスのトップデザイナー扱いにした。一般に認められることによって彼女は公的な立場を得はしたが、デザイナー仲間に認められることのほうが最高の栄誉だった。建築家ピエール・シャローは彼女の展示を讃える発言をしているが、これは共通の思いを語る賛辞である。シャローは量産しようとし、金持ちだけのためにつくるという考えを拒否した最初のデザイナーのひとりである。建築家がデザインしたテーブルが最高のものであると考えた男がとった実際の方法は、家具はそれぞれが的確な機能を果たさなければならないとするアイリーンの考えと一致した。アイリーンを語ったもうひとりはフランシス・ジュールダンで、「家具を入れるよりも空にすることによってはるかに豪華な部屋をつくりあげることができるデザイナー」と言っている。アイリーンは一九二三年の展覧会の部屋でまさにそれをするのだが、その簡略さにおいて、彼女のそれからの方向を示唆するのがこの部屋である。

展覧会が開かれてから、建築家マレ＝ステヴァンが「すぐれてモダンな感覚をもったスタッフがあまりに少ないので」一緒に仕事をしないかと誘った。アイリーンはとても喜んだが、誰かと一緒に仕事をする気にはまだなっていなかった。彼女は本能的に思った。何かしたいと思っていることが始まったばかりで、しかも独力でしなければならない、と。マレ＝ステヴァンは自分と一緒に仕事をすることは誰にとっても名誉なことと考えていたので、拒絶されるとこの肘鉄は忘れまいと思ったようだ。

フロアランプ。銅の支柱、黒漆塗りの土台で笠を紛失している（ダミアが所有していた）

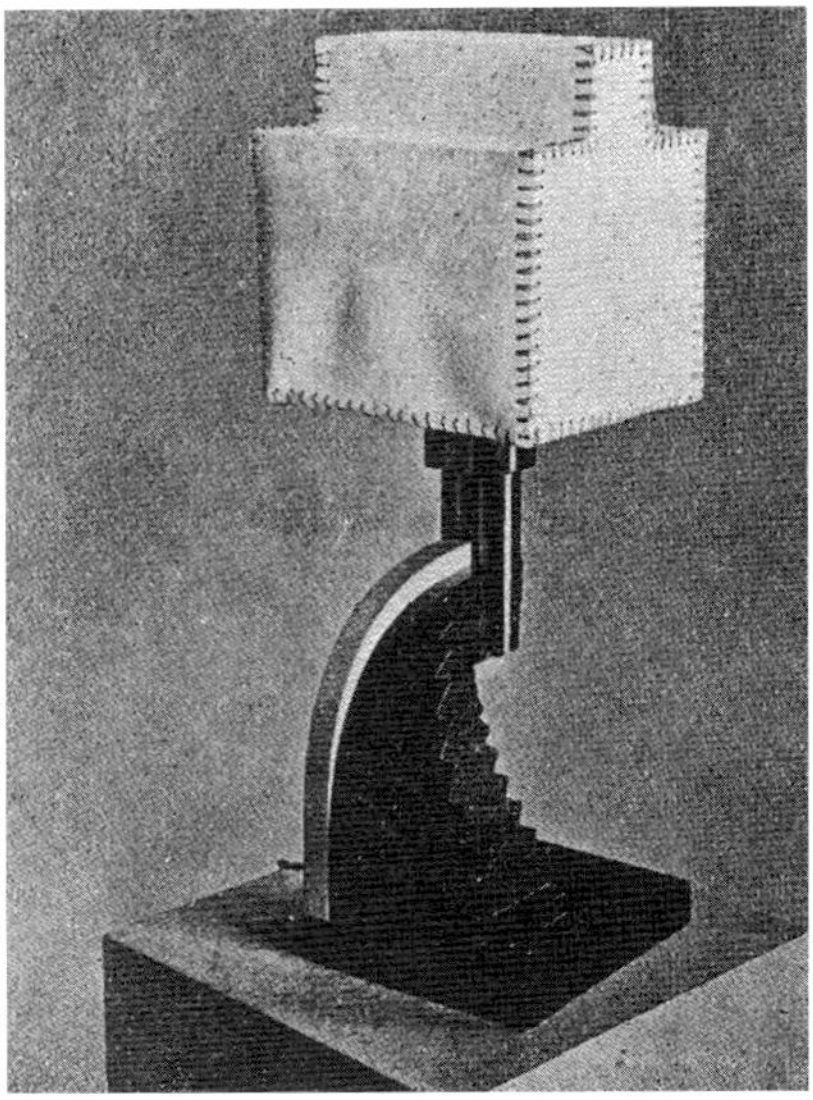

茶色のテーブルランプ。アイボリーの笠はキュビストの図案をモチーフにしている

だが、高い評価のうちでも彼女がいちばん喜んだのはオランダからのもので、彼女がしようとしたことを完全に理解してくれていた。アムステルダムでの展覧会以来、彼女もずっとオランダのデザインに関心をもってきたが、ドイツの建築業週刊誌「ボウクンディグ」一九二三年七月十四日号には、「V・R」というサインつきの展評で「モンテカルロ・ルーム」の写真が載っている。この筆者は有名な建築家でデ・ステイルのメンバーだったシーボルト・ファン・ラヴェステインにほかならない。彼はこう書いている。

独創性というものはフランス人家具デザイナーにとってあまり重要ではなく、三人の皇帝ルイとその子孫はいまだに建築との雑種をつくっている……しかし驚くほど新鮮なものもある。アイリーン・グレイの部屋はわれわれを感動させるし、「探検」と「発見」のあいだのバランスが表現されている。デ・ステイルとの関係が新鮮に映るし、フランスの美徳も放棄されているわけではなく、女性ならではの軽快さもちゃんと感じさせてくれる。その仕事はフランスにも、ルイ王から自由な傾向がやってきたことの先触れを告げている。

ファン・ラヴェステインがアイリーンを探しだし、彼女はフランスでは理解されないことを苦々しく彼に語った。「フランスで受けるためにはギャルリー・ラファイエットの豪華なホールが必要だし、すべてにルイ十四世時代の脚がついていなければならない」。これは彼女が何度も繰り返していた心からの叫びだった。彼女は「あなたの国だけがわたしたちの時代の芸術を理解できる」と付け加えている。誇張されてはいるが、アイリーンのオランダへの熱愛とフランスに対する幻滅がこの話に込められている。

アイリーンが死ぬまで完全に無視されていたという神話はいまだに残っているが、それはフランスのデザインとその実践者たちに対して彼女が抱いていた偏見にも由来するだろう。とはいえ、一九二三年にアイリーンはサロン・ドートンヌへ数点の家具出展の依頼を受けている。これはかなり重要な展覧会で、当時のもっとも有力なデザイナーがとりあげられていた。アイリーンは華やかなものをいっさい避けて、きわめてシンプルな作品を選んだ。小さい板を集めてできたスクリーンの黒漆塗り、一対のまるい穴があいた立方体のスツール、濃い色の幾何学模様のついた自然色のカーペット、照明器具が三点、エキゾティシズムあふれるクッションが出品された。たしかに、一九二四年にはアイリーンはフランスの代表的なデザイナーとしての地位を確立しているのだ。一九二四年、「ラムール・ド・ラール」の記者アンリ・クルーゾーは、ロシア・バレエとアヴァンギャルド画家がわれわれの視野を新たにし、デザイン面の新しい好みを生みだしたと指摘している。「自動車の発明が純粋な線、論理的な構成といった新しい美しさに満ちた感覚を提示した。……ルグランやプーレ、ミス・グレイ、フランシス・ジュールダン、マルティヌといった装飾デザイナーたちは絵画や彫刻から表現を引きだし、それゆえ高い調子になったり、不協和な表現になることを恐れずに家具をつくろうとしている。当然、趣味という点において公然と非難する人たちもいる」。さらに加えられた次のようなコメントは、アイリーンをとくに喜ばせたにちがいない。「高尚な趣味だけでは動きがとれなくなることを留意しよう。過ちを犯すほどの冒険をしなければだめだ」。アイリーン・グレイが生涯を通じて意識していたのもこの二点であった。

一九二四年の「アール・エ・デコラシオン」誌では、装飾美術展の紹介をエコール・ド・ルーヴルの教授で国立家具コレクションのキュレーター、ギョーム・ジャノーが書いている。このなかで彼は「近代的精神」を定義づけようとしている。アイリーンの名が、また代表的なデザイナーたちのなかにあげられている。「ピエール・シャロー、ピエール・ルグラン、アイリーン・グレイらの装飾意匠の特徴は、それらは趣味にもとづいているのでなく、変わることのない環境との関係からつくられているということである。もしフランシス・ジュールダン、ピエール・シャロー、ピエール・ルグラン、アイリーン・グレイ、ルネ・エルブストらが未来派やダダのようにマニフェストを出すとしたら、彼らはきっと「モダン」というタイトルを自分たちにつけるだろう」。一九二五年、アルベール・モランセが出版した『近代的室内装飾の技術』のなかで、ジャノーはグレイの仕事を同じく「幾何学模様の大型敷物をつくった」ジャン・リュルサと結びつけている。ジャノーは、シャローの後継者として自分の評価するリュルサとグレイのふたりが第一の成功例だと思っていた。「望むと望まざるとにかかわらず、アイリーン・グレイが洗練された芸術性と趣味とでつくりだす悲劇のような室内をみれば、ボードレールを想い起こす。そこにあるのは「省略をきかせた」黒いベルベットの壁かけ、低くて幅広いベッド、貴重な毛皮、めずらしいオブジェ、すべてすばらしい変わったものばかりだ」。しかし、ジャノーは批判もしている。「何人かの装飾デザイナーが奇妙な手段でピエール・シャローの芸術をねじ曲げている。彼の後継者は建築家でなく装飾デザイナーだった。アイリーン・グレイとピエール・ルグランのふたりは彼の美学を継いだのではなく、たんに詩的感情を継いだにすぎない」。アイリーンはすばやく、彼女が早い時期につくった室内装飾は建築的側面に十分な注意を払っていなかったことに同意する。つまり、本格的に建築を勉強しはじめたときにはじめて彼女は自分のなかで装飾デザイナーと建築家を融合させ、すぐれた調和感をもつ室内装飾をつくりだすことができた。だが、外部の者が彼女をデザイナーの世界に属するとみなすかぎり、アイリーンのなかには異和感が残った。彼女は仲間のデザイナーたちの大部分を信用していなかった。彼らはあまりにも決まりきった生活様式にかかわりすぎていた。彼女の眼はオランダに向いていた。その地のシンプルな手工芸の伝統のなかにもっと自分と同じ精神的風土を見つけだせるのではないかと望みを託したのだった。

デ・ステイルは一九一七年、オランダの大学都市ライデンでテオ・ファン・ドゥースブルフ、ピエト・モンドリアンを中心に画家のフィルモス・フサール、バート・ファン・デル・レックが加わって結成された。社会改革への関心がファン・ドゥースブルフを建築に向かわせた。そしてデ・ステイルに建築家が参加することになった。ベルナール・バイフォート、J・J・P・アウト、ヤン・ヴィルス、そして後にヘリット・リートフェルト、コーネリアス・ファン・エーステレンが加わっていく。

伝統の束縛から芸術やデザインを解放したいと望むデ・ステイルのあくなき真実の追求は、アイリーンに響きあうものを感じさせた。「美しい形態はすべて合理的、機能的であり、装飾せずに物体を見せる」というのが彼らの合言葉であった。アイリーンは死ぬまでこの運動が彼女を解放してくれた効果について語っていた。彼女はこの運動の数名の代表者にやがて会うのだが、よくいわれるように親しい友だちづきあいというのは正しくない。彼らは全員アイリーンの作品を見ていて称賛していた。彼女は個人としてはバイフォート、ファン・ラヴェスティン、アウト、ヴィルスに会った。彼女はリートフェルトの仕事から多くを学んだが、ふたりは会ってはいない。最初、家具職人だったリートフェルトは一九一八年に有名な「青と赤の椅子」をデザインした。一九二四年、彼はユトレヒトにシュローダー邸をつくったが、マダム・シュローダー自身も建築を手伝ったという。その影響で、アイリーンは建築家になろうと決めている。オランダの運動に魅せられたデザイナーはアイリーンだけではなかったし、両国が互いに関心をもつ時代であった。オランダの若い建築家たちはマレ＝ステヴァン、ピエール・シャロー、そしてアイリーン・グレイの世に出はじめた仕事に熱中していた。

一九二三年、アイリーンがモンテカルロ・ルームを展示した年に、レオンス・ローゼンベルクがオーナーだったパリのギャルリー・ド・レフォール・モデルヌでオランダの建築を特集した展覧会が開かれた。ローゼンベルクは数年にわたりデ・ステイルのメンバー、とくにファン・ドゥースブルフとデ・ステイル全員が共同で住宅とギャラリーのデザインをするように交渉していたが、この野心的な企画を立てたときに、彼はフランスの大衆に運動自体を紹介する展覧会の開催を決めていた。十月十五日から十一月十五日まで開かれたこの展覧会は大成功だった。展覧会ではグループの建築についての信条がまとめられていた。ファン・エーステレンやファン・ドゥースブルフによる住宅のドローイングと模型、リートフェルトの宝石店の模型、フサールのデザイン作品などが展示された。アウトはプルメレントの工場のためのドローイングを、ヴィルスはハーグに住む女性の邸宅のための内装を出品した。またミース・ファン・デル・ローエによるガラスの高層建築の模型もあった。

アイリーンは見たものすべての虜になった。ファン・ドゥースブルフとファン・エーステレンはパリに住むようになり、その間にファン・ドゥースブルフは十六項目からなる『造形的建築に向かって』を出版し、アイリーンはその本のデザインについての思考に深く影響された。その本では、建築は「もっとも基本的な表現のなかでエッセンスとして示されるすべての芸術の集成である」という理由から、絵画や彫刻よりも上位であるという主張がされていた。

オランダの建築家で評論家のA・ボーケンは、装飾芸術家展のレポートのためにパリへ来ていた。彼はアイリーン・グレイの展示を見て夢中になった。幾何学形態の抽象デザインの家具は新しい方向を示している。みごとに酸化させた金属にも見える漆を塗った表面は、美しい木目の木と組み合わされる。「ここまでやらなくては彼女の漆の気品は実を結ばない」と七月の「ボウクンディグ」に熱のこもった記事を彼は書いている。彼はまた黒の線を描いた白い羊皮紙のランプ、青と白のガラスのランタン、そして細工した鉄と組紐を駝鳥の卵と組み合わせた三番目のランプについても記述している。

ボーケンはアイリーンのアパルトマンを訪ね、彼女も持ち前の優雅さで応待した。彼らの会話は生き生きとはずんだ。アイリーンは彫刻家オシップ・ザッキンの話をして、ボーケンがスタジオを訪れるように手配した。彼らは建築のことを語りあった。またボーケンは「楽しいもてなし」への礼状のなかでバウハウスで出している本のことを書いた。「わたしはあなたがもうすでにそのことについて、すべてご存じだと確信しています」。彼はアイリーンが建築についてよく知っていると強く印象づけられたにちがいない。実際、彼女は徐々に建築へ向かっていた。それは理論的に段階を踏んでいるほどで、彼女の建築の形態はすでに家具において構想ずみのものなのである。建築家がひとつの造形物を建築へと変容させるのはよくあることだ。フランク・ロイド・ライトはニューヨークのグッゲンハイム美術館のプランで、一九三〇年にロンドンのネザランド・グラス・カンパニーのためにデザインしたコーヒーセットを出発点とした。初期のアイリーンの家具はほとんどが強い建築的な要素をもっている。頑丈なベージュの支えの上に濃い色の背もたれが載ったモンテカルロ・ソファベッドは、部分に建築的要素が含まれている。「エール・ヌーヴェル」で批評家が鋭く指摘するように、彼女の家具は「たんに建築的構造を補うもの」として扱われている。アイリーンの家具がより彫刻的作品に向かって進化していくことから、彼女には次の段階へ進む準備の整っていることがはっきりわかる。

「ボウクンディグ」でボーケンはフランシス・ジュールダン、ジョ・ブルジョワ、リュールマン、スーとマール、マルティヌを「非常に変わった仕事をしている」として除外している。「もし、注目すべき控え目な三人の参加がなかったなら、室内装飾や家具部門全体は気が滅入るほど退屈で意味ないものとなったろう。……三人の室内装飾は新しく、風変わりで展覧会の他の作品の雰囲気とは違った特徴の深さがめだっている。アイリーン・グレイ、ピエール・シャローの小部屋の装飾、ロベール・マレ゠ステヴァンのバスルームだけが展覧会になんらかの寄与を果たした」。ボーケンは簡単にこう述べている。これらふたりの建築家と同じ評価を受けたことが、アイリーンには大変な励みになった。ボーケンはフランス人評論家たちを激怒させたランプをも誉めた。「この神秘的に光る不思議なランプには、すべての分析が止まってしまう。それらは近代美術の作品なのか、いまのものなのか。最近の幾何学的抽象形態の家具は、対立する要素をもった彼女の室内装飾と同様にたしかにこの時代のものである。ランプは現代美術の構成や技法提示以上のものである。……新しいもの、新しい質、純粋性、ほとんどかたくなといえる強さが、この芸術家だけは特別なカテゴリーにひとり立つことを明らかにしている」。これは流行を追う読者のための雑誌が美辞麗句で誉めているのでなく、専門的な出版物で建築家が称賛しているのである。

　しかし、ボーケンはまた彼女の家具を何点か批判している。とくに本箱には同様な現代的精神からデザインされていないと感じていた。それは「ほとんどのフランスのデザインと同じ弱点をもっている」。アイリーンはボーケンからこのことを聞く必要もなかったが、その助言を心にとめていた。それ以来彼女がデザインするほとんどのものは、過去とのかかわりをまったくもたなくなった。飾りたてた漆の作品、房飾りの時代は過去のものにされた。「わたしはほんとうにこれらの作品をつくりたいと思ったのではなかった。みなが望んだからつくった。（戦争中）ロンドンにいたとき、すでにわたしはつくってきたものを想い起こしてはその多くを後悔した」。彼女はいわば、デ・ステイルへのオマージュとしてつくったティーテーブルのようなデザインを内にたくわえていた。そのテーブルは彼女のお気に入りのひとつで、死ぬまで自分のリビングルームで使っていた。

　この小さなテーブルがデ・ステイルの建築家に注目されたとしても当然である。この小型家具の彫刻的な質、色使い、理論的な構成は、すべてがデ・ステイルを先取りしていた。それは彼女が展示したなかでもっとも抽象的な作品だった。それは「楓と黒檀のように見せるために」黒と白に塗った樫でできていた。ボーケンは彼女の家具の「抽象的」質を最初に指摘した批評家だが、このテーブル以上にそのことを示している作品はなく、またそれは、彼女のそ

デ・ステイル風のテーブル（1922年）。オーク材。「シカモア材と黒檀に似せて白黒に塗った」という

の後の建築作品を予示していた。総合への探求、もっとも洗練されたものともっとも明瞭で厳密なものとを統合する傾向が、このテーブルで頂点に達したことがわかる。彼女は材料の違った使い方を強調し、違ったムードの微妙なバランスをつくりだすために同じひとつの家具にふたつ以上の色をよく使う。

この曖昧でもある表現が彼女の家具のほとんどすべてに、そして後に彼女の建築に特別なドラマティックな緊張感と複雑な感じをあたえた。このテーブルデザインから純粋建築への跳躍は、いまや時間の問題だった。

だが、建築へと変わるもっとも重要な理由は、若い建築家ジャン・バドヴィッチとの出会いだった。彼は彼女の全経歴に決定的な影響をあたえた。

ジャン・バドヴィッチ

バドヴィッチは一八九三年、ブカレストのバドヴィッソ家に生まれた。両親はドイツで学ぶのを望んだが、彼はパリを強く主張した。アイリーンがバドヴィッチに会ったのは第一次大戦直後のことで、彼は無一文で建築の学位をめざして勉強中のハンサムな二十代の青年、そして「あらゆる種類の夜の仕事をしていた」。バドヴィッチは最初エコール・デ・ボザールでジュリアン・ガデとジャン＝バプティスト・ポーランから学んだ。その後一九一七年から一九年の間、高等建築学校で学んだ。彼は友人のギリシャ人ジャーナリスト、クリスチャン・ゼルヴォスとダンフェール＝ロシュロー通り四十八番の屋根裏部屋を共同で借りていた。彼らはまだ批評家として編集者として成功していなかったが、それぞれ有名になるのも間近なことだった。ふたりとも現代建築に熱い関心をよせていた。彼らは出版業者のアルベール・モランセを説き伏せて現代建築の雑誌を出版させた。それは「ラルシテクチュール・ヴィヴァント」というタイトルで一九二三年に創刊された。十年間に二十一号を出版したが、すぐに同種のなかでもっとも際立った雑誌になっていった。

アイリーンはバドヴィッチの熱意あふれる態度にすっかり魅了された。野心のないわけではないバドヴィッチは、即座にアイリーンのなかに豊かな芸術的才能と同時に、彼のアイディアを実行するのに十分な財力を読みとったのだった。彼らの関係は個人的にも仕事のうえでもアイリーンを強く運命づけ、彼女の一生を予知せぬ方向へ変えることになった。バドヴィッチを通して、アイリーンは今世紀のもっとも重要な建築家とつきあうようになるのである。

パリは建築やデザインについての新しい発想ではちきれそうだ。一九二〇年、ル・コルビュジエとオザンファンは雑誌「レスプリ・ヌーヴォー」を始めた。彼らはレジェとの共同制作も始めた。バドヴィッチはすぐに彼らと親しくなり、彼を通じてアイリーンもこの三人に会っている。ル・コルビュジエはまだ建物をほとんど手がけていなかったが、アイリーンの住まいからさほど遠くないセーブル通り三十五番にいとこのピエール・ジャンヌレとスタジオを持っていた。

ジャン・バドヴィッチ

バドヴィッチは「ラルシテクチュール・ヴィヴァント」を編集するかたわら、一九二六年、ゼルヴォスが創刊した雑誌「カイエ・ダール」と、オランダの雑誌「ヴェンディンゲン」に寄稿していた。

バドヴィッチと現代のデザイン、建築のすべてをカバーしている「ラルシテクチュール・ヴィヴァント」を通して、アイリーンはオランダ、ドイツ、ロシア、フランス、ベルギー、アメリカの主要な建築動向を把握していく。個々の運動は——構成主義、デ・ステイル、バウハウスなどすべて——幅広く検討され、フランク・ロイド・ライト、ル・コルビュジエ、ミース・ファン・デル・ローエ、ブルーノ・タウト、アドルフ・ロース、ヘリット・リートフェルトが寄稿していた。この雑誌はアイリーンの教科書になった。アイリーンがこの雑誌からいかに多くを学んだかを示す例が、一九二三年に彼女のつくった小住宅のプロジェクトにある。同年の同誌にアドルフ・ロースの「小住宅」〔ヴェネツィアのモイッシ邸計画案〕が載っていて、そのなかで彼は、何年間もとりくんでいた「純粋な空間をいかにしてつくりだすか」という問題を解決しようとしていた。アイリーンはこのドローイングを検証し、ロースの東面ファサードを変えている。彼女はこの変更によって建物全体との調和が崩れたので、次にテラスとベッドルーム、バスルームの配置だけを残して元のロースのアイディアを描きかえた。はじめての住宅設計がこれだともいえるが、むしろ設計練習とみたほうがあたっている。

アイリーンのドローイングには、すでに彼女の建築への思い入れがあらわれている。つくりつけの家具、階段とテラスを通っていく二階の入口——いずれも後に彼女が設計する住宅に繰り返しあらわれるふたつの要素である。残された初期の建築スケッチは空間の調整に並はずれた自信を感じさせるが、彼女はまだ住宅の内部動線に苦労していた。

アイリーンの発想の源として仲間の建築家のプランがあるとすれば、彼女は身近な環境からもまた学んだ。彼女の遺稿のなかに、メキシコへ行ったおりに乗った船の客室の寸法を書き入れた小さなスケッチがある。ほかにも彼女は泊まったホテルの部屋の寸法を測っている。彼女はこれらの部屋の狭さに興味を抱き、限られた空間の使い方を研究するのに最適な主題としていくのだが、そのうち彼女はその主題をみごとにこなしてしまう。

建築に打ちこむようになった彼女は、家具制作のためにも新しくより適切な材料を探すようになった。内なる声のすべては漆信仰からの脱却を促してもいる。このころから彼女は、少しずつクロムや鉄パイプを使うようになる。外

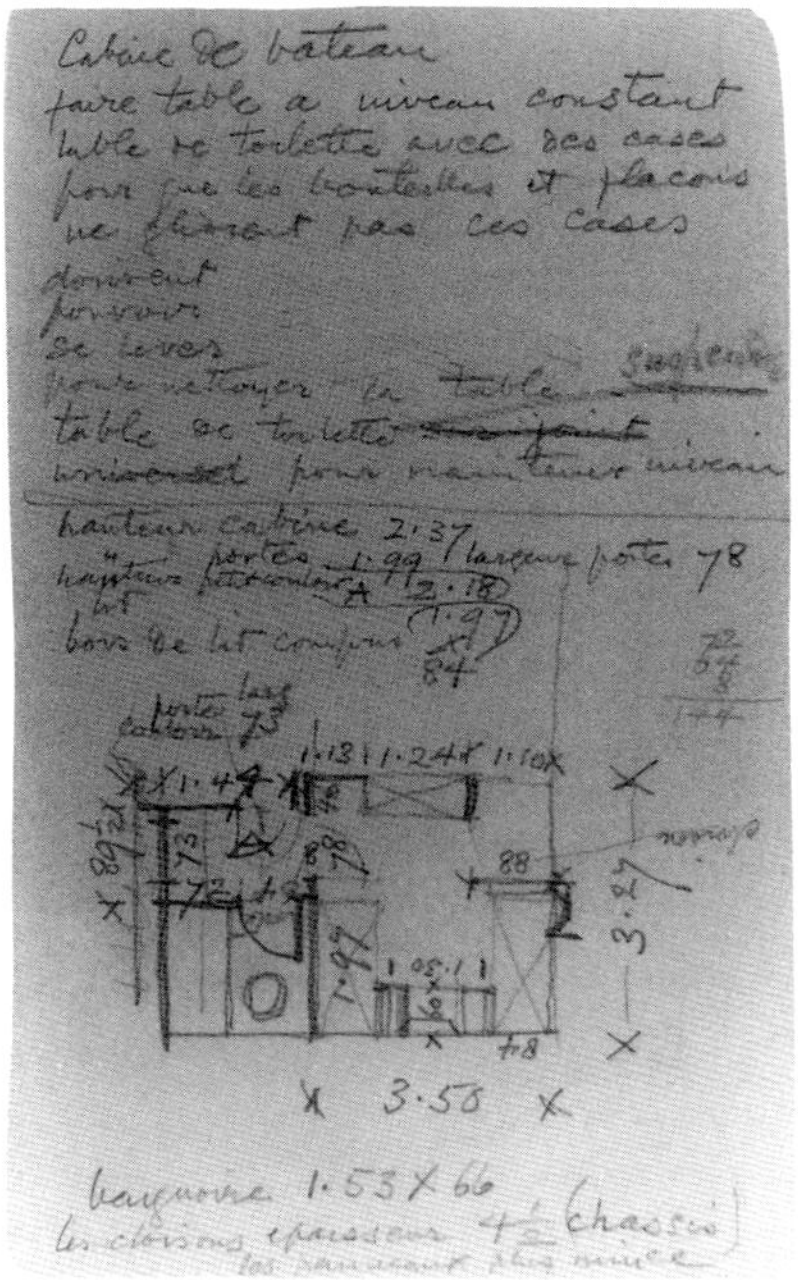

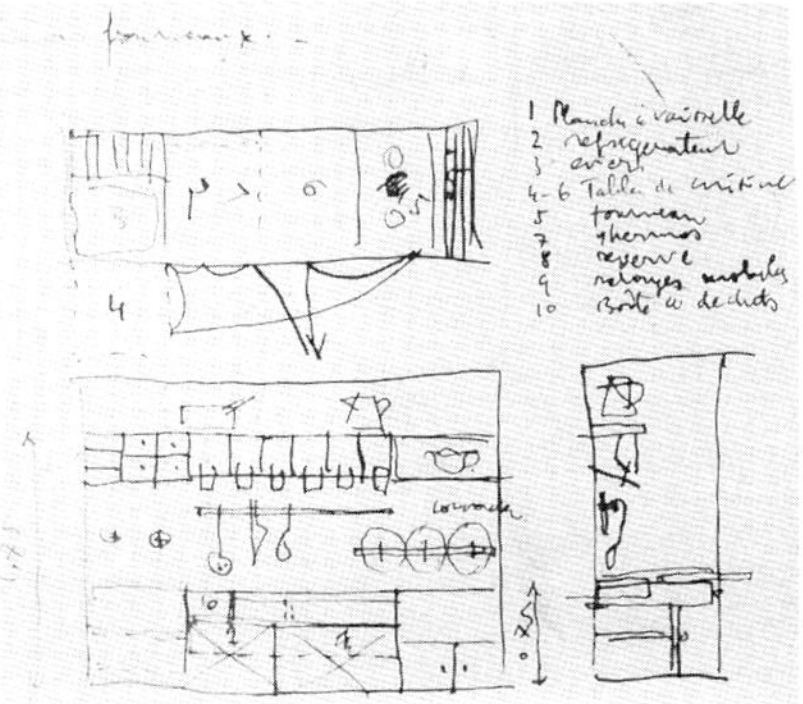

アイリーンのスケッチ（2点とも）。
限られた建築空間における課題研究。
上・メキシコへの船旅で利用した船室。
下・メキシコシティ、
ホテル・レジスの客室

国の木材も好んで使った。斑紋木材を使っていた彼女は、いつも変わったアフリカ材を探していた。また彼女はスレートやレオ・ヘンドリック・ベークライトが発明した最初の合成樹脂ベークライトのような素材をも試してみた。彼女はすさまじい勢いで実験をしていく。粗い肌触りをつくりだすために酸で木を焦がした「焼いた木」を使ったソファと衣装棚をつくっている。クロムの把手がついた、シカモア材でできたシンプルな建築家用キャビネットもデザインした。それはサイズの違う抽斗が複雑な仕組みになっている。彼女は建築家アンリ・パコンのために一台、自分のために一台つくった。その一台は彼女が死ぬまで仕事部屋に置かれていた。

　しかし、ジャン・デゼールの顧客たちはアイリーンの独立独歩を許さなかった。富裕なお得意には、まだかつてのアイリーン・グレイのパリの洒落た客間で見かけた作品を求める者もいた。アイリーンが自分の店に新しいデザインをもちこむのがむずかしいほどだった。徐々に嗜好はシンプルなデザインの方向へと変わっていく。クレルモン＝トネール公爵夫人はパシーの大邸宅を手放し、次のように主張しながら小さな別荘を整えた。「わたしの大きなアパルトマンにあったものすべてが滅びていく時代のためにつくられていた。すでに花はなく、鳥はおらず、中国の魚も死

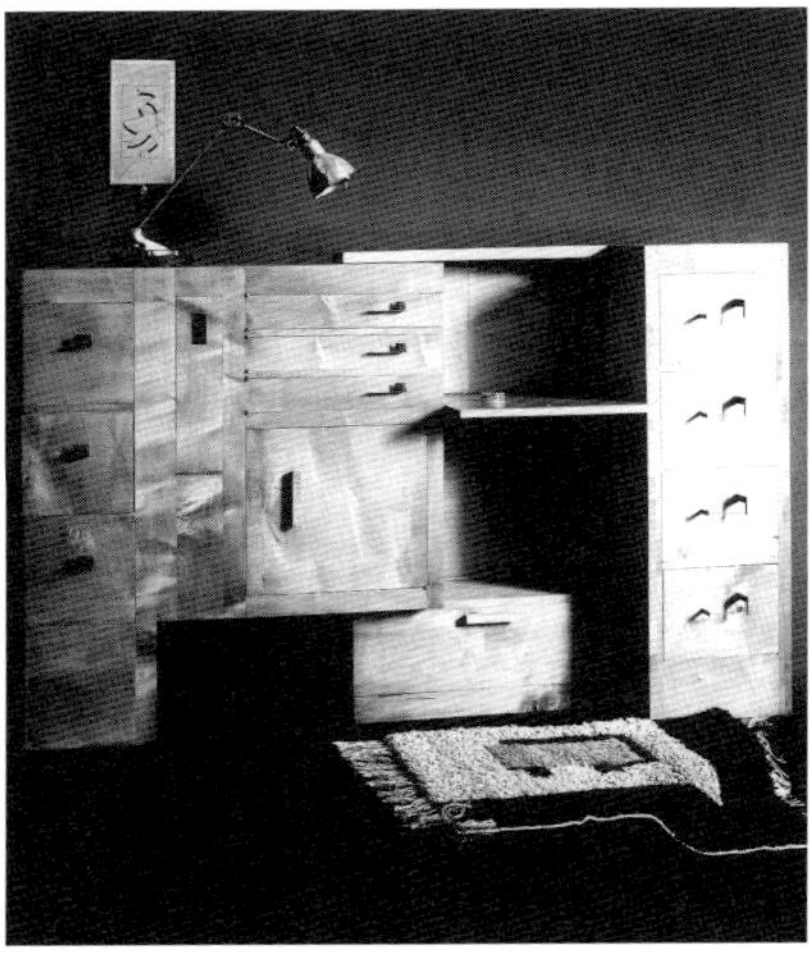

建築家のためのキャビネット（1925年ごろ）。
シカモア材。クロムの把手のついた抽斗は、
さまざまなサイズのファイルや製図紙を
整理できるようにデザインされている。
旋回式、また蝶番で扉を開閉する抽斗もある。
左ページ・ジャン・デザール用にデザインされた
ドレッシングテーブル（1919–22年）。オーク材と
シカモア材を使用、黒で焼き付け模様を
ほどこしている。象牙の把手のついた横の抽斗は、
アイリーンが旋回式をとりいれた最初のもの。
天板はガラス製

んでしまった。わたしは過去にこだわらず、勇気をもって新しい時代へ向かっていく決心をした。装飾過多の客間を投げ捨て、わたしは現代を選ぶ」。コクトーやジッドの友人である作家のモーリス・サックスも言う。「自分の部屋を注文でつくらせることに決めたのだが、株式市場がこのままよければ現代風にやりなおしたい。わたしは直線ででもきたよいもの、新しい木材——シカモア、レモンの木、楡を使ったものをたくさん見ているから」

誰もが新しい「シンプルさ」をよしとしたわけではない。ジャン・コクトーは、ジャン＝ミシェル・フランクの室内の厳格な感じを見て次のように批評している。「その若者は魅力的なのに、部屋は盗難にあったようだ」。アイリーンはずっとフランクの室内が好きだった。それらの抑制のきいた贅沢感を彼女は気に入っていた。エルザ・スキャパレリがクチュリエになったとき、彼がアパルトマンの内装をしている。アイリーンが気に入っていた他のデザイナーたちは、ジョ・ブルジョワと「やさしくしてくれた」のを憶えているエドワール・ベネディクトゥスだった。他の流行のデザイナーに関してはアイリーンはよくは思っていない。レーモン・シューブは「あまりにコマーシャル」だし、レーモン・タンプリエとジャン・ピュイフォルカは「型にはまりすぎ」、モーリス・デュフレーヌとポール・フォロは「ひどくて身の毛がよだつ」。アイリーンがこれらの厳しい言葉を吐いたとき、彼女はすでに九十歳で、歯に衣を着せることなどしなかった。彼女は強いひがみを抱いていて、自分が負わされた傷を忘れることがなかったのだった。

続く数年間、アイリーンの仕事はわずかながら好転してきた。顧客リストは四十人をこえていたし、その多くはたいてい有名で金持ちだった。顧客のなかに若きノワイユ子爵とその新妻マリー＝ロールがいた。彼女は芸術とモダンデザインの強力な後援者の大富豪モーリス・ビショフシャイムの娘だった。彼らはイエールに小さな現代風の家を設計するようマレ＝ステヴァンに依頼した。マレ＝ステヴァンは、まず五部屋ある現代風建物を建てた。結局、三〇年代にはそこは城に変わってしまい、アルベルト・ジャコメッティ、マン・レイ、コクトー、ブニュエル、ジッドほか文学や芸術の有名人がたくさん客になった。内装はジョ・ブルジョワのデザインだった。ジャン・デゼールで買ったアイリーンの作品も何点か含まれていたと思われる。

一九二三年三月号の「デイリー・メイル」はジャン・デゼールのショールームとアイリーンをとりあげ、その独創性と漆の美しさを誉めている。フランスや諸外国での人気も高まり、顧客が増えていった。J・ダンカンというロンドンから来たデザイナーが白のスクリーンを二点買い、グローブナー・スクエアにあった彼のショールームに飾った。彼は「コピーなどしないと信用してください」と手紙をよこし、アイリーンは黒漆のスクリーンの写真と別のスクリーンの案を送っている。

一九二四年、アイリーンはピエール・シャローに第十五回装飾芸術家協会展の彼の陳列台に作品を出すように誘われた。シャローは同時代のデザイナーによるいろいろな作品を集めた室内をつくった。たとえばマレ＝ステヴァンによる「キュビスト」の玄関ホール、ポワレによるクッションをふんだんに使った温室。「モビリエ・エ・デコラシオン・ダンテリウール」一九二四年十二月号のガブリエル・アンリオのコメントによれば、他の芸術家たちは「壁かけやカーペットでその部屋を飾った」。それはアイリーン・グレイの担当であった。

しかし、このような好評にもかかわらず、ジャン・デゼールはうまくいかなかった。ギャラリーでのデザイン以外の喜びはといえば、何人かの芸術家たちに作品展示の機会を提供することだった。最初の展示は彼女の古い友人シャナ・オルロフで、一九一六年に詩人のアリ・ユストマンと結婚したオルロフは二年後に未亡人になり、パリの上流社会の人びとの肖像画を描いて生活していた。彼女は一九一三年のサロン・ドートンヌと一九一八年のアンデパンダン

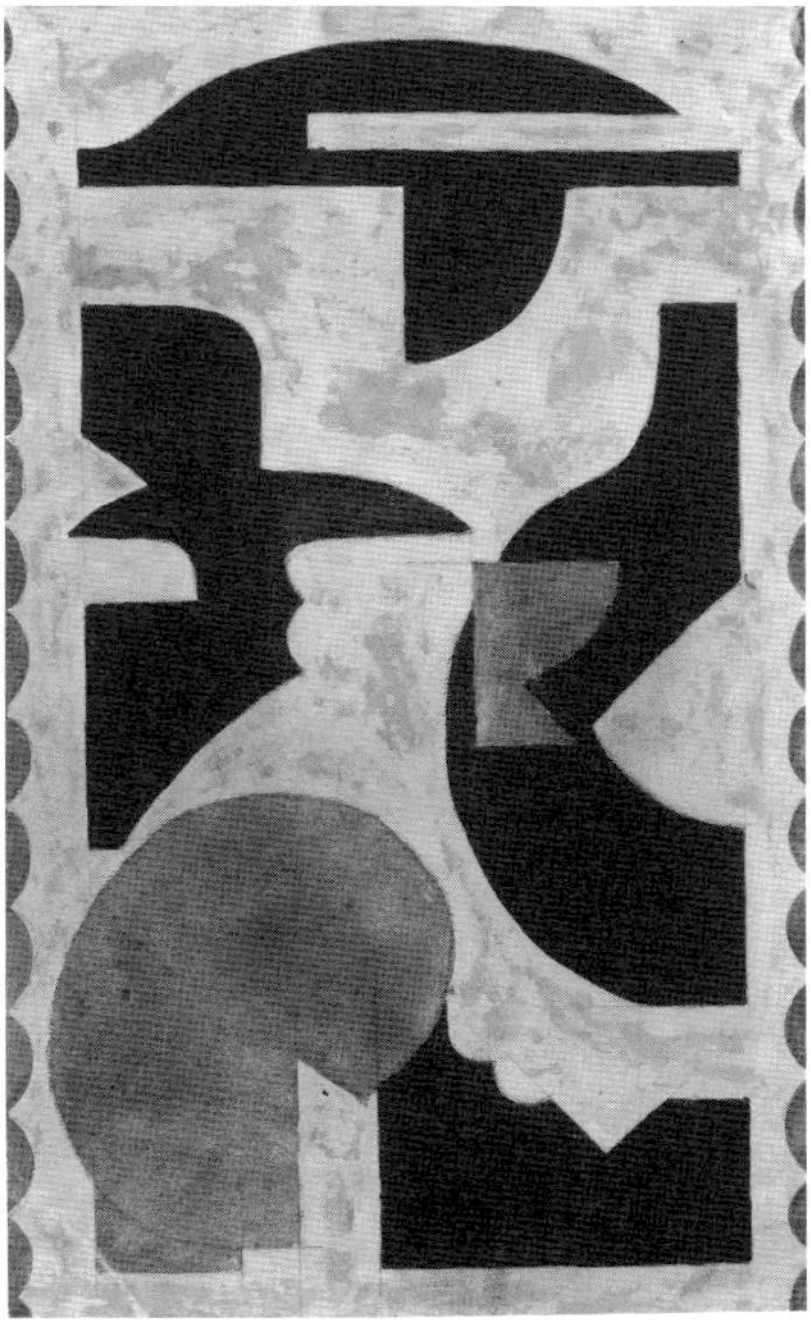

アイリーンによる抽象柄の敷物デザイン
（2点とも）

展に出品していたが、最初の個展はアイリーンがジャン・デゼールで開いた。招待状には「アイリーン・グレイの家具とシャナ・オルロフの木版画」と書いてあった。その後オルロフはかなり有名になり、いくつかのギャラリーで展覧会をし、レジョン・ドヌール勲章を受けている。彼女は一九六八年、八十歳の誕生日を期に回顧展のため出かけた旅先のイスラエルで亡くなった。

菅原も小さな木彫をつくりはじめていて、アイリーンはそれも展示した。しかし、アイリーンがジャン・デゼールに展示したもっとも重要な芸術家はオシップ・ザッキンである。ザッキンは一九〇九年にパリへ出てきてラ・ルーシュに下宿した。彼はアルジェリアの画家ヴァレンティーヌ・プラックスと結婚していた。一九二一年、モーリス・レイナルによる小冊子で彼の彫刻が注目を集めた。アイリーンはオルロフを通してザッキンに会い、彼の硬質な石彫が即刻気に入った。ジャン・デゼールでの招待展を彼女はおこなった。

彼らの関係は隔たりがあり、ときには緊張感もあった。アイリーンは彼の作品を一点自分のために買っている。唇を採色した美しい石頭像で、一九二六年のブリュッセルでの展覧会に貸しだしている。ザッキンは「ミス・グレイの思い出に」と書いたカタログを送ってきたが、それにはサインすらしてなかった。ザッキンは自伝のなかでアイリーンの名前も彼女のギャラリーでの個展のこともふれていない。アイリーンは生涯、個人的好意に対してさほど感謝や認識をされたことがない。驚くほど彼女には俗心がなかった。彼女の性格には人に使われたり、ときには利用されたりする何かがあったのだろう。

晩年には彼女もだんだん疑い深くなった。しかし、ふたりの往き来は続いていて、彼は後に南フランスへ彼女を訪ねている。第二次世界大戦中には、彼はニューヨークで教員をしていた。一九四五年、ザッキンはパリへ戻り、一九六七年に死んだ。

おもしろい話が残されているのだが、ザッキン作の頭像はいつもボナパルト通りの住まいのマントルピースの上に置かれていた。ある日、働き者のメイドがそれを洗いすぎて唇に塗った色が消えてしまった。当人は恐縮し、アイリーンは大笑いしたが、ザッキンは機嫌よくやってきて唇を修理してくれた。

芸術作品を展示する店には、妙なものは何もなかった。二〇年代のパリには、小さなギャラリーや本屋があふれていた。彼女のアパルトマンから右に曲がった角にギャルリー・ポヴォロツキーがあり、そこではシャナ・オルロフが個展を開き、ピカビアの展覧会もおこなわれた。アイリーンはピカビアがとくに好きで、彼の作品集を買って持っていたほどだった。ピカビア展のオープニングにはルネ・クルヴェル、エリック・サティ、ピカソが来た。トリスタン・ツァラがダダの詩を朗読し、コクトーとオーリックが音楽を演奏した。アイリーンのところのコックがこの奇妙なふるまいのことを話したが、彼女自身は陽気な騒ぎが終わった翌日になってから出かけたのだった。

　ビジネス面でうまくいったのはアイリーンのカーペットの販売だった。際立って抽象的なデザインが人気があることに彼女は喜んでいた。アイリーンは大きな紙に彼女が望む色を正確に示した美しいデザインを描いた。そうしてこれらのデザインは、ヴィスコンティ通りの工房でフランス人女性たちの手で写しとられ、エヴリン・ワイルドが「織機のあいだを縫うように歩きまわりながら」見てまわった。一時は商売が非常に好調で、八人の女性を使っていた。アイリーンはいつでもエキゾティックな言葉が好きで、敷物にも「ヘリオガバール」「イリース（ユリシーズ）」「ハンニバル」「マケドアンヌ」「ペネロペ」「フィデーレ」など詩的な名をつけた。ほかに「テニス」「カシミール」「ビリビ」というのもあった。ダミアとアイリーンを讃えたDという文字、Eという文字のものもあった。いちばん安いもので一五〇フラン、最高は三〇〇〇フランだった。

　しかしながら、商売の仕方をわかっている者が店にはひとりもいなかった。代金を支払わない客もいたし、「デザインが家具に合わない」といっては何度も敷物をとりかえる客もいた。顧客のためにデザインを依頼された装飾デザイナーは、アイリーンたちの商品が約束の日に納品されないと文句を言った。アイリーンは本気で気にはしない。なぜなら、彼女の気持ちは他のことへ向いていた。建築のことを考えはじめていたのだ。

ターニングポイント

一九二四年、オランダの雑誌「ヴェンディンゲン（ターニングポイント）」は、図版をたっぷり使ったアイリーン特集号を出す。これにはヤン・ヴィルスが序文、そしてジャン・バドヴィッチの長論文が掲載されていた。ふたりの建築家の論文はアイリーンの意図するところに対して、的を射た重要な考察をしている。ヤン・ヴィルスはモンテカルロ・ルームを想い起こしながら、アイリーンの仕事を明快に評価している。

いま、わたしの眼の前にはアイリーン・グレイの作品の写真があり、数日続けてパリの魅力に酔いしれたある午後のことを想い起こしている。わたしはまったく偶然に、この家具が展示してあるところを通りかかった。それはまるで別世界へ入りこんだような感じで、あたかも靄が突然晴れ、見たこともない美しい光景に陽光が射したかのようだった。

ここには平穏があった。ここで、情熱的で人工的なパリの抱擁から逃れてひと息つくことができた。狭量なパリジャンの暮らしの仰々しさがはっきりと見えてくる。つまりこの自然なシンプルさと感覚を刺激しない家具の優雅さに比べて、彼らの暮らしはなんとけばけばしいのだろう。

たしかに、大通りの雰囲気からそれぞれのものがかくもみごとに並べられている場所へと変わってみれば他の環境よりも疑いもなく、より強い印象を受けるわけだ。これがどこでも見られるものと、認められたよさとの違いが非常に大きいという理由であり、それは既成の方法論では比較しようもないほど違う。次々と家具を見ていくこと、あらゆる角度から見てみること、そして近づいて贅沢に使われている材料を調べること、それはほんとうに楽しかった。方法や理由についての論理的な推理や深い考察については疑いの余地はない。冷静な判断によって武装し、その将来の価値を数学的に計算することが、一時たりともわたしを苦しめることはなかった。後にわたしは、わたしの友人たちがこれらのテーブル、ランプ、敷物、スクリーンを見たときに、わたしが見たのとは違った見方をしていることに気づいた。それらは疑いなく徹底的に吟味されるだろう。観る者のライフスタイルとは無関係であることを示すような特徴が見いだされるだろう。しかし、わたしはそのような特徴を見いだしたくはない。あの楽しかった午後の記憶を汚してしまいそうだからである。わたしはそれらの特徴とかかわりたくもない。というのは、その向こう見ずで重苦しい議論などどこにもいらないからである。この家具は夢——家具そのものと親密なかかわりをもつときにだけ見ることができる夢——の結実なのである。一点一点が次から次へ咲き誇る満開の花のように生みだされている。

ときとしてそれは低くて単調な和音のように、忘れようとする瞬間に割りこんでくる。ときとして動揺や激しい感情に満ちた、不思議な感じの完全にコントロールされた動きにたとえられる。それは心のなかでつくられることはなかったが、手によって創造の要素へと向く魂として練りあげられる。このことが、ある作品は地味で流線型、一方で突然のように複雑な線の構成とあふれるばかりの形態になる理由である。

すべての伝統から自由であり、精神的贅沢と欲望から発し、制作者の意志は微妙な差異をまとめあげながら、つねに異なった宝物を積み重ねていく。人の寿命、あるいは未来の夢の実現について尋ねるのは誰だろうか。花を楽しむのはその命の短さゆえだろうか、あるいは、どれほどのヴァリエーションが生まれてくるかということによってなのだろうか。

アイリーン・グレイは、新しい形態を発見していく世界ではとくに変わった人物である。彼女は極端にみずからに厳しくて、将来のしあわせや成功だけを目的にしているような人間ではなかった。また、大衆に迎合して安っぽい成功をもくろむような人間でもなかった。この種の家具を身のまわりに置くわずかな者だけがそのなかに込められている責務に気づくだろう。

パリにはアイリーンが活躍する余地がない、というのは不思議なことだろうか。「フランスで楽しむにはラファイエット画廊の豪華なホールが必要だ。すべての家具にルイ十四世時代の脚がついている……」。しかし、この家具は高貴なものだった。家具の一点一点は眼を見張るほど優れていて、何世紀も前の文化の結果としての態度や姿勢を備え、多数の世代や民族のもっともよい性質だけが受け継がれている、うら若い女王のように恵み深い。それらの家具はときとしてコケティッシュであり、物腰はときとして情熱的で、その後静かに動きだす。それらに対して自然に敬意を感じる者もいるだろう、誇張なしにやさしい態度で、大声も立てずに。それらの家具は平穏が支配する静けさを放射する。それらは劣った質の誰かや何かとかかわるくらいなら孤立したほうがよいことがわかっている。素材の選択、およびそれを扱う方法が形態の真価を正しく認めている。それらはよく使われる敷物のように優雅な線が際立っているが、もとの価値をよく保っている。この方式で精神的内容、形態、物質がひとつに溶けあい、稀にみる楽しい統一を形づくる。素材の選び方、使い方を知っている者はその技能にも熟達しているべきである。

彼女は今日きわめて存在することの少ない、この種の芸術家である。(「アイリーン・グレイ——家具と室内装飾」)

バドヴィッチの論文は、デザイナーとしてのアイリーン・グレイを広い見識から説明した最初のものである。

アイリーン・グレイは近代芸術運動の中心を占めている。彼女は傾向、ヴィジョン、表現すべてにおいてモダンである。彼女は古い美的感情を拒絶し、古い形態を疑う。

彼女は、われわれの時代には新しい生活の可能性に伴って新たな感じ方が必要とされていることに気づいていた。テクノロジーによる避けがたい影響がわれわれの感覚を変質させている。……すべての彼女の仕事は叙情的力、熱狂、そして少しずつつくられつつある新たな文明と精神を示す感情の力を反映している。

死んでしまった過去の文明は、道徳的価値観や個人的感情が支配していた。今日あらわれてくる文明においては、個別性は幾何学によって封じこめられた。これは細部や部分の変化というのではない、全体的な変質なのである……。

室内装飾は、この価値観の一般的修正に少なからず重

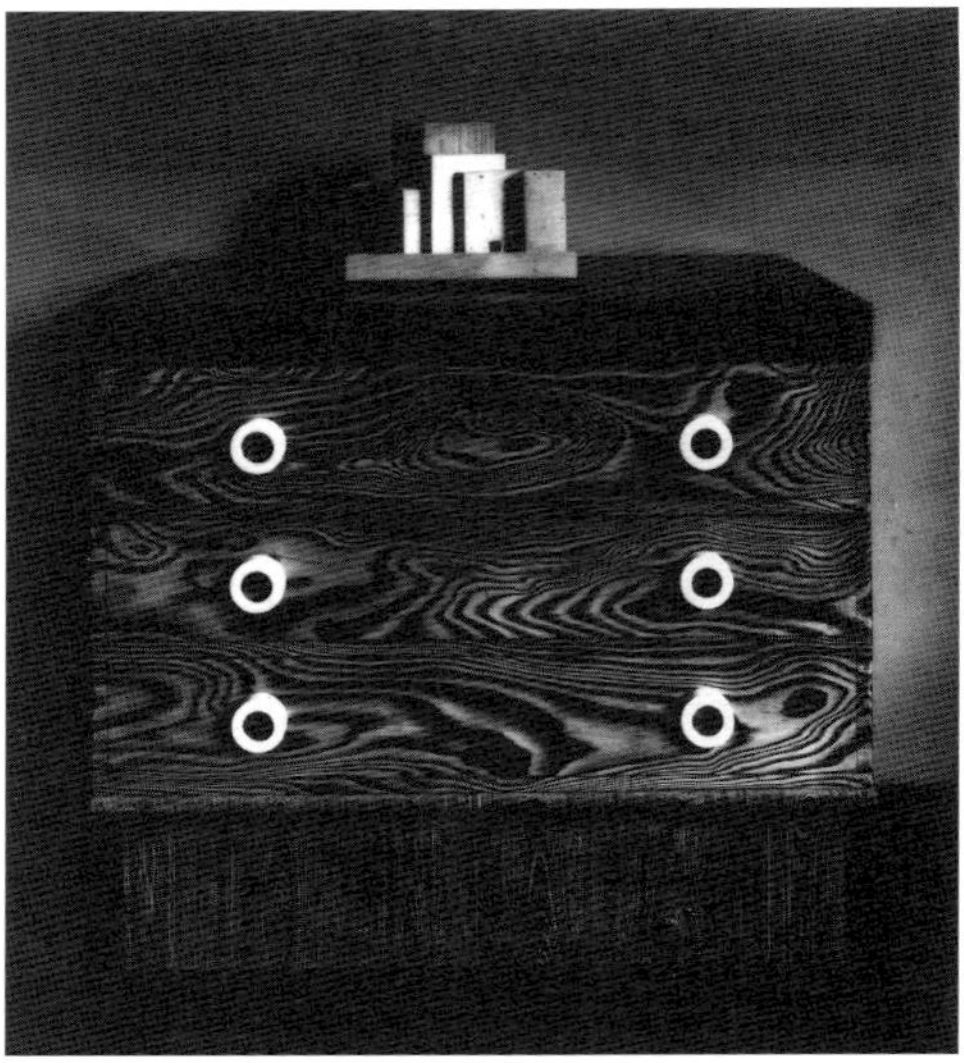

斑紋材を使用した戸棚（1919–22年）。日本風に焦げ目で斑紋が強調され、象牙もしくは骨材の把手がついている。黒漆天板の上に「フィクティシャス」と題された建築模型

要な役割を果たす。それは人間の暮らし方や関心事を反映するだけでなく、はっきりと自画像を把握する手助けともなる。室内装飾はもっとも神聖な隠された欲望と、日常活動する外部世界との間に必要なバランスを崩す手助けをする。人は建築の新たな形態と調和しなければならない。

　アイリーン・グレイは大変な困難に引き下がらずに立ち向かっている。彼女のつくるものはめったにない大胆さを証明し、他にないオリジナルなヴィジョンを示している。もし彼女が建築について、もっと正確で厳密な知識をもち、創造的直感に頼るのをわずかでも減らしたなら、彼女はこの時代においてもっとも表現豊かな芸術家になれただろう。

　彼女は装飾芸術で生活の複雑さを表現したいと望んでいる。生活は奥深いところで苛まれるが、思想が支配する表面は静けさを保っている。この時代の人間の生活は夢と現実が混ざっていて、線のダンスのリズムのなかに溶けこんでいる。激しい振動と穏やかな唄が理念の織りなすアラベスクのダンスに加わって踊る。この機械時代において、アイリーンは徹底してロマンティックなままだ。……しかし、彼女は自分が無制御に感受性を働かせる状態になっていくことを拒んでいる。彼女は支配するが、支配するのは彼女自身である。彼女は厳密な法則と、新しい必然性を反映した建築を好む。近代人の強い意志が表現された建築である。

　アイリーン・グレイはデザインにおける発想と素材の形態とのあいだに起こる葛藤を認めている。彼女はたんなる自然の形態を提示することには関心がなかった。幾何学的な表現を見つけだしたかったのだ。彼女の仕事の美しさは科学的な法則から発しているのではなく、彼女のつくるものに深い統一感をあたえている独自の叙情的

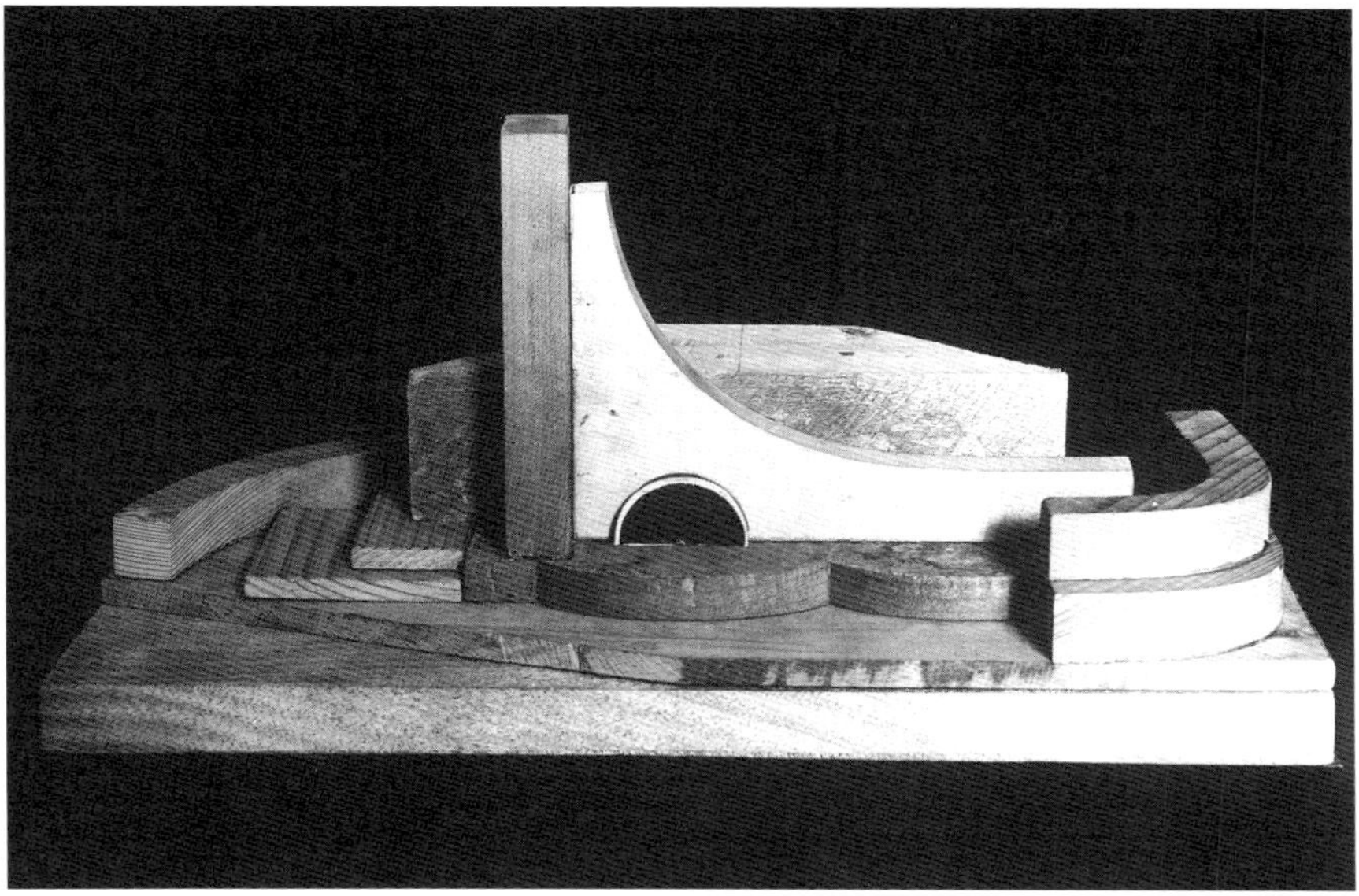

「小工房つき住宅」の模型

飛躍から生まれている。彼女のデザインはドライな幾何学的外観をもつが、みごとに調和している。ときには奥行の欠如や激しい叙情性が科学的要素に優っていることで非難されることもありうる。……しかし体系的統一によって、彼女のデザインは独創的で建築的な意味をもつ。家具、壁かけは住む者の精神の構成要素のように見え、外形は住む者の内的リズムに呼応している。

彼女の制作物には、近代家具の魅力であるすばらしい抽象的な幾何学の要素が見いだせる。彼女は一点一点をばらばらにしないで、それぞれを全体の構成要素にしている。個々の家具をつくる線はもはや境界にとどまらず壁の線へと伸びていく。それは総合的な空間を豊かに現実化する。……これは環境の装飾であり、空間は純粋な知的秩序に従い、マッスとゾーンに組織される。形態と色彩はまったく新しい役割をもつ。それは近代的な理念を眼に見えるものとして理解することと、近代的精神が求める真実とによって決定される。

アイリーン・グレイがただ一種類の素材だけを使うという伝統を否定するのは、この理由からである。彼女はデザインに豊かさと調和をあたえる力のある素材をすべて使う。これは総合的な構想の結果なのである。すなわちガラス、厚紙、木材、セメント、コンクリート、皮革、布地、馬の毛、鏡など……ときとして彼女が使う素材は高価で念入りに処理されている。それは労を惜しまない仕事と知識の成果であり、そこには美しい漆工芸を創造するアイリーン・グレイの手技が認められる。また、一方でこの芸術家は敷物の材料に生成《きなり》のウールを、未加工の木材を家具に使うこともある。彼女はデザイン全体の発想に従って細部に変化をつける。彼女はつねにすべての可能性を検討し尽くす。……白、グレー、黒といった色はマッスを強調し強さを暗示する。対比あるいは類似として選ばれた他の色は全体の構成に深みと神秘性をあたえる。微妙なニュアンスの感情表現は線の調和を完全にし、力をあたえる。アイリーン・グレイは、艶のあるシルクのようななめらかな素材を愛した。……彼女はその芸術が理知的でないという理由でしばしば非難される。逆に彼女の芸術は、新しい生活様式を反映した新しく豊かな形態によって揺れ動く感性の表現なのである。それは力強い飛躍から生まれる。そこには純粋に理想的な空間をつくろうとする意志があらわれている。(「アイリーン・グレイの芸術」)

バドヴィッチ独特の哲学へ脱線しているにもかかわらず、この論文はアイリーンの精神と仕事の性質を明快に理解している。彼とヴィルスは、アイリーンが「近代人」のためにつくったという事実を強調している。アイリーンにとって近代人とは最高度の感受性と理性とを結びつける者である。それは彼女自身が最高度に備えている組み合わせである。ふたつの論文、とくにバドヴィッチは、ボーケンが「ボウクンディグ」で暗示したことを強調している。すなわち、彼女の仕事が密接に建築と結びついていて、それは構成的要素を使って考案されているという事実である。アイリーンはこの後ここに集中していくことになる。アイリーンは「新しい形態を発見していく世界でとくに変わった人物である」というヴィルスの批評はこの意味において理解すべきである。彼女の近代性を公然とはっきり断言するふたりの建築家がいたということは彼女を最高に喜ばせ、それまで彼女がプロフェッショナルな生活で受けた多くの屈辱や失望を償うものだった。

「ヴェンディンゲン」誌のこの号はオランダで大変なセンセーションを巻き起こした。いつものように新聞がその雑誌に取材攻勢をかけた。「ハンデルスブラド」紙はアイリーンを「パリで活躍するアイルランド人女性。その仕事は美しいというよりも一風変わっている」。さらに「テレグラーフ」紙は「奇怪なもの」を載せたとして再度「ヴェンディンゲン」を非難した。バドヴィッチの論文は総攻撃を受けた。「デザインを抽象的あるいは形而上的とするのは、プラトンが宴席の皿でみずからを表現するようなものだ」というわけである。しかし、建築界は彼女に一目置いていた。J・J・P・アウトは「ヴェンディンゲン」を見た後で、アイルランドまで彼女宛に英語で葉書を出している。「わたしは大変興味をもちました。そしてあなたの作品を見たい。あなたの作品が載っている雑誌を送っていただけたらと思います。そうしていただければ大変ありがたい。というのは、わたしがこれまでに見たモダンな室内装飾はきわめて少ないからです」。彼は追伸としてアイルランドに言及し、次のように書き足している。「あなたの国には近代芸術「運動」が起こっていますか」。アイリーンからの返信は残念ながらなくなってしまった。しかし、彼女はアウトからの葉書をずっと持っていた。

「ヴェンディンゲン」には、また小さな工房つき住宅の模型も載っていた。それはアイリーンが手がけた最初の建築デザインに含まれるものだ。その模型は硬い木でつくられていて、大きな煙突と入口がひとつついていた。この小作品は建築と彫刻の奇妙な混成となっている。それは建築的形態の習作ではあるが、実際の建物にはならない。そこでロシア構成主義のカジミール・マレーヴィチによる「アルヒテクトン」と似ていないこともない。彼もまた形態の習作として想像的建築をつくった。その模型はおそらくバドヴィッチの助言でつくられたのだろう。彼はアイリーンが建築の才能があるのを認めていて、装飾よりも永続する何かをすること、建築家になることを提案していた。彼は「なぜ建築をやらないのか」と言っていた。彼女がそういう勉強をしていないと言って抵抗すると、彼は彼女のためらいを打ち消すのだった。アイリーンに建築の基礎を学ぶよう執拗に言ったのはバドヴィッチだった。アイリーンを家具制作へと仕向けたケイト・ウェザビーのときのように、彼女はまた自信をもって新しい方向へと向かわせる誰かを見つけたのだった。彼はこう言っている。「あなたは自分の時間を無駄にしている。長く残るようなドアをつくりなさい」。そのとき、アイリーンは四十六歳になっていた。

建築をめざして

それまでのアイリーンの作品の多く――スクリーン、家具、マダム・マシュウ＝レヴィのアパルトマン、カーペット、モンテカルロ・ルーム――は発想も制作態度もできあがりもすべてが建築へと向かっている。明快な構造理念と大胆な展開がすべてにみられるのだ。アイリーンは次の課題にとりくむのに念入りな準備をしてきたのだった。心のうちでこれは生涯のもっとも重要な段階であると認めさせる何かがあった。彼女は決意はしていたがあえてあまり期待しないことにした。「ラルシテクチュール・ヴィヴァント」はいまや二年目に入り、寄稿者にはフェルナン・レジェ、ピエト・モンドリアン、アメデ・オザンファン、それにデ・ステイルの建築家たちが入っていた。バドヴィッチはル・コルビュジエとも非常に親しくなっていたし、ほかにも多くの近代建築家と往き来しており、アイリーンもそうしたのだった。彼女は多くのフランス、オランダ、アメリカの先進的建築運動を目のあたりにしたり、書かれたものを読んだりすることができた。「ラルシテクチュール・ヴィヴァント」は彼女のまず第一の教科書だった。彼女は、ときには図版や記事の選択を手伝うなどバドヴィッチとともにこの雑誌編集の仕事に専念した。そうすることで彼女は彼が公表する題材のすべてにかなり詳しくなった。残っている彼女のスケッチのなかに「ラルシテクチュール・ヴィヴァント」のレイアウトが数枚ある。これらから彼女がときどきその雑誌のレイアウト面に加わっていたことがわかる。
その後数年のあいだにアイリーンとジャンは一緒にオランダとドイツを旅行し、ヘリット・リートフェルト、ブルーノ・タウト、ルートヴィヒ・ミース・ファン・デル・ローエ、ワルター・グロピウスほかの多くの建築を見てまわった。一九二四年、「ラルシテクチュール・ヴィヴァント」はフィルモス・フサールとリートフェルトがベルリン大博覧会に出した三つの部屋の写真を載せた。リートフェルトがベルリンチェアを出品したのはここである。しかし、ほかにも情報源はあった。一九二〇年にル・コルビュジエとオザンファンが雑誌「レスプリ・ヌーヴォー」を創刊した。アイリーンは初号からの購読者だった。この雑誌は建築論の連載からスタートした。それが後に本としてまとめられ、二十世紀でもっとも影響力のある本の一冊となったル・コルビュジエ著『建築をめざして』である。

アイリーンの書棚にはプラナト『建築家、技師、専門学校生のための透視画法および投影図法の手引』や、フレデリック・マカディ・ランド『正方形に向かって――古代宗教建築とニダロス大聖堂の中世遺物の基礎的幾何学の研究』など建築書でも特殊な問題を扱った本が含まれていた。これらの本が扱っている主題から、彼女が追求した研究課題の傾向がわかる。

アイリーンはまた実技の学習をも始めた。バドヴィッチは彼女に若い女性建築家アドリエンヌ・ゴルスカを紹介した。この建築家は、一八九八年ロシア生まれのポーランド人だった。アドリエンヌはバドヴィッチと高等建築学校で出会った。ふたりはともにそこの学生仲間だった。アドリエンヌはすでに教程を終えていて建築の現場で働いていた。彼女はアイリーンを仕事場へ連れていって、建築ドローイングの初歩を教えた。アイリーンは自分が素人だという意識をもっていたので、学習のことはまったく秘密にしていた。彼女は実習が必要だと痛感していたが、知り合いの建築家に助力を求めるくらいなら「死んだほうがまし」だった。彼女は一緒に仕事をするように両方から言われていたマレ＝ステヴァンとピエール・ルグランに話をもちかけることはできたが、彼女は――おそらく間違いなく――女性でしかも素人なのだから、さほど専門家たちが理解してくれるとは思わなかった。デ・ステイルの友人たちに頼ることはできたが、あえてそうしなかった。彼女は真に頼れる人間はひとりもいないと思っていた。

アドルフ・ロースの住宅「モイッシ邸」の設計を試みたように、彼女は架空の住宅設計で実習を続けていた。後に彼女は「ファサードの構成を多く学んでおかなかったことを後悔したけれど、わたしに教えてくれる人はそんなにいなかった」と言っている。アイリーンは学生時代からずっと建築に興味をもっていたが、完全な独学だった。彼女は正式な建築学を何も学んでいなかった。

バドヴィッチは建築について理論的にはとてもよく知っていたが、指導する相手に対する親切さに欠けていた。一九二四年、アイリーンは彼のために住まいの内装をした。それはパリから約三二二キロ離れたヴェズレイの小さな町にあり、彼が買って現代風に改造してあった。彼はアイリーンに、南フランスに「小さな隠れ家」をつくってほしいと望む。アイリーンも新しい職業を習得する最良の方法は実際にやってみることだと実感していた。それに彼女は非常に雄弁で格好のよいジャンに夢中になっていた。一九二五年にはさっそく彼らは、アイリーンの小型車で場所探しに南へ下った。彼らはサン・ラファエルに宿をとり、バドヴィッチが彼女を残して出かけ、アイリーンはあたりを散策しはじめた。彼女は最初サントロペの岬を選んだ。そこはこの退屈な小さな町から数キロしか離れておらず、大戦前に彼女がとても気に入ったところだった。

サントロペはいつも芸術家のお気に入りの場所だった。モリストが滞在したし、コジマ・ワグナーもそうだった。モーパッサンはこの小さな漁港を誉め讃える文を書いた。一九〇二年にはたった二軒のホテルしかなく、芸術家たちは港の古いカフェ・フレデリックに集まっていた。一九一〇年ごろ、アイリーンがケイト・ウェザビーとエヴリン・ワイルドと一緒に行ったときには、そのあたりにピエール・ボナール、ポール・シニャック、アンリ・マンギャン、アンリ・マチスが暮らしていた。トゥーロン、サン・ラファエルとサントロペを結ぶ古い鉄道はまだあったが、旅行者はわずかだった。

アイリーンと友人たちはサントロペの付近の海岸を歩いてみるようになった。彼女たちは荷物を運ぶためにラ・クロア・ヴァルメで驢馬を借りた。そして山をこえて緑の葡萄園に沿って広がる美しい海岸へやってきた。暗くなり、雷がなった。彼女たちは避難するところを探したが、たった一軒、ラ・バスティード・ブランシュという名の農家兼辺境地税関があるだけだった。そこにいた官吏は、税関の建物は三人の女性にはふさわしくないと考えたようだった。しかし、ルブランという農夫が突然来たイギリス人女性たちを驢馬も一緒に泊めてくれたのだった。彼はそれから五十年間、彼女たちと会うようになるとは予想しなかっただろう。だがラ・バスティード・ブランシュはアイリーンにとって、いつでも戻ってこれる楽園となったのだ。彼女は九十七歳のとき、そこを最後に訪れて別荘の塀に嬉しそうによじ登った。ずっとそこを「自分の場所」と思っていた

サン・トロペ近郊、ラ・バスティード・ブランシュ周辺。1920年代はじめにアイリーンが撮影

アイリーン。大戦後ケイトとエヴリンが家を買い、三人の友人たちはこの喜びあふれる場所でいくつもの夏を過ごした。

アイリーンはサントロペの変貌をずっと見てきた。ブリジット・バルドーとフランソワーズ・サガンが買った別荘までしっかりと見た。しかし彼女は大変な変貌のことは忘れて、この場所を愛しつづけた。そしてコレットが次のように言った小さな場所を探し求めた。「わたしはもうひとつのサントロペを知っている。……古い港、落ち着いた三色旗の青色の海。薄いピンクのファサード、砂漠の縁のようなミルク色の空。教会の鐘が五時を告げる……」

二〇年代になるとサントロペは人気の地となりはじめる。まず車で夏休みの旅行者たちがやってくる。ブティックが開店する。間もなく、パリジャンのジャンヌ・デュックがワイン蔵をつくりかえて最初のナイトクラブ、エスカールにした。コレットはかわいらしいマスカットの葡萄棚で生計を立てていたが、葡萄の蔓のなかで「パジャマ、あらわな背中、金持ちの旅行者のためのナイトクラブ、岸壁のヨットの上で飲むカクテル、シャンパン」と書くようになる。

アイリーンはずっとサントロペを愛していた。だから彼女が最初の家をそこに建てたかったとしても不思議ではない。だが適当な土地を探していくと、ラ・バスティード・

ブランシュからははずれてゆかざるをえなくなる——おそらく意識的に彼女がそうしたのだけれど。エヴリン・ワイルドとの関係が多少ねじれていて、彼女は自分の生活のある部分から遠ざかったほうがよいと考えたのだった。ある日彼女はマントンとニースのあいだにある海岸沿いのロクブリュンヌという小さな町までドライブした。道が途切れていて車では行けない土地のことを彼女は聞いた。

彼女はロクブリュンヌの小さな駅から線路に沿って歩いた。そしてどこからも近づけず見下ろされることもない、地中海から高さ三〇メートルほどある岩場に着いた。たしかに海岸のこの場所ではまだ建物はなかったが、それでもこのような土地はそうあるものではない。そこは緑濃い穏やかな風景よりもアイリーン好みの野生の雰囲気をもっていた。最初は迷ったようだったが、彼女は突然思うのだった。「わたしは家を建てるつもりだったし、ここに建てるつもりだった」

彼女はバドヴィッチを呼び、彼とゼルヴォスが一緒にやってきた。バドヴィッチはその場所を気に入り、アイリーンは彼の名義で購入する。三人はパリに戻り、アイリーンが設計にとりかかった。彼女はもし成功させようとするなら自分自身の方法でやらなければならないとわかっていた。バドヴィッチの専門的意見をどれだけ尊重したにしても、彼女は自分の気性を十分承知していた。彼女はまわりにいる、とくにバドヴィッチのような人間と共同で何かすることはできなかった。例によって彼女はわずかな束縛でも嫌った。彼女はサン・ラファエルに行き、頻繁に区画の土地へドライブした。彼女は正確な建築設計図の描き方を知らないので、いつもやってきた方法、つまり模型をつくった。

二ヵ月後、彼女はパリへ戻り、バドヴィッチに彼が望んだ小さな隠れ家の模型を見せた。バドヴィッチは彼女の仕事が気に入ったが、もっと大きくするよう勧めた。そうすることで彼女たちは「将来、顧客にその家を見せることができるし、そこを仕事場に使うことができるかもしれない」。ふたりとも最低ふたつはベッドルームが必要と考え、決定した。アイリーンは南フランスへ行って模型を改造し、拡大した。最終的にバドヴィッチに見せると彼はそのまま認めたが、ベッドルームは階下にするべきだということと、家全体はピロティ式がよいと助言した。

ときどき彼女はパリに戻らなければならなかった。パブリシティは続いているのに、ジャン・デゼールがうまくいっていないのだ。一九二四年、「レザール・ド・ラ・メゾン」誌が彼女の最新作（漆と銀の本箱、文机、衝立つき茶漆テーブル）の図版を三点載せた。バドヴィッチはフランスの室内装飾についての本を三冊出版した。『スーとマールの室内装飾』『ハーモニー――リュールマンの室内装飾』そして『フランスの室内装飾』。この本にはシャロー、グルー、ジュールダン、マルティヌ、マレ＝ステヴァン、リュールマン、スーとマール、アイリーン・グレイがとりあげられていた。序文には「われわれの時代の装飾デザイナー」というタイトルで「われわれはできるだけ公平に、かつ完全にこの時代の装飾芸術を検討してみた。先駆者と思われる者に限定して選びだしている」とあり、八人のデザイナーをそれぞれ手短に紹介している。アイリーン自身が所有してきたこの『フランスの室内装飾』はモランセが個人的に献呈していて、とくに彼女からの「この出版に際しての有益な協力」への感謝が述べられている。

一九二五年は装飾芸術の大規模な博覧会の年である。巨大なパビリオンで世界中のデザイナーおよび建築家による数千点の最新作が展示された。パリの数ヵ所にわたって展示はおこなわれ、ポワレが装飾したセーヌ河遊覧船がアレクサンドル三世橋とアンヴァリッド橋の間に係留され、そこで多くのイベントが催された。博覧会全体については、ある評論家が「めずらしい木材、そしてときには鮫革装の漆塗り家具の狂宴だ。織物や壁紙は初期のロシア・バレエの舞台装置、あるいは製図された図形、無機質な幾何学形の板のようで眼を見張らせる」と書いている。

なんとも奇妙なことに、この大規模な博覧会にアイリーン・グレイの出品を依頼した者がいない。彼女の仕事を無視するなどということは現代からみれば信じられない怠慢である。唯一考えられるのは、この博覧会はそれぞれの国別に設定されていて、フランスに住んでいるイギリス人デザイナーであるアイリーンにはスポンサーがつかなかったのではないか、ということである。彼女が望むなら、次のようなあきれた事実があったことで慰められようというものである。ル・コルビュジエは、その仕事の簡素さが見る者を不快にしないように他の出品者たちから隠れた安全な場所があたえられた。博覧会の主催者はル・コルビュジエの建築に悩んだあまり、まわりに高さ六メートルのフェンスを張りめぐらした。そのフェンスは芸術大臣による公式開催日にただ一度だけはずされただけだった。レジェが壁画を描いたル・コルビュジエのレスプリ・ヌーヴォー・パビリオンはおおかたは悪評で、権威筋からの異議には終わりがないように思われた。人びとには主会場に展示された作品を受け入れる気分的用意がなく、これでは機械時代への忠誠を尽くすデザイナーには大衆的支持など望めるのだろうかと思われた。

しかし、贅沢な装飾を非常識で反社会的だとする声もいくつかあった。ヴァルドマール・ジョルジュは「アール・

ヴィヴァン」（一九二五年）に次のように書いている。「装飾芸術家協会は、建築家やデザイナーが仕事をするうえでの精神的尺度を提供してきた。だが、金銭への執着からだけでなく近代的生活に必要なものを理解していないから保守的になっている。……建築家と家具デザイナーは経済学の三原則を無視しているのだ。すなわち空間の経済学、素材の経済学、金銭の経済学である」

「エンジニアのための住宅」模型（1926年）

　建築家のほとんどはもっともすぐれた者でさえ、近代という時代に対応できていない。もちろん、例外はある。アイリーンが学んだ人びとである。「ペレの劇場、マレ＝ステヴァンのふたつのパビリオン、（コンスタンチン・メリニコフによる）ソヴィエト・パビリオン、そして（ル・コルビュジエ、オザンファン、ジャンヌレによる）レスプリ・ヌーヴォー・パビリオンだけがモダンを感じることのできる建物である」。これが最終的にヴァルドマール・ジョルジュの下した不当とはいえぬ評価なのであった。

　この大博覧会はふたつの世界を分けるものだった。ひとつはいまだに贅沢を楽しむブルジョワ趣味の古い価値観にしがみついており、もうひとつはすでに未来の新しい生活様式を指向している。アイリーンがどちらかの方向をとらねばならないとすれば、彼女の心のなかに迷いはない。「未来の計画は輝いているが、過去はたんなる影にすぎない」と彼女自身は断言していた。

　アイリーンは「ロクブリュンヌの家」の設計図を描く一方で、地中海沿いの場所に建てる「エンジニアのための住宅」設計という別のプロジェクトを手がけていた。平面図が二枚、立面図が三枚、模型の写真が数枚残っている。それには明らかにバドヴィッチの家の最初の図面が流用されている。両者には驚くほどの類似点があるのだ。連続するテラス、入口、内と外にあるキッチンはすべてバドヴィッチの家にもみられるアイディアである。エンジニアの家には一階にふたつのリビングルームとキッチンがあり、二階にはベッドルームがふたつ、そのうちひとつには仕事場がついている。ピロティ方式になっていて中央に階段がついている。この家は彼女が最終的に建てようとした家ほど複雑で洗練されていないが——ファサードと一階のプランが全体的調和に欠ける——彼女の特徴は出ている。この作品は、一般に信じられているようにアイリーンが机上のドローイングよりも現場での仕事を重視したということを反証している。彼女が次に手がけた家のプランにも同様な解放感がある。アイリーンがバドヴィッチの家の土地を見つける前に、エンジニアの家の設計を手がけたことは明白である。なぜなら、この家のプランは平坦な立地として考えられているからである。

この設計案には他の建築家、とりわけファン・ドゥースブルフ、ファン・エーステレン、ル・コルビュジエ、そしてミース・ファン・デル・ローエからのなんらかの影響がみられるが、初心者で独習者としてはすでに並はずれた高度な独自の概念が示されている。そのデザインにはル・コルビュジエのクック邸(一九二七年)やギエット邸(一九二七年)との同時代性がある。それはミース・ファン・デル・ローエのバルセロナ・パビリオン(一九二九年)、トゥーゲントハット邸(一九三〇年)に先行している。両者とともに「エンジニアのための住宅」の平面図に驚くほどよく似ている。プランを検討すると、まさにアイリーンが最初から外部と内部の空間バランス、建築と家具の関係、照明と暖房のコントロールといった複雑で新たに生じた問題に進んで立ち向かっていることがわかる。

一九二六年にアイリーンは「ロクブリュンヌの家」の建設を始めるが、正確に彼女のデザインに沿って建てられていった。コート・ダジュールにあったほとんどの家は、プロヴァンスの農家の模作か前時代様式を模した別荘だった。アイリーンはできあがっていく建物を見た土地の人の驚きが大変だったことを憶えている。「けれども、わたしはどんな妥協もしないと決めていた」

バドヴィッチには「ロクブリュンヌの家」建設にかまっている暇がなかった。彼は雑誌の仕事で忙しかったし、論文を書くためにドイツとオランダへたえず旅行していた。しかし、彼はこの伸び盛りの建築家を刺激する新しく興味深い建築理論を絶え間なく教えてくれた。

アイリーンはこの工事のために鉄筋コンクリートの専門

左ページ・「エンジニアのための住宅」模型(2点とも)。
白壁に横長窓、屋根つきテラス、ピロティがある

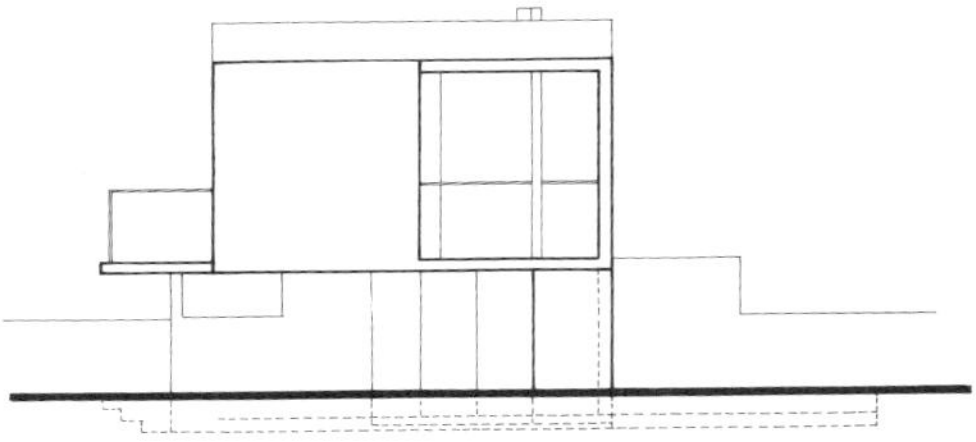

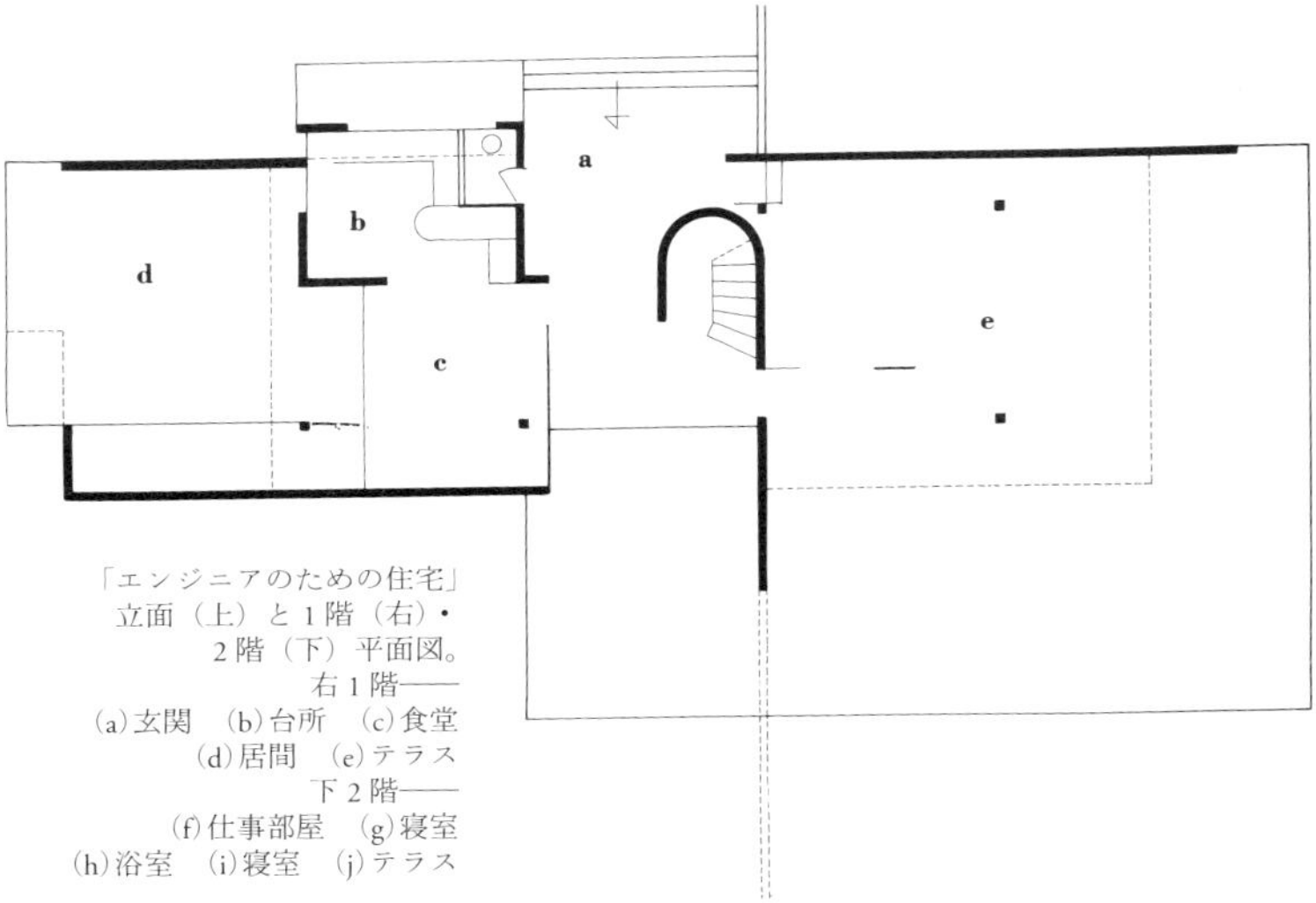

「エンジニアのための住宅」
立面（上）と1階（右）・
2階（下）平面図。
右1階——
(a)玄関　(b)台所　(c)食堂
(d)居間　(e)テラス
下2階——
(f)仕事部屋　(g)寝室
(h)浴室　(i)寝室　(j)テラス

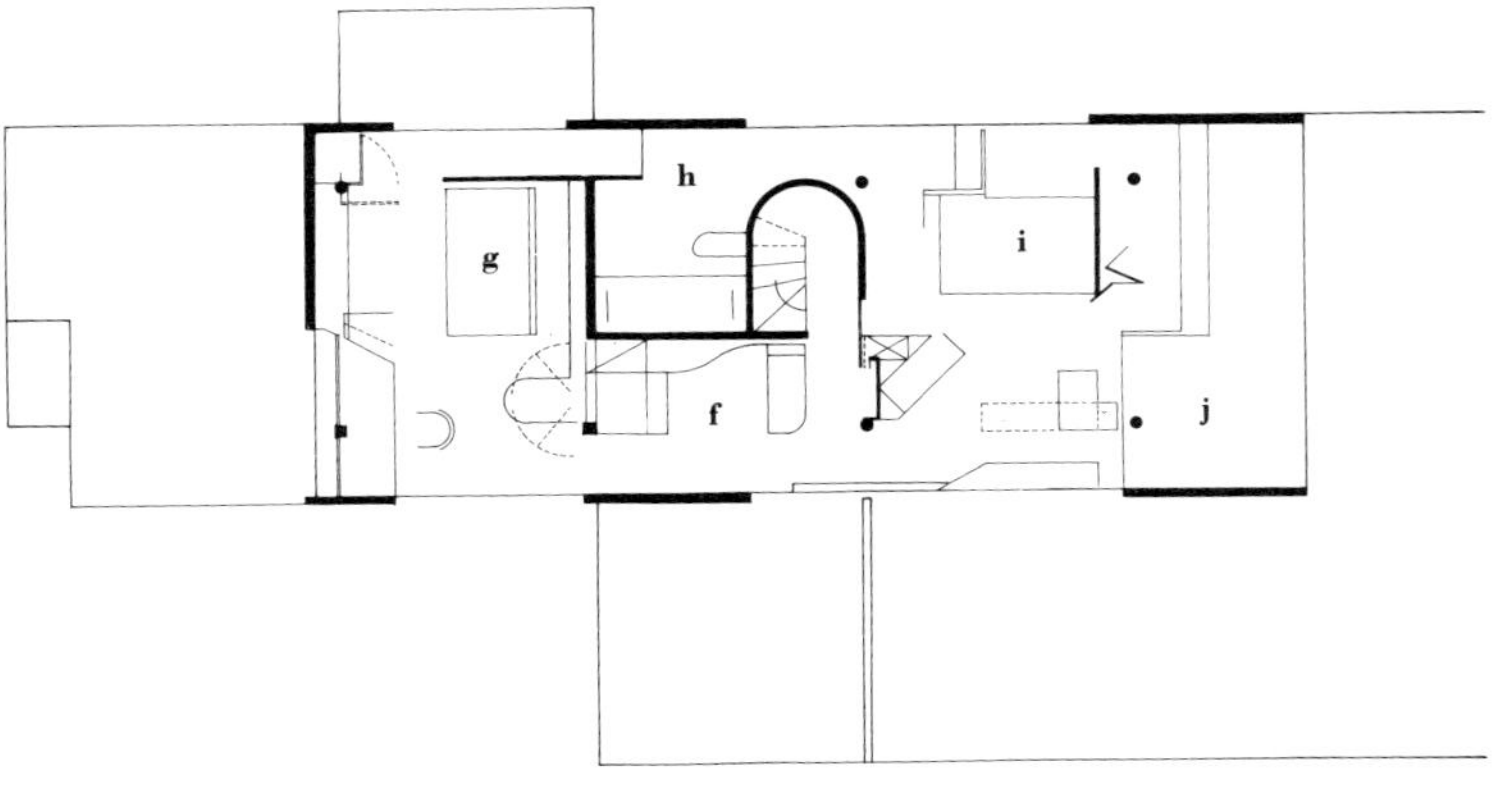

家である石工をひとり雇い、彼はふたりの助手を使って全体をつくった。建築家と施工者の関係は良好だった。バドヴィッチと施工者はそれほどでもなかったので、アイリーンは「ジャンが現場にいないので助かった」と言っていた。アイリーンはロクブリュンヌに小さなアパートを見つけて三年間ほとんど南フランスに滞在した。

ジャン・デゼールは夏期休業した。アイリーンはロクブリュンヌで、すべてのエネルギーと情熱を注いで新しい企画にとりくみ、ほかには何も関心がなかった。彼女の生活に別の変化が起きていた。エヴリン・ワイルドが自分でカーペットのデザインを始めたのだ。アイリーンのデザインを管理しながら、彼女は「自分自身の型とデザインを探求」しはじめた。彼女はもはやアイリーンのデザインでつくるだけでは満足しなかった。

エヴリンは、アメリカの雑誌に「エリザベスからの手紙」というコラムを毎月書いていた二十七歳の美しいアメリカ人画家でデザイナーのエリザベス・ド・ラナックスと出会っている。彼女はジャン・コクトーの友人で、アンドレ・ジッドの私設秘書をしていた若い作家ピエール・ド・ラナックス夫人だった。ラナックス夫妻は右翼政党に属していた。夫妻はマン・レイ、エリュアール、アラゴン、ブルトンらと親しかった。彼らはまたクレルモン＝トネール公爵夫人とも親しく、ナタリー・バーネイのサロンへ頻繁に通っていた。エリザベス（友人のあいだでは「リザ」で知られていた）はパリの新進デザイナーのことを調べていて、当然ジャン・デゼールへも足を向け、エヴリン・ワイルドの紹介記事を書いた。しばらくしてふたりの女性は一緒に店を経営することにした。エリザベスは仕事のときには祖父の名ウィリアム・エアを使い、エア・ド・ラナックスとして有名になった。エア・ド・ラナックスは画家として出発し後に家具デザイナーに変わった。彼女はナタリー・バーネイのサロンで、シャナ・オルロフの木版画と一緒にドローイングを並べた。ナタリー・バーネイは、エイールに自分の友人である有名な高級娼婦リアーヌ・ド・プジーの肖像画を依頼している。一九二四年ごろエイールは夫が属する気どった世界に背を向け、エヴリン・ワイルドと住むべく移転してきた。

アイリーンとエヴリンの別れは、ごく気持ちよくすんだわけではなかった。ふたりは子供のころからの友だちで、十七年も共同制作してきたのだ。エヴリンは織機を半分にして、そのままヴィスコンティ通りにいた。アイリーンは残りの半分をサントノーレ通りの地下室へ運んだ。アイリーンはいつもエヴリンはカーペットのデザインなどしていないと言っていたが、これは正確ではない。ただエヴリン・ワイルドの名で売られていたカーペットの何種類かが実際にはアイリーンのデザインだったこともたしかである。エヴリンは仕事場で自分のドローイングを描きたがらなかったが、女性客のためにデザインしたアイリーンのオリジナルを、彼女はカーペットをつくるために注意深くコピーした。このことは王立英国建築家協会所蔵のエヴリン・ワイルドのスクラップブックのなかにある模写からわかる。エヴリン・ワイルドが自分でデザインしたカーペットはすぐわかるし、アイリーン・グレイのデザインとはかなり違っている。それはずっと華麗で、アイリーンの飾り気のない幾何学様式とはほど遠いものだ。

エアとエヴリンはヴィスコンティ通りで商売を始めた。エアがもっていたフランス人社会との幅広いつながりで、はじめから客がついた。ひとりの裕福なアメリカ人女性が彼女たちにアパルトマンの内装を依頼した。このできあがりは「タウン・アンド・カントリー」誌にとりあげられている。アイリーンはこれらすべての動きを個人的にもプロとしても嫉妬の目で見ていた。そのようなことが生涯続き、アイリーンはふたりの訣別以降、エヴリンの活動をいっさい認められなくなっていた。

一九二九年、エアとエヴリンはラ・バスティード・ブランシュへ移った。すぐ後にエヴリンがカンヌの裏山――バスティード・ケランコ――に買ってあった家に落ち着いた。そしてカンヌのサン・ピエール第二埠頭に「デコール」という装飾の店を開いた。彼女たちは共同でさまざまな室内装飾品をつくった。エアは漆の家具をも手がけ、そのうちいくつかは菅原が手伝った。しかし、この店はすぐに閉店した。翌年彼女たちは装飾芸術家協会展（一九二八年から始まった）に別の室内装飾を出品した。また一九三一年にはエヴリンの敷物の数点がマッジ・ガーランド（一九一七年にアイリーンの作品を推した「ヴォーグ」誌の編集者）が企画したロンドンのカーティス・モファット画廊での展覧会で展示された。その展覧会には、ダ・シルヴァ・ブルンズやマリアン・ドーンのカーペットも展示された。

エアは結局エヴリンを残してローマへ行ってしまった。エヴリンは創作のうえでのよき指導者をふたりとも失ってしまい、すべてのデザインをあきらめた。そして南フランスで市場向けの果樹園経営を始めた。アイリーンとエヴリンのあいだの亀裂はわずかずつ埋まってはきたが、完全に直ることはけっしてなかった。

アイリーンにはエヴリンに対して、仕事のうえで嫉妬する真の理由などありはしなかった。ジャン・デゼールの商売上の大失敗にもかかわらず、アイリーンは立派に成功していた。一九二六年に彼女はベレニス・アボットの写真の被写体になっている。アボットはシルヴィア・ビーチが彼女の著書『シェイクスピア・アンド・カンパニー』のなかでマン・レイとともに「「民衆」の公式肖像写真家、マン・レイやベレニス・アボットが撮るということは撮られる人物が社会的に何物かであるということを意味している」と書いた写真家である。当時新進の写真家だったアボットはマン・レイから教わっていた。アイリーンの写真を撮ったときには、アボットはマン・レイのスタジオを出てドフィーヌ通りに自分のスタジオを開いていた。一九二六年六月にアイリーンはサクル・デュ・プランタン画廊でアボットの写真展を見ている。展示には初期の有名な肖像写真が何枚かあって、そのなかにはジェイムス・ジョイス、アンドレ・ジッド、ジャン・コクトー、シルヴィア・ビーチ、マリー・ローランサンらがいた。その直後のアボットがアイリーンの最初の写真を撮ったのだった。数年の間にアイリーンはまたアボットの被写体になったが、そのころはアボットも有名になっていた。

アイリーン、1926年春（ベレニス・アボット撮影）

アイリーンの家庭生活にもうひとつ重要な変化が起きていた。一九二七年、アイリーンはルイーズ・ダニーをメイドに雇った。彼女とはそれから死ぬまで暮らした。プルーストとセレステ、コレットとプーリン、ナタリー・バーネイとバルト、いつか誰かがこれらの忠実な人たちについての本を書かなければならないだろう。彼女たちは雇主に生涯を捧げ、そして夫や妻以上に愛し、心身を尽くしてきた。彼女たちの忠誠によって仕えられた者は長生きした。不思議な社会状況のなかの囚われ人、とことん求められ、とことん気遣われ、にもかかわらず虐待されてもいた。「わたしは白いパンを食べたことがあるが、黒いパンも食べた」とはルイーズが好んで言った言葉である。

ルイーズ・ダニーは仕事を探しに叔母を頼ってパリへ来ていた。彼女は十八歳で世間知らずだった。彼女は、メイド求むの小さな貼り紙をショーウィンドウで見つけて、持ち物いっさいが入った小さなバスケットを持ってボナパルト通りの店の一階にあらわれた。アイリーンが雇っていた老料理人のマダム・ベルジェが、彼女を上品な客間に通して待つように言った。ルイーズは彼女にとっては永遠とも思えるほど長く待たされ、逃げだそうと思ったとき、シルクのブラウスとトラウザースーツを着た短いとび色の髪の女が入ってきた。ルイーズには立派な紳士とみえた男も一緒だった（それはゲイビー・ブロッホだったのだが）。ルイーズはていねいに「ボンジュール、マダム。ボンジュール、ムッシュウ」と言った。アイリーンは彼女に「料理はできる？」と聞いた。「いいえ」。「アイロンはかけられる？」ルイーズは首を振った。「床掃除をしたことある？」ルイーズは肩をすくめた。そのとき何かがアイリーンを喜ばせたにちがいない。彼女はルイーズの肩を優しく叩いて「やってみれば？」と言った。ルイーズは採用された。最初の晩、彼女は大きな客間のソファで寝た。彼女をふつうに「女中」というのは、この偉大な女性にふさわしくない。彼女は他の誰よりも多く、アイリーンとその不器用な生き方を共有した。それはお互いの頑固さも加わって騒々しい関係だった。しかし、ルイーズは他のモデステ（上品）やトランキール（静穏）といったご立派な名前のメイドよりもいちばん長つづきした。

ルイーズはジャン・デゼールの店を手伝い、納品業者や職人たちとの交渉をすべてこなした。彼女は第二次世界大戦中、アイリーンが在留外国人として抑留されていたときに世話をした。一九六八年、アイリーンが大手術をしたとき、小さな病室でアームチェアに寝ながら付き添ったのはルイーズだった。そして最後にペール・ラシェイズ墓地に小さな飾り額を置いたのも彼女だった。それはアイリーン・グレイの名前と死んだ日が刻まれた簡単な黒大理石の板である。それには「マドモアゼルは年齢のことをおっしゃるのを嫌がったから」誕生日を刻まなかった。どんな争いや変化の後でも、マドモアゼルへの愛と忠誠は生きていた。

アイリーンのカーペットはジャン・デゼールの地下室で織られていて、ルイーズはただちに客への配送を任された。新聞で名前を読んだことのある人たちと会うのは彼女にとってぞくぞくすることだった。前首相ポアンカレと有名な歌手ダミアには、彼女が漆塗りのティーテーブルを届けなければならなかった。とても忙しかった。マダム・レニエから六七〇〇フラン集金しなければならなかった。作家のモーリス・マルタン・デュ・ガールはオーク材の机を、宝石デザイナー、アンドレ・ルヴェイエは赤漆の長椅子を買った。代金未払いがしょっちゅうあった。資金繰りができなくなってどうやって職人に賃金を払おうか、ということ

インドールのマハラジャ宮殿のベッドルーム。右手にトランザットチェア

もあった。ルイーズは共産党指導者の夫人マダム・トレーズの家へ行かされた。巨額の借金が未払いになっていた。ルイーズはしつこく食い下がり、ついに小切手を手に入れた。マダム・トレーズからは、ジャン・デゼールの従業員の厚かましい態度について苦情を書いた手紙がきた。非常に厳格なアイリーンはつねに立派なおこないをするよう言い聞かせていたが、うちに秘めた強い正義感のゆえにルイーズを全面的に認めた。家のなかの平和を守るにはよいやり方だが、気むずかしい顧客をつなぎとめておくにはよいとはいえない方法論だった。

特別級の顧客がインドから到来し、ルイーズは『千一夜物語』の世界に入ったように思った。一九二五年、二十五歳の王子ヤシュワン・ラオ・ホルカー・バハデュールは、古くからの王国で、いまではボンベイの北東五六三キロにあるマドヤ・パラデッシュの大国に属するインドールの新しいマハラジャを継承していた。習わしとして若い王はオックスフォードで学んだのだが、彼はヨーロッパ美術の手ほどきを受けた。オックスフォードにはまたドイツ工作連盟の設立者ヘルマン・ムテジウスの息子がいた。そのエッカート・ムテジウスの名づけ親はチャールズ・レニー・マッキントッシュにほかならなかった。二十四歳のエッカートが建築と家具デザインをただひとつの希望として抱いていたとしても驚くにはあたらない。若いインド人とドイツ人の建築家の卵は友だちになり、すぐに新しいインドの城を建てる計画をした。ムテジウスは研究仲間のクレメンス・ヴィーゲルと一緒に彼の地に招かれ、そして城の建築プランをさらに進めた。

「マニク・バフ（ルビーの庭園）」は四年かけてつくられた。ルビーはアールデコの宝石である。マハラジャ個人の区画の隣に宴会室、ダンスホール、多数の客室、音楽室があった。大半の家具はエッカート・ムテジウスがデザインした。ムテジウスはマハラジャと他のデザイナーを探しにパリへ来た。作家のアンリ＝ピエール・ロシェが最高のフランスのデザイン・コレクションをまとめてほしいと助けを求められた。ロシェはアイリーンがドゥーセの仕事をしていたころから知っていて、ガートルード・スタインの親友だった。ピカソをアイリーンに紹介したのも彼だった。彼女はロシェについてこう言っている。「この非常に高貴で熱心な男はいわば紹介屋で、彼は誰でも知っている」

マハラジャはダ・シルヴァ・ブルンズにカーペットを、ラリックにクリスタルのシャンデリアを、ピュイフォルカに銀製品を、そして家具はリュールマン、ル・コルビュジエ、シャルロット・ペリアン、アイリーン・グレイに注文した。アイリーンは「ロクブリュンヌの家」のためにデザインしたトランザットチェア二脚と、送り状には英語調のフランス語で次のように書いたランプを一点納品した。「円盤と円錐、メタルクロムと漆塗り、電球二個つきの照明器具」。家具、スチール製ドア、大理石、全部で三つになった船荷はインドール宛にハンブルクから送った。暑さに耐えられるように木製の家具にはすべて特別な接着剤が使われた。マハラジャの宮殿はモダン様式のもっとも驚くべきモニュメントのひとつである。アイリーンはいつかそこへ行って、マハラジャのベッドルームで、リュールマンのベッドの隣に置かれた彼女のトランザットチェアを見ることを望んでいた。一九七〇年、マハラジャの後継者たちがアイリーンにプールで使う家具のデザインを依頼してきた。そのとき彼女は九十歳だったが、またデザインするつもりだった。しかし、彼女はその道のりを旅するには弱りすぎている。「見ていないところのために家具をつくるのは不可能だった」。彼女は古いトランザットチェアを夏用に改造することを承認した。一九八〇年五月二十五日、宮殿の調度品がモンテカルロのオークションで売りに出された。同じオークションで、アイリーン自身のアパルトマンの家具もほとんど競売にかけられたのだった。

このところずっと、アイリーンははじめての自分の家の建築にとりくんでいる。ジャン・デゼールのほうは、ぎりぎりのところで店じまいせずにすんでいた。アイリーンは、三年のあいだ非常に孤独な生活を送った。南仏の建築現場か、あるいは小さなホテルの一室が住まいとなり、何ヵ月ものあいだほとんど誰とも会わない日が続いた。仕事はとても厳しいものだった。道路がないので、材料はすべて手押し車で現場に運ばなくてはならなかった。ひどい孤独感と疲労感に苛まれて、一日の終わりを迎えなければならなかったころをアイリーンは回想する。唯一の気分転換は、家の真下の澄み切った海で毎日泳ぐことだった。話しかける人もなく、食事をするのもほとんどひとりだった。ときたま現場で寝起きしている労働者とサンドイッチを分けあうぐらいのものだった。「力づけてくれるものなどほとんどなかった。わたしは頑強で気も張っていたはずだけれど、ひどくむずかしい事態に何回も落ちこんだ。熱意を持続させるのは大変なことね」

一方、バドヴィッチはというと、その間彼は、アルカションでル・コルビュジエとともに夏のひとときを過ごしていたのだった。ときどきバドヴィッチは作業の進行状況を見にやってきて、アイリーンに助言をあたえる（螺旋階段を提案したのはバドヴィッチで、階段が屋根まで届くようにしたいというのだ）。そして構造的に誤りがないことを確認していくのだった。

後年、この建築の真の発想者は誰かと問われて、アイリーンは淡々と答える。「わたしたちは協力しあっていました。いまさら誰が考えだしたかなど詮索するのはばからしいこと。屋根と階段については彼の発案でした」。彼女は鷹揚な性格だったので、この建物についてバドヴィッチの貢献によるところは多いと認めていた。まず彼がたきつけなければ、彼女がこの作業にとりかかることはなかったろうし、そのことを彼女はけっして忘れないのだった。彼女は著作権を共有することとし、建物をE1027とした。このネーミングから機械主義の影響をかぎとる人もいるが、たんにバドヴィッチとアイリーン自身の名前をとっているのだ。つまり、Eは「Eileen」のE、10はJ（アルファベットの十番目の文字）、2はB、そして7はGをあらわす。一九二九年に完成された彼女の最初の家で、アイリーンは五十一歳を迎えていた。

準備期間中、彼女は段差のあるこのあたりの地勢を丹念に調査し、地形は変えないこと、そして自然の描きだした輪郭がその家を抱擁する感じになるように決めている。彼女は光と風の具合を観察し、それらが最大に利用できるよう研究し、実施したのだった。

この家は、基本的にテラスにつながる広いリビングルームと小さな寝室二室からなっていた――そのうちの一室は書斎兼寝室で、日光浴用のベッドが置かれた小さなテラスがついており、もう一室は庭に直接降りていけるような階段がついていた。家全体が中央の階段でつながる二フロア構成である。一階が一五〇平方メートル、二階が一一〇平方メートルとけっして大きな家ではなかった。だが、家のどこにいても狭さを感じることはなかった。家の内部にも戸外にも一体感があり、広々とした空間が感じられた。中心の核をなす広いリビングのまわりをテラス、ロッジア、キッチン、バスルームが取り囲んでいる。

どこから見てもこの家はマレ＝ステヴァンやル・コルビュジエの作品に匹敵する完全な近代的な家であった。ル・コルビュジエが一九二六年以来提唱してきた「近代建築の五原則」を基本として構成されたマニフェスト・ハウスとさえみることができる。「近代建築の五原則」とは――

（1）ピロティの上に建つ。
（2）階段を使って屋根に到達する。
（3）構造壁と自由な仮設壁の併用によって生まれる開放的なリビング。
（4）窓は横長でとる。
（5）南に面した窓が開放的なファサードを構成する。

左ページ・E1027（竣工1929年）。
上・海上より見る南側外観。
下・道路側から見下ろす

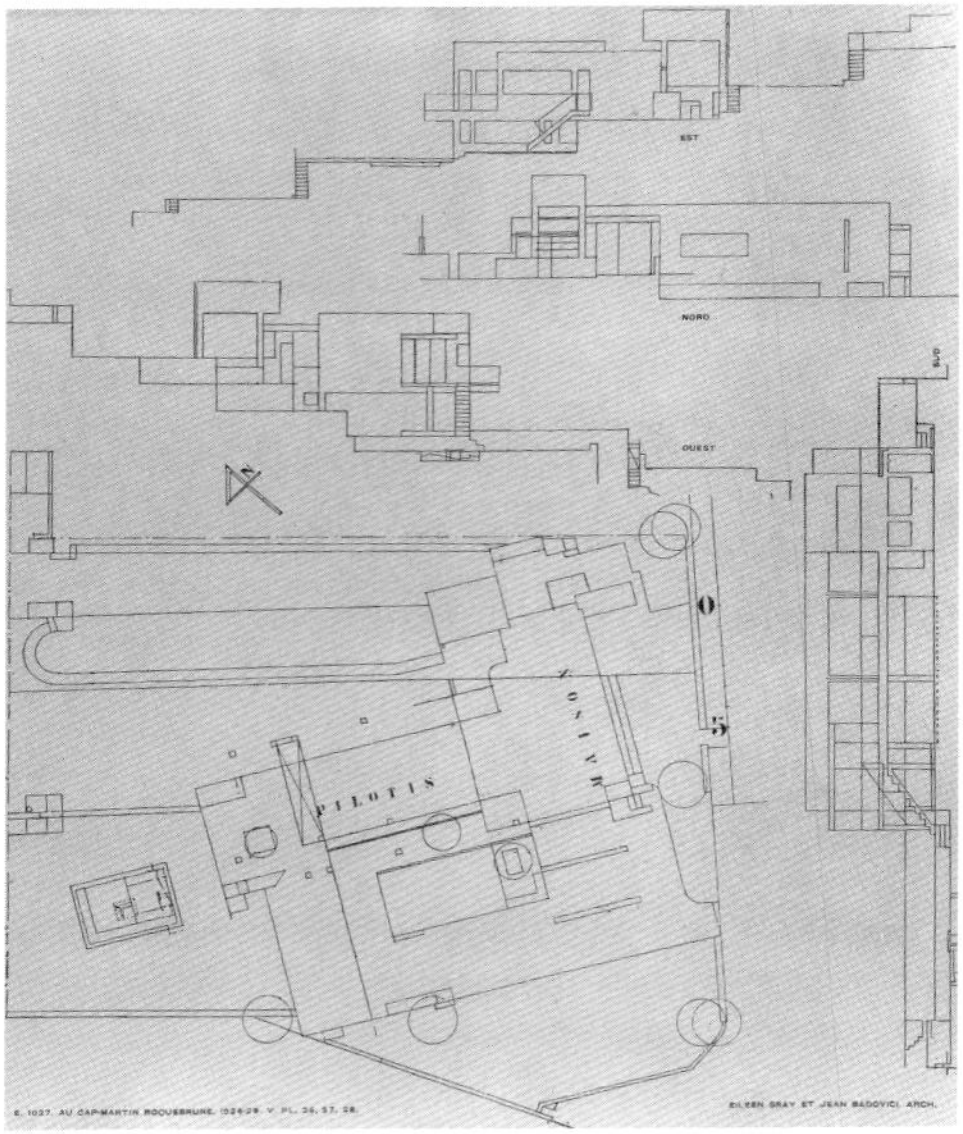

上より東北西、右に90度傾けた南側立面。左下・全体配置図

アイリーンがル・コルビュジエの教えに多くを負うていることは疑問の余地がない。

E1027には無駄な空間というものがない。空間は可動式か軽い仕切り壁で区切られるだけである。つくりつけ家具と住宅規模が小さいことに、住居に対する当時の社会の考え方が反映されている。E1027は「メゾン・ミニマム（最小限の家）」と呼ばれてきた。戦争の打撃からくる住居不足を解決するため多くの人びとが規模の小さな住居を建て、規範としていた。ドイツにはバウハウス系の建築家がおり、ロシアには構成主義者がいた。そしてとりわけル・コルビュジエが「メゾン・ミニマム」あるいは「マシン・ア・ビテ（住むための機械）」に夢中になっていた。ル・コルビュジエのドミノ住宅（一九一四―一五年）、トロワのヴルディ労働者用共同住宅地（一九一九年）、モノル住宅（一九一九年）、シトロアン住宅（一九二〇―二二年）などの作品はすべて小規模で集中型のスケールを追究したものである。

「住居の標準化」が、グロピウスからル・コルビュジエにいたるすべての当時の建築家たちの偉大なスローガンとなった。一方、アイリーンの小さな家は個人的なものであるとはいえ、アイディアを汲んでもっと大きなスケールで量産することが可能だった。彼女のつくる家具はすべて後で生産するための試作品であり、彼女のつくる家も同じことだった。壁面パネル、窓、果てはドアにいたるまでプレハブ（工場生産品）の材料を使用したのがこの点を暗示させるし、アイリーンが工場生産の方向へ、どれほど突き進んでいたかがわかる。E1027の建設を進めているうちからすでに彼女は金属素材を使用した住居の実験を始めており、後にこの考えを実現させている。

アイリーンは、「住まいとは、住む人の個別の要求に従って完全に独立し孤独および集中の気分を味わうことがで

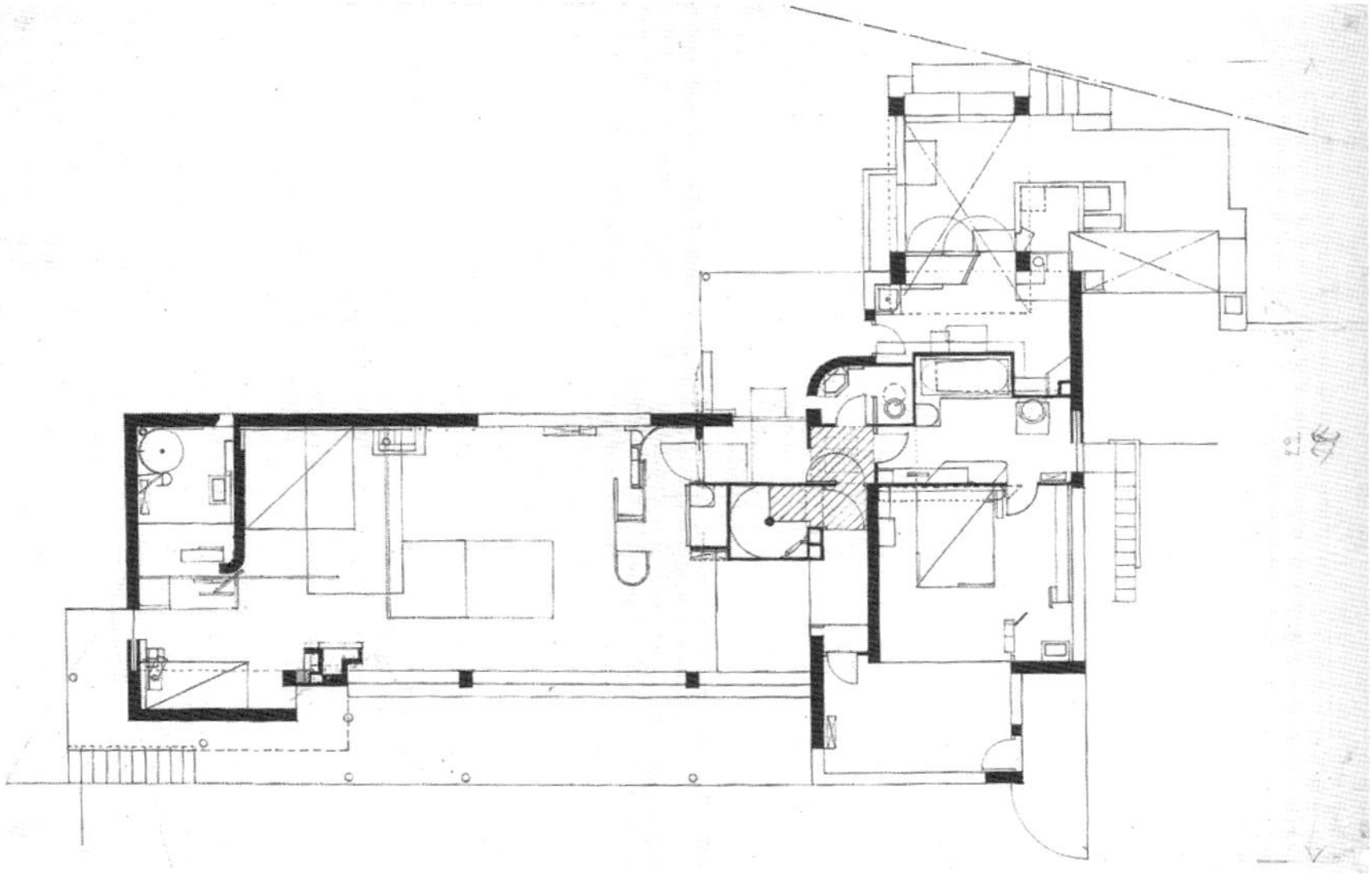

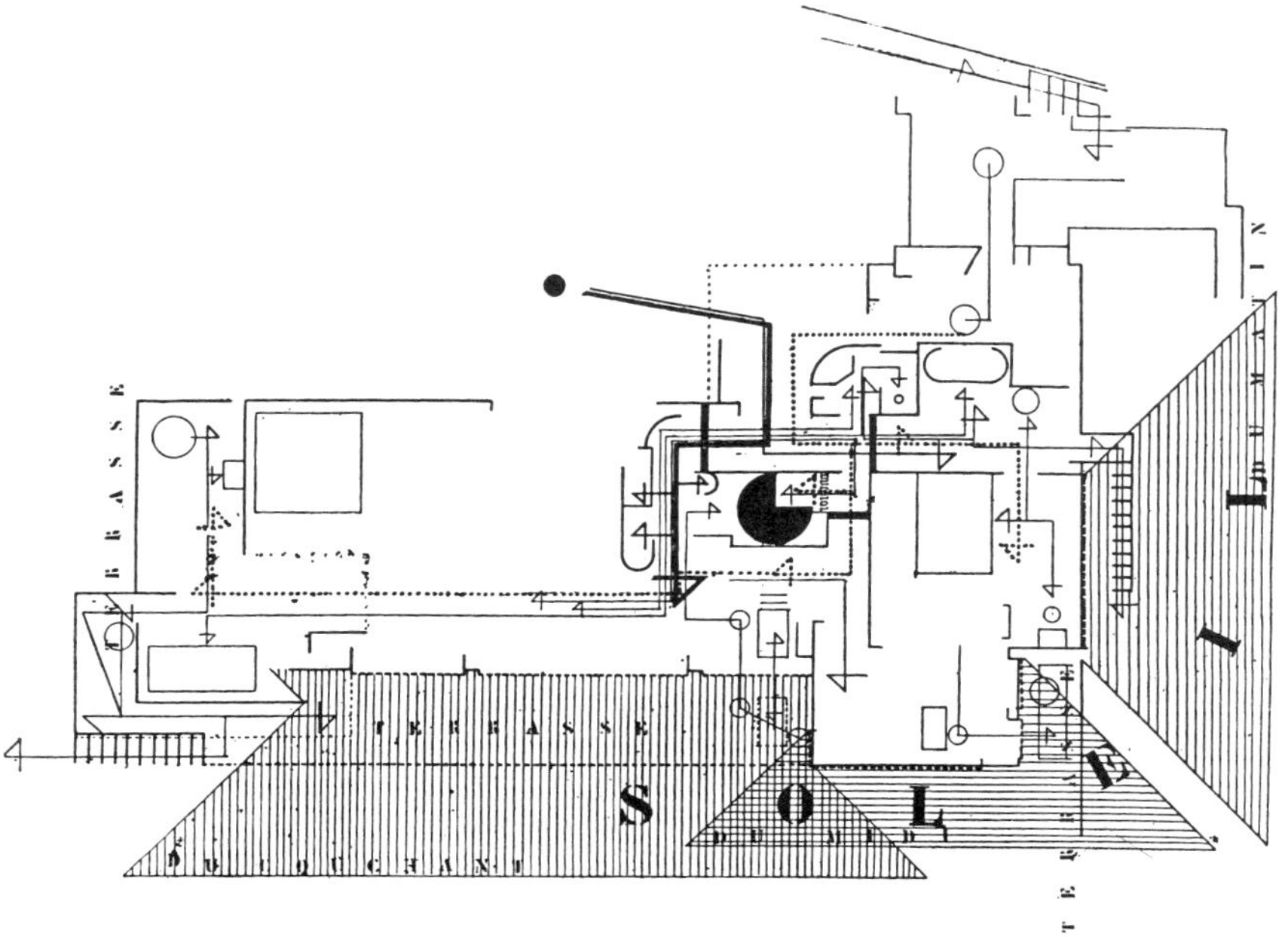

上・2階平面図。中央より左に居間とメインのテラス、右手に食堂エリアと主寝室。
下・太陽の通り道を示す概念図

北側外観。居間の窓の先に玄関ポーチ、その左手に張り出しているのが台所

きる生きた有機物である」と考えていた。「内装計画はファサードの付随的な産物であってはならない。すなわち、それ自体が完成され、調和を保ち、合理的に生きたものでなくてはならない」と書いている。アイリーンは内部空間が外部を規定するのであって、その反対であってはならないとした。彼女がつくろうとしていたのは「ゴシック時代のようにまるごとの一体感があり、人のためにつくられ、人間的なスケールに立ち、あらゆる部分のバランスが保たれている」ような内部空間であった。

アイリーンの庭とテラスの配置は建物の延長を構成していて、しばしば住居の内部空間のように形づくられている。構造は庭に伸び、内部と外部が一体となっている。テラスには小道がつけられており、デッキチェアは戸外でも室内でも使用され、ふたつの世界がひとつに感じられるようになっている。戸外での料理のための台所もある。もちろんこうしたことすべては南部のライフスタイルを反映しているのである。

すべてが論理的に考えられ、エントランスも明確な色で区切られている。すなわち赤。そしてカーブした壁が客人を室内に招き入れる。ここでも戸外から室内への移動はなめらかだ。黒の四角いタイルが小休止をあたえてくれる。そしてやおら家が人を招き入れる。エントランスホールの

左ページ上・西側外観。テラスに直接上がる階段の途中に犬よけの門。中央の小さなテラスは日光浴と読書用。
下・1階ピロティより海側のテラスを見る

玄関ホール。楕円形の食器棚の左手が居間

壁面の銘文である「アントレ・ラントマン（のろのろとお入りなさい）」は、たんなるウィットに富んだ語呂合わせではない。これもまた論理的に組織された構成物のひとつなのだ。訪問者はふたつのドアによって複数の選択を許されるということをこの銘文が知らせてくれる。ひとつは台所などのサービスエリアに、もうひとつのドアはリビングルームへと続いている。

　リビングルームは、透明なセルロイドの食器棚によってエントランスホールから見えないように仕切られている。この食器棚はロースのスケッチにあったのを彼女自身が形にしておいたものだった。彼女にとっては空間のなかでの

西側のアルコーブから居間、食堂エリアを見る。

動きが重要なので、この部屋に入るときに考えられるあらゆる動きを小さな矢印で示した小さなスケッチを描いている。エントランスで自分が特別にデザインした傘立てに傘を入れることに始まり、オーバーや帽子をかけることにいたるまでを順序立てて描きだしたものだ。

　リビングルームはさまざまな目的を満たしてくれる。すなわち飲食、休息、読書、リラックス。スクリーンやつくりつけの家具がいろいろな場所に配されている。建築と家具がみごとに互いに補いあい、反応しあい、補強しあっているのだ。

　地中海岸の土地柄に適するように、アイリーンは海辺の

居間。中央ベッド奥の間仕切りの向こう側がシャワー室。北側の壁に「旅への誘い」と書かれた海図

生活様式を多くとりいれている。手摺をつけたり、日除けやデッキチェアにヨットの布を用いたり、色としては白を多用し、つくりつけのベッドのヘッドボードをつくり、屋根には旗竿さえ立てて、ひとつひとつが船や客室の構造を思わせる。ラグの色さえ海の印象をあたえるのは、形ひとつとっても海の水平線が想起されるからなのだ。

窓のシャッターの複雑なシステムは通気と自然光の採り入れを可能にし、人工的な光についても同様に注意深い工夫がされている。天井の間接照明がバーの酒瓶を照らす。そして他の光源はミラーの後ろに配されるか、くもりガラスの後ろで光を放つようにされている。

ひげそり用に顔を拡大して映す特殊な鏡がある。このほかにも「小さなあだっぽい婦人」と「首筋を見るのがお好きな殿方」のための鏡もあった。これこそアイリーン、つまり現実的でウィットに富む女性なのだ。ふかふかした椅子を「ビベンダム」と呼んだり、手摺がひとつしかない椅子を「ノンコンフォーミスト（不信心者）」と名づけたりしたのは、彼女のこのからかい好きな性質からきていた。そうしたちょっとした趣向のほうが、彼女にとっては作品の背に自分のサインを入れることより重要だった。ベッドにいながらにして、ひと目でポストに手紙が届いているかどうかを確認することもできた。お茶を運ぶトローリーはコルクで天板がカバーされており、食器の音で寝ている人を起こさないですむようになっていた。ベッドのまわりには本を置く場所がとくにとってあり、湯たんぽを置くことさえできた。蚊帳は虫から身を守ってくれたし、テラスにある小さな砂のプールでは足を冷やしたり暖めたりすることができる。水だったら蚊が好んできてしまうところだが。ウィットとノスタルジアに満ちた家だった。たとえばベッドわきのヘッドボードを照らすように工夫された青い夜の光は、遠くへ旅する寝台車で過ごす夜を思わせるのだった。リビングルームの壁の装飾は海図であり、そこには「旅への誘い」と書かれている。もうひとつの銘文はエントランスにあり、こう警告していた。「笑わないこと」

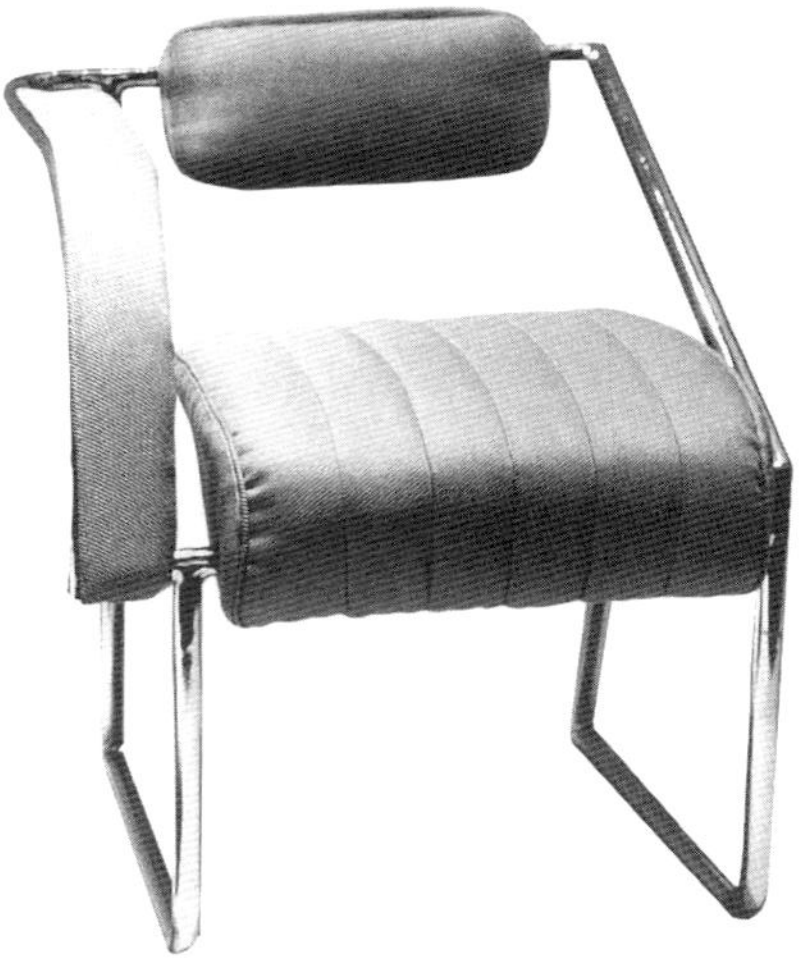

ノンコンフォーミストチェア（1926年）。連続する1本のスチール管。クッション部分はベージュのカンヴァス地。片方だけの肘かけは座りながら体をより自由に動かせるための工夫

　E1027は美しいだけではなく、優しさと心配りに満ちた、彼女の師へ向けられた驚くべき贈物である。「音楽と同様に作品もまた、それが体現することのできる愛を通じてのみ価値をあたえられる」とアイリーンは自分のノートに書いている。彼女が尊敬し、そしておそらく愛した男のために建てられたこの家は「もっとも小さな細部にいたるまで幸福感を味わえるように捧げられた」。「美しい作品はアーティスト以上に真実を語る」。彼女が言葉で語りえなかった、あるいは語ろうとしなかったことを彼女は「家」に込めて表現している。そこで示されたものはすべて「生

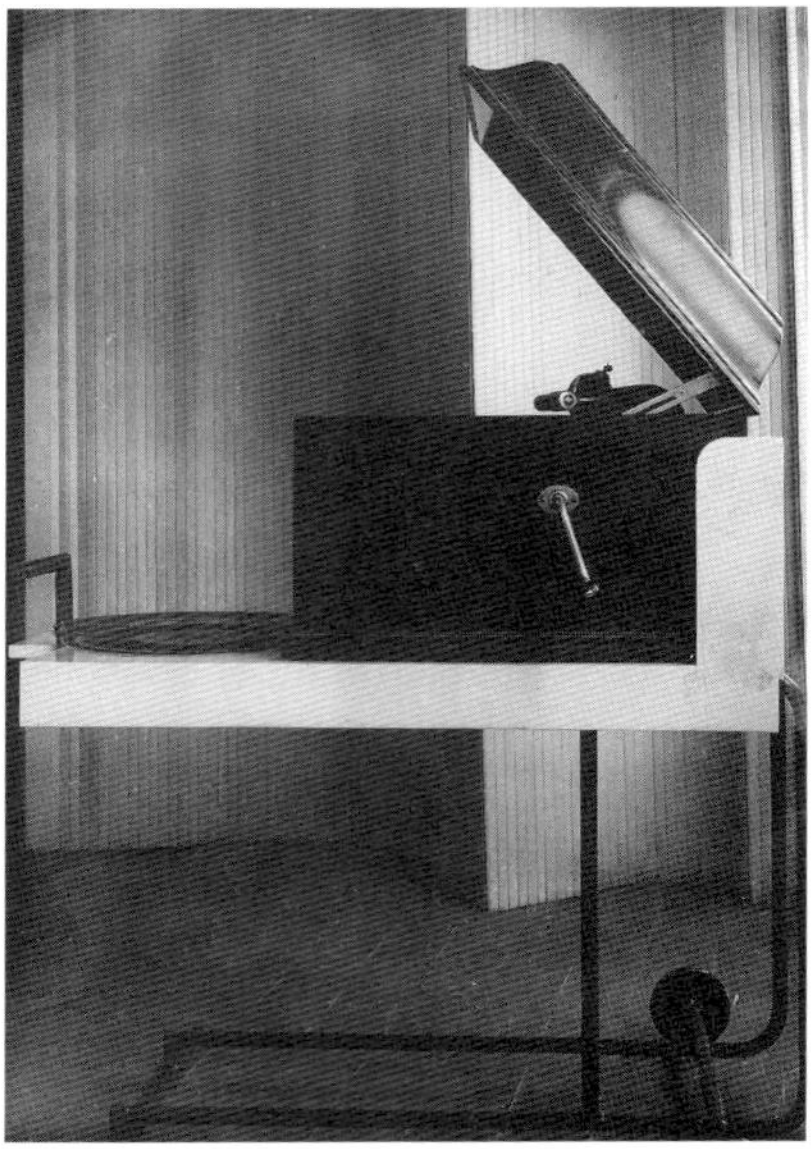

蓄音機を載せた屋内移動テーブル

テラスの水のないプール。中央にガラス天板のテーブル

きる喜び」を豊かにしてくれる。E1027ほど人間的で温かい近代建築はめったにあるものではない。

アイリーンはあらゆる面を考え尽くしていた。すなわちテラスの欄干は可動式でカンヴァス地でできており、「冬には太陽の熱で足を暖められるように」配慮されていた。ベッドにあたえられた指示をみると、彼女の堅苦しいまでの厳格さがうかがわれる。「ベッドが整えられていないときに見苦しくないよう色のシーツを使うこと」

彼女は天候とつきあうためのシナリオまで用意していた。「海が荒れて視界が陰鬱なときには南側の大きな出窓を閉めてカーテンを引き、そのかわりに北側の出窓を開けさえすればよい。レモンの木のある庭や古い村の景観が目に入り、ただ青とグレーが広がるばかりの眺めのかわりに緑の量感が新しい視界として展開するはずである」。

この家の家具はすべてアイリーン自身がデザインを起こしたものである。それらをデザインするなかで、彼女はひとつの家具がもつことのできるあらゆる用途を考えている。テーブルと椅子、食器棚、鏡、どれもとてもフレキシブルにできていた。たとえばちょっとした動きでケーキ用のトレーを動かすことができた。エレメントを倒したり折り曲げたりすることによって機械の優雅なバレエが演じられ、それが彼女のデザインの質の高さを保証していた。実用主

ドレッシングテーブル（1926年）。回転式の抽斗がふたつ。テーブル部分はローズウッドのベニア

義に立つ彼女の考え方は、傑出した美的解決法を見いだしている。食器棚が目の高さにかけられ、半透明の表面を使ったことなどがそれだ。彼女の工芸に対する知識や経験が知的な遊び心と重なり、ぴったり適した素材と形を探しだすまで徹底的にこれを追求し、デザインを論理的な結論にまで導いてもいる。彼女はまた、しばしば想像のおよばないような素材を利用した。——製粉機に使用されていたシートを金属の仕切りとして用いたりもしたのだ。

建築の仕事を始めてからというものは、アイリーンはそれまでの自分の家具のデザインに対しても変更を加えていった。もはや美しく仕上げられた一点ものの作品に興味はなかった。それ以降の彼女の家具はすべて原型であり容易に制作でき、ジャン・デゼールでの販売のために量産が可能だった。その家具自体もさほど高価なものではないか、または量産すれば安くなることが見込まれた。アイリーンはＥ１０２７のために、いわゆるキャンピングスタイルと呼ばれる多くの家具をデザインした。「仕事とスポーツと友人をもてなすことを、こよなく愛する者のために建てられた家は完全に柔軟性をもっていなくてはならない。キャンピングスタイルだけがこれを解決することができる」。彼女が追究した建築上の問題は、家具の問題点の追求と相互に補足しあうものであった。金属はその柔軟性としなやかさゆえ、硬直な木よりますます多用されるようになっていった。一九二六年から二九年の間にアイリーンは金属のチューブを用いた重要な家具を多く手がけている。彼女のクロム仕上げの家具の多くはル・コルビュジエ（彼は一九二八年に最初のクロム家具を発表している）やミース・ファン・デル・ローエ、マルセル・ブロイヤー、シャルロット・ペリアンなどのクロムのデザインよりはるかに先んじていたのだった。

しかし、アイリーンの家具がよりシンプルに、そしてより「純粋」になっていくほどに同時代の人びととはかけ離れたものになっていた。彼女は近代主義運動の環境衛生や

左ページ上・折り畳み式ティーテーブル（1928年）。サイドボードがつき、コルク製の天板。アルミニウムの円盤トレーは回転式。
下・トランザットチェアとサイドテーブル「E1027」（1927年）

1階ゲストルーム。左手に洗面所、右手に木製の衣装棚。内側はセルロイドを使用、棚はガラス製

純粋性、機械的な考え方を強く支持する思想を認めてはいたが、そこに自分自身の考え方を加えている。アイリーンにとって家具とは実用的かつ快適なものでなくてはならず、たんなる思想や美意識を反映するだけのものであってはならなかった。と同時に彼女の家具はけっして純粋に機能一本やりなものでもなかった。つねに自分のデザインにはユーモアやアイロニーの趣を付け加えていた。ノンコンフォーミストチェアやビベンダムチェアは座り心地がよく、かつウィットに富んでいる。この点こそ同時代のより熱心な男性の作家たちから彼女を大きく際立たせているものだった。そこには遊び心があり、折り曲げたり回転させたり、傾けて倒したりするエレメントに多少マニアックな一面をのぞかせる。アイリーンの家具には完全にひとつの要素として建築に溶けこんでしまうものもあった。またそれ以外の家具は、これとは正反対の性質をもっていた。つまり、部屋のどこにも、もっといえば家のどこにもおさまるべき決まった場所がなく、場所の移動が自由なようで軽くできていた。どの部屋にも合うようニュートラルなものもあり、また反対にごくニュートラルなスペースにアクセントを加えてくれる彫刻的な性格を備えたものもあった。しかしどちらの場合も、アイリーンは美的側面と実用面のバランスをうまく見つけだし、生活を快適にしてくれる家具を生み

だしていた。彼女のデザインに込められた率直さには驚かされるが、それは作品を見ればすぐに読みとることができる。

彼女のこの率直さは、流し台を見ても電気の配線からさえもわかる。アイリーンはこれらを隠す必要を感じなかった。工業製品をドアのハンドルやシャッターのレールやスクリーンやファイル用の棚に堂々と使っている。しかし、これらのデザインによってインテリアすべてが解決されるとは考えていなかった。「ただたんにある特定な状況においては便利な方法である」。あるいは「これは明日からのためのスタイル」というにすぎない。彼女は前衛的な建築家によって考えられ使用されたスチールの管を「高価でもろい印象をあたえる、冷たいもの……」とみていた。彼女は意識的に同時代の人びとから距離をおいて立ち、デザインは各々の状況によって変化するものと固く信じていた。彼女はこうも言っている。「統一され標準化されたモデルを使用することは、よい趣味、いや、よい感覚にも相反する行為となる」

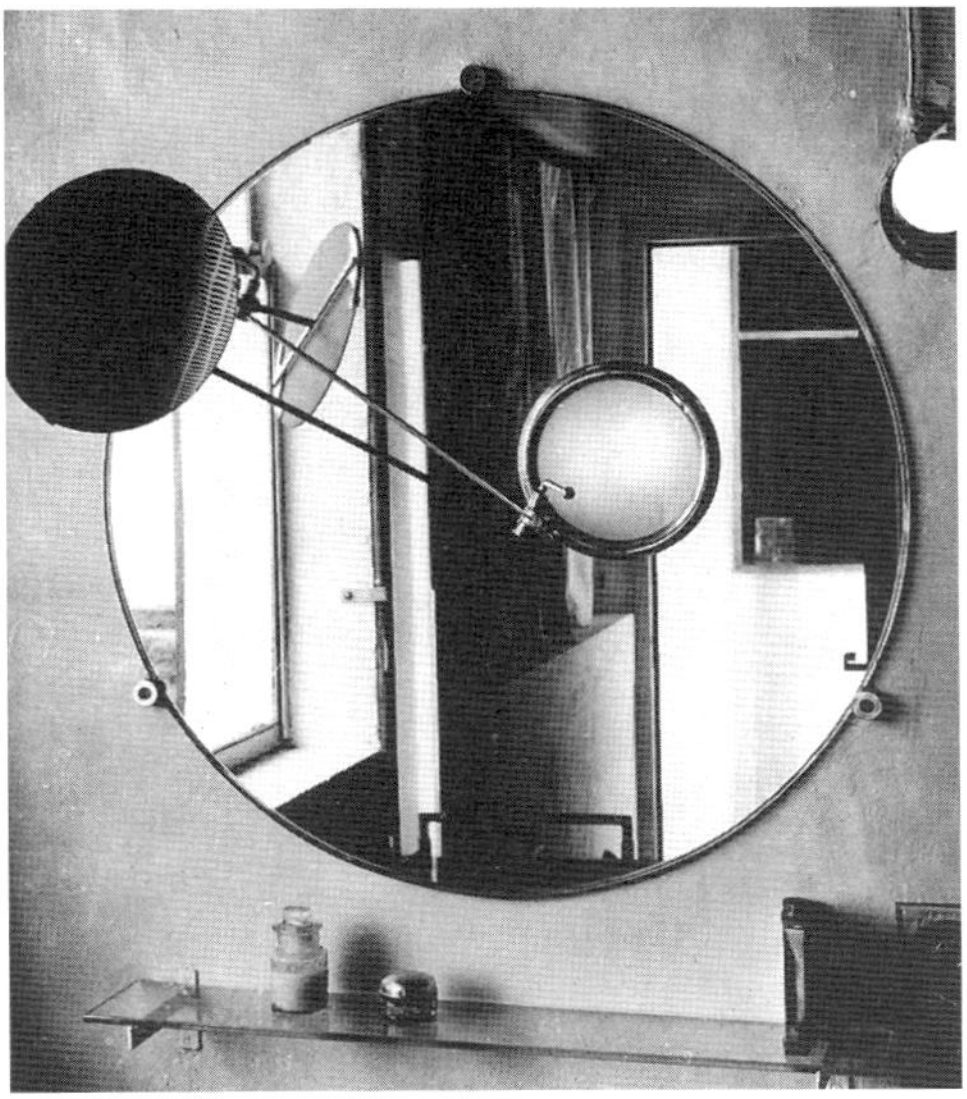

同、洗面所のサテライトミラー。小さな鏡を使って首の後ろを剃ることができるよう工夫されている

同、衣装棚のコーナー。角部分の抽斗はすべて回転式

居間より食堂エリアを見る

　一九二五年、ル・コルビュジエはつくりつけの物入れの必要を提唱した。「すなわち、その物入れが適切であると感じられる、ぴったりとした場所に据えつけられ、手の届くところにあるべきである」。アイリーンは「家具は建築に付け加えられるべきものではなく、それ自体が建築であるべきだ」というル・コルビュジエのこの託言を採用した。しかし彼女の作品は、どれもシンプルでありながら卓越した個性を主張している。女性的な想像力がル・コルビュジエの唱えた「意味含みの美術や装飾にみられるような、いかなる性質をも帯びない工業生産によって編みだされる標準家具」(『レスプリ・ヌーヴォー』)に盲従することを拒んだのだった。そして漆の作品の豪華さから一転して、単純な機能主義の罠に陥ることなく金属、ガラス、シンプルな木の素材にまでアイリーンは手を伸ばしている。

　一度ならず何度でも彼女の家具はその建築的な質の高さによって見る者を圧倒するが、その筆頭はスクリーンであろう。壁とも家具ともいえるスクリーンは、ふたつにスペースを分かちながらも相互にコミュニケートすることを可能にするもっとも建築的なオブジェである。彼女のつくりだしたスクリーンの建築的な質は、直角や線を駆使することによってさらに高められている。

　快適さを追求する一方、アイリーンは自由な感覚を尊重した。テーブルは組み合わせれば大きなダイニングテーブルに変身したし、脚の部分はテーブルにつく人物の背丈に合わせて高くも低くもすることができた。ひとつの動きでライティングデスクは低いコーヒーテーブルにもできた。広い空間もあり、狭い空間もあり、住む者がアイリーンにとっても非常に重要な独立と親密のオアシスをもてるようにしてあった。「ごく狭い家のなかにいても、そこに住む人各々が完全にひとりっきりであることを感じるようでなくてはならない」

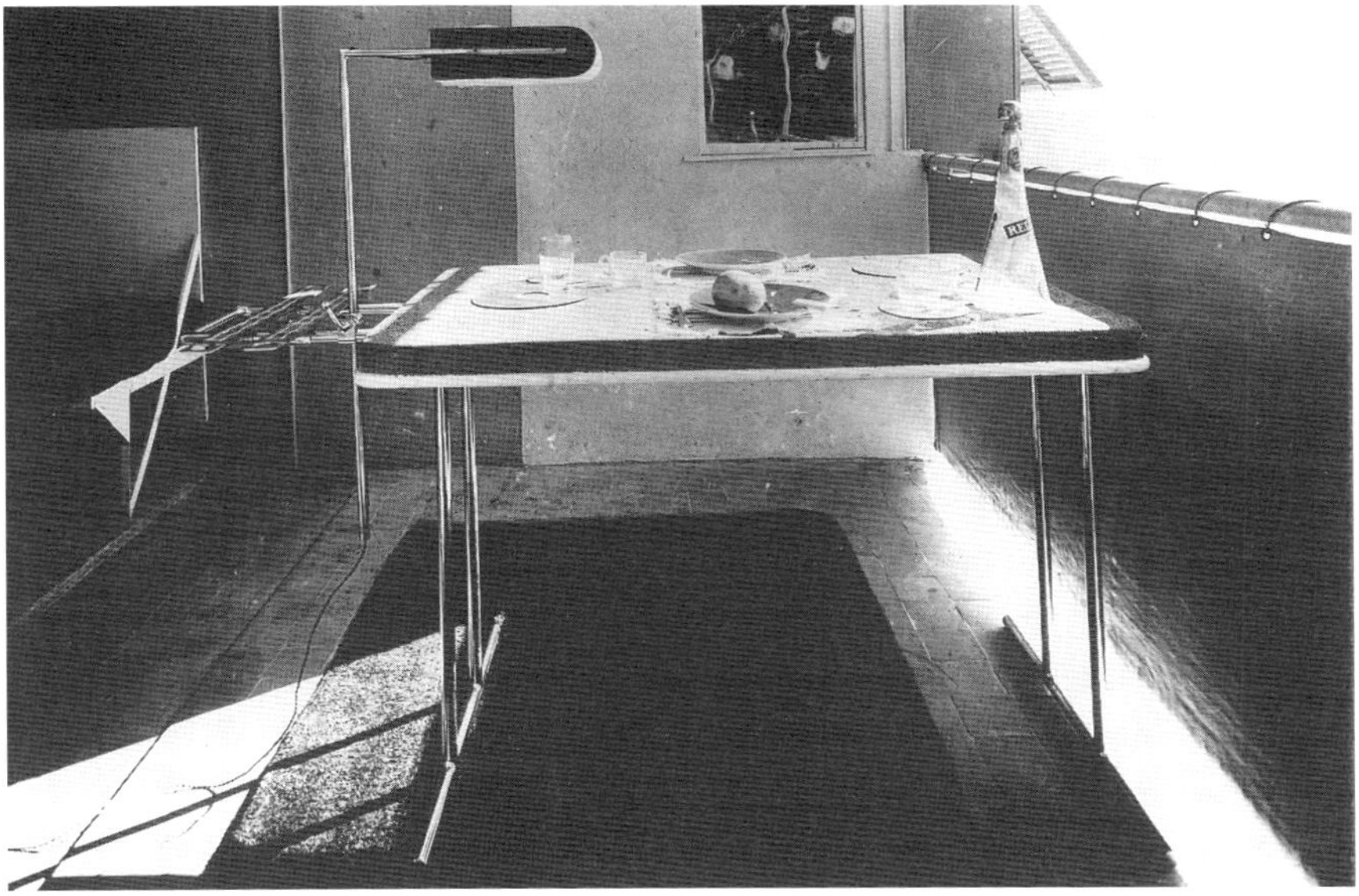

テラスに移動したダイニングテーブル。天板にコルクを使用。高さを調節できる照明器具つき

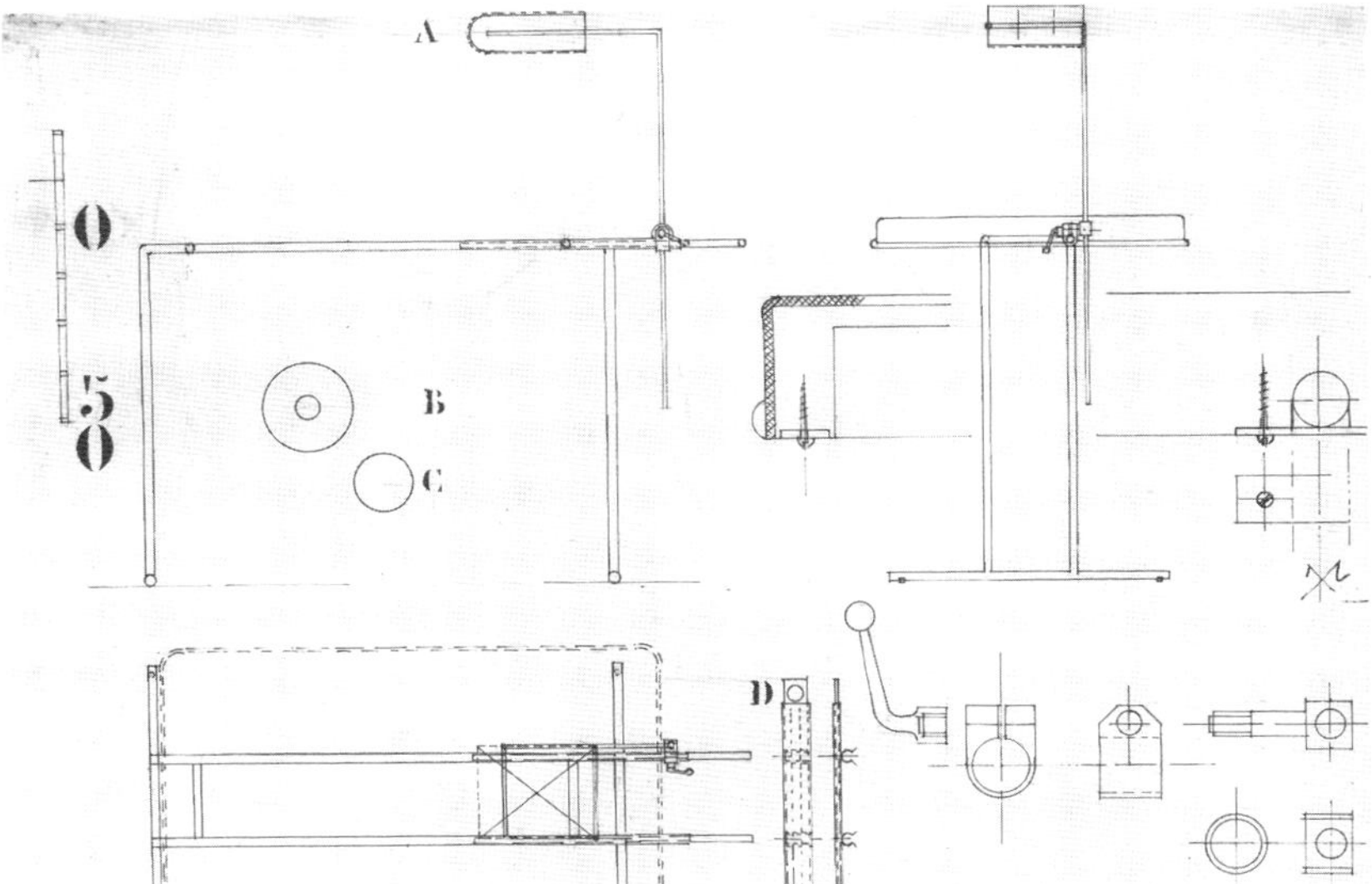

ダイニングテーブルの図面

淋しいことには、一部屋だけが数に入れられていないようだ。台所のことである。ロクブリュンヌのアイリーンの家には、他の南部の多くの家と同様に屋外料理のためにすてきな場所が用意されていた。しかし台所となると、たんなる回廊でしかなかった。物はあまりに高い所に置かれていて手が届かなかった。アイリーンとルイーズは、しょっちゅうそのことで冗談を言いあった。ルイーズはアイリーンのデザインした台所の不便さと一生つきあうはめになったのである。アイリーンは、家事をどうこなすかについてはなす術を知らなかった。「ああ、家事ほど苦手なものはない！」。卵ひとつ茹でるのでさえ満足にできないのだが、できないでいいと彼女が仕組んだのでもある。しかし、ア

「夏は戸外、冬は室内で支度する農村女性の行動パターン」に倣った台所

同、食器棚

イリーンはルイーズのためにほかにはないすばらしく形のよいトースターをデザインした。悲しいかな、このトースターはしょっちゅう故障し部屋全体のヒューズを飛ばして、いつも修理が必要なのだった。

食べ物はアイリーンにとって最優先事項のひとつではなく、彼女の好みは単純だった。しかし、ワインは大好きだった。強いアルコールは避けてアペリティフを好んだ。彼女はいつもそれを「カクテル」と呼んで、ポワレがデザインした美しいグラスについで人にすすめた。アイリーンはヘビースモーカーで、ときとして一日に三箱も吸ってしまった。後年禁煙を余儀なくされたとき、ルイーズが部屋に入ってくる前に煙を外に出そうと窓を長時間開けておくことも多かった。ルイーズはいつも冷たくこう言うのだった。「マドモワゼルが、また罪を犯された」。するとアイリーンはお節介といわんばかりに答えるだけだった。「あら、そう」

アイリーンの家事に対する無頓着さが台所のデザインにあらわれているとすれば、メイドのための部屋のデザインからは――彼女が生まれつき社会的な正義感をもっていたにもかかわらず――いかに古い時代の人物であったかがわかる。メイドのために彼女のいうところの完全なる「最少の生活空間――規模は小さいが十分な快適さを得ることができる」を発案した。この部屋はすべての使用人の部屋や子供部屋の原型とすることができるかもしれない。そこではごく基本的な快適さのみが追求されている。メイドと子供、このふたつの種族は、アイリーンの心のなかでは明らかに「制限された」状況のなかでも存在することができたのである。

この家は屋内、屋外を問わず、あらゆるところに美的主義主張と人間の要求の両方をなんとか調和させたいと思う彼女の真摯な欲求にあふれている。各部屋を歩き、多くの個人的な快適さやウィットやロマンティシズム、そしてちょっとした欠点のあとを目のあたりにすると、この家を発想した人間の心のなかをのぞいているような気持ちになる。カップ・マルタンのこの家は物や家具、さまざまなエピソードよりもアイリーン・グレイ自身をあらわにしてくれる。四〇年代、彼女はこう書いている。「近代建築の貧しさは官能性の萎縮からきている。すべては十分に調べることもなく「驚き」の創出に向かった論理に支配されてしまっている。エンジニアの技術は、人間の原始的な欲求に裏付けされたものでなければ十分なものとはなりえない。本能なき理性。われわれは、本能に同化していない絵画的なだけのエレメントは疑ってかからなければならない」

見て美しく、しかも心地よい感覚をもたらすものをつくりたいという、ふたつの欲求がいつも心から離れなかった。それは彼女の性質の一部であった。その頑固な性質はときには人をいらいらもさせたが、称賛すべきものでもあり、彼女は正しい回答を得るまで休むことを知らなかった。ひとつとして似たデザインをすることはなかった。アイリーンはつねに変化し、拒否し、改造し、改革し、ときとして迷い、より快適なものをつくりだしていた。一九七〇年に二〇年代にデザインしたダイニングチェアの布を張りかえた際、背の部分の小さな横木に変更を加えることを主張した。「なんだかしっくりしない」と言うのだ。

アイリーンの卓越したインテリジェンスをつねに温かみのあるものとしていたのは深いロマンティシズムで、彼女と一緒に新しい建物を見学する機会のあった者はいつでも、彼女にとって建築とは生命力の一部が流れでたもの、すなわち形態と構造を通して、自然がそれ自身を映しだしているとみるロマンティックな考え方の表出であると悟らされるのだった。

アイリーンはつねに、訪問者の到着した際に家があたえ

クロムのダイニングチェア（1928年）。カバーはスウェード製

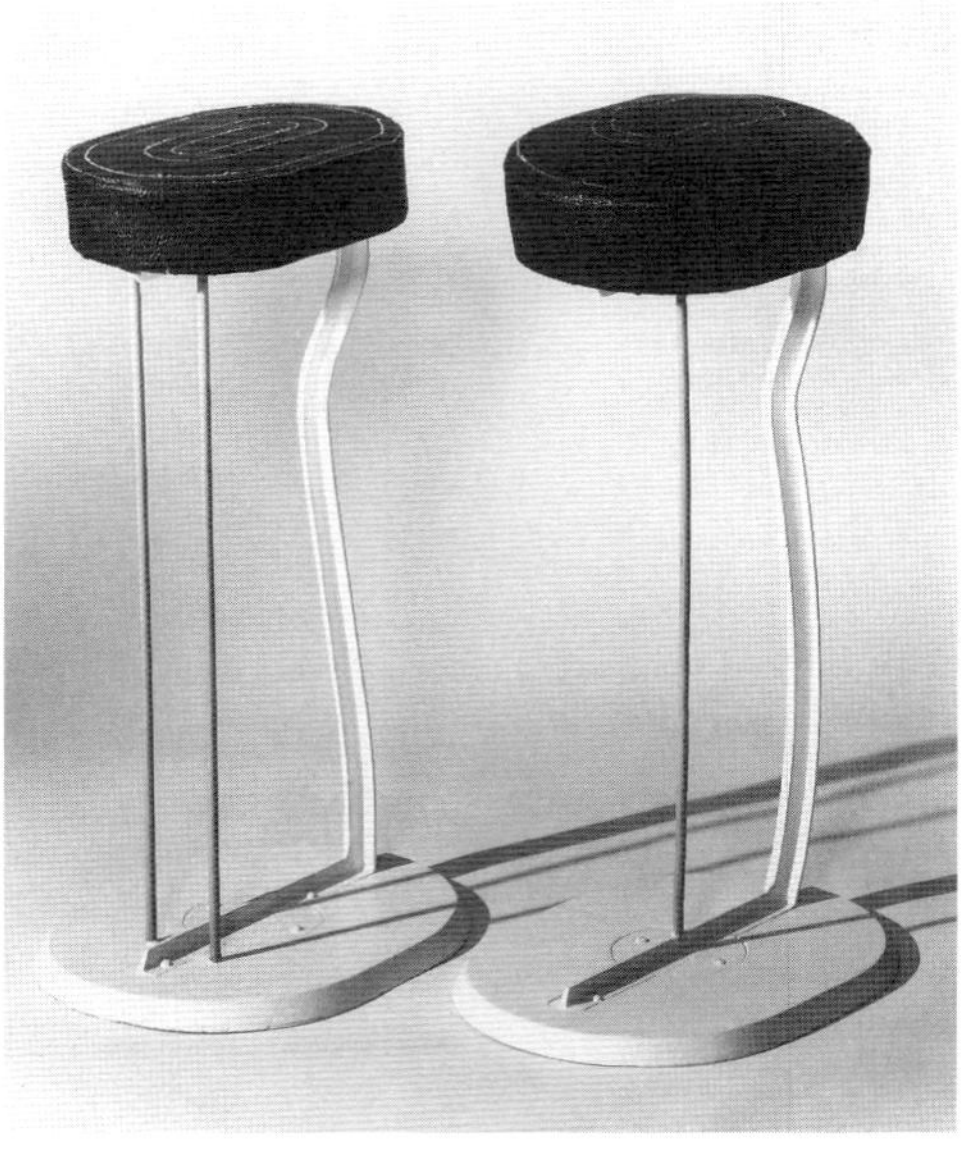

E1027用にデザインされたバースツール（1928年）

カンヴァス地で覆われた2階テラス外観。救命具が吊り下げられている

る印象を気にかけていた。E1027においては、エントランスは「広い屋根でおおわれた空間であった。たとえばアトリウム（中庭）のような……。しぶしぶ開けようとする小さな狭いドアのようではなく、客を喜び迎えるものである」。しかし玄関のドアが開かれるや、訪問者は吊り下げられたスクリーンによってリビングルームをのぞくことができない。アイリーンにとってはドアは驚かせるための入口のようなものだった。一方、ル・コルビュジエはドアを「そこを通って人が進入できるという空間にすぎない」（『レスプリ・ヌーヴォー』所収「パビリオンのカタログ」の前文より）とみていた。彼は自作のロッシュ邸（一九二四年）について、「この家は建築のプロムナードのようになるはずだ。人がこの建築に入ると建築の景観そのものがいきなり目に飛びこんでくる。そして決められた動線をたどれば多様性に富んだ眺めを享受することができる」。アイリーンは、彼女の建築のなかの動線をもっとミステリアスなものにしようとした。後年メモのなかに、どのように人は家のなかに入るべきかについて書きとめている。

「侵入したいという欲求……人がこれから見ようとするもののミステリー性を保持するような移動、喜びを人からそらさないような工夫」。「建物における動きは、室内の光景が観客にしだいに見えてくるような自然な形で壁に沿って

東側外観（主寝室側）。屋上右手に突き出ているのは階段室

導かれるべきである」。「家のなかに入っていくことは（進入した後すぐに）後で閉められてしまう口のなかに入っていくような興奮をもたらしてくれる。あるいはボートで港にたどりついたときのような喜びに満ちた興奮……閉ざされてはいるが、そのなかを巡回する自由を許されたような感覚」。「個人が保護されながら、難なくその場所に溶けこんでいくような感覚」。そして彼女は、ふたりの旅人が二百もの食卓の用意ができてしまっているホテルのレストランに入っていったときの失望を例にあげた。

ル・コルビュジエはアイリーン・グレイの家を称賛している。一九三八年、南アフリカの建築家レックス・マルティヤンセンがル・コルビュジエを訪ねた際、彼らはふたりしてE1027を見るためにロクブリュンヌへ出かけていった。マルティヤンセンは、南アフリカの建築雑誌である「SAアーキテクチュラル・レコード」の一九四一年十月号で、アイリーンのこの家を次のように書いている。

> ル・コルビュジエが育て、広く一般のものとした運動から生まれた技術を駆使した解決例がここにある。マルタン岬、ロクブリュンヌにあるアイリーン・グレイとジャン・バドヴィッチ設計の家である。この家は概念上の起源と高い抽象性を示している。すなわち、伝統的な大

衆好みの建築的アプローチとは対極の方法を用いながらも、個人の欲望とロマンティックに表現されるその場所の要求する本能に由来する情感の求めに対して純粋に知的な方法で答えようとする、あからさまな冷たさをこえようとするこころみである。

マルティヤンセンは、E1027はたんなる地中海地方特有の建築でも近代主義運動のもたらした結果でもないことを的確に認識していた。E1027は生活実感以外の何物からも生まれてはこない、快適な個人的な家であった。ル・コルビュジエはおそらく、この家によってアイリーンが自分自身を同時代の人びとから離れた地平に置いたことを認めたにちがいない。E1027は過度に知的なアプローチとは縁がなかった。それこそがおもにル・コルビュジエをとらえた点だった。アイリーンは一九二九年の「ラルシテクチュール・ヴィヴァント」でこう述べている。「たんに線の美しい集合体を構成するだけの問題ではない。なによりもまず「人の住むところ」ではなくてはならない」

E1027には彼女自身の孤立や保護への要求、そして自由への強い願望が何よりもあらわされている。「文明社会の人間は一貫性のあるフォルムを必要としている。行為によっては控えめなことが要求されているのを心得ている。自分を孤立させることの必要性もまた」

アイリーンの生前にE1027について公に評価されることはあまりなかった。彼女にとってE1027は、深いところで自分の性質に呼応する自分自身の建てた家にすぎなかった。今日みてもE1027が訓練をあまり受けたことのない人間によって、それもほとんどひとりの手で近代建築の古典として後世において採用されることになる多くの傾向を先取りした家として建てられたというのはほとんど信じがたいことである。E1027に関してはル・コル

階段室のガラス天井を見上げる

主寝室。ベッド側よりアトリエを見る。中央にライティングテーブル

ビュジエが初期に評価したことはあったが、今日になってようやくそのオリジナリティが評価され、しだいに研究されるようになってきた。しばしば近代建築の例として紹介されるが、アイリーン・グレイの現実的な感覚は、これをたんに建築上の概念を表現したものとみることを拒むのである。アイリーンはＥ１０２７が彼女の頭を占めていたすべての問題を解決する「完全な家」であるとは考えていなかった。いつもの謙虚さでこう述べている。「これはたんなるひとつの試みにすぎない。……わたしのほどこした革新部分のうちあるものは最終的なもので、あらゆる場面で採用されるとしても、他の部分はまだもっと改良を必要としているし、ある部分はおそらく切り捨てなくてはならないだろう」。Ｅ１０２７は彼女にとってはひとつの試作品であり、モダンリビングについての調査の一環であった。

わたしにとっては、モデルハウスとはたんに最低限のコストで許される最善の技術をもって実践できる構造をもつ家であり、その建築があたえられた状況のもとで完成度を最大限に高めたものというにすぎない。つまりそれは永久に復元されるべきものでなく、これと同じ精神に立って他の家の建設を触発するものである。

一九二九年、バドヴィッチは、Ｅ１０２７に捧げる彼自身の評を著した特集号を出版した。それは「Ｅ１０２７――海辺の家」と呼ばれ、この副題はアイリーンがつけたもので、海の際に建てられたこの家に対する感情をシンプルに表現している。アイリーンは自身の作品に対してはひどく寡黙だったので、この家に関するアイリーン自身の考え方と図面をここで見ることができるのは幸運である。

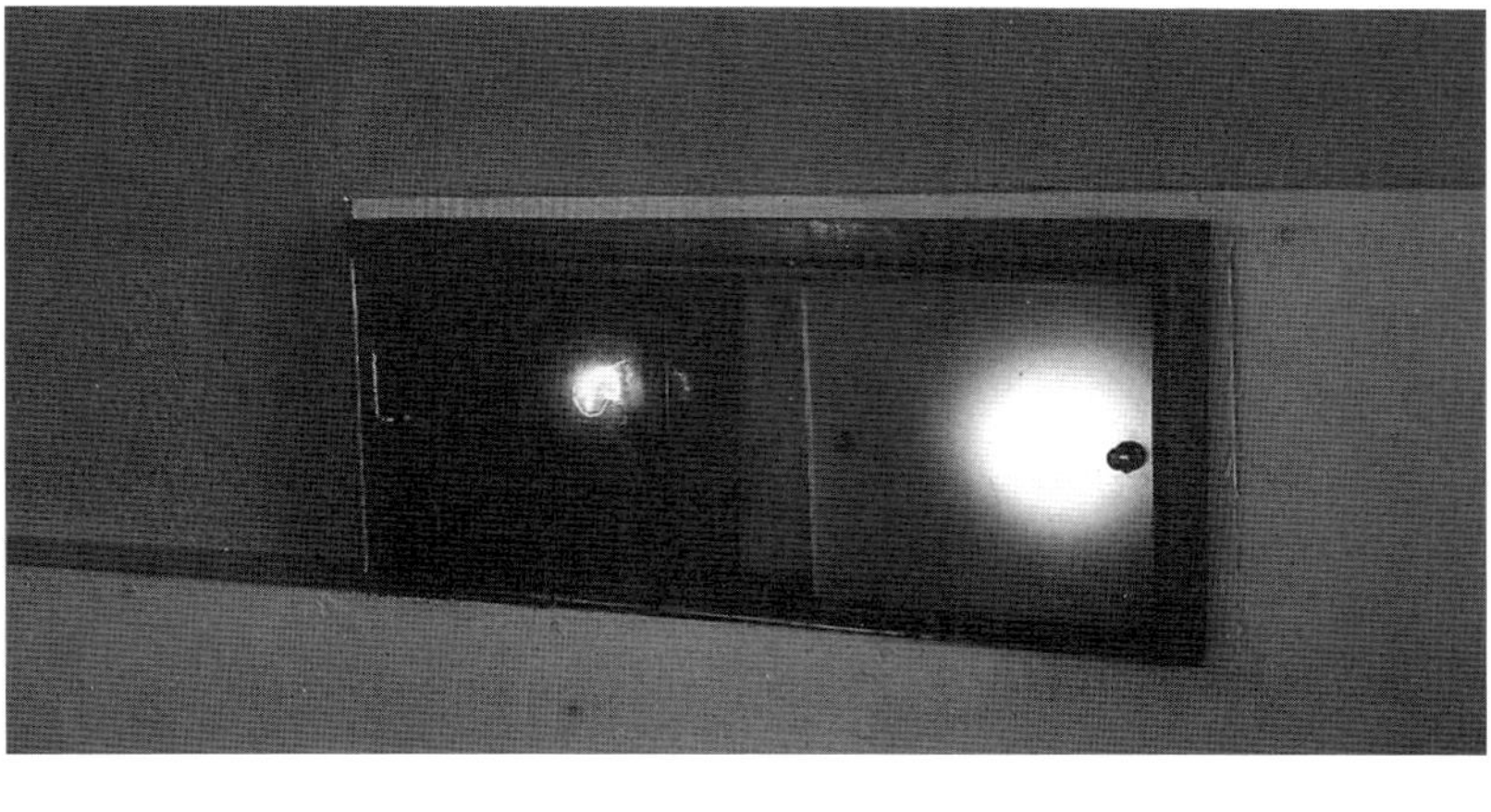

上・同、ベッド側（北側）。下・ヘッドボードに組み込まれた読書のための白熱灯と青い夜間照明

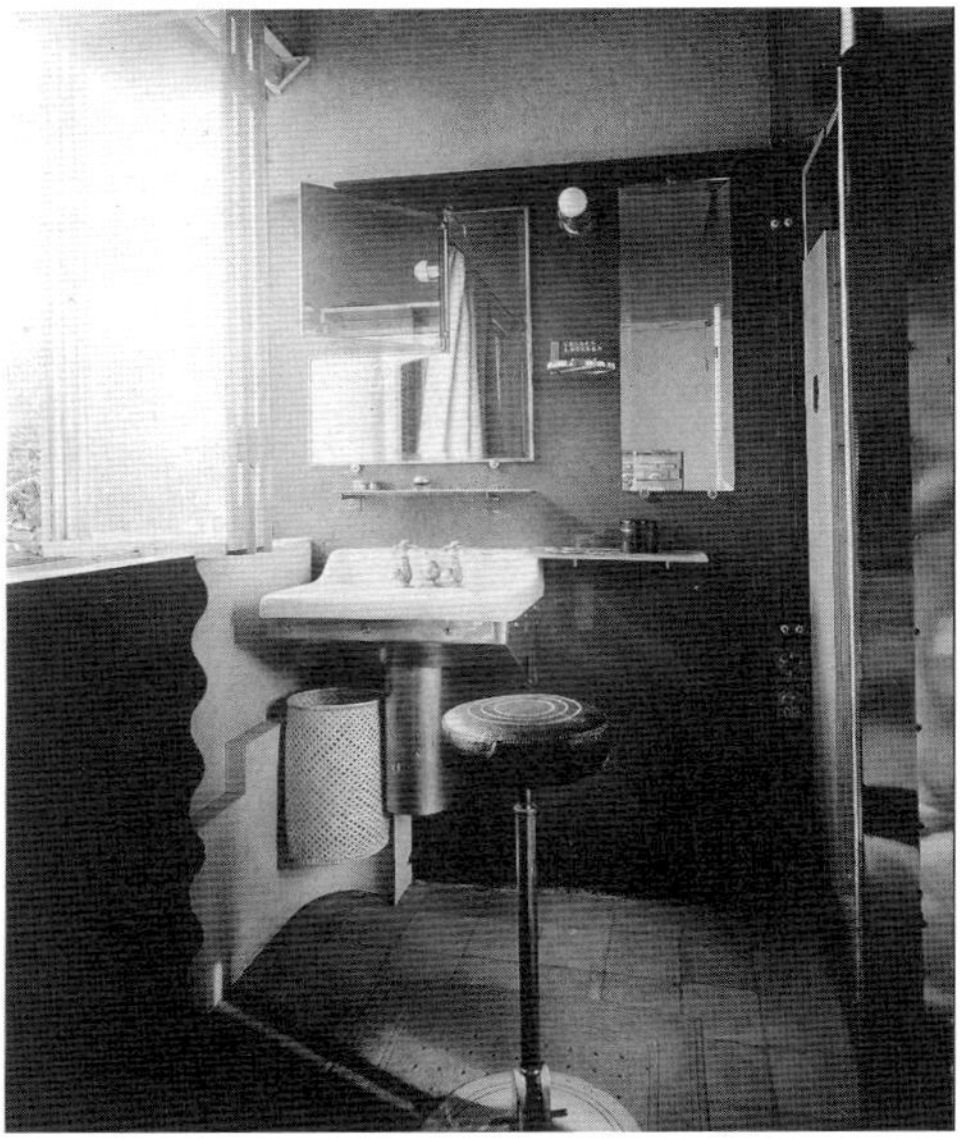
主寝室ベッドわきの洗面所。手前にバースツール

「E1027」の冒頭には「海辺の家」としてアイリーン・グレイとジャン・バドヴィッチの署名入りで、ふたりの談話が掲載されている。バドヴィッチそしてアイリーン・グレイ。インタビュアーは合理主義の立場をとり、もうひとりの声であるアイリーンはそれに対して感情を取り戻すことを訴える。「方程式はなんの意味もなさない。生活がすべてです」。つまり、「どの部分においても、われわれは線や方程式そのものを求めたりはしなかった。われわれはいつでも人間のことを考えた。人間の情感と人間の要求を」

バドヴィッチがはじめて対話形式の記事を採用したのは、「アンテリウール・フランセ」（一九二五年五月号）においてであり、これも「ラルシテクチュール・ヴィヴァント」の発行者であるアルベール・モランセによって出版された。アイリーンもまた同誌の初期の号に登場している。導入部でインタビュアーは、あらゆる発想における人間の自然の存在を極端なほどの情熱で弁じる人物に対して語りかける。読者はおそらく、適切なバランスと自我の表出を美の源と卓越した知性のあらわれとみているこの対談者がアイリーンの声だと見抜くことができるはずである。すなわち、「人は魂や意志ばかりでなく肉体をもっているのです」と。それに対しインタビュアーはこう言う。「そのとおり、芸術の役割とは人間を全体としてあらわすことです」。これは明らかにジャン・バドヴィッチとアイリーン・グレイのやりとりである。そしてこれは、「ヴェンディンゲン」のなかでバドヴィッチがアイリーンについて書いたことや、アイリーンが自分のノートのなかに書き綴ったさまざまな考察を想い起こさせる。

バドヴィッチはこう書いている。「あなたは過去を、ギリシャ時代のアートを振り返るなとよく言いましたね」

それに対し、アイリーンとおぼしき人物が答える。「ギリシャ美術そのものではなく、ギリシャの精神にみられるバランス感覚……測量と深い秩序感を復活させたかったのです。美とは継続的なもので、だんだんと理解されていくものです。きっとわれわれの未来の人びとがこの時代に開花した文明の花を保存していってくれて、アートはそれを体現することになるでしょう」

対談者はふたりとも天才の定義づけを見いだそうと試みている。つまり、天才とは「事物および人間精神の本質に完全に一致しながら、しかももっとも意識されることのない欲望を理解することのできる創造者である」と。対談を続けるうちにインタビュアーはしだいに相手に説得されていく。彼は近代デザインは自己の表現を見いだすべきであって、過去の時代の表現を模倣すべきでないとし、意気揚々とコンクリートを、鉄の素材を称賛する結論を導きだ

主寝室に隣接する浴室。浴槽の上に大きなサッシ窓がある

す。「そのとおり。コンクリート、鉄のみが適切なバランスを見いだすのに必要な性質をもっており、このふたつは無限の可能性を約束してくれる。工業化のおかげで素材はいまやアーティストの自由に任され、われわれの時代の精神を伝える均質で調和のある作品を生みだすことが可能になったのだ」

一九二六年、バドヴィッチは「ラルシテクチュール・ヴィヴァント」で「実用的な建築」という対談記事を再度構成している。理論家と感覚的なアーティストとの会話は始まったばかりだ。「折衷主義から疑問にいたるまで」として一九二九年、三度目の論評を展開し、論点はさらに深められ、前衛的な人びとの誤ったインテレクチュアリズムからくる冷たい計算の世界を攻撃した。それはアイリーンの信条であった。知的な思索よりも本能や感情が勝り、技術家よりもアーティストが勝るとする彼女の信念であった。この最後の対談はついにふたりの署名とともに掲載された。

［アイリーン・グレイ（以下G）］　自由をふたたび意識するには、古い時代の抑圧をふりきらなければなりませんでした。でも、すぐその後にやってきた知的な冷たさは、近代的な機械のもつ厳しい規則とぴったり一致してしまう。それではたんにひとつの経過をみるにすぎません。創造的な形態のなかにもわれわれはもう一度人間の意志を見いだすことが必要です。人間性は物質的な外観の下に隠されています。そして近代生活の悲哀も……ほんとうの生活というものにはつねに悲哀がつきまとうものです。

［ジャン・バドヴィッチ（以下B）］　あなたは「感情」を再発見しようとしているのですね。

［G］　そうです。純化された情感、さまざまに表現することのできる感情のことです。知識によって純化され、思考によって豊かにされる感情のことです。こうした感情は、知識や科学的な思考や活動を疎外するものではありません。人がアーティストに求めているのは彼らの時代の表現です。それ自体が美しい素材、誠意を込めてシンプルに仕上げられた物を選ぶのに少し手間がかかるということにすぎません。美しい作品は、アーティスト以上に真実を語るのです。

［B］　しかし、どうやって時代を表現したらよいのだろう。ことにわれわれの生きているこの時代のように矛盾に満ちた時代を……。

［G］　芸術作品はみなシンボリックなものです。作品は何かを代表して物語るというより、エッセンスを暗示するという形をとります。この矛盾だらけの要素の集積の

なかから、個人としてまた社会の一員として生きる人間に知的かつ感情面の援助をあたえる物を見いだすのがアーティストの仕事です。

[B] インスピレーションにはそうした任務が遂行できるとお考えですか。

[G] 生活そのものです。生活の意味、それがインスピレーションです。

[B] あなたは建築家に普遍的な心をもてと要求するのですか?

[G] およそそういうことですね。重要なのは建築家が個々の物のもつ意味を理解でき、どのようにすればシンプルでかつ健全でいられるかを知っていることです。建築家は表現方法をおろそかにしないことによって、もっとも多様性に富んだ素材を利用することができるのです。素材と建築的な構造を賢明な方法で使いこなすことによって、自分が生活に求めるものはなんなのかを表現することができるのです。

[B] あなたが直接語らなくても、いままでのあなたの言葉のはしばしから予想されるものがあります。それは統一的調和です。というのは、インスピレーションの源がこれだけ多様にあり、さまざまな要素が表現されていると、建築家がコーディネートしてひとつの共通のゴールに導かなければ、ただ混沌として無秩序のなかに投げだされてしまうことは明らかです。

[G] 実際、有機的な調和を欠いた建築的創造などありえないことです。しかしながら、いままでは調和というのはエクステリア(外部)に関してのみいわれてきたのですが、いまや内部空間においてもこれを追求する必要が出てきました。それも大変細かいディテールにいたるまで。

建築の外部空間は、どうやら内部空間を犠牲にすることによって前衛的な建築家の関心をそそっているようです。あたかも家というものがそこに住む人の快適さよりは見る楽しみから発想されるものであるかのように……建築の結果、できあがったもののほうが、建築がどのようにつくられていくかよりも重要なのです。プロセスが計画(図面)の補助的役割であり、絶対にその逆ではない。美しい線の相対的効果をつくりだすことだけが重要なのではありません。家は何よりもまず人びとが住む場所なのです。(「折衷主義から疑問にいたるまで」、特集号「E1027——海辺の家」からの引用)

この対談中、アイリーンもまたあまりに知的な側面を重視し、流行に追従しすべてを数学的な公式に集約しようとする近代建築と反対の立場をとっている。

［G］ 芸術は習慣の上に成り立っています。流行をつくりだし、漂うだけの人工的な習慣の上に成り立っているのではありません。物に対して、使うときに予想される自然な仕草や本能的な反射作用にもっとも適した形態をあたえてあげることこそ必要です。

キャンプ用の家具やデッキチェアや折り畳み式の椅子を、休息のための部屋や家庭での仕事部屋に持ちこむような誇張したやり方を考えてみてください。そこには親しみもわかないし、雰囲気も何もありません！ 彼らはすべてを極度に簡略化してしまいました。シンプルであることは必ずしも簡略化することを意味しません。公式は何も意味しません。生活がすべてです。そして生活とは、すなわち知と情を指すのです。

［B］ つまりあなたは、流行の公式を拒んで後戻りしたいのですね。

［G］ いいえ、その反対です。わたしはこうした公式をもっと発展させて、こうした公式が生活との接点を再構築できるところまで引きあげたいのです。つまり、公式をもっと豊かに、その抽象性に現実を浸透させたいと……。

［B］ あなたは建築を、精神的な生活のすべての形態が表現されているようなひとつの交響曲にしたいと望んでいる。

［G］ そうです。夢と行為が等しい重さでこれを支えているような。

［B］ 装飾が強力な武器となるでしょうね。

［G］ 建築それ自身が装飾にならなければなりません。線や色の遊びは建築内部の雰囲気の必要に完全に一致したものでなくてはなりません。遊離した着彩や絵画は全体的な調和にとって無用であるばかりでなく、有害でさえあると思われます。

［B］ いわゆる前衛的な建築家による建築が試みてきたことはそういうことだったのではありませんか。

［G］ ある意味ではたしかにそうであったと思いますが、あくまでもある意味においてだけ。彼らにとって建築の創造とは、精神的な生活にとって必要な雰囲気には気をとめることもなく、ただ自己満足的なものであればよいということです。それは数学的な比率の創造であって、たしかに知的な作業といえる場合もありますが、その主要な目的からは離れてしまっています。すなわち、その目的とは生きた人間です。

建築は普遍的な感情のみを伝達し、達成しなければならないのに、その場かぎりのもの、偶然的なものを利用しています。近代主義的な建築はあまりに知性偏重です。つまり、心のない思考や計算のみでできあがった芸術ということです。

［B］ 多くの作品はやや冷たいということはたしかかもしれません。しかし、それはわれわれがまだごく近い過去の影響から抜けだしていないからではありませんか。環境衛生的な考え方それ自体にわれわれを悩ませている冷たさの責任がありはしませんか。

［G］ そうなのです！ まったくうんざりするほど退屈な衛生学です！ 環境衛生は正しく理解されていません。というのは、衛生的であるということはけっして快適さや活動性を除外することではないからです。否、彼ら前衛的な建築家たちは機械に酔っているだけです。しかし、機械はすべてではありません。世のなかは生きた暗喩や生きた調和に満ちています。それを発見するのはたやすくありませんが、現実にあるのです。前衛建築家たちの過剰な知性は、生活のなかにあるすばらしいものすべてを抑圧しようとしています。彼らの衛生学への理解が乏しいため、衛生的であることを耐えがたいものにしてしまっているのと同じことです。彼らの厳格な正確さを求める気持ちが平円盤や円筒形、波線やジグザグな線、楕円をつくりだす線などがもつ美しさを無視しているのです。こうした形態や線は動く直線ともいえるのに……前衛的な建築には魂がこもっていないのです。

技術はすべてではありません。それは手段でしかありません。人が建築物のなかに自分を感じることの喜びを見いだせるように、全体としてその人を発展させ、完結させるような、そんな人間のための建築をつくる必要があります。家具もまさにその個別性を消して、建築的な調和のなかに溶けこむような……。

標準化と合理化……このコストを減らすすばらしい方法は、気をつけないとわれわれがいままでに経験したこともないまでに魂と個性を失った建築を生みだしてしまうおそれがあります。現在求められているのは、真の様式というよりはたんなる建築のひとつのタイプでしかありません……。

「ラルシテクチュール・ヴィヴァント」特集号の出版をアイリーンはとても喜んだ。この種の栄誉は、これまでにこのもっとも優れた雑誌からは、ル・コルビュジエとピエール・ジャンヌレにしかあたえられなかったのである。グロピウスおよびタウトのつくった家を再現したものと、ペルツィヒの映画館を例外として、その号はほとんど独占的に彼女の家に捧げられていた。E１０２７の三十四枚の写真と、詳細な説明と平面図が何枚か掲載された。載せられた写真のほとんどはアイリーン自身の手になるものだった。ここでまた彼女の細心さには驚かずにいられない。これらの写真は最近の雑誌でよくお目にかかるような、冷たく病院の診療室のような家具を見せつけるだけのものではなかった。アイリーンはたんにデザインを見せることには興味がなかった。そして彼女は家具の写真に、つねに人間を登場させた。開かれた本、一対のティーカップ、りんごの乗った皿、シガレットケース、ヘアーブラシと櫛……といった快適さを暗示させるのに役立つと思われる小道具たちが小さいながら意味のある仕草で置かれていて、こんな台詞が聞こえてくるようだ。「こうしたものすべては、生きていく技術《アート》のためにつくられたものです」

この特集号に対する彼女の喜びは、いつものことながら彼女自身の鋭い批評眼で半減されてしまった。「実際に家で使われた色を出すのは、技術的に困難であった。本に紹介されているものは不正確で現実味がない」。彼女は二十年後、自分のスクラップブックにそう書き示している。彼女が直接写真に貼りつけたコメントのなかからも、彼女の失望の声が聞こえてくるようだ。特集号が発行されたときに味わった彼女の怒りを感じることもできる。アイリーンを満足させるのは容易なことではなかった。

＊　本章のE１０２７に関する「」内の発言は、一九二九年に発行された「ラルシテクチュール・ヴィヴァント」の特集号「E１０２７――海辺の家」から引用した。

建築家としての生活

パリに戻ったアイリーンはジャン・デゼールを閉めることにした。この店は彼女がすでに興味を失った生活に属している。彼女には、いまや自分が建築家であるという思いが強くなっていた。一九二九年にウォール・ストリートで株の暴落が起こると高価な家具は売れなくなり、他の室内装飾店もあいついで閉店を余儀なくされた。アイリーンは菅原精造との仕事は続けており、彼の職人も五、六人に増えていた。なかには碓田克己という日本人もいた。昼食はたいていルイーズがつくっていたが、忙しいときはその界隈の小さなレストランで買ってきたできあいのものですませたりした。アイリーンは菅原を誘い、ボナパルト通りで昼食をとりながら新しいデザインについて話し合うことが多かった。

アイリーンは、E1027にとりかかったころから、パイプを使った家具を試験的につくりはじめていた。そのうち何点かはジャン・デゼールにも陳列するようにした。たとえばビベンダムチェアである。これはクロムメッキの金属パイプと白い革を円筒状に巻いたものからつくられており、マダム・マシュウ＝レヴィがサロンを改装したときに買っていった。それから、やはりクロムメッキのパイプを使ったブルーの革のソファ。これはE1027用にデザインされたものと大変よく似ている。

しかし、アイリーンはジャン・デゼールの顧客のためにデザインすることに、ほとほとうんざりしていた。自分で

デイベッドほかクロムメッキのパイプを使った家具3点。いずれもジャン・デザールではじめて発表されたもの

は終わったと思っている装飾的な家具デザイナーとしての生活からすぐにでも逃げだしたかったが、その名残をそのままにしておくことはできなかった。漆のスクリーンが十点も残っていた。それらは二五〇〇フランの黒い小さなスクリーンから、四万九〇〇〇フランもする大きな作品にまでおよんでいた。その大きなスクリーンは十枚のパネルからできており、高さは二・七メートル以上で、彼女の作品のなかではいちばん大きなものであった。アイリーンはそれをふたつに分け、別々に売りに出した。また自分で三万九〇〇〇フランの値をつけた銀のスクリーン、二組の小さなテーブル、大きな漆のテーブル、書棚、ティーテーブルもあった。

アイリーンは在庫品をなくすために、「もと」の値段で家具を買ってもらうように得意先に案内の手紙を出した。十七点はどうにか売れていった。

残念なことに、それらの作品はほとんどが散逸してしまい、現在どこにあるのかもわからない。店をたたむまでの二、三年間は顧客名簿も頼りにはならなかった。売り出しをした後でも、たくさんの品物が——正確には五十九個——残っていたのでさらに値下げをした。

ビベンダムチェアがもう四点、各二二〇〇フランで売れた。そのうち二点は、ピエール・メイエの手もとへ行き、あとの二点はデザイナーのラブルデットがマダム・タシャールのために購入したらしい。建築家のアンリ・パコンは大きな漆のスクリーンを五五〇〇フランで買った。またクチュリエのマダム・スキャパレリは白塗りのアームチェア、光沢のある綿素材のすっきりとした黒いマットレスとメタルフレームの鏡を買っていった。マダム・マシュウ＝レヴィは黒塗りのアームチェアを買ったが、綿のマットレスは黒にするか白にするか迷って、やめたようだ。アイリーンはこのセールを最後に、気むずかしい客を扱う「苦痛」から逃れることができた。その後は自分のために仕事をし、デザインするようになるのである。一九三〇年二月三日に幕は閉じられた。アイリーンはゲイビー・ブロッホとともに店を去った。販売関係文書によるとマダム・セシール・メフラール（別名サルトリ）に店を売ったとされている。

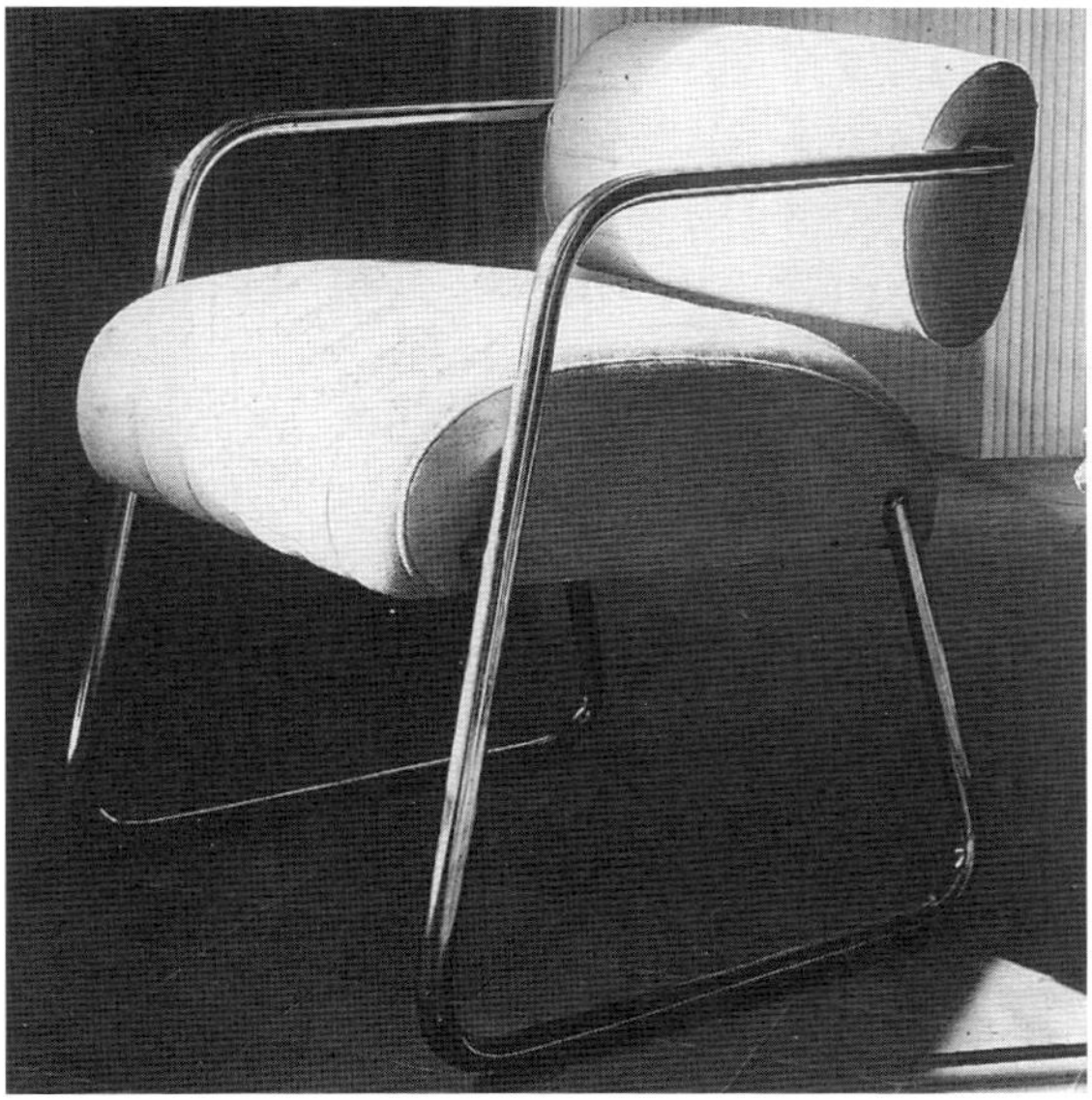

E1027 用にデザインされたスチールパイプのアームチェア

白い革張りのビベンダムチェア（1926 年）

売れ残った作品はボナパルト通りにあるアパルトマンの自室に保管された。

アイリーンは自分自身の思い出の品としてJ・D（ジャン・デゼールの頭文字）と刻まれたメタルを持っていった。彼女はそれを、お気に入りの材料となっていた焼き付けした松でつくった小さなテーブルの脚にして自分の家に置いた。一九一九年から仕事場として使っていたゲネゴー通りにあるアパルトマンの二階も閉めたが、そのアパルトマンの最上階の小さな場所は残していて、アイリーンが亡くなった後にルイーズが住むことになるのである。

ジャン・デゼールはほぼ十年続いたことになる。アイリーンはこの店を通じていくらかの名声を得ることができたが、同時に頭痛の種をたくさん抱えこんだ。友人はあまり増えも減りもしなかったが、膨大な投資をしたことはたしかだ。だがアイリーンは少しも後悔していなかった。ただ、ジャン・デゼールには皮肉な結末が待っていたのである。店を閉める際も、ボナパルト通りにはスクリーンや家具やテーブルの脚、ほかにもいろいろな部品が散乱していた。アイリーンとルイーズはお互いに文句を言いながらも、その残骸の処理に日々追われていた。とうとうアイリーンは「もう誰も引き取り手のないもの」をすべてオートゥイユの孤児院に寄付することにした。アイリーンは生まれつき相当な頑固者だったが、溜め込み屋のルイーズもそれにまさる頑固者で、ついには癇癪を起こすのだった。第二次世界大戦が始まったころに、ルイーズはいくつかのテーブルを五〇〇フランという安値でなんとか売ることができた。残ったテーブルも、パスキエ通りに新しい店を開いた靴のデザイナーが靴の陳列用に買っていった。E1027を完成させ、ジャン・デゼールを引き払ってからの数年間はいたって順調だった。アイリーンにとっては、それまでの人生のなかでいちばん幸せなときであった。晩年に「幸福を捜し求めてはいけない。幸福は、ただ人生を通過していくもの。しかしいつも逆の方向からあらわれる。ときどき、それがわかったわ」と言っているのはこのころのことを指しているのだろう。

アイリーンがはじめて建てた家は、批判精神の強い彼女にとっても満足のいくできばえだった。そして客の要求や流行に左右されることなく、はじめて自分の思うままの家具をデザインすることができたのである。たとえばビベンダムチェアやトランザットチェア、また（E1027完成後に）E1027と呼ばれるようになったテーブル、食卓椅子、鏡台、鏡（特殊なコーナーがついたものや衛星のように大小組み合わされたもの）、そして金属製の長いチューブからできたおもしろいデザインのアームチェア——これは後にノンコンフォーミストチェアとして知られるようになった──などである。アイリーンはこれらと同じ形のものを量産したかった。あいにく彼女が生きているあいだには実現しなかったのだが、亡くなる二、三年ほど前に、そのうち三つのタイプは日の目を見ることになった。ロンドンのゼフ・アラムが彼女の家具の複製品をつくりはじめたのである。またフランスのデザイナーであるアンドレ・プットマンは、アイリーンの名を国際的に知らしめるために尽力した。だが彼女はそのことを知ることもなく世を去ってしまった。アイリーンはプットマンがパリに開いた新しい店を見にいったことがあったが、一瞬の行き違いでふたりは会いそこなってしまった。家具の生産が本格的に始められたのはアイリーンが亡くなってからのことだった。そして彼女の家具はデザインされた当時からそうであったように、この一九八〇年代にも時間をこえた作品であることが証明されたのである。

アイリーンの名は建築仲間にも知られるようになっていた。だが、建築専門誌や建築団体からはあまり注目されなかった。ドイツの雑誌「デアー・バウマイスター」の一九三〇年十月号には、彼女に関する記事と写真が載っている。それには「新しいインテリア」という表題で、「ル・コルビュジエによるサヴォワ邸」と「グレイ、バドヴィッチによるカップ・マルタンの家」としてふたつの家が特集された。現代建築にはたくさんの作品がひっきりなしに登場したので、たった一軒の家の建築が地上を揺るがすほどの大事件になることはほとんどなかったのである。一九二八年に近代建築国際会議(CIAM)がスイスに創設されるや続く二、三年のうちに新しい建物が次々と建築された。それらはとても刺激的な建物で、人びとの話題になり批評の対象になった。アイリーンの建築が忘れ去られてしまったわけも理解にかたくない。ハンス・ペルツィヒはIGファルベン本社ビルをフランクフルトに建て(一九三一年)、ル・コルビュジエはポワッシーにサヴォワ邸を建てた(一九三一年)。またロサンゼルスにリチャード・ノイトラが建てたロヴェル邸(一九二七年)やミース・ファン・デル・ローエのバルセロナ・パビリオン(一九二九年)も話題になった。一九二八年から一九三二年にかけては、ピエール・シャローがベルナール・ビジヴォと共同して、ジャン・ダルザス博士のために「ガラスの家」を建築している。

アイリーンは一九二九年にモダンアート協会(UAM)創設の一員となった。協会創設当時の会員にはソニア・ドローネー、ピエール・シャロー、彫刻家のジャン・マルテルとジョエル・マルテル、ル・コルビュジエ、ルネ・エルブスト、ギュスタヴ・ミクロス、ジャン・プルーヴェらも

「UAM」（モダンアート協会）の
文字が織りこまれた敷物

いた。初代会長はロベール・マレ＝ステヴァンが務めた。それぞれ違った作風をもっていた会員たちにとって唯一の共通項は、過去の装飾的な作品にとらわれることなく、美的でしかも実用的なものをつくるという決意であった。もはや家具は建築と切り離して考えることなどできない時代になっていた。E１０２７はモダンアート協会の意向にぴったりと添うものであった。アイリーンはモダンアート協会に参加することによって以前会ったことのある建築家たちとの関係を取り戻すことができた。そして彼女の仕事を称賛してくれる者も多かった。一九三〇年にモダンアート協会主催による第一回博覧会がマルサン・パビリオンで開催され、E１０２７のプロジェクト写真が掲示された。この博覧会の後援者にはむかしの三人の顧客もいた。ジャック・ルーシェ、ノワイユ子爵、そしてアンドレ・ルヴェイエである。アイリーンはこの博覧会のカタログでは「ゲスト」としてではなく「現役の会員」としてリストされていた。人生の新しい章はすでに始まっていたのである。

ロベール・マレ＝ステヴァンはシャルロット・ペリアンやシャロー、エルブストらと共同してグループ単位で仕事を始めようとしていた。共同作業の話もたびたびもちあがったはずだが、アイリーンは他の者と組むことを避けていたようである。たいていはひとりで仕事をすることを好んだ。一九三一年におこなわれたモダンアート協会の第一回目の総会では、バドヴィッチとともにテントの習作（折り畳み傘のような形の金属製の骨組みをしている）について、また「現代建築における合理的な収納法」について発表している。とはいってもモダンアート協会との関係はそれほどよいものではなかった。会費を支払うことさえやめてしまったのである。一九三四年から一九五二年までの間は名簿からはずされていた。その理由を知る者はいない。そして誰もアイリーンにその理由について聞くことはできなかった。後にモダンアート協会の会長を務めた建築家のルネ・エルブストは「グループ単位の仕事だと彼女に依頼するのはむずかしかったのだろう」と憶測している。「アイリーンは徹底した個人主義者だった。こちらから仕事を頼んだこともないし、第一、彼女自身、手助けを必要としなかった。同世代の仲間ではいちばん才能のある人だった」。この称賛の言葉は遅すぎて、アイリーンが実際に聞くことはなかったし、内実を伝えてもいない。彼女は実際には手助けを必要としていた。内気で控えめなアイリーンは、はじめの一歩を踏みだすことができなかったのだろう。マレ＝ステヴァンはアイリーンと知り合って間もないころに仕事の協力を依頼している。しかし彼女はそのときまだ心の準備ができていなかった。バドヴィッチとの仕事は彼女に確たる自信をあたえた。「ラルシテクチュール・ヴィヴァント」のような有力な雑誌の編集者と親しくできる建築家などほとんどいなかったからである。だがそれ以外はアイリーンはひとりだった。

じつのところ、マルサン・パビリオンで開催されたモダンアート協会の第一回目の博覧会でアイリーンは「ひどい場所」をあてがわれた。エルブストに文句を言うと、さらによくない場所をあたえられた。なんと彼女の作品はジャン・フーケの宝石細工の横に提示してあったのである。一九三一年にジョルジュ・プティ画廊でおこなわれた第二回の博覧会では、バドヴィッチのためにデザインしたシャトーブリアン通りにあるアパルトマンの写真のみを展示した。そして最終的にはモダンアート協会の博覧会には出品するのをやめてしまった。一方、一九三三年には第二十四回装飾芸術家協会展で家具を展示する機会をもった。E1027の模型と写真も出展した。その年にはサロン・ドートンヌにも出品している。

エリート建築家のグループはたいてい男性志向で、アマチュアの女性が入りこむ余地などほとんどないということをアイリーンは何度となく思い知らされてきた。仕事の引き合いはたびたびあったのだが、自分の性格とプロとしての経験不足から話を受けることはなかった。あいかわらず主流の建築家になることはできなかったのである。アイリーンは「わたしは押しの強いほうではなかったので、自分の力に見合った仕事をとれなかったのだと思う。それに、まわりはみな自分の仕事を売りこむのに大わらわだった」と述懐している。この弁解は真実ではないだろう。後に彼女の立場について尋ねたときはすっかり傷つけられ、そのことを忘れたがっているようだった。

けれども楽しいこともたくさんあり、それはいつも旅とともにあった。アイリーンはできるかぎりバドヴィッチと一緒に、ヨーロッパのあちこちで開催される建築博覧会に出かけていった。一九二七年にはシュトゥットガルトで開かれたドイツ工作連盟の住宅博覧会を訪れた。ミース・ファン・デル・ローエの主催で、国際的に有名な建築家が居住空間と家のプロトタイプについての着想を発表するために集まっていた。ル・コルビュジエは二軒の家を建築し、またワルター・グロピウスやブルーノ・タウトも家を展示していた。アイリーンは一九二九年にもジャンとともにフランクフルトへ博覧会を見に行った。そこでは新興地における安価な住宅設備をとりあげていた。一九三〇年にはドイツ工作連盟がパリにやってきた。グロピウスが発起人となった第二十回装飾芸術家協会展に招待されたのである。その展覧会は世間をわかせた。鋼鉄を使った家具を見るのははじめて、という人が多かったのである。それらの家具はマルセル・ブロイヤーやグロピウス、ハーバート・バイヤーのデザインによるものだった。アイリーンにとっては旅行で知り合った人びとと旧知を温めるいい機会となった。一九三一年にアイリーンとジャンはベルリンへ行った。ジャンは次の年にはエーリヒ・メンデルゾーンの研究について執筆している。アイリーンはベルリンの建築博覧会で多くの一流の建築家と会うことができた。グロピウスやリリー・ライヒ、ミース・ファン・デル・ローエ、ブロイヤーそして他の多くの建築家たちの手がけた建物を見た。彼女はなかでもグロピウスの作品が気に入ってしまい、昼食をともにしたのだった。

　ベルリンの博覧会は非常にすばらしく、アイリーンにとっては忘れられないものとなった。ドイツ以外の国の現代建築を展示している大きな部屋が十七ヵ所あった。また十三ヵ所ではドイツの都市生活の問題を取り扱っており、十二ヵ所はインテリアデザインに力を入れていた。アイリーンとジャンは、とくにマルセル・ブロイヤーやリリー・ライヒがつくったガラスと鋼鉄を使った家具に強く惹かれた。

　博覧会では狭い空間をどう扱うかに焦点を合わせている作品が多かった。アイリーンはミース・ファン・デル・ローエの作品を見て、ミースがあらゆるコーナーを多様に使うことによってその場所の容量を最大限に活かす方法を探り当てたのだということがわかったのである。アイリーンとジャンは、ハンスとヴァシリイ・ルックハルト兄弟とアルフォンス・アンカーの平屋が気に入ったようだ。彼女は博覧会で展示された建築からたくさんのヒントを受けた。後にヴァケーションセンターや文化センターを設計したときにそれらを役立てている。また、集合住宅にも重きが置かれており、多目的ホールやヴァケーションセンター、レクリエーションセンターが数多くあった。

　ほとんどの建築家と同じように、アイリーンも利用できるアイディアはかなり自由に取り入れたが、けっしてそのまま模倣することはしなかった。建築、とりわけ誰かのすぐれた作品を見つけたときはそうだった。彼女はノイトラ、リリー・ライヒ、マルト・スタム、アウト、ヴィルス、ビジヴォらの仕事を高く評価していた。また、二月革命のころのロシアの建築家たちにも魅力を感じていた。メリニコフやヴェスニン兄弟などである。

アイリーンのことを知っていても、彼女の才能や業績に気づく者は少なかった。バドヴィッチは宣伝がうまかったが、自分の雑誌の記事をとることに没頭していた。アイリーンのことを建築家として認めたり、一軒の家を一緒に建てたということを世間に広めたりすることには関心がなかったのである。彼はＥ１０２７の建築に自分も参加したことについてさえ仕事仲間にも知らせなかった。アイリーンはそのことに対してひとことも文句を言わなかった。彼については、後に「彼は偉大な人でした。説明役をすべて引き受けてくれました」と語ったにすぎない。いずれにしても、彼女にとってはバドヴィッチと一緒に仕事をし、彼の仕事を間近に見て学びとるということだけで満足だったのである。

プロの世界ならあたりまえのことだが、建築界もご多分にもれず辛辣なライバル意識があった。あるとき、アイリーンはスペインの建築家であるホセ・ルイ・セルトととても親しくなった。足しげく彼を訪ね、仕事場では模型を見せてもらったりもした。アイリーンはバドヴィッチを通してセルトと知り合ったのである。彼はル・コルビュジエとジャンヌレの仕事に協力者として参加していた。バドヴィッチはアイリーンがセルトのスタジオに通っていることを好ましく思っていなかった。個人的に、またプロとしての嫉妬から自分の弟子が自立してゆくことを快く思わなかったのだろう。一九三三年にアテネ憲章が起草されたときに建築国際会議の集会のためにマルセイユからアテネまでのボート航海の旅が計画されたことがある。その船旅にはバドヴィッチやゼルヴォス、レジェ、ル・コルビュジエ、シャルロット・ペリアン、シャローらが出かけたのだが、アイリーンは行かなかった。彼女は招待されなかったのである。

一九二九年にアイリーンとジャンはペルーへ旅をした。興奮することの多い旅で、アイリーンはお土産に美しいポットと思い出をもって帰った。一生忘れられない旅となったのである。そして生涯最後の家を「ルウ・ペルー」と呼び、壁にはペルーの古地図まで貼っていた。

仕事の話ももちろんあった。一九二九年にバドヴィッチはパリのシャトーブリアン通りにあるアパルトマンの一室を手に入れた。四〇平方メートルという小さな変わった形をした部屋であった。バドヴィッチは、このどちらかというと伝統的なアパルトマンの一室をモダンなスタジオに改装するようにアイリーンに依頼したのである。彼女はとて

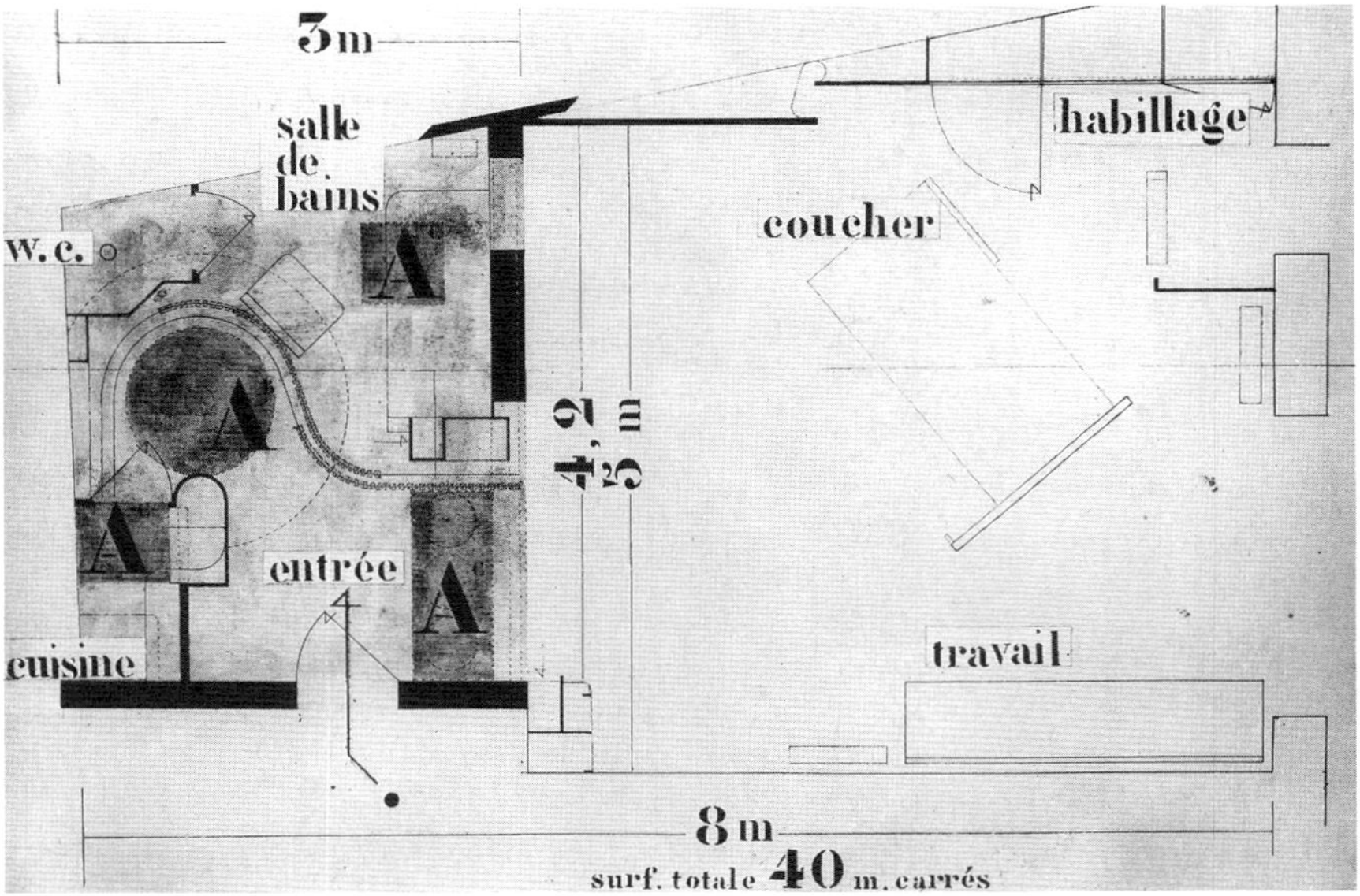

シャトーブリアン通り、ジャン・バドヴィッチのアパルトマン平面図（1930年）

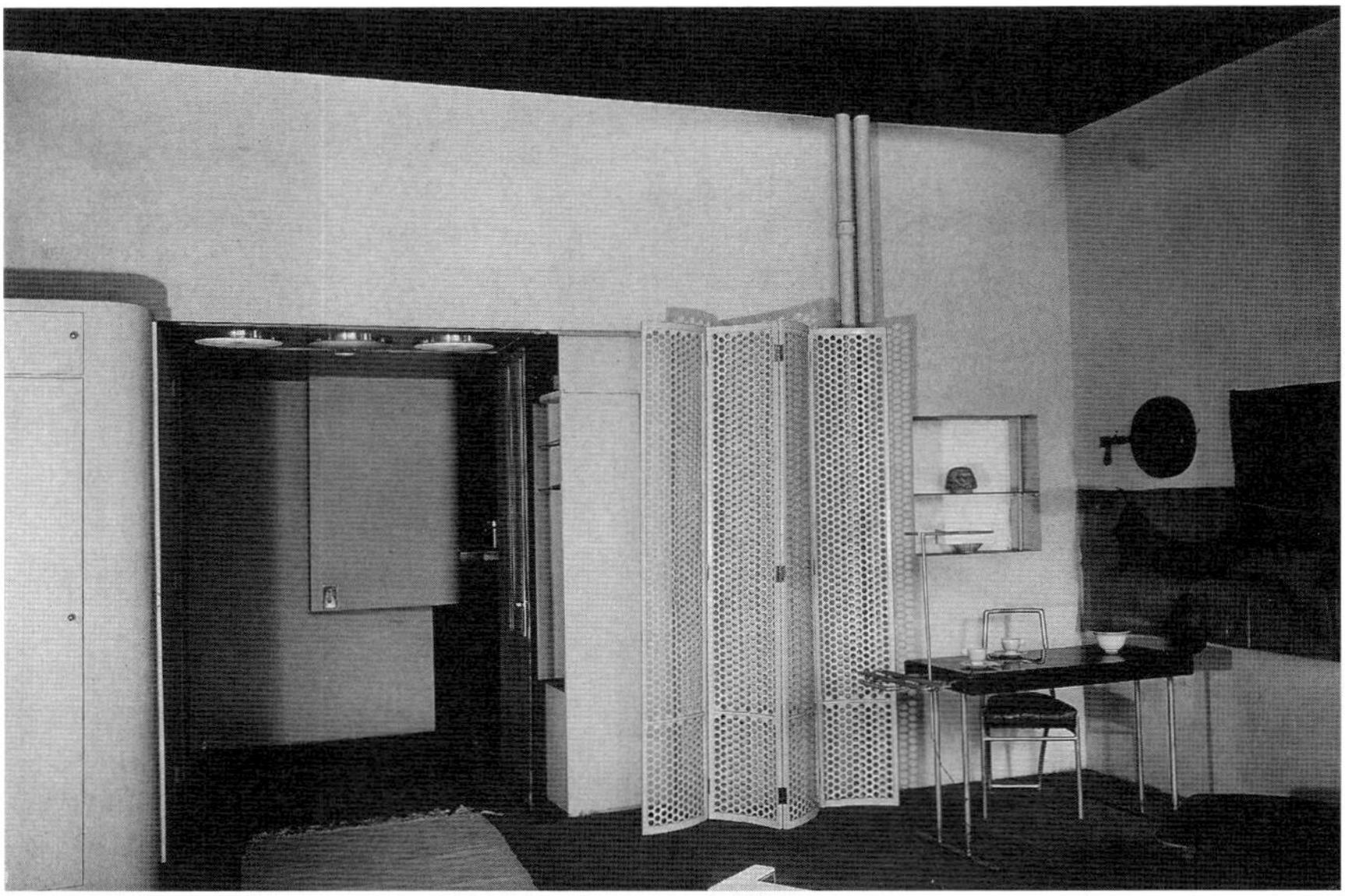

同、左奥に玄関ホール、右手に食堂エリア

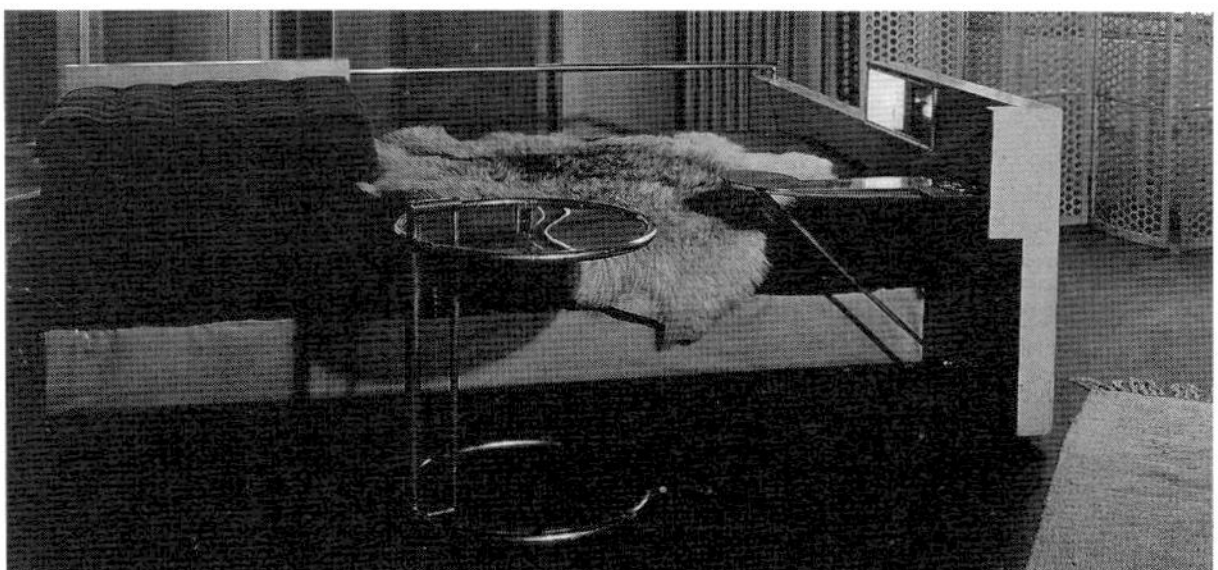

上・同、つくりつけの机のあるコーナー。コルクボードには調節可能なチューブライトがついている。手前に黒い革張りのトランザットチェア。
左・部屋の中央、対角線上に置かれたベッド。照明、回転式テーブルつきのヘッドボード。手前にE1027テーブル

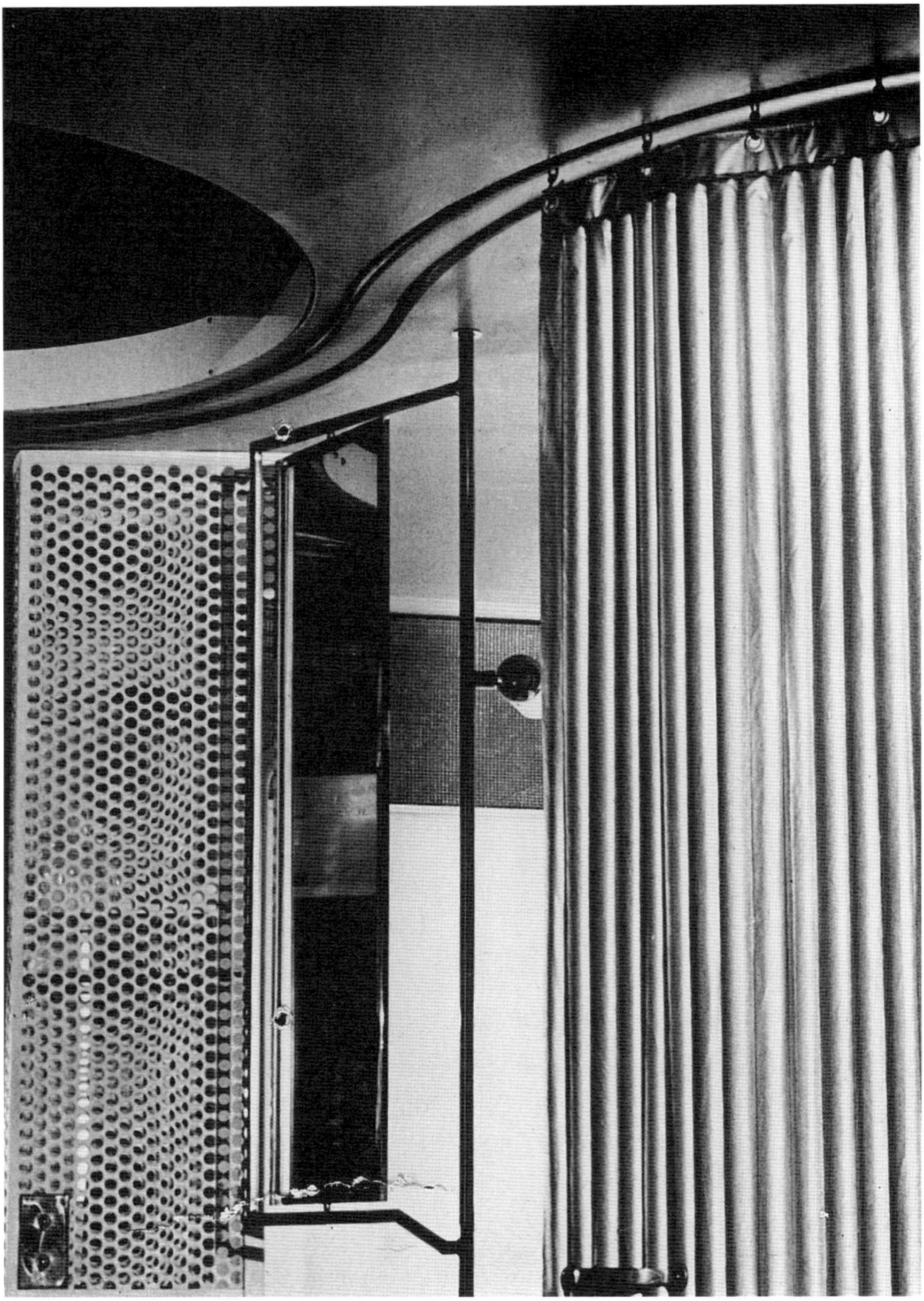

シャトーブリアン通りのアパルトマン、シャワー室。金属製のカーテンと仕切り

も楽しそうに仕事を始めた。その限られたスペースをひと目見たとたん、いままで温めてきたいろいろな収納の原則や創意工夫に富んだ計画を活かすことができると直感したのである。E１０２７を仕上げるとすぐにスタジオの図面を描きはじめた。そして一九三〇年に着工した。アイリーンは「歯磨き用のコップにいたるまで」道具をそろえ、備えつけた。簡単にベッドに変えられるソファも置かれた。

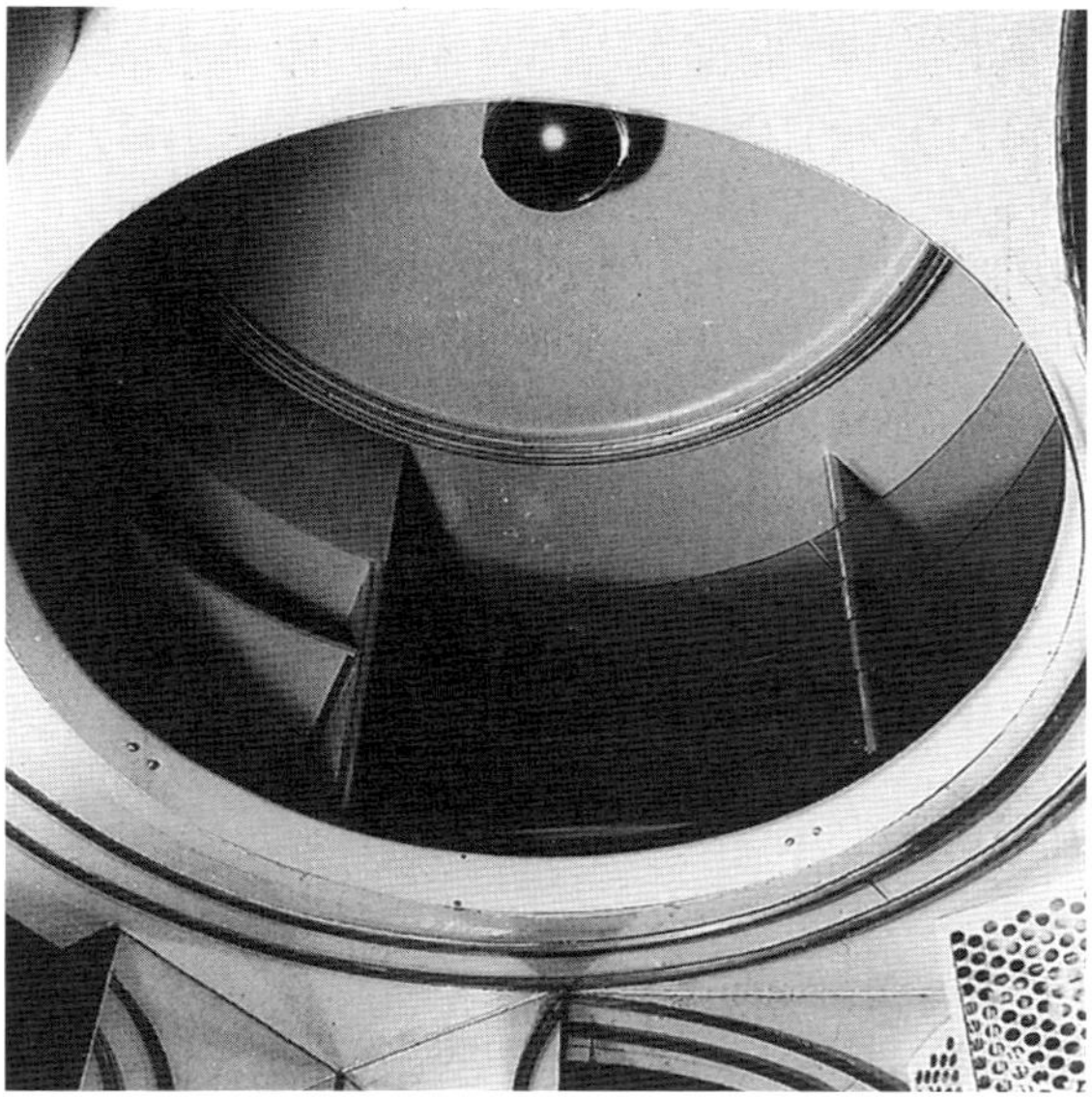
同、天井の収納スペース。内部にガラスの棚とスライド式の仕切り

E１０２７用にデザインしたお気に入りの家具も何点かバドヴィッチのスタジオ用につくった。テーブルや肘のつかない椅子、椅子に使う金属部分は、大部分がパリのアクシアの工場でつくられた。費用は二五〇〇フランかかったが、当時としては妥当な金額であった。これは気前のいいアイリーンからの格別のプレゼントだったのである。彼女はそのスタジオのことを「たった四〇平方メートルの居住空間としてつくられた独立した部屋」と言っていた。部屋には玄関、台所、バーそしてバスルームまであった。それらはすべて角をまるくした壁で隠されていた。鏡が効果的に使われ、空間を広く見せていた。なかでも独創的な工夫はみせかけの天井である。そこは収納場所になっていた。アイリーンはスクラップブックに次のように書きとめている。

「狭い部屋では、使えそうな空間をつぶしてしまわないことが大切である。技術的な方法を駆使すれば、同じ目的達成のためのいく通りもの使用方法が可能となり、実現できる場合がある」

バドヴィッチは一九三一年三月にこのスタジオに移った。彼はできばえにとても満足した。パリにはすばらしいスタジオ、そしてフランス南部には広い場所をもつことになったのである。彼は三十七歳になっており、雑誌のほうも成功していた。スタジオからアイリーンの家具を売ろうとしたこともある。「家具を買いそうな客がいても、なんらかの理由でボナパルト通りに連れていきたくなかったらしい」とアイリーンは述懐している。彼女は何点かの家具をシャトーブリアン通りに送った。家具は一点も売れなかったが、送り返されもしなかった。あるときバドヴィッチはホテル用の家具をアイリーンに依頼したが、彼女は注文家具の契約は取りたくないと辞退した。

ジャン・バドヴィッチが改修したヴェズレイの家

バドヴィッチは第二次世界大戦後スタジオを閉めた。いまその部屋は事務所として使われている。ずいぶん前のことだが、アイリーンの可動式鏡やバスルームの照明器具がまだ何点か残っていた。漆仕上げのブリックスクリーンも一点あったが、色刷りの雑誌切り抜きや、絵葉書が貼られていた。アイリーンはその話を聞いて大笑いしたそうだ。

バドヴィッチはヴェズレイで過ごすことが多くなった。彼はそこで一九二三年ごろから古い家屋を買いはじめたのである。アイリーンは支払いを援助した（一軒の家は彼のために調度品まで備えつけた）。それから二、三年のうちに五軒の家を手に入れ、修復してル・コルビュジエ風につくりかえた。芸術家のコロニーをつくることが夢だったのである。ゼルヴォスも家を一軒買った。ル・コルビュジエもバドヴィッチと過ごすためによく泊まりに来ていた。夜には観劇し、浴びるほど酒を飲んだ。アイリーンのカーペットの織工たちがそのなかの一軒の家に住んではいたが、彼女はあまり出かけていない。お決まりのドンチャン騒ぎ。自由気ままな生活。そしてバドヴィッチはいつでもそのあたりの女たちと遊んでいた。アイリーンにとってヴェズレイはけっして居心地のよいところではなかったのである。

バドヴィッチは、友だちを呼ぶためにヴェズレイに家をもう一軒買い足した。それは一九三八年のことだった。フエルナン・レジェがその家へ足しげく訪れる客人となった。ジャン・フォランは一九四〇年に刊行された「カイエ・ダール」に「建築家バドヴィッチのヴェズレイの家で」レジェに会ったことがあると回想している。バドヴィッチは壁画をレジェに依頼した。それはまったく生命感に欠けた壁、すべての眺望をさえぎる小さな中庭を囲む壁であった。レジェはその仕事を引き受けた。ジャン・フォランは次のように記している。「彼は吹きだすような強烈な赤を使うことによって壁にインパクトをあたえた。色の配列のおもしろみがうまくかもしだされ、簡素でしかも気品ある雰囲気のなかに、その不思議な魅力のあるペイントの厚みが効果的にあらわされていた。天地万物に属していながら、荘厳とさえいえるほどにそこから遊離していた」

　アイリーンは、夏のあいだはほとんどをジャンとともにロクブリュンヌで過ごした。家のことはルイーズがやってくれた。訪ねてくる者もあまりいなかった。ゼルヴォスやル・コルビュジエ夫妻がお茶を飲みに寄ったり、アンティーブからはフェルナン・レジェがやってきたりした。バドヴィッチの出版社、モランセの記者をしていたクロード・ロジェ＝マルクスも常連客のひとりだった。アイリーンはすばらしいセンスの持ち主であった。テーブルにもたえず気を配り、ガラスの食器を使って小粋にセッティングしていた。大きなブルーのボールには白い糸蘭の花が活けられていた。訪れた客たちは、みな海辺へ泳ぎに降りていったものだ。いつでも笑いが満ちていた。会話といえば建築の話だったが、みな生き生きとおしゃべりを楽しんだ。ゼルヴォスは世界の絵画や彫刻についての最新情報をもってきたことだろう。また、パリからやってきた者たちは最新の映画について話してくれただろう。たとえばブニュエルの『アンダルシアの犬』やルネ・クレールの『ルミオン』、パプストの『三文オペラ』、コクトーの『詩人の血』、エイゼンシュタインの『戦艦ポチョムキン』、そして初の音声映画であるアメリカの『ザ・ジャズ・シンガー』〔監督アラン・クロスランド、一九二七年〕などである。アイリーンは映画がひどく気に入って、パリへ出たときは必ず映画を見にいった。

　けれどもバドヴィッチとの関係はあまりしあわせなものではなかった。アイリーンはすでに五十代を迎えていた。彼は十四も若く、酒と女遊びに浸っていた。どんなに彼のことが好きでも、アイリーンは陳腐な嫉妬心などけっしてもつことはなかった。しかし、気高く思慮深い彼女にとって「嘘とばからしさ」に苛まれる日々は耐えがたいものだった。おそらくばからしさは嘘よりもずっとつらいものであっただろう。自分の意に沿わない生活を送り、友だちでもない人びととつきあうことにうんざりしてしまった。それは「いつ終わるともしれないむなしい行為」であった。およそ四十年間もひとりで暮らしてきた彼女は、いかなる集団生活にもなじめなかった。当然のことながら悩み、そしていま一度彼との関係に対して多くの時間、労力、そしてお金を費やして改善をはかったのだが、友情は裏切られたと感じたのだった。自分の気性を考えると、永遠に続くような満足感は仕事を通してしか得られないということに思いいたった。建築の仕事にもまた挑戦したかった。アイリーンは去る決心をしたのである。

　しかし、その決断はけっしてたやすいものではなかった。「あらゆる繊細な気持ちを切り捨てるというのは、人間らしさをほとんど失ってしまうこと」。それで、それまでもさまざまな場面でそうしてきたように荷づくりをしたのだ。といってもほんとうのところは、ただ立ち去っただけで荷づくりなどしなかった。アイリーンは去るときはいつでもほとんどの持ち物を残していった。かつて彼女はこう語ったことがある。「思い出は物に残るもの。だからすべてを新しくしたほうがいい」

　けれどもこうしたセンチメンタルな理由だけでたびたび引っ越しをしたわけではない。彼女はいつも、家を完成させたらすぐ売りに出すことを考えた。アイリーンは「物をつくることは好きだけれど、所有することは嫌い」と語っていた。

自分のための家

タンプ・ア・ペヤ

アイリーンにとって、自分だけのための家をつくりたいという思いはかなり前からあったにちがいない。E1027を建設中に、すでにカステラーにいくばくかの土地を購入していた。ベルヴェサッサ寄りの、とても小さな土地であった。マントンから山の天辺へ向かう険しくて曲がりくねった道に面していた。谷を見下ろす壮観な景色に恵まれ、一方にはアルプスが、もう一方には海があった。現在はそのすばらしいパノラマをハイウェイが台なしにしてしまっている。アイリーンは見渡すかぎりの広い眺望がとても好きだった。そしてこの土地はまさに彼女の好みにぴったりであった。アイリーンは両隣の土地も購入した。一九二六年四月二十四日、「農夫ジャン・バプティスト・J・ヴィアールと、無職のマドモアゼル、アイリーン・モレイ・グレイ」という形で契約書に署名がなされている。アイリーンは三区画の土地に六万八〇〇〇フランを支払った。まんなかの土地にはいわゆる田舎の家が建っていた。それは農場にある平屋で、道具を置いたり家畜を収容したりするのに使われていて、南部では「カバノン」と呼ばれていた。実際には羊を追うシェパード犬を休めたり、農夫が道具をしまったりする場所で、地下室もあった。貯水槽も三槽あった。カバノンはちょうど道路際に建っていた。アイリーンは他の人が建物を建てて、景色を台なしにしてしまうことを恐れて、道のちょうど反対側の小さな土地まで買ったのである。そこにはレモンの木が七十三本も生えていた。

結局全部で六平方キロメートルもの土地を所有することになった。一九三二年には小さな葡萄畑も手に入れた。

アイリーンは手はじめに「ル・バトー（舟）」と呼ばれていた小さな家を白く塗りかえたが、家にはいっさい手を入れなかった。一九三二年には家の建築許可を申請した。それまでの一年間は設計のために費やされた。申請後四カ月で許可がおり、カバノンは取り壊された。「白い舟の家」はまた、「カステラー」としても知られるようになった。それはアイリーンがひとりでつくりあげた家なのである。

「バドヴィッチからの助言はなるべく大きな橋をつくれということだけで、もちろん、わたしもそうしたわ」

カステラー、「タンプ・ア・ペア」敷地周辺

家はちょうど道路の真上に建てなくてはならなかった。だからＥ１０２７のように独立した場所をとることはできなかった。しかしアイリーンはやりにくい土地をうまく使って、すでにあった貯水槽の上に建てたのである。その結果、家は高台になった。ひとつめの貯水槽はガレージに、ふたつめは食堂に通じる地下室に、そして三つめは本来の機能を活かして雨水用の貯水池にした。杭の上に家を建てる必要はなかった。自然の石をそのまま基礎として利用することができたのである。

人びとは繰り返しなぜそんなにむずかしい敷地を選んだのかと尋ねた。まわりにいくらでも土地はあったのである。アイリーンが眺めを重んじたことはたしかだ。また、どうしても自分だけの場所がほしかったということもある。それも早ければ早いほどよかった。しかし何はともあれ「カステラー」を建築することが彼女にとってひとつの挑戦であったということがいちばんの理由だった。そこには捨てがたいものがあったのである。それだけでなく、その二元性と矛盾を完全に探りだしたかった。家と敷地に真に迫った対話をさせたかった。たんにその美しい景観に惹かれただけではなかったのである。

一見しただけでは、「カステラー」はＥ１０２７のように調和のとれた家とは思えない。より断片的な感じを受け

左ページ上・段状の野原ごしに見上げた道路（東）側ファサード。下・同。車庫左手の門を入って階段を上がるとテラスにいたる。左手は庭に通じる橋

る。これは、もとからあった構造の上に建てたという事実といくぶん関係があるにちがいない。しかし、古い部分から新しい部分への流れは完璧だ。新しい建物は古い土台の上に、ほとんど浮かんでいるようだ。そして土台も家も、道路の角に面している。地形、貯水槽、そして新しい建物を統合した手法はみごとである。周囲と完全に対照的な家をつくりあげることによって、独特の効果を生みだしている。この家もまた小さなものだ。アイリーンはとにかく生活環境を大きくするよりは無駄なものを削りとるほうを選んだ。自分のためには住居兼仕事場になる小屋があれば満足だった。「住むための機械」というところである。実際、E1027よりずっと小さく、住居平面はほんの九三平方メートルにすぎなかった。リビングルームは二一・八平方メートルの大きな部屋で、テラスを入れると三二・五平方メートルはあった。小さなベッドルームが二部屋、ダイニングルームが二階にあり、一階に三つめのベッドルームがあった。

二階から外のコンクリートでできた階段と橋に出られるようになっており、その先は庭につながっていた。この階段と橋が建物を特徴づけていた。アイリーンはE1027と同じように船からヒントを得たのである。橋には、屋根より四・八メートルも突き出た木製の旗竿が立てられてい

南側外観。2階テラスの下に見えるのは第3寝室

道路側、簡素な門

左ページ上・階段側からテラスを見る。正面奥に居間。
下・橋からテラスを見る。右手に黒いタイル貼りのサンベット

庭より橋、テラスを見上げる

た。それはまさに南部の家であった。外も内もほとんど同じような様式でつくられており、全体としてひとつのまとまった家を形づくっていた。部屋もテラスも同じシャッターや照明設備が使われ、床や壁の仕上げも同じであった。これによってテラスはふたつめのリビングルームとしても機能するわけである。部屋のなかは地味で簡素だった。大きなリビングルームの隣にはダイニングルームがあり、奥にはホール、ベッドルーム、バスルーム、そしてキッチンがあった。キッチンからは直接外へ出られるようになっていた。部屋の向きはＥ１０２７と似かよっていた。リビングルームは南に面しており、ベッドルームの窓は東側にあった。

　はじめて家を建てるときよりは二度目のほうがずっと簡単なことはたしかである。アイリーンは建築現場に寝泊まりしていた。大工と毎日のように接することで、実際の建築について計り知れないほどの体験をした。以前使っていたタイル工や大工をふたたび雇うことにした。大工はカステラーに住んでいたアンドレ・ジョセフ・ロアッティーノで、彼が「カステラー」の家具をおおかたつくりあげたのである。

　ロアッティーノは、アイリーンがパンツスーツを着てネクタイをきちっと締め、小さなＭＧを乗りまわし、自分の思うとおりのものを手に入れるまでは何かにつけて文句を言って大騒ぎしたのを覚えている。反駁されることが嫌いで、大変厳しくあれこれと要求した。しかし、職人たちは彼女のことをとても好いていた。かえって、ときどきやってきてはいつでも職人たちをこき使うバドヴィッチのことを不愉快に感じていたのである。しかしアイリーンはバドヴィッチが部品の扱い業者や職人の手配を引き受けてくれたことに感謝していた。そういったことがしだいに困難に

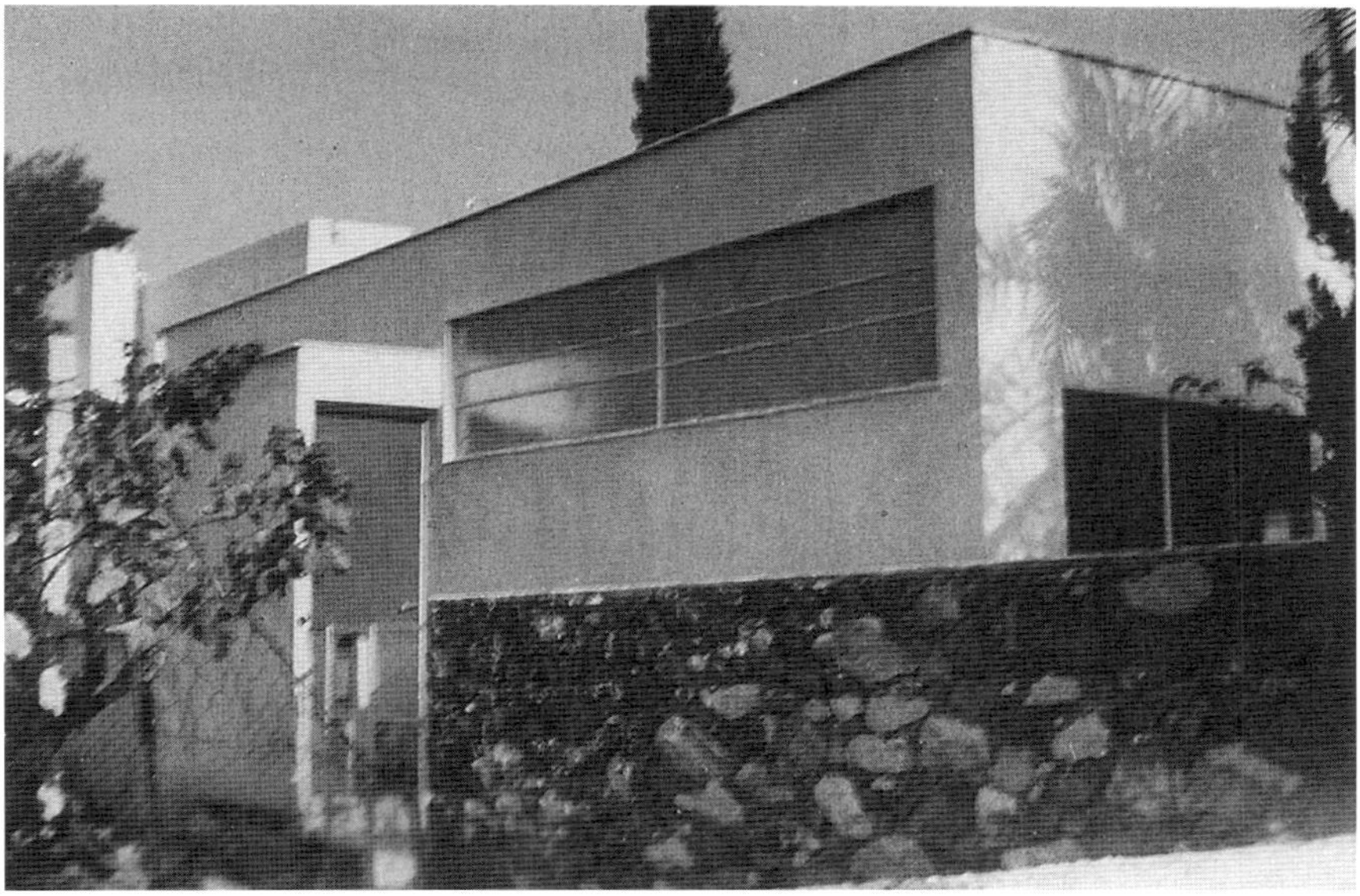

西側外観。右手が居間。開いたドアの内部が食堂

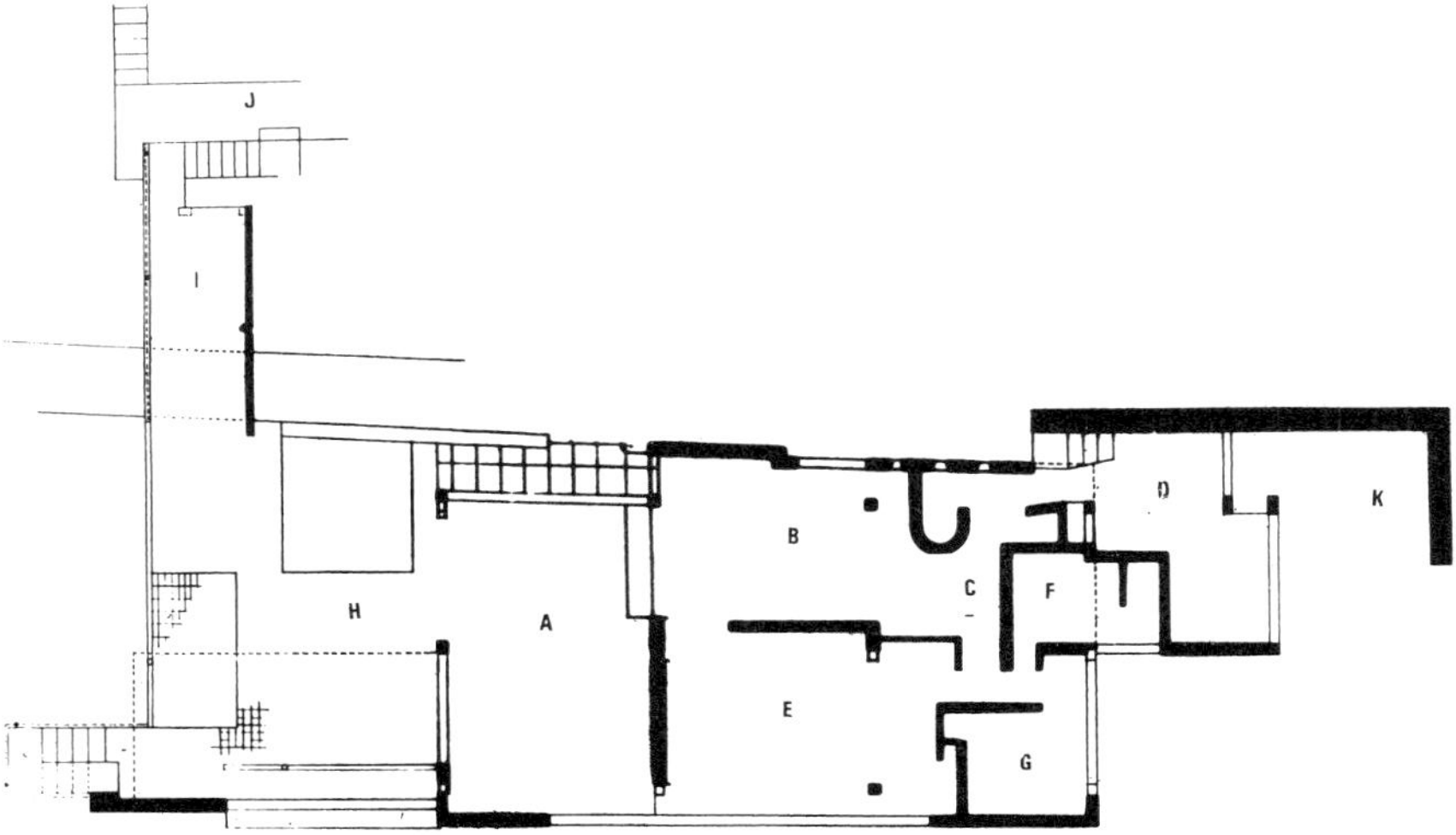

2階平面図。左端の階段を上がってテラス(H)へ。橋(I)は庭(J)に通じている。テラスからガラス戸を開けて居間(A)へ。その奥に食堂(B)、サービスエリア(C)と主寝室(E)。その右手に第2寝室(G)。浴室(F)は主寝室と共用。台所には入口がふたつあり、一方は中庭(k)に通じている

次ページ上・テラスのサンベット。右奥が橋。
下・居間からガラスごしにテラスを見る。
右手に折り畳み可能な長椅子

なってきていた。手紙と電報がパリとフランス南部間を行き交った。

　アイリーンはふたたび建物をつくるだけでなく家全体のインテリアをデザインしている。自由にアイディアを借りてきてはとりいれた。あるときガレージのドアで、上下にかしげ倒して開閉するものを見かけた。それはエクレールという会社が製造したものだったが、かなり斬新なアイディアであった。アイリーンの家に同じドアがとりつけられると大評判になった。ロアッティーノは人びとが「風変わりな家の風変わりなドアを見るために」狭い道をわざわざ運転してやってきたのを覚えている。また一九三三年にはワーネルという工場にスライド式窓を注文している。この窓はル・コルビュジエが一九三二年にスイスのジュネーヴに建てたアパルトマン、イムーブル・クラルテにとりつけ

ガラスの引き戸を開けた居間入口部分。床は白いタイル。

居間書斎側。ライティングデスクを壁側に畳むとメモボードが隠れる

前ページ上・居間から見たテラス。サンベットわきに折り畳み可能な「Sチェア」。下・テラス（道路側）。中央メタルフレームのダイニングテーブル

居間（道路側）。壁の色の濃いパネルを開けると窓があらわれる

たもので、後にアイリーンに薦めたのである。ワーネルはシャッターやランプ、飛行機のドアなどを生産していた。彼女はまたニューヨークで見かけた電話ボックスのドアもとりいれた。

「カステラー」によってアイリーンの稀有な建築構想、その凝った工夫やみごとな技量があらためて示された。そういった力は独学ではめったに得られないものである。彼女は込み入った問題も簡単に解決した。たとえば家の内と外のバランスをとること、また部屋のもつそれぞれ違った機能の相互作用を完璧なものにするといったことである。アカデミックな訓練を受けなかったことで、かえってより自由に、より想像力豊かに仕事をやりとげることができたのであろう。アイリーンの構想は実際に対象としている物や、ドローイングや模型を扱うことで形になっていった。頭のなかが過剰な知識や既存の概念に乱されることはなかった。だから、アイディアと仕上がったものとの差があまり見られなかったのである。一方、彼女の批判的な目は仕事に直接かかわることで磨かれていった。そしていま、建築家としての自分のためにつくった建物ができた。彼女の家にはどんな反論も入りこむ余地はなかったし、一種のスタイルとか傾向をあらわす必要もなかった。それは純粋に自己中心的な仕事であったからである。こうしたことがこの家を

食堂。ダイニングテーブルの右手につくりつけのベンチ

一定の質感のあるものにしたのである。

アイリーンはE1027の場合と同じようにあらゆる家具を自分自身でデザインしたが、この家のほうが建物との統一感が高い。折り畳んだり滑らせたりすることで独創的な収納スペースをつくりあげている。金属製の戸棚は仕切りの役目も果たしていた。シャトーブリアン通りのアパルトマンと同じように空間が最大限に利用されていたのである。ダイニングルームの天井には木製の鎧板がとりつけてあったが、実際はその上に収納スペースがとられていた。ベンチ型の椅子を後ろへ倒すと地下室へ下りる階段に通じていた。ホールにはまた別の収納スペースがあり、そのために使う梯子は壁のなかに折り畳んでしまえるようになっていた。コーナーというコーナーはすべて工夫され、利用されていた。金属製の仕切りは物を隠す役目をしていた。中央部に設けられたくぼみにはお気に入りの食前酒がしまわれていた。もっとも創意に富んだものは、簡単な操作をするだけで必要に応じて伸ばしたり縮めたりすることのできる大きな食器棚であった。アイリーンの家具は伸び縮みするものや高さの調節ができるものなど多くの機能を兼ね備えているものが多い。

E1027の家具を特徴づけていたメカニカルなバレエは、この家でも再演された。まわすことのできる鏡や、レールの上を動かしたり蝶番で動くようになっている鎧戸や仕切り。それらには幻影をつくりだすという効果もあった。すべて本来の姿では、ここには存在できないようにさえ思える。家具はたんなる物体をこえたものとしてとらえられている。しかし家具の機能が変わると部屋の光景も変わるものである。アイリーンは、いつでも流動的に形を変えることのできる家具をつくった。そしてアイリーンの振付はいたってシンプルだった。すべてがつねに変化できるよう

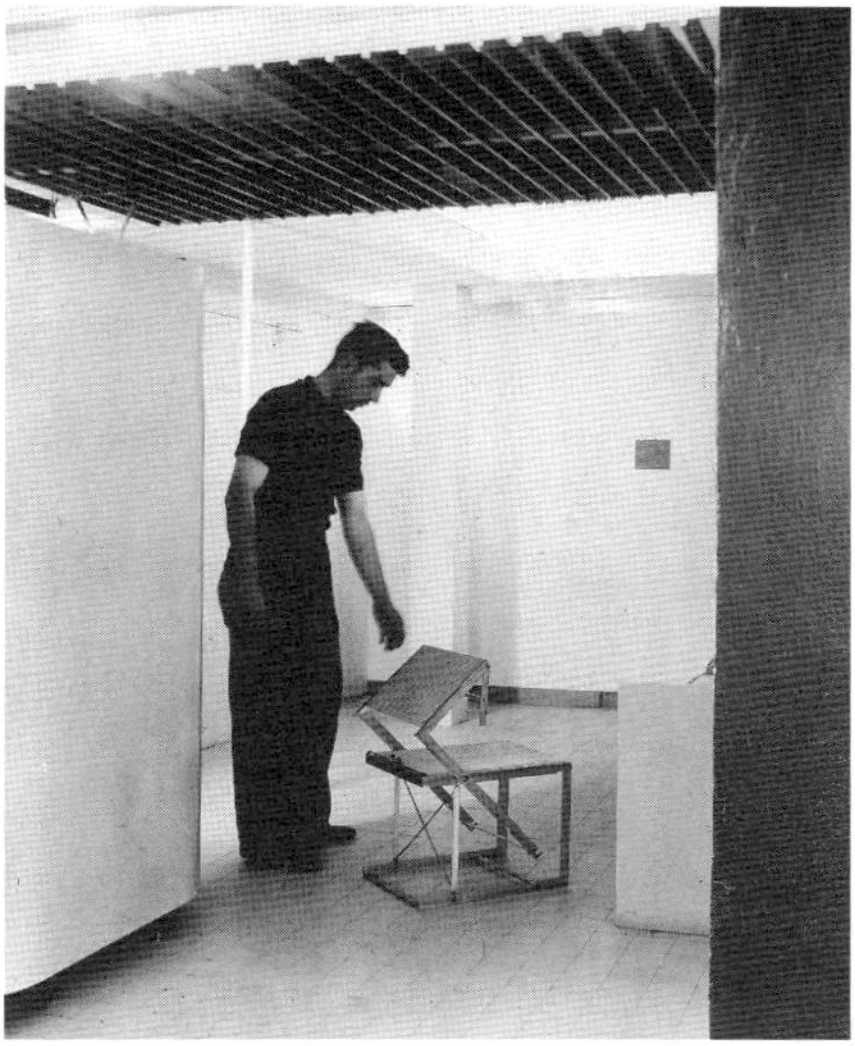

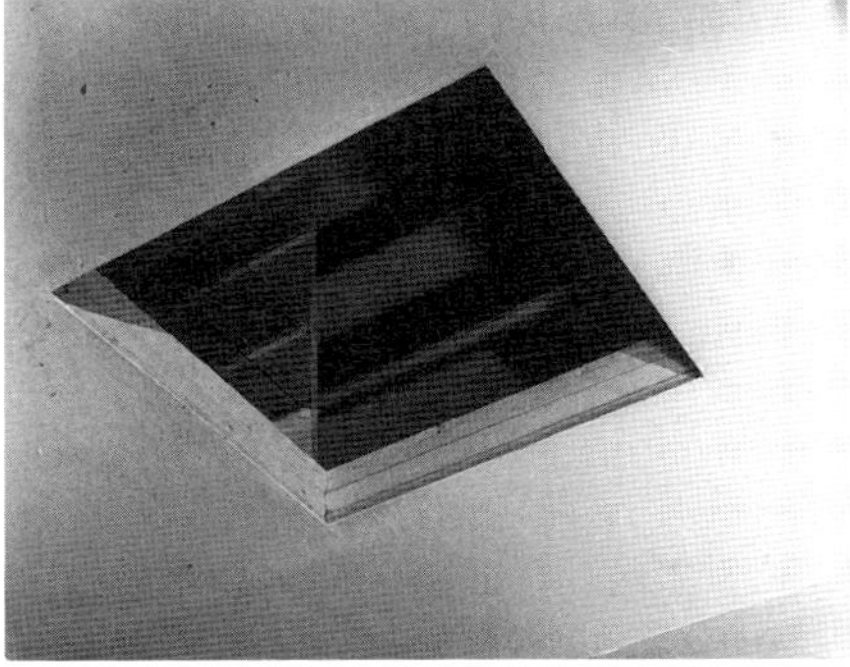

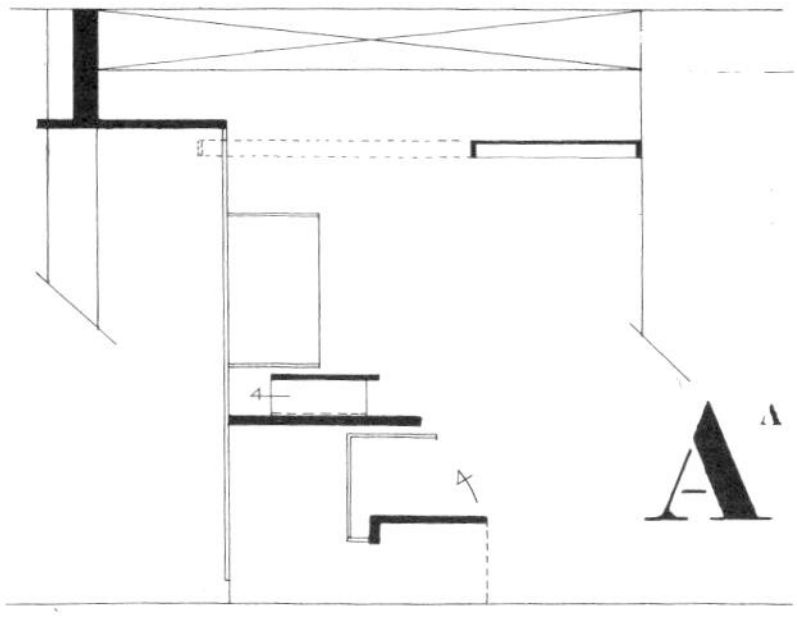

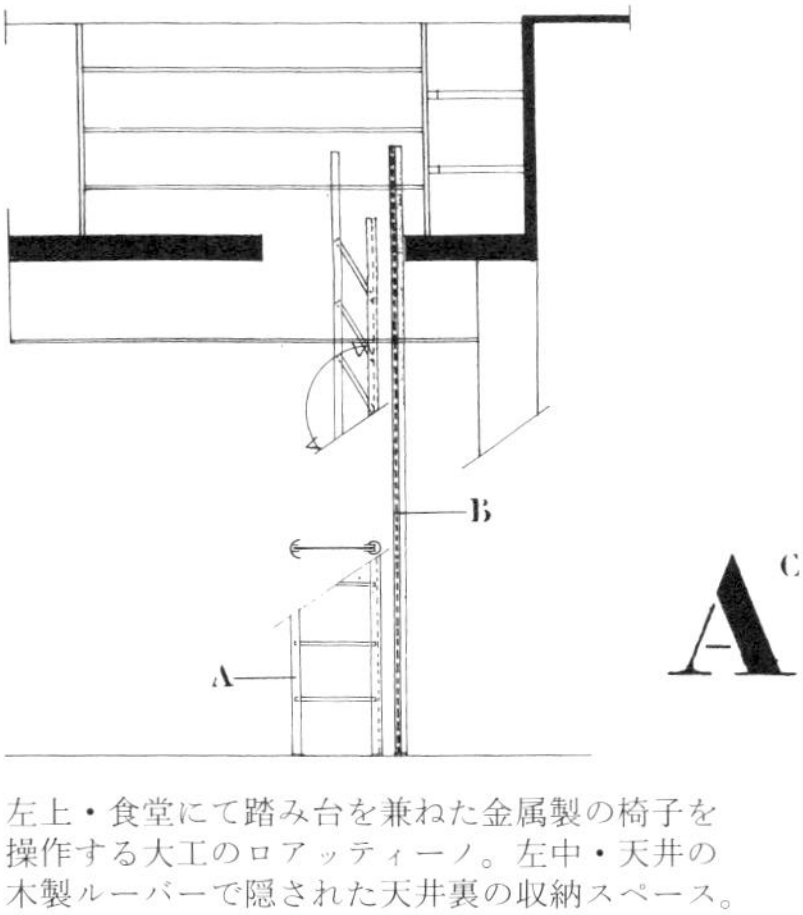

左上・食堂にて踏み台を兼ねた金属製の椅子を操作する大工のロアッティーノ。左中・天井の木製ルーバーで隠された天井裏の収納スペース。左下・パンチングシートを折り畳んだ状態。上・収納スペースへの入り方を示す3点の図

になっている。たとえば立方体からスライドして飛び出してくる抽斗、階段梯子になる椅子などである。それらはすべて実用的で、しかも居心地のよいものである。彼女は家具のもつ可能性を究極まで追求している。ごく日常的な家具をひとつとってみても、それを特徴づけるためになされ

主寝室。ベッド側より洗濯コーナーを見る。衣装棚の右手にキューブ型チェスト

た工夫がいたるところにみられる。初期の作品を除けばアイリーンは贅沢な雰囲気を出さないようにしていた。彼女自身、若気のいたりだったという初期の贅沢さからだんだんと工業製品に目をつけるようになっていった。たとえば金属製のシートや首の曲がるランプ、工業用シャッターで

伸縮自在な衣装棚。半楕円の片方をレールで滑らせ広げた状態

蝶番を使った木製のキューブ型チェスト。外側は黄、内側はグレーの塗装

ある。工業製品は実用的かつ日常的であることに目をつけたのである。アイリーンはいつでも決められたスタイルや感覚にとらわれまいとしていた。しかし、彼女の手にかかると、ごくふつうのものがみごとなものに変わった。それこそアイリーンの芸術的手腕といえよう。

アイリーンはどの場合も自然の光を巧みに活用している。光の調整方法には驚くべきものがある。彼女は自分のベッドルームに光を通す丸い穴を開け、そこにディスク状の蓋をつくり、その蓋をまわすことによって光を調節した。蓋を動かすことによって人工的に太陽の光をなくすことができたのである。人工の光を調節することも重要な問題だった。電気スタンドに特製の動く笠をつけたり、またディスク状のものをまわしたりして光を調節した。ベッドルームや食器棚に間接照明を使ったり、鏡に照明をつけたりしている。彼女はこうした工夫を実用的な理由から考えつくことが多かった。もちろん、特定の雰囲気を出すためにも取り入れていた。

この家では、E1027よりさらに凝った工夫がなされている。ベッドのヘッドボードにとりつけられた読書用のスタンドは、どの位置で読書をしても照らせるように水平にスライドできるようになっていた。彼女のノートを見ると、どのようにして考えを練ったのかを知ることができる。

主寝室天窓。ディスク状の板の位置はベッドから操作できる

光がどのような心理効果をおよぼすのかをおりにふれて考える。人びとが光は一ヵ所から発しているものと思いこんでいるということを忘れてはならない。たとえば太陽や火など。われわれは光を必要としている。だから、間接的な光は陰気な印象をあたえるということを考慮しなくてはならない。光の届く範囲を広げること。一ヵ所から出ている光線を拡大すること。光をおおってはいけない。インテリアの照明について。照明の位置は低くすること。光を床から八〇センチの位置で拡がるようにして床を照らすこと。または床から一―一・五メートルの位置から部屋を照らすこと。

アイリーンは色があたえる影響についても詳細に吟味している。たとえば彼女の「色と素材に関するメモ」には次のように記されている。

色があざやかなほど形態はシンプルでなくてはならない。デザイン計画の全体のトーンを上げるには薄い色を使うこと。たとえば白い壁の部屋には軽い木製家具、あざやかな色の照明をとりつける。たとえば青や緑。

別の解決方法。インテリアを同じ色にする。それから何かに色を使うことによってその状態を壊す。たとえば壁龕のくぼみに思い切った明るい色を使う。それは別の場所でもかまわない。最後までこの方針を変えないこと。一般に暖色を多く使うと長調の音楽の雰囲気になり、寒色だと短調になる。

建物の多様性に必ずしも適さない地元の建築を見るこ

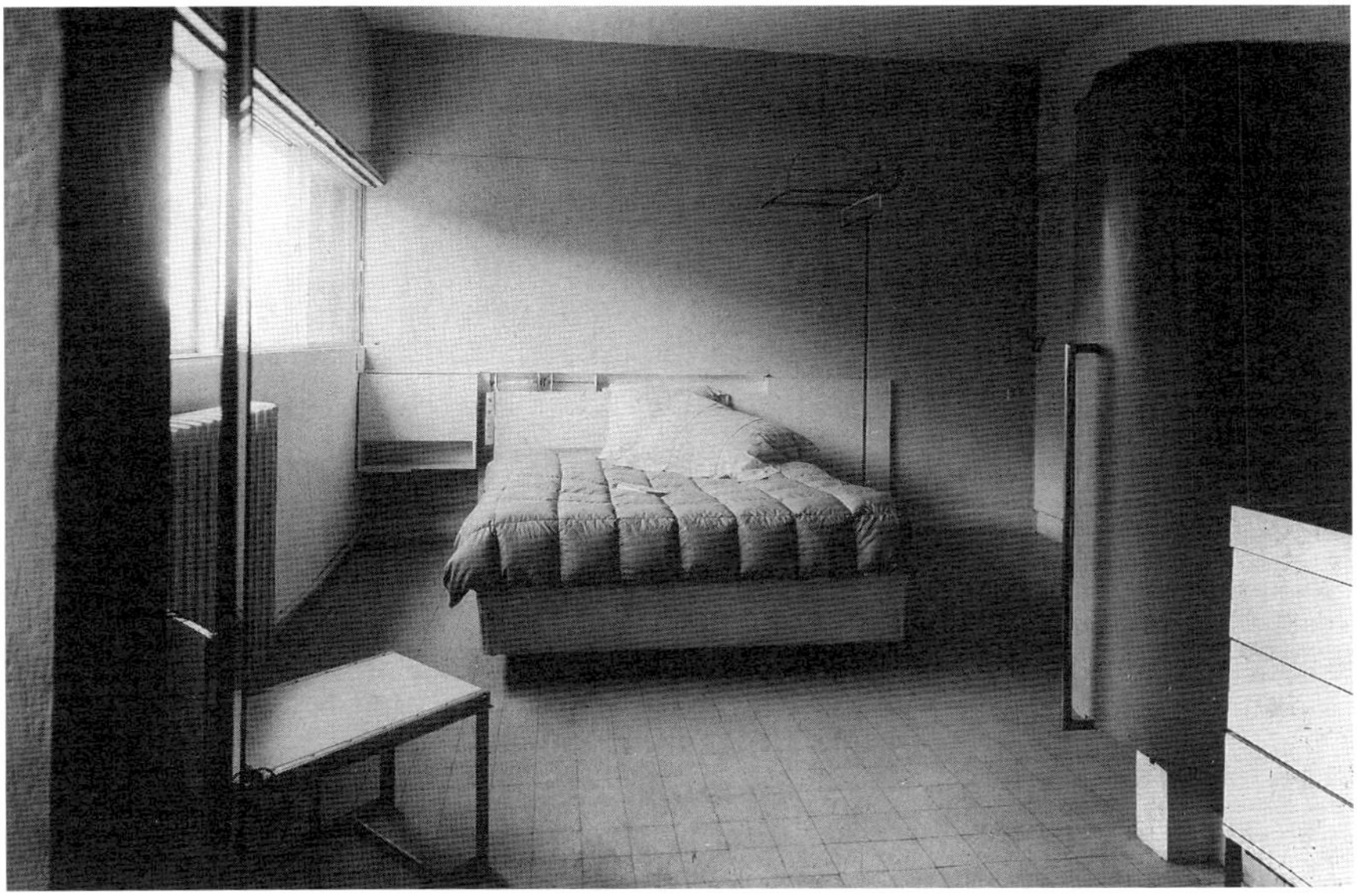

主寝室ベッド側。ベッドの上に蚊帳吊り用のホルダー

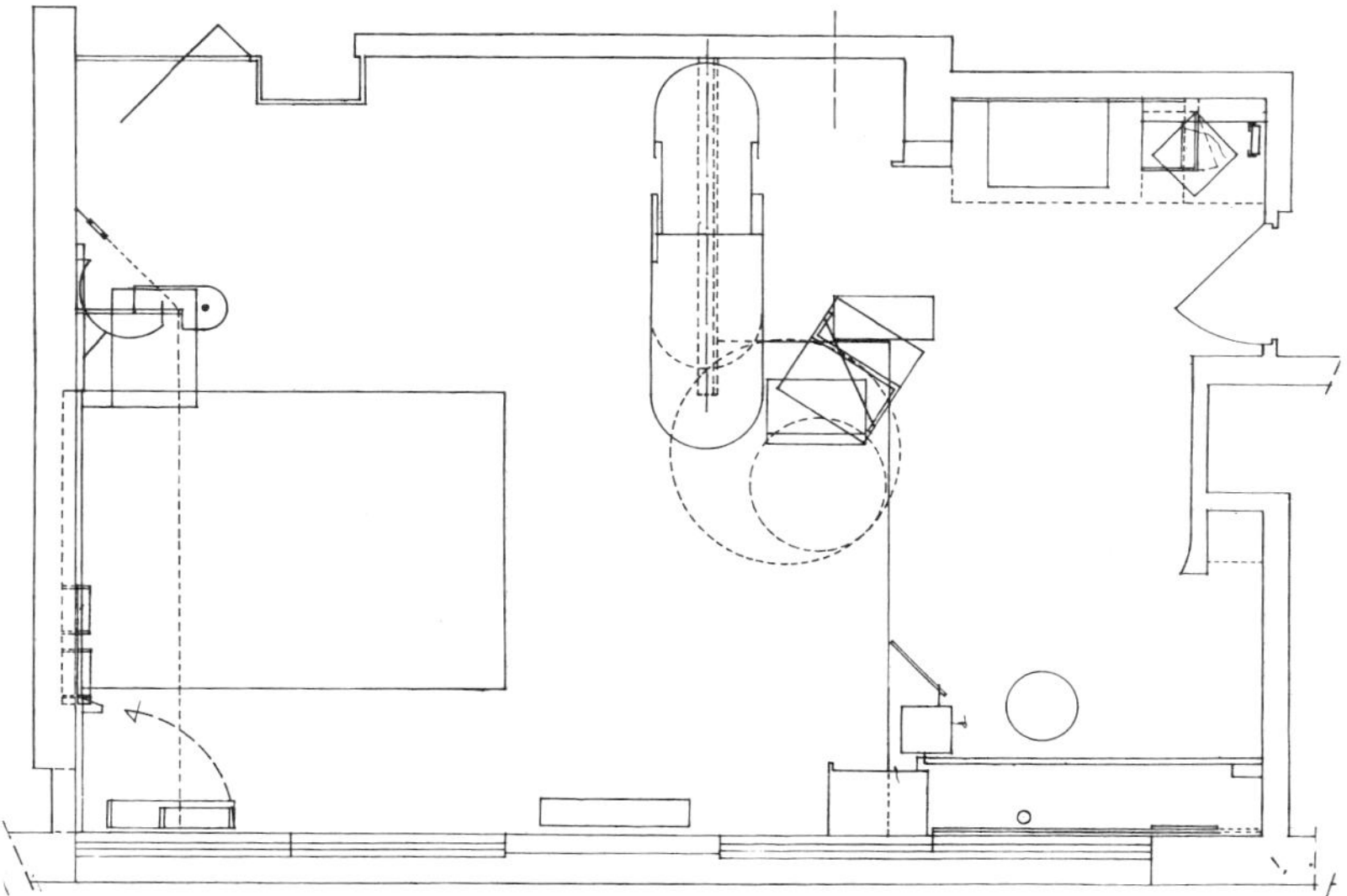

主寝室平面図。中央上部に衣装棚、左手にベッド、右手に床が1段高い洗濯コーナー。
左下のベッドのサイドテーブルは回転して窓下の壁沿いに折り畳める

とがあるが、あれは妙に思える「アイリーンはノートに考えを述べている」。色の使い方が綿密に統制されているものが好きだ。たとえば、白い石のある土地では家を自然の石でつくり、茶色く塗ること。そして四角い塔を設け、「海のかなたの青」色で塗るのである。

E1027に比べると、「カステラー」には遊び心があまりみられない。きわめて厳格である。似通った点は多いが、違った調子でつくられている。もちろん敷地が違うということもある。一方は海に向けて建てられており、もう一方は険しい丘の岩上に建てられている。E1027にはテラスがたくさんあり、おおらかな印象をあたえている。「カステラー」のデザインはさまざまな面で抑制された印象がある。アイリーンは「カステラー」でも多くの家具をデザインした。家具にも違いがみられる。ロクブリュンヌの家具は陽気な感じで優雅でユーモアもあり、精巧なつくりになっている。「カステラー」の家具も洗練されたものではあるが、実用性をとことん追求したものに仕上がっている。より粗野な感じで、素材もあかぬけない。「カステラー」はモジュール式生活空間の実験所のような家である。家具は（ロクブリュンヌでもそうであるが）ある目的を試すためにつくられた原型ともいえるのである。そのまま置いておくものではなく、目的に合わせて形を変えたりすることのできるものである。アイリーンはしばしばそういった家具づくりをしていた。

「カステラー」でアイリーンはふたたび独創的で想像力豊かな彼女らしさを発揮した。その個性が彼女のふたつの家に現代性、あるいは時をこえた普遍性さえもあたえ、今日におよんでも少しも色あせていないのである。内部構造を比べても、「カステラー」はE1027よりさらに周到に計画され洗練されたものとなっている。この家は彼女自身の必要に応じてつくられており、完全に彼女の人間像と一致しているのである。E1027は共同生活することを念頭において、彼女の愛する男性のために建てたものだ。くつろいだり、何かに興じ楽しんだりする空間として設計されたのだった。二番目の家はずっと簡素で、男性的とさえいってもいい。これは働くための家なのだ。

アイリーンのふたつの家は大変純粋で、密度の高い近代建築の見本といえよう。概念、製図、模型、そして最終仕上げ、これらをつなぐ関係が密接なのである。現場の作業員と親密な共同作業のおかげで、建築工程のあらゆる段階においてアイリーンが自分自身のデザインを点検し、改めることもできた。このため、彼女の仕事はすべてにわたって目が行き届いている。ふたつの家は生活に対する彼女の考えをもっともヴィジュアルに提示している。だからこそE1027と「カステラー」はすぐに理解でき、また時代をこえた魅力をかちえている。

一九三四年、「カステラー」の家が完成し、アイリーンは水道を引くための申請をおこなった。そしてこの家の名前を「白い舟」から「タンプ・ア・ペヤ」へ、古いプロヴァンス地方のことわざ「時と藁とともにいちじくは熟す」にちなんで改名した。物事が成熟するには時間が必要なことを言いたかったのだ。

人びとのための建築

当時アイリーンが手がけていたのは、「タンプ・ア・ペヤ」だけではなかった。ふたりの彫刻家のスタジオのための設計が進行していた。おそらくアイリーンの頭にあったのは、モダンアート協会の共同設立者だった彫刻家ジャン・マルテルとジョエル・マルテルのふたりだったろう。マレ＝ステヴァンも以前、このふたりのために家を設計したことがあった。アイリーンの考えたのは、大きな楕円形のアトリエに隣合わせに一階建ての住居部分がついたみごとな建物だった。アトリエのドアは特別に大きくて、大型の彫刻でも搬出入できるようになっていた。そのドアはガラス製で縦長につくられ、蝶番に巧妙に吊るされているため、横に滑らせても回転させても開けることができる。生活の主体部分を見ると、アイリーンがいかに融通性に富み、多くの目的に合う解決法を好んだかということがよくわかる。壁をスライドさせることによってキッチンとダイニングをリビングルームから仕切ることができる。もちろん、ゲストルームには専用の入口がついている。はじめの案では、アイリーンはパーゴラ（屋根つきのテラス）をつくり、それを支える彫刻をほどこした柱を入口の目印がわりにしようと考えていた。また次の案では、ガラス板を高く掲げようとしたが、アトリエのなかの暑さが大変なものになるということでとりやめとなった。

アイリーンはまたあらゆる材料を試してみた。「いま使われている材質がつるつるしているのは単調な機械仕上げ

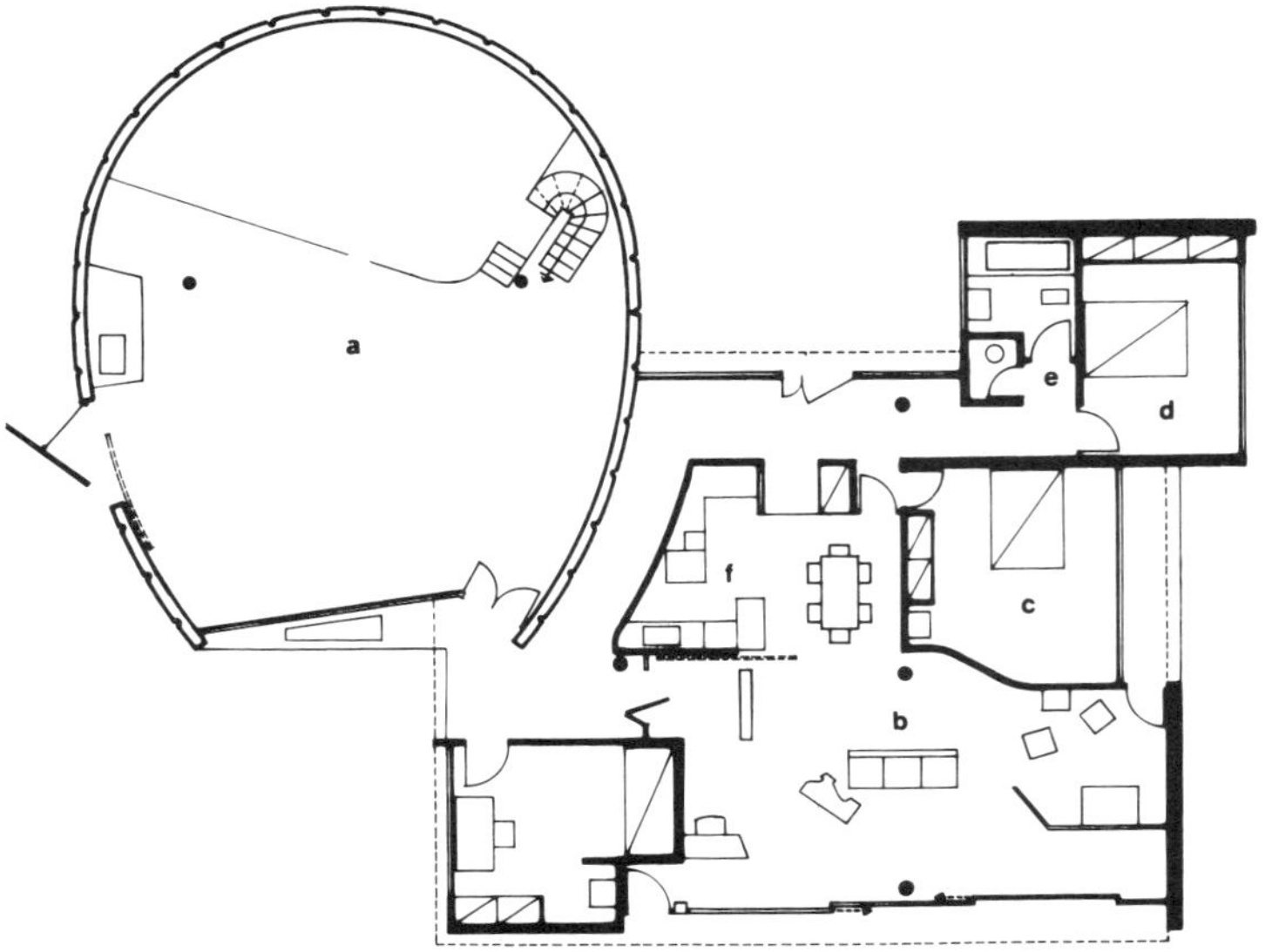

「ふたりの彫刻家のためのアトリエ」（計画 1934 年）平面図。
(a)アトリエ　(b)居間　(c)寝室　(d)寝室　(e)浴室　(f)台所

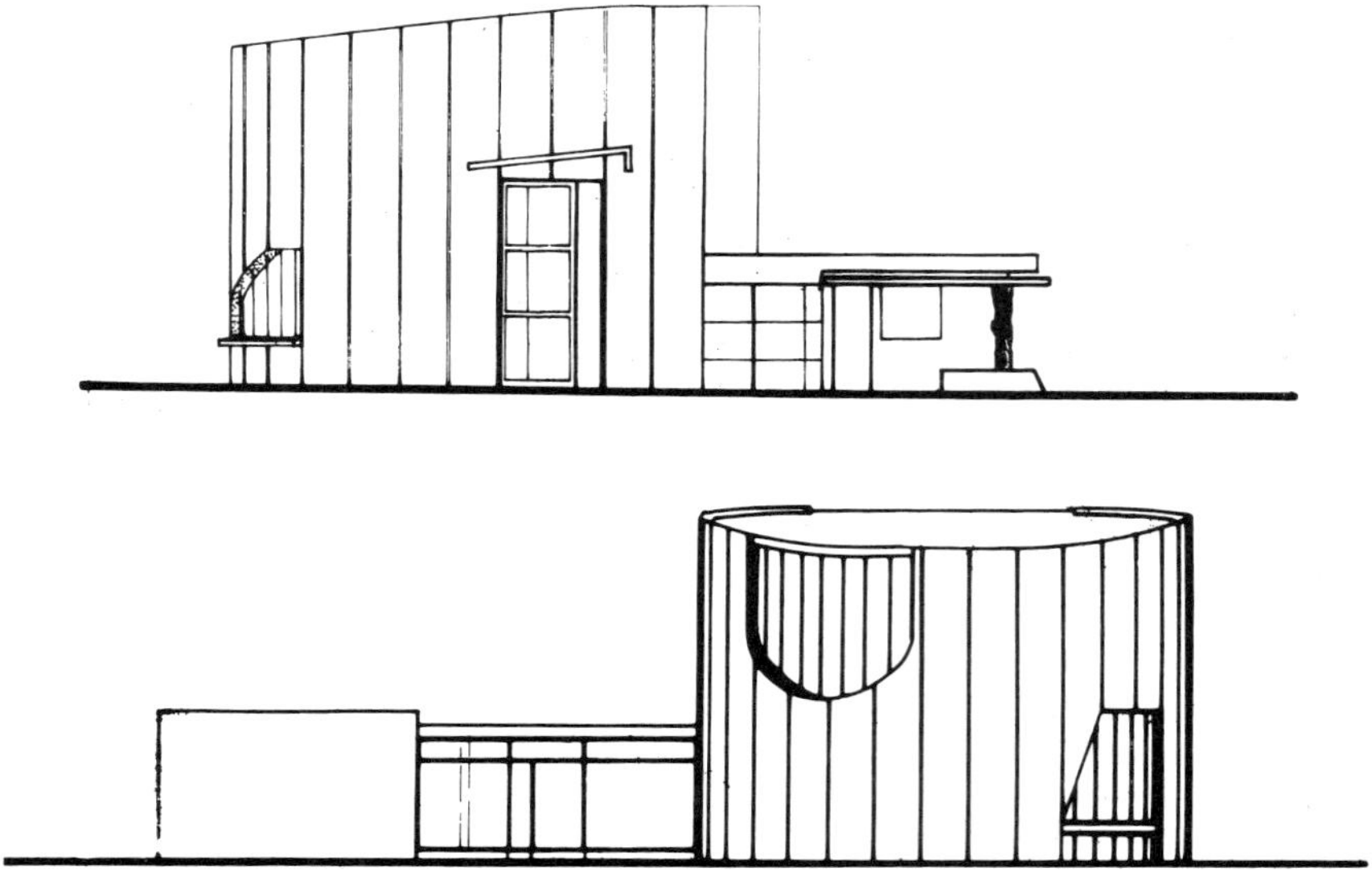

同、第 1 案立面図

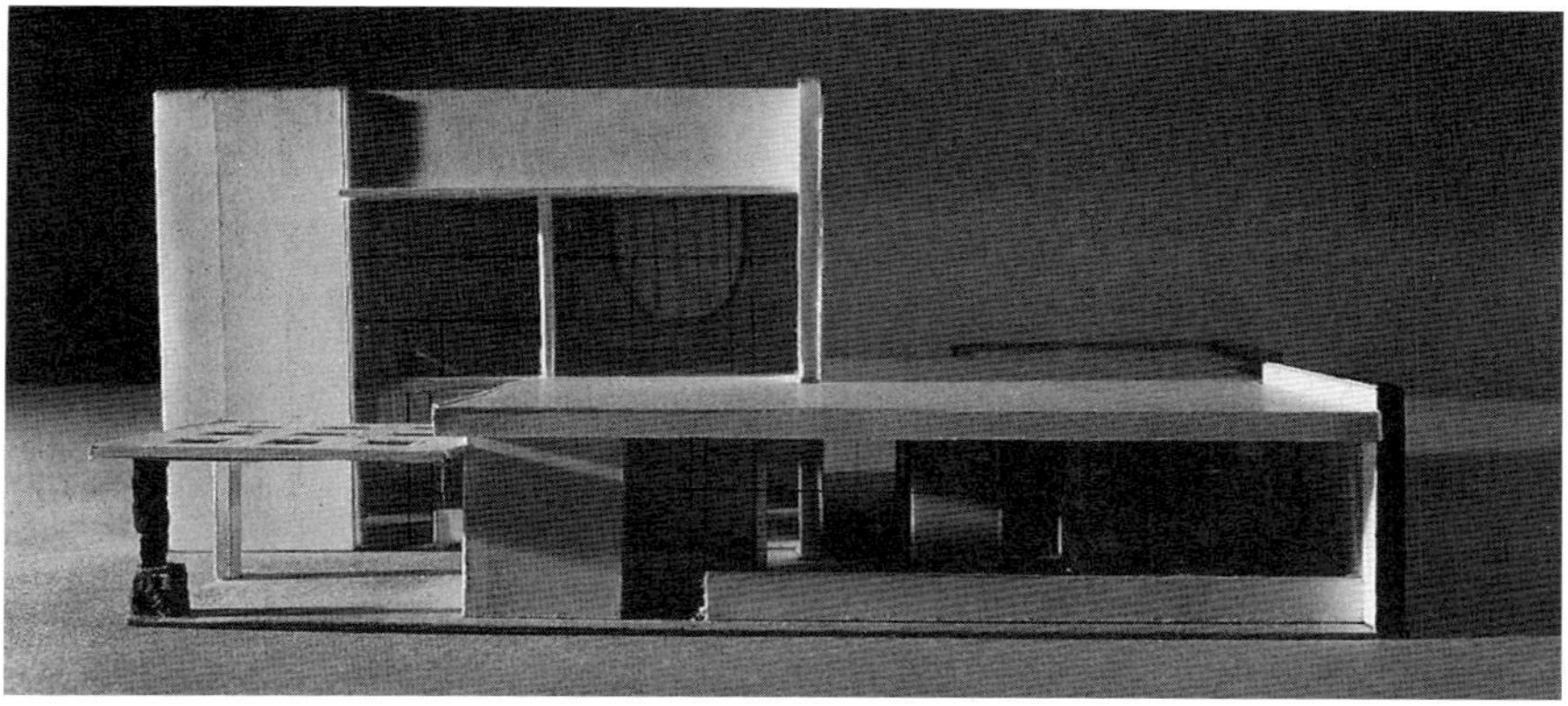

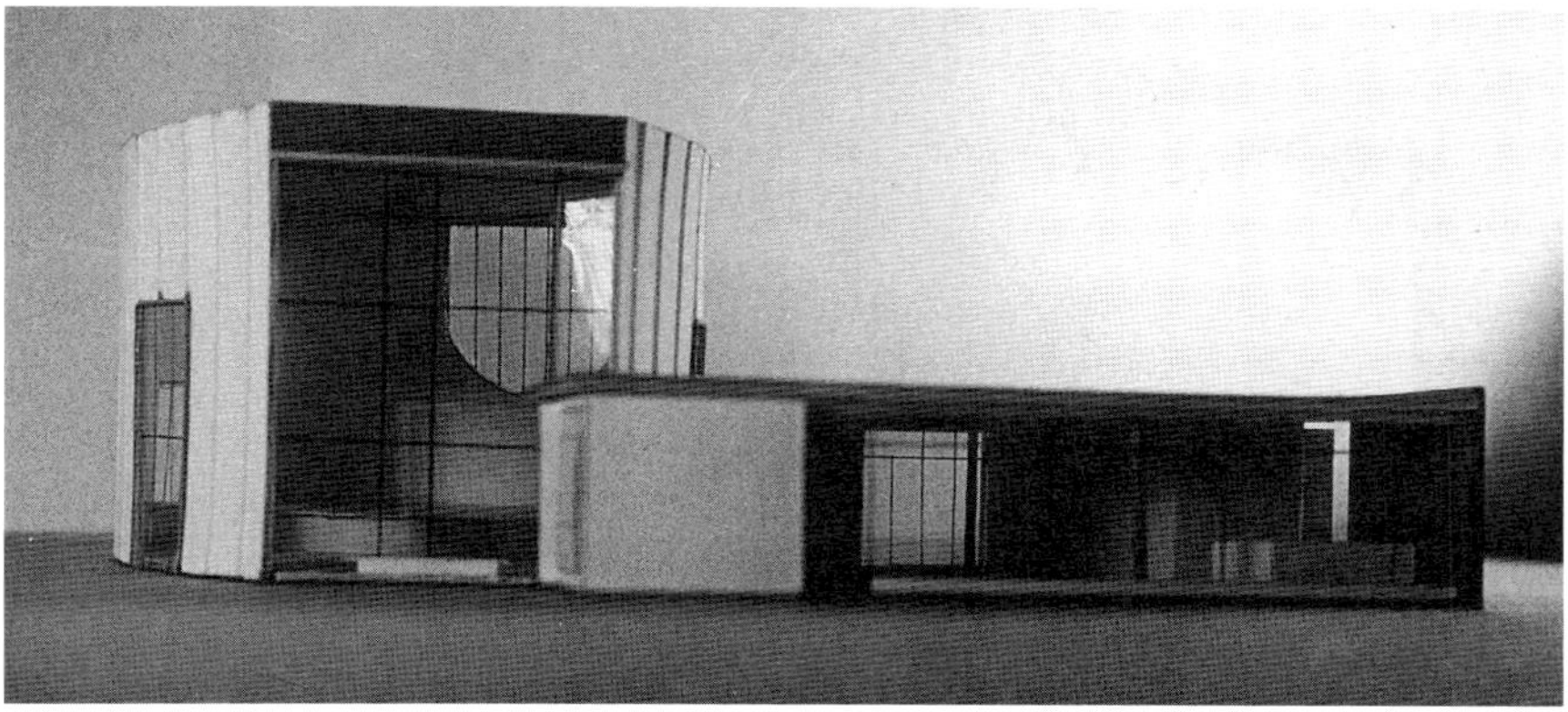

同、第 1 案模型（上）と第 2 案模型（下 2 点）

のせいだ。もっとざらざらした材質をみつけること――田舎の家にあるような――粗削りの木の表面をなめらかな壁に仕上げていく。ときどき、でこぼこ、ぎざぎざの木のかけらも入れて。柱はコンクリートでなく石や岩や御影石、それに木の幹――たとえば椰子の幹を使って」とアイリーンはメモに記している。彫刻家の家のための案に、こうした「木の幹の形をした自然な柱」のデザインがみられる。アイリーンの他の設計にもよくあるのだが、この柱は模型が残されている。模型は段ボール紙なので壊れやすく、いつも糊でつくりなおさなければならなかった。

その一方で、アイリーンはスクリーンのデザインも続けていた。ここでもまた新しい素材を試そうとしている。バニョレにある会社に連絡をとり、煙がかかったような色合いのプラスチックシートをいくつか注文してみたが、できあがってきた色が気に入らなかった。そこで今度はグレー、ピンク、黄色を注文してみた。さんざん迷ったあげく、アイリーンはすばらしく美しいセルロイドのスクリーンをつくりだし、それは死ぬまでボナパルト通りの自宅のリビングルームに立てられていた。

残念なことに同じ年、「ラルシテクチュール・ヴィヴァント」が廃刊となった。ル・コルビュジエがその最終号に熱烈な一文を寄せている。彼はこのなかで、バドヴィッチと出版者であるアルベール・モランセに宛て、いまや世界中に知られるにいたった同誌の創刊以来十年にわたるふたりの活動に対し、建築にかかわるすべての人びとの名において感謝と別れの言葉を伝えている。同誌は非常に重要な文書として認められていたのだ。バドヴィッチは職を失い、すっかり意気消沈してしまった。

アイリーンはなんとかしてバドヴィッチを元気づけようと思い、一九三四年の春にはふたりでまた長い旅行に出かけた。ふたりはメキシコに船で渡った。ルイーズは船の大災害の話ばかり読みつづけていたので、心配でいてもたってもいられなかったが、アカプルコから無事に到着したと葉書が届いた。アイリーンはアカプルコが気に入った。ここでもまた大きな地図を買って壁に吊るしてみた。もちろん、当時のアカプルコはまだ小さなリゾート地で、ホテルもほとんど見当たらなかった。ふたりが泊まったホテルのオーナーがオアハカのホテルのオーナーを紹介してくれたので、今度はそこに出かけていった。帰りにはニューヨークに立ち寄り、近代美術館で第一回機械アート展を見た。ほかにも建設されたばかりのロックフェラー・センターがふたりの目を引いた。アイリーンはここでウィーンの建築家フレデリック・キースラーに再会した。一九二五年、アールデコ展におけるオーストリア館の劇場をデザインするためにパリに来ていたとき、そこではじめて出会った人物である。キースラーは一九二六年からアメリカに移り住んでいたのだが、ニューヨークで仕事を確立することがいかに困難かということをアイリーンに語って聞かせた。アイリーンはニューヨークに心を奪われた。「建物の美しいこと、とりわけ夜の美しさといったらない」

　旅行から帰ると、アイリーンはルイーズとドミノと名づけたはぐれ犬を連れて「タンプ・ア・ペヤ」に引っ越した。家はまだ完全にできあがってはいなかった。Ｅ１０２７のためにデザインした家具を持ってきてしまうには忍びなかったので、また新たに家具のデザインにとりかかることとなった。パリでアイリーンの仕事を請け負っていた職人とマントンの金属職人がＥ１０２７の家具を模造していったが、そのなかには白い革張りのビベンダムチェアが三脚とモールスキンが掛けられたソファもあった。この仕事はいつまでたっても終わりそうになかった。一九三三年から三九年にかけても、まだアイリーンはトランザットチェアを二脚、テラスの椅子、自分で小さい木の模型をつくったクロム製のダイニングチェアを六脚、表が亜鉛、裏がコルクでできたテーブルを一台といった注文を続けていた。「タンプ・ア・ペヤ」の家具のうち現在残っているものには近くのマントンにあるデュフール・エ・マルタン社でつくられたものが多く、ロアッティーノはアイリーンのために数多くの竹製の家具を手がけている。こうしたいきさつをみれば、これらの家具がＥ１０２７のためにつくられたものほど洗練されたできばえにはなっていないわけが納得できるだろう。Ｅ１０２７のほうは、ジャン・デゼールに並べるためにパリに住むアイリーンの職人につくらせたものであった。

「タンプ・ア・ペヤ」の家具がまだそろわないうちに、戦争――これから生き抜いていくことになる第二次世界大戦――が勃発し、アイリーンをせきたてることとなった。しかし第二次大戦が始まる前の数年間というものは、おおむねしあわせな期間であったといえよう。アイリーンはもう長いことロクブリュンヌの家やジャン・デゼールや、ジャン・バドヴィッチとの交際から受ける重いプレッシャーに悩まされていたのだが、ここへ来てはじめてそのプレッシャーから完全に解放されたと感じていた。これからは、ふたたび自分自身の生活をもつことができる。むかしなじみの友だちにも会いにいける。エヴリン・ワイルドがカンヌの裏のラ・ロケット・シュル・シアーニュ、ラ・バスティード・ケランコに住んでいた。そのころはもう、エアとエヴリンのふたりは店を畳んでいた。エヴリンはあいかわらずカーペットをつくり、エアは漆家具のデザインを続けて

ケイト・ウェザビーとエヴリン・ワイルド
ラ・バスティード・ケランコのエヴリンの家で

いた。エアはかつて――デュナンがずっと前にやったように――菅原精造を「借り受けて」小型チェストの漆仕上げをしようと依頼したのだが、完成にはいたらなかった。エア・ド・ラナックスはいま［一九八七年］ニューヨークのアパルトマンに住んでいるが、そのときの未完成ながら外側が美しい漆仕上げのチェストを持っている。「豊かで、ひどく特別な時代の、たったひとつの忘れ形見」として。

　ときどき、アイリーンは友人たちとケイト・ウェザビーが住んでいるラ・バスティード・ブランシュに集まって、人影のない海岸まで歩き、海辺に流れついた木のかけらを拾ってきては各々の趣味に合わせて飾りにした。ケイトは最近友だちになったゲルト・ゴールドスミスと一緒だった。ゴールディと呼ばれるこの友人は、やはりカーペットをつくっていた。ゴールディは子供のころ、ウェザビーの屋敷の農園に四人の姉妹と住んでいたので、そのころからケイトのことを知っていて、いまやケイトに献身的に尽くしていた。正確にいうと、ゴールディはフランスでケイトの仲間に入れてもらったのだった。ゴールディは美しくはなかったが、陽気な性格で誰からも好かれた。みなで集まっては、少女じみたとでもいったほうがよさそうなばかばかしいことをやって大笑いをする――イチゴに塩をかけて食べさせたりなどという悪ふざけが始まるのだ。ケイトはみずからを水脈を探りあてる占い師と称して、水が湧き出るところを発見すべく歩きまわり、ほかのメンバーはくすくす笑いながら後からついていく。ケイトは両手を動かしてトカゲに催眠術をかけようとしたりした。もちろん、むかしと同じというわけにはいかなかったけれど、それでもときどきはむかしに戻ったような気分になれた。

　コート・ダジュールはもう、ぎゅう詰めだった。それにカステラーの夏の暑さといったら息が詰まるほどだったので、アイリーンはまたサントロペに移っていった。古くからの知り合いも、ずいぶんその地に落ち着いていた。サントロペ湾のちょうど向こう側にあるボーヴァロンには、ナ

アイリーンの彫刻作品。照明と撮影はアイリーン自身による

タリー・バーネイとロメイン・ブルックスが「トレ・デュニオン」と呼ばれる家に住んでいた。この家はふたつのバンガローが食堂でつながった形になっているので、そう名づけられていた。コレットも新しい家に住みはじめていて、ジョンの名で知られる作家ラドクリフ・ホールと友人のウナ・トロブリッジがそこに滞在していた。女たちが裸で入浴し、ジョンはぼろぼろのスラックスに浮浪児のような帽子を被ってそれを眺める。しかし、アイリーンはこうした類の世界とは一線を画していた。こんなふうに見せびらかすなんて、アイリーンは考えるだけでもぞっとしたが、話のなかに出てきたときにはやはり一緒になっておもしろがらないわけにはいかなかった。

　アイリーンは息抜きがしたくなると人混みから抜けだしてラ・バスティード・ブランシュへと逃れた。スフラン通りに、港を見下ろす位置にある三部屋の小さなアパルトマンが借りてあった。毎年七月も末になると、ルイーズとアイリーンはカステラーの家を閉めて西のサントロペへ移動することにしていた。アイリーンはこの新しいアパルトマンに自分の手による家具を備えつけた。ガラスの筒でできたベッドとトランザットチェアが一脚、それにテーブルがいくつか置いてあった。

　夏は本を読んだり絵を描いたり、写真を撮ったりしているうちに過ぎていった。アイリーンは毎日のように海岸に降りていって、貝殻や流木の写真を写した。ときには写真に写した後で家に持ち帰り、その小石やガラスや針金の切れ端で不思議な静物をつくりだした。またあるときは大きな柔らかい石を拾ってきて、それを彫って女性の頭部の像をつくった。写真は趣味になり、建物や工業用地を見つけだしてはクレーンや足場やパイプの写真を撮った。それら

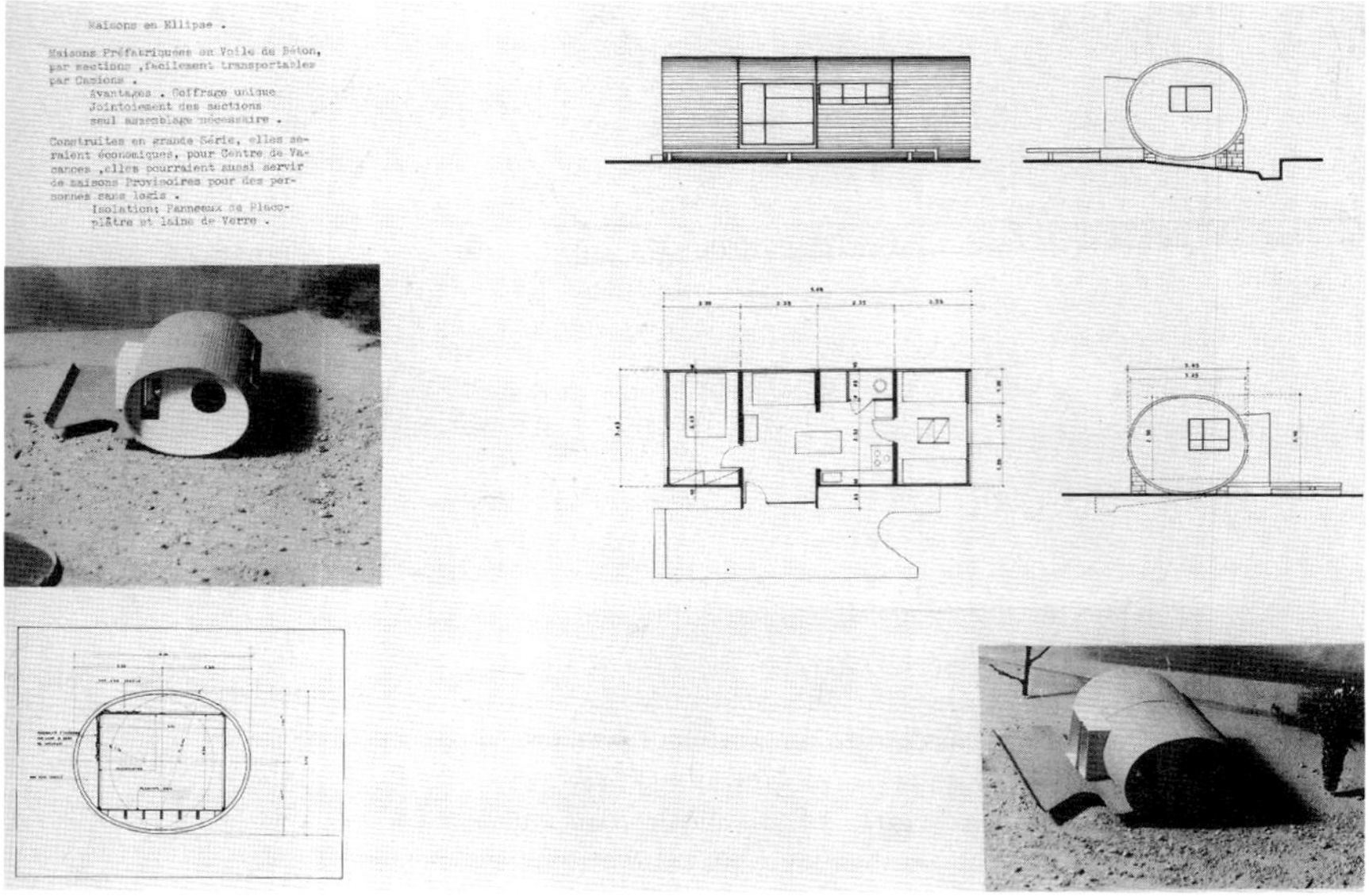

チューブハウス（アイリーンの建築用スクラップブックより）

はアイリーンの絵にも残っている。

何もしないでだらだらと休暇を過ごすというのは、アイリーンにとっては性に合わないということが徐々にわかってきた。後になってアイリーンは芸術は人生の代用品と述懐したこともあったが、その後すぐにその言葉を訂正した。芸術は調和のない世界に橋をつくり、なんらかの調和をもたらすものだが、それがそのまま人生の代用品とはなりえない。アイリーンの創造性に富んだ魂はつねに動きつづけていた。アイリーンは休むことなく自分自身を表現しなければいられない芸術家だったといえよう。

アイリーンはデザインに多くの時間を費やした。一九三六年、アイリーンはふたたび大好きな楕円型をとりあげ、チューブハウスをデザインした。この家はプレハブ式の金属構造でできていて、家というよりはひとつの部屋という感じでありながら、リビングルーム、ベッドルーム、小さいキッチン、それにトイレのスペースを提供できるものだった。土台はわずか二・三×二・九メートルの大きさしかなかった。柱石で小屋は地面にしっかりと建てられていた。屋根は薄いコンクリート板でできていた。アイリーンの案はレイアウトを変更しても対応できるように考えられていたので、円筒をつけたすことによって寝室をもうひとつ増やすことができた。このチューブハウスは、現場で働く労働者たちの災害時のシェルターや休暇用の家として発想されていた。土台が非常に小さくてすむので、どんなところでも建築でき、しかも低いコストで大量に生産できる。円と四角のコンビネーションは、アイリーンのデザインにはしばしば登場している。アイリーンは、実用性と美しさを結びつけるだけで建築から魔法を引き出すという特殊な才能に恵まれていた。この楕円型の家のデザインを見れば、アイリーンが自分で意識するまでもなく、型に対する天性の感覚によって自然な優雅さをあらわすことに成功したということがわかるだろう。ただ不幸なことに、この実用的であると同時に美しさにあふれたアイリーンの設計に興味を示す人は誰もいなかったのである。

アイリーンはめったにパリに足を運ばなかった。九月になると、アイリーンはルイーズと一緒にカステラーに帰った。一九三六年、アイリーンにとって非常に大切なものとなる計画にとりかかることとなる。サントル・ド・ヴァカンス（ヴァケーションセンター）である（アイリーンのメモはたいていフランス語で書かれている。フランス語は得意で、使われることが多かった）。レオン・ブルム率いる社会主義者や左寄りのグループに共通の運動である人民戦線に関する出版物を読んで、アイリーンは自分がほんとうにやりたいと思っていることは個人の家を建てることではなく、多数の人間にとって有益な環境づくりをすることだということに気がついた。アイリーンはこう書いている。「有給休暇が一般的に認められるようになって、手段に限界がある家族や個々の人間にとって必要不可欠な休暇をもっともっと充実させることが考えられるようになった。個人の土地でキャンプする許可を得ることは非常にむずかしいので、公共のキャンプ場もつくられるようになっている。しかし」とアイリーンはいつもの事務的な口調で続けている。「水源や洗濯設備の不足という事態がよく起こる」

しかしアイリーンはヴァケーションセンターを、経済的・実用的であると同時に、厳密な意味で美的要求を満足させるものにしたかった。

アイリーンが心に描いていたヴァケーションセンターは海のほとりに建っている。なかにあるものは映画館にもなるカフェつきレストラン、野外劇場、「行動的な若者のための」建物、それに子供たちのための家。アイリーンは子供のための建物とレストランはつねに置いておき、宿泊のためのキャビンは必要に応じて簡単に建てたり崩したりできるようにしようと考えていた。キャビンはひとつの場所から他の場所へ移送することもできる。なかにはシャワーとトイレの機能がついていた。

アイリーンの設計図を見たり、書き残したメモを読んでみると、彼女がしだいに社会的関心を深めていったことがわかるだろう。アイリーンは世界中の人びとのわがままと愚かさに強い関心をもち、悲しんでいた。贅沢はすべて拒否した。「わたしたちは自分のことにはできるだけお金をかけず、他人のためにできるだけ使うように教えられてきた」。ずっと年をとってからでも、タクシーにはなるべく乗らず、バスで行くようにしていた。サントロペまでの汽車でも、ルイーズと一緒に二等車に乗った。一等車に乗るなんて無駄遣いだというのが彼女の考えだった。慈善団体には気前よく金を出したので、周囲の人間はいつもいらついていたが、とにかく未婚の母や野良猫や貧乏暮らしの修道士たちに囲まれるといくらでも足を止め、ついには貧しい人びとのための無料食堂にまで寄付を寄せたのだった。

アイリーンは生まれつき正義感にあふれていた。自分の特異な状況は天からあたえられた特権であると考えていて、同じ階級の人間の多くが言っていた、人間はみずからにふさわしいものを所有するという意見を、誠意をもってきっぱりと否定した。といって革命的というわけでもない。ただ運悪く苦境にさいなまされている人びとの苦しみを軽くしたいと考えていただけだった。政治的な解決ではなく、建築上での解決を求めていた。アイリーンの政治に関する興味といったら、せいぜい毎日の新聞記事に目を通すくらいのものだった。とくに行動に訴えることはしなかったが、スペイン市民戦争の間、左派に加担した知識人たちには漠然と共感を覚えていた。ファシズムを拒否し、自分と同世代の人びととともに反ドイツを唱えていた。

アイリーンはまたトロツキーやレーニンの著書を読み、彼らの考えを書き写したりしていた。「あらゆる政体はその建築のなかにあらわれる」。これはトロツキーの著書から写しとった言葉である。「現在のソビエトの時代を特徴づけているのは（官僚政治の神殿となっている）宮殿と役人の家、それに赤軍軍人クラブの建物であるが……一方で労働者のための家の建設はみすぼらしく、ひどく立ち遅れたものとなっている」。それから少しして同じページにアイリーンは別の言葉を引用している。「権力機能は必要なくなる」「権力機能が国民全体のものになれば、それだけ権力機能は必要なくなる」

このころからアイリーンは大衆のための建築だけをデザインするようになるが、残念なことに実際に建築されたものはひとつもなかった。顧客を探せば、建築家としてはもっと成功をおさめられたかもしれない。しかし、アイリーンはもう六十に近い年齢となり、頑固で「顧客はもう手いっぱい」と言っていた。

ル・コルビュジエはバドヴィッチに会いによくロクブリュンヌまで来て、ヴァケーションセンターの計画が進んでいくのを見ていた。設計図が完成したときには大いに興奮し、一九三七年にパリで開催される万国博覧会の自分が主催する部門にそれを出すことを決定した。

ル・コルビュジエは現代住宅を大規模に展示するつもりでいたのだが、実際に用意されたのはパリ郊外のポルト・マイヨーにある第二展示場の小さなスペースだけだった。そこにル・コルビュジエは、いつも作品に使っている赤・青・緑・黄色のテントを建てて、「新時代館」と名づけた。パビリオンのなかには多色のカンヴァスがスチールの柱で支えられた細いケーブルに張られていた。展示内容は現代の都市生活にしぼられていた。パリを貫通する高速道路の壮大な計画、巨大な商業センター建設プラン、十万人の観客を収容できるスタジアムなど。それに混じってアイリーンのヴァケーションセンターのための展示台が置かれてい

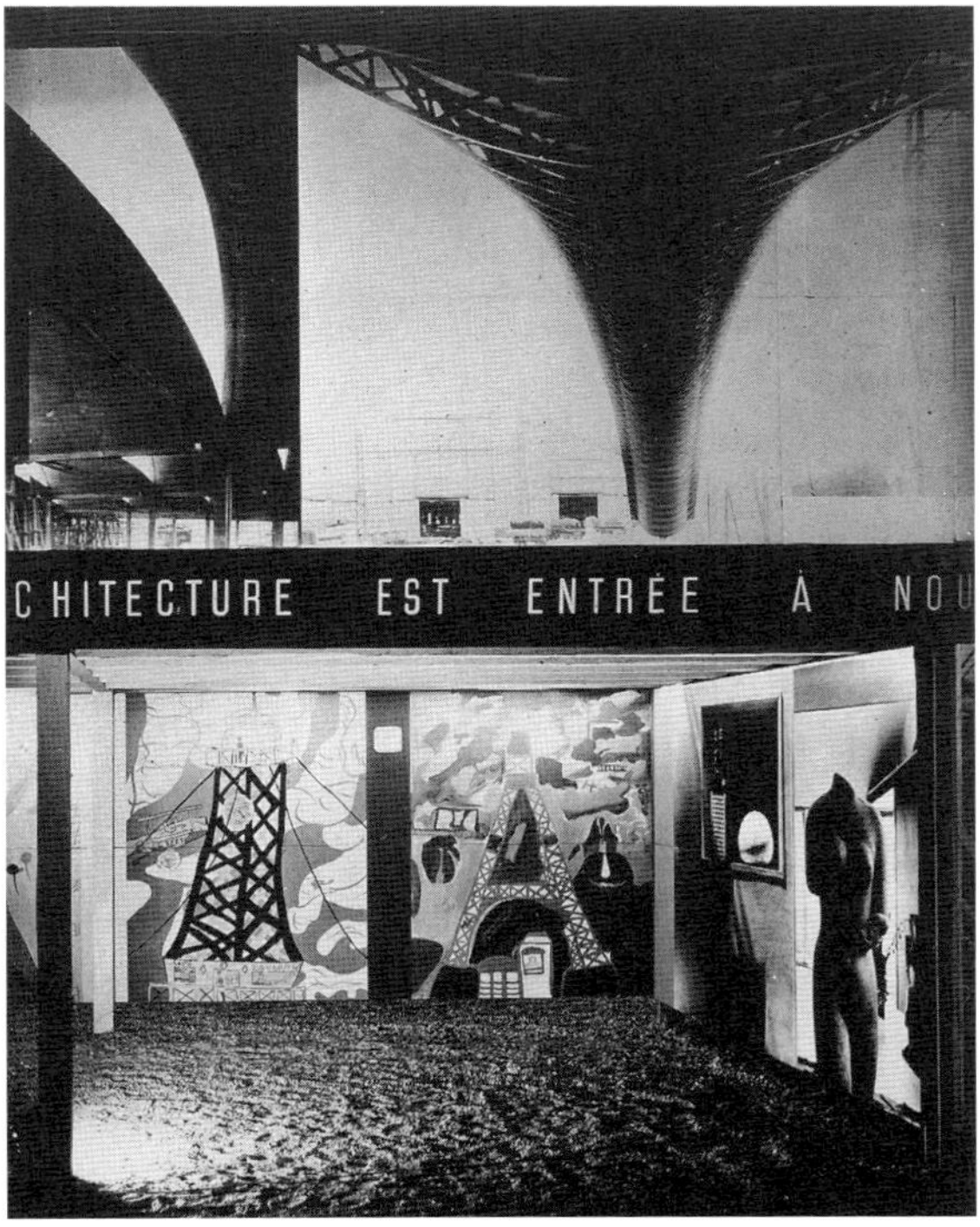

1937 年、パリ万国博覧会でのル・コルビュジエのパビリオン「新時代館」。テント状の外観（上）と内観（下）

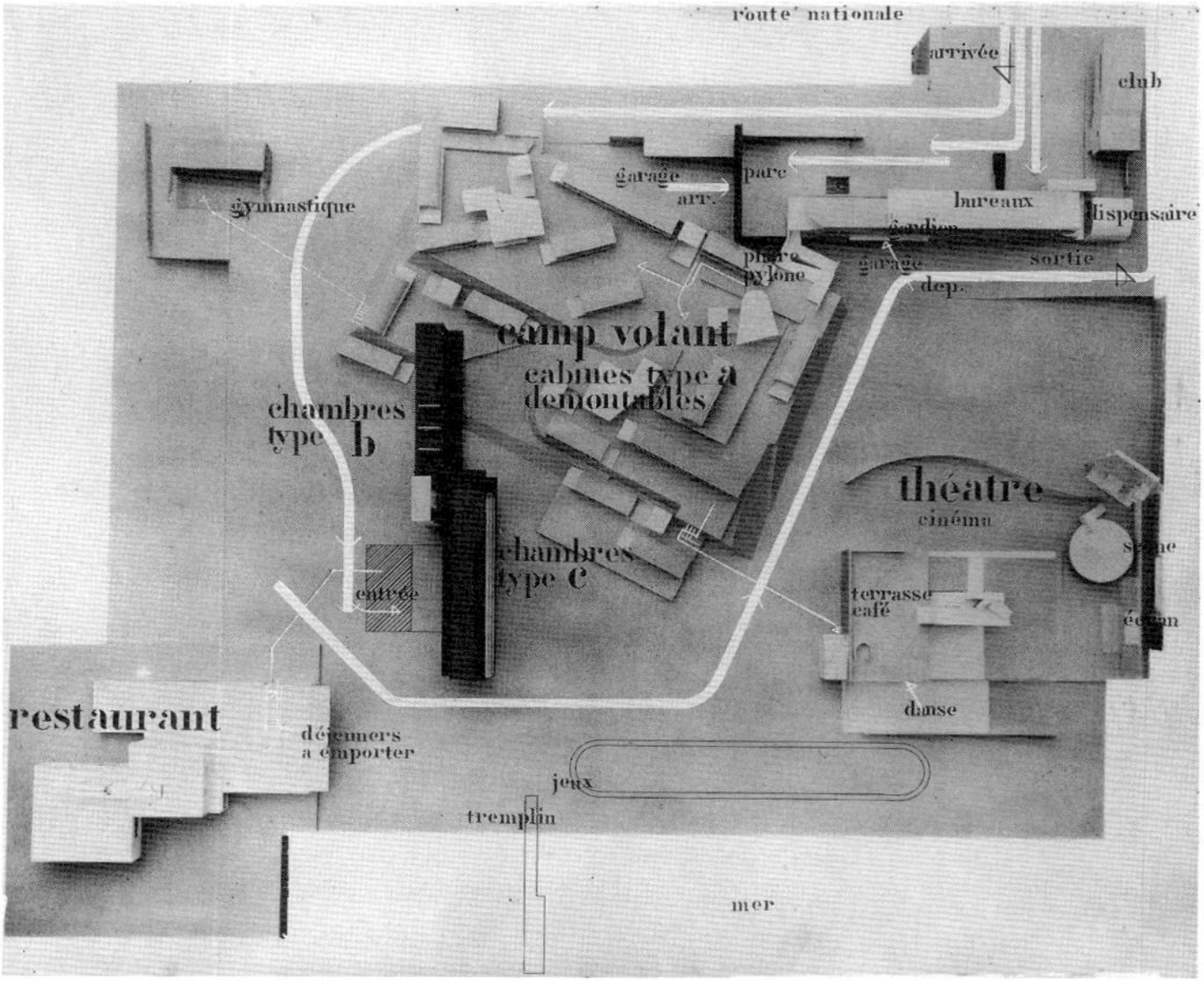

た。またバドヴィッチの作品も一点展示されることになっていた。一九三四年につくられた精巧な救命ボートで、水に当たると自然に膨らむというものだった。舳先にはE7(＝E・G)という文字がついていた。

アイリーンは例によって用意されたままの展示台では満足しなかった。ルイーズは壁をおおうコルクを探しに街中走らされた。アイリーンとルイーズは八枚のパネルをコルクと艶消しの銀素材でおおった。据えつけもすべてふたりでこなした。大工のロアッティーノがカステラーから呼ばれて、アイリーンが段ボール箱と紙で工夫した不安定な模型から完成品をつくる手伝いをすることとなった。ロアッティーノは四週間のあいだ朝から晩まで仕事をしつづけた。アイリーンは自分の仕事部屋でずっとロアッティーノの隣に座りこみ、「寸分のずれもないように」確認していた。アイリーンの展示作品はついに完成した。模型の上に掲げられたセルロイド板にはこう書かれていた。

「ヴァケーションセンター」
地方クラブ、宿泊設備
――アイリーン・グレイ作

もうひとつの板には、こうあった。

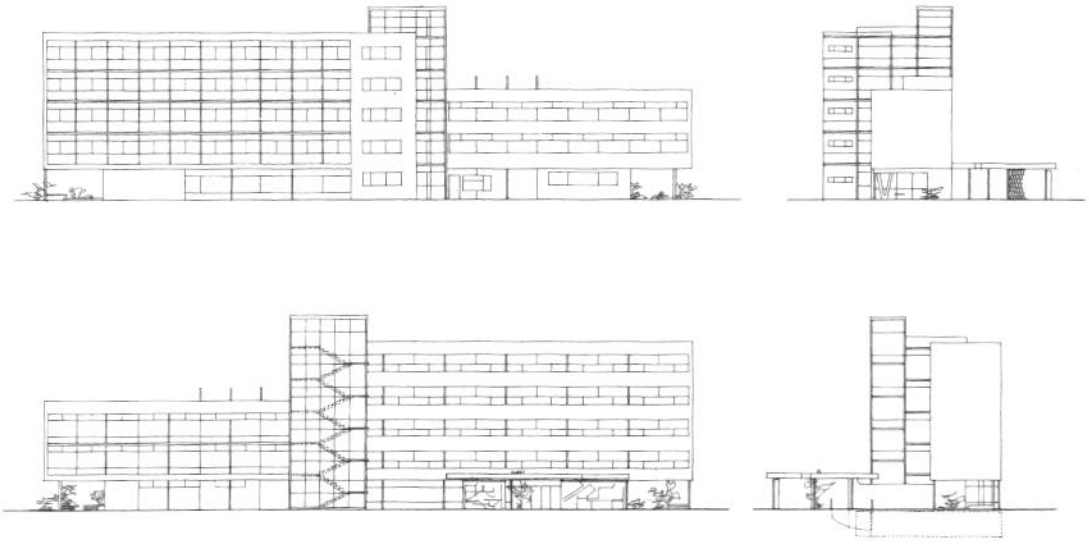

ヴァケーションセンター
（計画 1937 年）。
右ページ・「新時代館」にて
展示された模型。中央に
移動式キャビンを配した
キャンプ場。道路をはさんで
右隣に野外劇場の施設。
上・同（俯瞰写真の左手から
水平に見る）。左が宿泊棟、
右がレストラン棟。
左・宿泊棟立面図。ダブルと
シングル 2 種の寝室を 2 棟に
振り分けている

「新式人命救助用具」
――ジャン・バドヴィッチ作

そして部屋の中央にバドヴィッチのボートが置かれていた。

パビリオンは七月十七日に公開されたが、アイリーンはその日も出ていかなかった。例によってやきもきしながら歩きまわったり、何ひとつ用意できていないと腹を立てたりしていたので、ルイーズとロアッティーノだけが出かけた。パビリオンには主催者も役員もひとりも来ていなかった。ル・コルビュジエが立ち上がって手短に言った。「誰も来ていないが、パビリオンの開館をここに宣言する」。

それからもアイリーンは自分ひとりの殻に閉じこもっていた。アイリーンの内面には内気と不機嫌と横柄さが混ざりあっていて、個人的にも仕事のうえでも人づきあいができず孤立していた。博覧会が実現するように力を貸し、オープニングに参加するように頼まれても協力することはできなかった。以前、アポリネールと食事をする約束が実現せずに終わってしまったことがあったが、そのころからアイリーン自身あまり変わっていなかった。

けれども、ル・コルビュジエはそんなアイリーンに対し

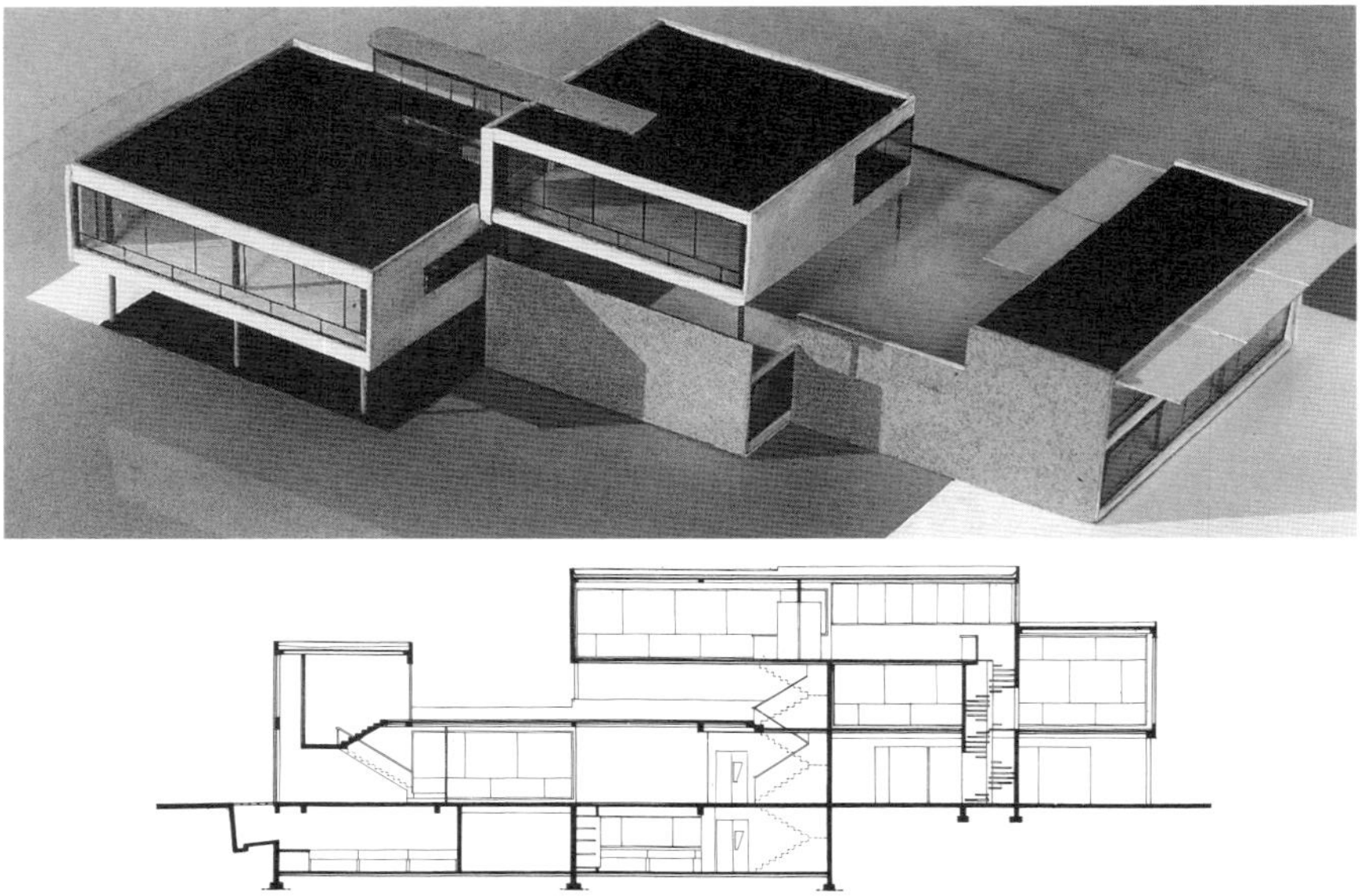

ヴァケーションセンター、レストラン棟の模型と断面図

て少しも悪い感情を抱いていないようだった。ル・コルビュジエは博覧会の内容に合わせたパンフレットをつくり、バドヴィッチに手紙を書いた。「パビリオンのパンフレットの試し刷りが届きました。まあまあです。君の作品について二ページ、アイリーン・グレイについて二ページ割いたが、なかなかのできばえです。きっと気に入ってくれることと思います。ご親切に感謝しているとアイリーンにもう一度伝えてください。彼女と何度か会うことができて幸いでした」

「大砲、弾薬？　結構！　宿を……どうぞ」（一九三八年）と名づけられたこのパンフレットのなかで、ル・コルビュジエはアイリーンの作品についても同様に情熱的に書いている。

ヴァケーションセンターはどこもレジャー向けにできている。（新しく法律で）有給休暇が（義務的に）定められた結果、一九三七年夏、田舎はその恩恵に浴したいという人びとでいっぱいになった。この国の生活に新しい事態が起こったというわけである。ホテルの経営者たちはあまり金儲けにはならないのでいい顔をしないが、それ以外の人びとは新しい方向を見いださなければいけないと感じている。人びとは自然とふれあい、修道院に入り、調べ、勉強し、これまで知らなかった自由へと解き放たれる。ここに紹介するのはじつによく考えられたプロジェクトである。海辺に位置し、なかには最新のサービスと配送機能を備えたレストランもある。……移動式のキャンプ場は入ってくる旅行者の量によって簡単に建てたり、畳んだりできるキャビンでできている。野外の劇場と映画館で（娯楽プログラムを）提供できるようになっている。劇場の出演者（どういう人たちか？ 新進のおそらくアマチュア）は、舞台が田舎にあれば新鮮な詩心にあふれた表現が可能だということに気がついて喜ぶだろう。

ル・コルビュジエがこんなにも熱をこめて語っているわけは誰にだってわかるはずだ。アイリーンはあらゆることについて考えていた。どんな食事を出すのかといったようなことまで。将来どんなことが流行するか予想して、一階にセルフサービスのレストランとスナックバーを置くことにした。二階は決まった価格で簡単な食事がとれるようにした。三階はセルフサービスのレストランとダンスフロアになっていた。窓は大きなテラスに出られるようにつくってあった。

アイリーンの細部にこだわる感覚はいじましいほどで、テントの説明にもよくあらわれている。つまり、「人ひとりの力で建てることができ、オートバイや車で運べるくらい軽い。プラスチックの円盤のようなものがいくつかついていて、夜風を通すには十分広く、野良犬が入るには小さすぎるようにできている」。アイリーンはそのセンターのためにテーブルや椅子を中心として、家具もいくつかデザインしている。しかし、それらはどれも完成をみなかった。

アイリーンはいくつもの家の設計をしたが、完成しなかったものもある。しかし、初期のアイディアのなかのいくつかは後の製図に具体化された。たとえばエンジニアのための家はレストランのモデルになった。キャビンはチューブハウスを発展させたものだし、いろいろなサイズの多種多様なテントのスケッチもある。劇場はギリシャの劇場をかたどったもので、野外舞台があり、映画や演劇を公開するときに融通がきくようになっていた。このプロジェクトのなかで最大の欠点は、家族連れで来ている人のための宿泊施設であろう。アイリーンがデザインした建物は快適にできてはいたが、どちらかというとむかしからよくある月並なものだった。これほどスケールの大きいものを設計したのははじめてだったので、アイリーン自身、どうしたらいいか十分にわかっていなかったように思える。とはいえ、両方の側面に違ったデザインの窓をつけた処理の仕方などは、さすがにおもしろみがある。後になると、もっと大きい建物や実験的に描いてみた摩天楼のデッサンも残っている。

偶然、一九三七年のその博覧会のなかのマルサン・パビリオンで、ふたつの作品が展示されていた。「一九〇〇年から一九二五年の暮らしの装飾」というパンフレットには次のような記載がある。

ミス・グレイ［原文はGreyと誤記］
一一一七　漆のスクリーン　一九一三年
　マダム・ジャック・ドゥーセ蔵
一一一八　赤い漆のテーブル　一九一三年
　マダム・ジャック・ドゥーセ蔵

はたしてこのふたつの家具の作者が新時代館で作品を展示しているアイリーン・グレイその人であると気づいた者がいたかどうかは疑わしいし、アイリーンも自分でそのことを言いだそうとしなかった。

ル・コルビュジエとアイリーンの関係というのはどうもはっきりしない。ル・コルビュジエはアイリーンの作品を、とくに「ロクブリュンヌの家」を称賛してくれた。アイリーンはいつもル・コルビュジエをコルビュという愛称で呼んでいた。この愛称は、彼が角《つの》型の柄のぶあつい眼鏡をかけていて、まるでカラス（フランス語でコルボー）みたいに見えるところから友だちや建築家仲間がつけたものだった。アイリーンとコルビュのあいだのやりとりはいつでも非常に堅苦しいものだった。ル・コルビュジエは荒々しくぶっきらぼうだったので、アイリーンほど内気でない人でも、なんとなく脅迫されるような気がしただろう。お互いにもっとよく知りあえば、きっとふたりは数多くの共通点を見いだしていたかもしれない。ふたりとも人類に関して強い道徳的信条をもっていた。ふたりに共通していたのは目的意識の強さと、自分のしてきたことをすべてより調和的な環境を創造することに捧げたいという願望だった。

アイリーンがシャルル＝エドゥアール・ジャンヌレに出会ったのは一九二〇年代のはじめで、それ以前（一九二〇年）から彼はル・コルビュジエと名乗っていた。そのころル・コルビュジエのアトリエは、アイリーンのアトリエから角ひとつ曲がったジャコブ通りにあった。アイリーンが建築を真剣に興味の対象としはじめたころ（一九二三年）、ル・コルビュジエの『建築をめざして』が出版された。もっとも、アイリーンはもっと早い時期にル・コルビュジエの著作をたくさん読んでいた。アイリーンは「レスプリ・ヌーヴォー」を全巻持っていたが、この雑誌は一九一九年にル・コルビュジエとオザンファン、ポール・デルメの三人によって「偉大な新時代がいま始まった。明快な着想による建設と統合の精神を」という言葉で刊行が開始されたものだった。この雑誌がアイリーンにあたえた影響は大変なものだった。ル・コルビュジエは、自分のデザインしたものはどんなものでも大量生産できるものでなければいけない――それは人類に対する道徳的な責務といってもいい――という考えをもっていて、それはアイリーンがその後デザインをするうえでの、はるか遠くの目標となった。アイリーンがすばらしいと思ったのは、ル・コルビュジエの人間性とスペースに関する理解力だった。新しい審美的な言葉を駆使して書かれた彼の文章を読んで、アイリーンはそれまで自分がしてきたこととときっぱり関係を断つことになった。まるで自分自身の性格にぴたりと一致するフォルムをそこで発見したかのようだった。活動を始めた当初、アイリーンは自由をもたらす力としてアールヌーヴォーに傾倒していたが、すぐにそのおおげさな表現を拒否するようになった。イギリス、オーストリア、ドイツなどで起こったようなもっと地味なアールヌーヴォーでも、とにかく心にしっくりこないのだった。そこへル・コルビュジエがあらわれて、アイリーンははっきりと心を決めることができた。これからはデザインも建築も明確で実質的な意見を提示するものでなければいけない。ル・コルビュジエやミース・ファン・デル・ローエやグロピウスと同様に、アイリーン・グレイもまずなによりも芸術家であった。抽斗や照明の備品の機能性は、いまさら言う必要もないものだと考えられた。

バドヴィッチを通して、アイリーンはル・コルビュジエと連絡をとりあっていた。バドヴィッチとル・コルビュジエはよくふたりで過ごしていた。ふたりともおいしいものやおもしろい話が大好きで、子供が悪ふざけをするように大騒ぎをしたりしていた。アイリーンにはそんなことをしている暇はなかった。アイリーンは度をすぎた厳格な礼儀作法を身につけ、すぐに怒りだす神経質な面をもちあわせていたので、自然に足が遠のいた。しかし仕事のうえでは、アイリーンはル・コルビュジエを忠実に踏襲していった。

一九二四年、アイリーンはル・コルビュジエがいとこのピエール・ジャンヌレと一緒に画家オザンファンのために建てた家を訪れた。バドヴィッチがそのことについて熱心に書き記している。一九二八年、ピエール・ジャンヌレの手を借りてコルビュはヴィル・ダヴレーにある古い家〔チャーチ邸〕を改築した。この家にコルビュはシャルロット・ペリアンとともにデザインをした家具を入れた。アイリーンはこの家具に好奇心をそそられた。アイリーンがE1027のためにデザインをしたものに少なからず似ていたのである。アイリーンはル・コルビュジエが同年に着工したサヴォワ邸にも行っている。アイリーンがロクブリュンヌに家を建築する数年の間、バドヴィッチは、「ラルシテクチュール・ヴィヴァント」にル・コルビュジエの建築をすべて論評していった――ドクトゥール・ブランシュ通りのラ・ロッシュ邸、ダンフェール＝ロシュローの家〔クック邸、一九二六年〕……。アイリーンはこれらの家の図面を数多く目にした。ここから多大な影響を受けたことは疑う余地がない。

多くの場合、アイリーン・グレイとル・コルビュジエの考えはだいたい一致していた。一九二八年、ル・コルビュジエは「ラルシテクチュール・ヴィヴァント」に家のなかのインテリアデザインに関する文章を書いている。このなかでル・コルビュジエが提唱している解決法には、アイリーンがE1027で使ったのとほとんど同じものもあった。たとえばテーブルについては、次のように書かれている。「ダイニングルームを占領してしまう大テーブルに一生邪魔されつづけるというのだろうか？　こんな賢明な案もあるのだが、〇・八×一・二メートルくらいの小さなテーブルをつくる。種類の違うテーブルを五台置くかわりにわたしは同じ種類を五台、それを隣合わせに置けるようにした……場所も自分で簡単に変えられるようにしてある」

アイリーンはル・コルビュジエの才能を称賛はしたが、彼の考え方をやみくもにまねしたのではなかった。この偉大な建築パイオニアの影響を受けはしたが、けっして安易に模倣することはなかったのである。アイリーンのつくった建物はどれも独自のきらめく魂に貫かれていた。建築についての経験が少なかったために、かえってただ模倣をしているだけの他の建築家ならすぐに失ってしまうような新鮮さと清純さが保たれていた。「エンジニアの技術は、それが人間的欲求に導かれていなければ十分とはいえません」とアイリーンは書いて、家は「住むための機械」であるというル・コルビュジエの考え方を否定している。「家は住むための機械ではない。人間にとっての殻であり、延長であり、解放であり、精神的な発散である。外見上調和がとれているというだけではなく、全体としての構成、個々の作業がひとつにあわさって、もっとも深い意味でその建物を人間的にするのである」

一九三七年当時、アイリーンはル・コルビュジエに対して愛想よく接していたが、ある程度距離をおいていた。顔を合わせることはめったになかった。アイリーンはたいていカステラーの家で過ごして、ときどきバドヴィッチと会って静かに昼食をともにした。

翌年ル・コルビュジエは妻のイヴォンヌを伴って、「ロ

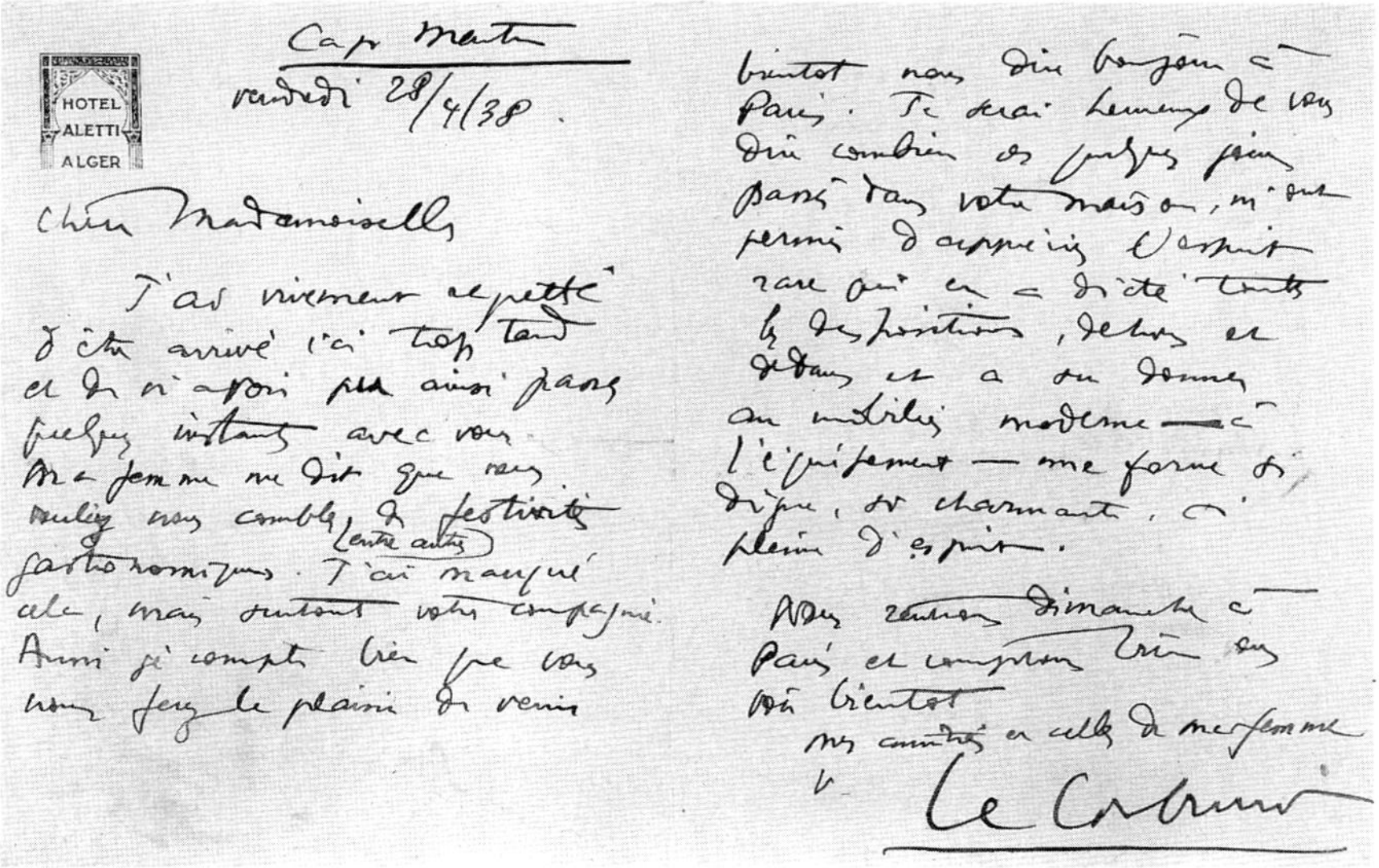
HOTEL ALETTI ALGER

Cap Martin
vendredi 28/4/38.

Chère Mademoiselle

J'ai vivement regretté d'être arrivé ici trop tard et de n'avoir pu ainsi passer quelques instants avec vous. Ma femme me dit que vous voulez nous combler de festivités (entre autres) gastronomiques. J'ai manqué cela, mais surtout votre compagnie. Aussi je compte bien que vous nous ferez le plaisir de venir bientôt nous dire bonjour à Paris. Je serai heureux de vous dire combien ces quelques jours passés dans votre maison, m'ont permis d'apprécier l'esprit rare qui en a dicté toutes les dispositions, dehors et dedans et a su donner au mobilier moderne — à l'équipement — une forme si digne, si charmante, si pleine d'esprit.

Nous rentrons dimanche à Paris et comptons bien sur vous bientôt
mes amitiés et celles de ma femme
Le Corbusier

カップ・マルタンから投函されたアイリーン宛ル・コルビュジエの手紙
(1938年4月28日付)

クブリュンヌの家」に住むバドヴィッチのところに二日間滞在した。アイリーンはそのころにはその家を明け渡していたのだった。その後ル・コルビュジエはアイリーンがいなくてとても寂しかったと手紙に書いてきた。「あなたの家で過ごした二日の間に、その家の内外のすべての構造に指令を出している、類い稀な魂を称賛する機会をもつことができてとてもしあわせです。モノトーンな家具とその設営ぶりにこれほどの風格と魅力、機知に富んだ形をあたえているのはその類い稀な魂なのです」。これは、アイリーンがずっと保管していた数少ない手紙のひとつでもあるが、彼女は有頂天になった。アイリーンの家、アイリーンが建てた家だということを認めてくれた人がいる。その人は誰あろう、ル・コルビュジエだったのである。ル・コルビュジエはしばしばE1027まで出かけ、とくに戦争後はアップルグリーン色の愛車フィアットを丘まで走らせ、二、三日バドヴィッチと過ごしたりした。しかし、一九四九年バドヴィッチに宛てた手紙(現在ル・コルビュジエ財団に保管)をみればわかるように、この家のことを批判するようになった。とくに気に入らなかったのは入口の曲がりくねったスクリーンで、それは「まがい物」と見なしていた。ジャンにはそれはとってしまったほうがいいと進言している。「部屋をつくりかえて、入口はまるっきり別物にして

E1027 ピロティ下の壁に描かれたル・コルビュジエのフレスコ（1977年に修復）

しまおう」。入口をスクリーンで隠すことによってプライバシーを生みだそうとするアイリーンのすばらしいアイディアに対して、ル・コルビュジエは理解が不足していたし、バドヴィッチは不幸にも反論する術を知らなかった。さいわいル・コルビュジエの提案は採用されなかった。しかし、この出来事は意外に深い根をもっている。

一九三〇年代半ば、ル・コルビュジエは壁画に並々ならぬ意欲を示しはじめた。友人たちにその家の壁に絵を描かせてくれるように頼むようになり、一九三五年にはヴェズレイにあるバドヴィッチの家に壁画を描いている。三年後、今度はE１０２７にアイリーンの許可を得ずにフレスコをいくつか描いた――アイリーンは心の底から憤りを覚えた。ル・コルビュジエは壁にフレスコを描くために入口ホールのサービスドアを閉め、アイリーンが考案した両面使いを取り払ってしまったのである。アイリーンのつくった明確でありながら意識して強さを抑えた家を、あからさまにセクシャルな、けばけばしい絵でおおいつくしてしまった。アイリーンに言わせれば野蛮な行為だった。リビングルームのソファの後ろの真っ白な壁にも大きなフレスコが描かれた。部屋全体がそのフレスコに威圧されてしまった。家中フレスコだらけだった。全部で八作（ル・コルビュジエは九作だとか七作、あるいは八作だと言ったりしていたが）、一九七九年の段階で、そのうち五作が残っている。

一九六〇年、ロンドンで出版されたル・コルビュジエの著書『マイ・ワーク』にはこのフレスコのなかの一点の写真が掲載され、キャプションには「カップ・マルタンの別荘にある七つの壁画のなかの一点」と書かれている。この本には「一九三八―三九年、カップ・マルタンにあるバドヴィッチとヘレン〔原文はHelenと表記〕・グレイの家に（ただで）描かれた八つの壁画」のことも出てくる。こうなると、もはやレイプである。建築家仲間としてアイリーンが感服していたその男が、アイリーンのデザインを許可も得ずに醜くしてしまったのである。ル・コルビュジエはアイリーンのつくった壁をほとんど塗りつくしてしまったが、

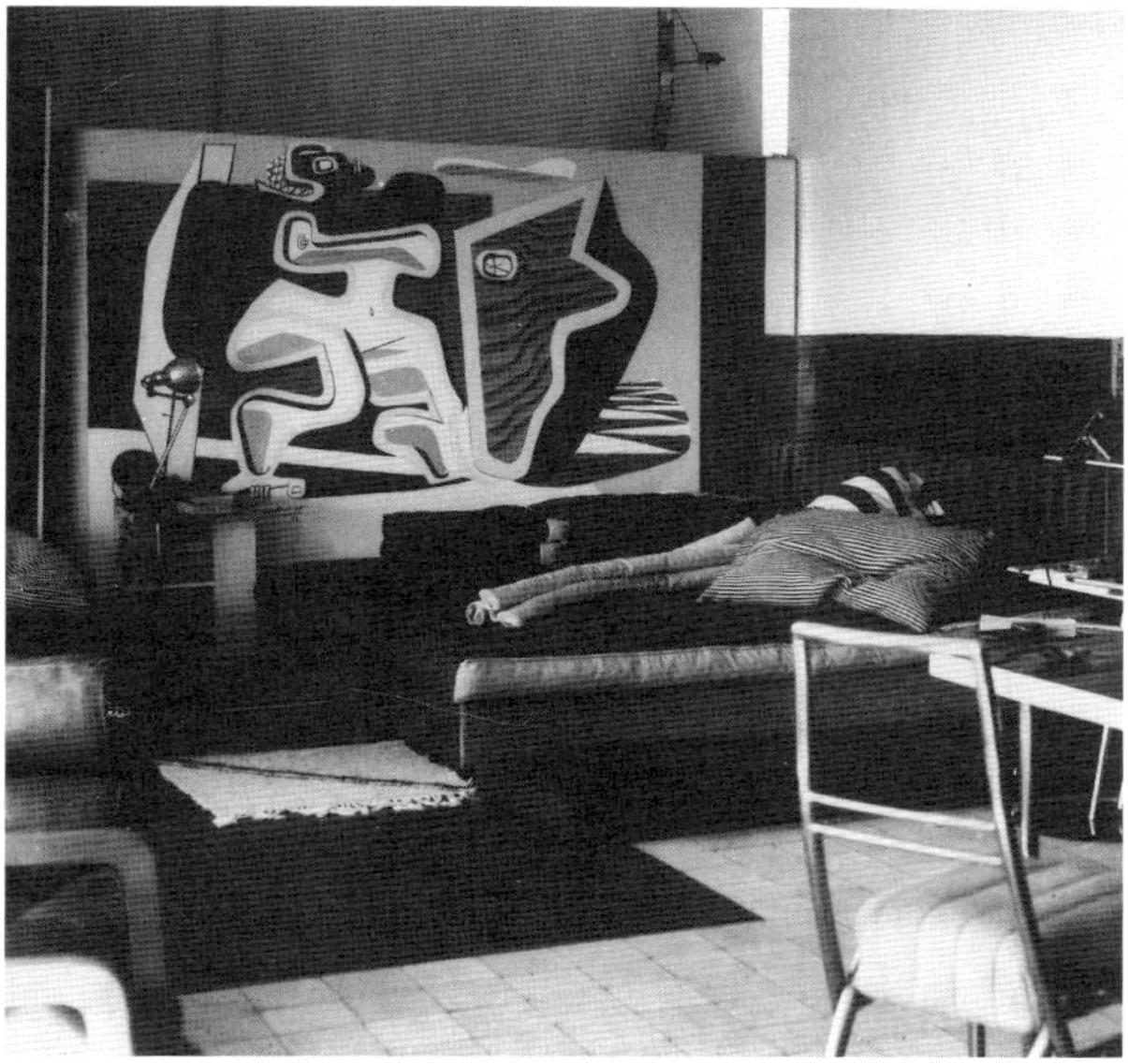
居間、ベッドわきの仕切り壁にもル・コルビュジエのフレスコ

玄関ホールの壁画の前にてル・コルビュジエ夫妻とバドヴィッチ

アイリーンが抽斗や戸棚の中身がわかるように工夫した整然とした見出しはいくつか残した。「笑わないこと」とか「のろのろとお入りなさい」という機知に富んだふたつの銘文は壁画のなかに組みこまれた。後者については、フレスコのなかの黒い部分で入口を意味するという利用の仕方をした。

この数年の間に、アイリーンは視力が落ちていることにはじめて気がついた。これは大変な衝撃だった。手も震えるようになっていた。人前で食事をするとどぎまぎすることが多くなったので、レストランへ行くのはやめて家で食事をとるようにした。友だちはどんどん少なくなっていった。ときどきはジャン・バドヴィッチをカステラーに招いたり、ケイト・ウェザビーやエヴリン・ワイルドに会ったりしていたが、それ以外は姪で画家のプルネラ・クロウと親しくなっていた。この姪は類い稀な知性を備えていて、そこにアイリーンは自分と同じ血筋の魂を見いだしたのだった。ふたりとも仕事が生活の中心となっていた。そしてふたりとも従来の分類ではどこにも位置づけられないタイプで、そのことが例をみない自由をもたらすもとになっていた。これからも長く続くふたりの関係にアイリーンは自分の血縁本能のすべて、守るという感覚と守られたいという欲求を注ぎこんだ。アイリーンが死ぬまで、プルネラ・クロウは唯一の命綱となった。プルネラがいなければ、その後の孤独な状況を打ち破ることはとても不可能だっただろう。

第二次世界大戦

戦争が始まったその年を、アイリーンはカステラーで過ごした。一九四〇年、ドイツ軍がフランスの首都パリに侵攻したとき、ルイーズはそこにいた。アイリーンはルイーズに、一刻も早くパリから離れて自分のもとへ来るようせきたてた。ルイーズはアイリーンのペルシャラムの黒いコートと小さな宝石を持って南方への苦しい旅に出た。首都からの列車はもうなかったためヒッチハイクをしなくてはならず、彼女はトラックに乗せてもらい、夜は野外で寝た。アイリーンはしばらくのあいだ彼女の消息がつかめなかったが、なんとかマントンで落ち合おうと約束していたので、毎日出かけていって彼女の姿がないかと探し歩いた。ある日、ついにアイリーンは「マドモアゼル！」という叫び声を聞いた。ルイーズであった。

カステラーにとどまっていることもできなくなった。外国人居住者であったアイリーンは海岸線付近に残っていることが許されなかったのである。すべての外国人は内陸へ移動せよと命令された。ある日、ふたりの憲兵がやってきて、翌朝の八時までに家を立ち退くよう言った。ふたりは荷物をまとめて小さな車のなかに積みこみ、大部分の所持品を残したまま、その夜家をあとにした。ケイト・ウェザビーとエヴリン・ワイルドも家をあきらめざるをえなかった。アイリーンはヴォクリューズ県エクスの北側にある小さな街、ルールマランに行くことにした。というのは、彼女の旧友である建築家のアンリ・パコンと彫刻家のマルテル兄弟が古城にこもっていたからであった。そこにはすでに大勢のイギリス人が住んでいたが、そのほとんどはひとつしかないホテルに滞在していた。四人の女性はホテルに住むことも他の「疎開人」に混ざって生活するのも好まなかった。ケイトとエヴリンはルールマランにほど近いロワント・バスティードというところに小さな家を見つけ、アイリーンは街なかにある家を借りた。その家は大変簡素で、風呂のないふたつの部屋と旧式の料理用ストーブがついた小さな台所があるだけだった。玄関に近い部屋をルイーズの寝室にして、アイリーンはその後ろの部屋を使うことにした。そこに彼女は二本の架台を据えて、その上に厚い板材を置いた。これが彼女の作業台となった。

ルイーズが家事をしているあいだ、アイリーンは隔離された退屈さと刺激のなさを、仕事をすることで打ち負かそうとして過ごした。夜になって激しい夏の暑気が退くと、ふたりは料理用ストーブにくべるための木を集めに長い散歩に出かけたものだった。食糧は欠乏をきわめていた。「田舎においてさえも食べるものが何もない。ほんとうにひどいありさま。早くこんな日々が終わるように願うばかりです」。彼女は一九四二年、こんなふうに手紙に書いている。「コーヒーもミルクもなく、野菜さえもめったにお目にかかれない」。いつだって何か考えだすルイーズは、野原でサラダとなる材料や果物をどうにか集めてきたりした。ケイトとエヴリンは一頭の山羊を飼っており、砂糖や卵と交換に、毎日一リットルのミルクをアイリーンの家に届けにきた。ルイーズは二羽の鶏を飼育しており、それを籠のなかに入れて自転車で野原まで運んではそこに放し、気ままに走りまわらせていた。あるときアイリーンは年寄りの農夫から一匹の兎を買うことができた。彼女たちはたちまちその動物が好きになってしまい、もはや食用にするなどということは思いもよらなかった。ケイトも一匹の兎を買ったが、ある朝アイリーンは兎たちが小さな集団を構成しているのに気がついた。

一時、アイリーンはイギリスに戻ろうかと考えたことがあった。だが彼女のルーツは、そうするにはあまりにも深くフランスに根づいていたのだった。「耐えられないほどホームシックになるにちがいない」。彼女の手紙は美しい田園風景を描写した叙情的な句節に満ちあふれていたが、同時に「仕事から切り離されているのがひどくつらい。生きていく価値なんて仕事しかないのに」とも書いている。

一九四二年秋、彼女は数日間だけではあったがサントロペに戻れることになった。「ルールマランの生活はほんとうに孤独です」と彼女は手紙に書いている。そこで彼女はもう一度リスボン経由でイギリスに行こうかと考えた。通常のルートはドイツ軍によって遮断されていた。しかしアイリーンはすぐにこの考えを捨てた。「フランスを離れるなんてひどすぎる」。アイリーンは不平不満の人ではなかった。自分自身を状況の犠牲者に見立てることを好まなかった。彼女はまた、自分の苦境が戦時の他の大勢の人びとに比べれば楽なものであることもよく知っていた。しかし彼女はもうすぐ七十歳になろうとしており、健康もすぐれ

第2次世界大戦中にアイリーンが描いたグワッシュ

なかった。「個人というものが多くの人格に分断されていたこの時代には、おそらく「怒り」が最大の励ましとなる感情で、突然、人が人らしくなるのです」。さまざまな怒りをかきたてることで彼女は苦境に対抗し、以前もそうであったように仕事に慰めを見いだした。彼女は残っていた材料を掻き集めてデッサンをしたり、グワッシュを描いたり彫刻をつくるなどした。そしてほとんど連日連夜、建築について書きつづけていた。

これらのドローイング――どれにも日付が記されていないのだが――のなかには展示会用のスタンドやキオスク用の数字がついているものがある。おそらく何かの建築博覧会用に予定されたが、実際には使われることがなかったのだろう。展示案内館のドローイングと、一風変わった三七・五メートルの高さの塔のようなドローイングもあり、これはロシア構成主義の彫刻に似ていなくもない構築物だった。他のスケッチにはバス待合所のようなものを描いていて、彫刻的な屋根を二本の柱が支えているものがある。

ときどき無味乾燥な食事の最中に、彼女はテーブルを離れ仕事に戻ったりした。しかし、仕事をするのは容易なことではなかった。というのは関連資料もなければ図書館もなく、まるで外界とのつながりがなかったからである。バドヴィッチがときおり彼女のもとに、戦争中に発行された

数少ない建築関係の評論記事を持ってきてくれた。またアイリーンは友人ふたりとフランス人の外交官クーヴ・ド・ミュルヴィルの田舎の家に招かれることもあった。およそこの三年間で社交的な接触といえばこれくらいのことしかなかった。それにもかかわらず彼女は世間との接触を保ち、皮肉の精神を失うまいと努めていた。ピカソまで抑留されたという噂について尋ねられ、こう書いている。「そんなことないでしょ。聞くところによると彼はいまカンヴァスを二〇万フラン以上で売っているらしい。絵を描くという観点からすれば、これは抑留されることなんかよりも最低の事態ではないかしら」。また、イギリスへの手紙のなかにこう書いている、「人が自分のやりたいことすべてから切り離されて、こんな混沌とした情勢におかれたときは、たとえ人が笑ってくれなくたって、ある種ナンセンスというものが必要だ。ナンセンス、ひとつ同封します」。そして彼女は雑誌から切り抜いたお気に入りの漫画をひとつ封筒のなかに入れている。

バドヴィッチはカサブランカへ行っており、そこで購入した土地の図面をアイリーンに送ってきた。彼はもう一度アイリーンに自分の家を設計してもらいたかったのである。アイリーンは何点かの設計プランと模型をつくった。これらは不運なことに他の図面とともにサントロペへ送られ——アイリーンの住まいは狭すぎたので——紛失の目に遭ってしまった。

アイリーンはバドヴィッチについてあまりふれたがらなかったが、彼が独力ですべての設計をおこなったのは一回だけで、そのプロジェクトについて彼女はこう言っている。「ポン・ド・セーヴルの右岸にある家だけれど、悪い設計ではないわ」。彼女は一度それを見に行き、エレヴェーションの修正を手伝った。これは大戦直前の出来事だったにちがいない。バドヴィッチは依頼人とうまくゆかず、この計画は完成をみなかった。もちろん彼にはヴェズレイでの修復の仕事が何軒かあった。これにはアイリーンも一九二五年から一九二六年にかけて携わっているようだ。彼女の記録によると「ダカールのプロジェクト」という仕事もしている。

彼女はそれまでの自分の経験を記録することに時間を多く費やすようになった。茶色の背表紙の本に心によぎった事柄を書きとめている。そこにはときどき、彼女のほとんど空想的ともいえる将来への夢がのぞかれる。たとえば「都市生活」と題された一文がある。「街づくりにあたってなくてはならないもの。純粋で精神的な事柄とともにある生活をしたいと願う人びとのための特別な場所。学者や音楽家、作家といった人たちが近代的生活のはらむ危険に身をさらさなくてすむために」。さらに彼女がこう言っているのには心を動かされる。「トラックに轢かれる危険がないような……一般の人びとと違ったレベルのところで生活しているようにみえるこれらの人びとは、つねに物質的な面で容易に傷ついてしまう。そんな人たちのためにスタジオとか作業場といった特別な場所を提供しなくてはいけない——共同で使うようなものであっても——そこでは完全に自分たちだけでいられる。（野外でもいいかもしれないが）何にも邪魔されることなく平和で、アイディアを練ることだけに情熱を注ぐことができる」。アイリーンは夢想家でもあった。社会が面倒をみなくてはならないような芸術家たちの純粋でプラトニックなアイディアが彼女にとって重要なのだった。が、一方で現実的でもあった。彼女は芸術家といえども他の人びとと同じように一般社会との接触をもつことが必要で、どんなに固く信念をもっていたとしても密室で創作することなどできないということを知っていた。

ロンドンの姪は事故にあってしまっていたが、彼女に宛てた手紙でアイリーンはこう書いている。「アーティストは絶対に車を運転しないこと。第一に彼らの存在が大切なのだし、次に運転しているといろいろな考え事ができない。そして目にいつも緊張を強いるのだから」。アイリーンにとってアーティストは特別な保護の必要な人種だったのだろう。

意外なことに、アイリーンは海辺の教会についてのいくつかのノートを残していた。浜辺で波に洗われてできたまるい石が使われており、屋根はセメントでできたアーチ形の天井でその丸石が埋めこまれており、内壁には自然の木材を使うようになっていた。アイリーンはキリスト教のいう意味での信仰心が深いほうではなかったので、教会に関する彼女のノートには信仰とかキリスト教への思い入れといったものはおよそみられない。そこにあるのは、ある建築物への建築家の対応といったものしかない。

年をとってからは彼女も願い事を念じるといったことをするようになったが、いわゆるキリストの父なる神を奉じるということはなかった。日常生活でよく起きる失くしもの——眼鏡とか補聴器、新聞の切り抜きなどが見えなくなったりすると、ルイーズとアイリーンはお互いを猛烈に責めあう。そして大声で聖アントニーに祈りだすのだった。「聖アントニーさま、大泥棒で年寄りの悪戯っ子さま。わたしたちからとりあげたものを返してちょうだい。それはあなたさまのものじゃないでしょうに」。不思議なことに、こう祈った後にはその失くした品物が出てきたりして、仲直りしたふたりは笑いころげるのだった。

まじめな話としてはこう書いている。「わたしはいままでテイヤール・ド・シャルダンのように信心深くはなれなかった。わたしは、結局人間が帰っていくことになる天地万物に宿る精神というようなものしか信じることができない。だけどそれ以前はなんなのだろう」。彼女の関心は「以前」であって「以後」ではない。「以後」のことは素朴な信仰といったもので心やすらかだった。「誰かがついにやってきて、わたしたちを取り囲んでいるものには意味があると教えてくれるのだろうか？」

九十歳代には、ある手紙にこう書いている。「最近、細胞はそれ自体エネルギーに変換されるという話を何かで読んだのだけれど、それでは来世というものはないのだろうか。たしかにそれは物質的実体が何か物質的には実体のないものに変わるという現象です。これはわたしたちの肉体にも起こることだろうし、そしてなぜこれだけ多くの「学者たち」もまたこれを信じているかを説明してくれるものでしょう。とにかく何か仕事をするということだけが、たとえそれがおよそなんの役にも立たないようなことであったとしても、人生に意味をあたえる助けとなるのです」

ほかにはこんな考察もある。「宗教はみな中世的に思える。われわれの個性は肉体的特質によるところが大きいのだから、異次元に行くとすると、まったく個というものをもたない幽霊になってしまうわけだ。わたし自身はその変化がくることにやぶさかではないが」

アイリーンはこのころも書物をいろいろ読んでおり、本からの文章をスクラップブックに書き写すこともあった。彼女のスクラップはヘーゲル、孔子、トロツキー、H・G・ウェルズ、ミショー、コレット、さらに彼女の気に入った詩の引用などで埋まっている。彼女自身の考えを書きとっている箇所もいくつかあり、「E・G」とイニシャルが誇らしげに記されている。自分の思想を本にすることを考えていたのだろうか。彼女が残した文章は彼女の誠実さを伝えてロマンティックである。

「毎日が次の日へと重ねられていくが、これは終わりのない階段のようだ。上っていくうちに、ある日ためらうとそこに隙間が出現し、われわれは「永遠」のなかへと落ちていく」と彼女は書いている。彼女のデザインによくあらわれている詩情は、彼女の書いた叙情的な文章で感じとれるものだ。たとえばこんなふうに。「彼女の瞳の白さは、小さなシルバーフィッシュの内側から輝く肌のように青かった」

アイリーンは体系的に読書をしていたわけではなかった。正式な学校教育をほとんど受けたことがなく、一方で学習への意欲は非常に強かったので、彼女は手当たりしだいに本をめくった。若いころにはコレット、アナトール・フランス、ルパート・ブルックの詩、メーテルリンク、ジッド、オスカー・ワイルド、キーツなどを読んだ。後にフランス人民戦線の影響を受けてレーニンの書いた共産主義経済の本やトロツキー、『ボルシェヴィキの精神』といったものを読むようになった。また、彼女は極東にも興味をもっており、『インド芸術の思想』や『東洋の覚醒』といった本も彼女の書斎には並んでいる。彼女はつねに哲学に強い関心があった。若いときにはニーチェやショーペンハウエルを読み、後には『哲学入門』やカント、エマーソン、ハーバート・スペンサーらの作品を読んだ。パリに行きたてのころ、アリスター・クロウリーを読んだことなどは後では笑いの種にこそなったが、彼女の書棚には心理学や少し変わったジャンルの本、『知識と運命』『美の秘密』というような本や『マグダラのマリア』のような神秘的な書物も加えられていた。

もちろん、美術や建築に関する本や雑誌もあった。マルセル・ブロイヤーやバウハウスに関する本、ジャン・コクトーのデッサン、ジェイムス・アンソール、ジャック・リプシッツ、フランシス・ピカビアの初期の本、そしてビアズリーもあった。シュルレアリスムに関する本も多数あった。

一九四三年の終わりには、ケイト、エヴリン、アイリーン、ルイーズはルールマランを出ることはできたが、まだサントロペに戻ることは許されなかった。彼女たちはやはりヴォクリューズ県のカヴァイヨンという町に移った。ルイーズはアイリーンが脚を怪我したので医師から伝染病という証明書をうまく手に入れ、自分用には看護婦の証明書も取得し、各自にホテルのシングルルームを押さえることができた。ドイツ人がいつ侵攻してきて、フリーゾーンと呼ばれるこの地域を占領するかわからないような状況だった。アイリーンは自分用にハンドルが象牙のリボルバーを買ったが、弾の込め方もわからないまま終わった。

一九四四年には退却中のドイツ軍がサントロペの港を爆破し、住宅地のほとんどが破壊されてしまった。四人の女性たちも現場に急ぎ、惨状を目のあたりにした。それはひどいものであった。アイリーンの住んでいた家も形をとどめていなかった。全部ばらばらで、彼女がルールマランでつくった家具や設計図も台なしだった。アイリーンのパジャマが水のなかに浮かんでいる光景をルイーズはいまも覚えている。ルイーズが泣いているあいだ、アイリーンは木がなくなったのを嘆き悲しんだ。「ドイツ軍は木を全部切ってしまった」。だが、もっと悪いことがあったのだ。彼女たちは列車でマントンまで行き、急な坂を登って「カステラー」に着いた。家は悲惨なことになっていた。徹底的に荒らされてしまっていた。彼女の家具も本もデッサンも設計図もほとんどがなくなっていたのだ。このときはアイリーンも泣いた。自分の服、陶器、食器類だけでなく敷物や家具（ジャン・デゼールでの漆塗りのアームチェアや、「カステラー」のために彼女自身がデザインした三点のアームチェア）も含めて何もかもなくなっていた。ソファやコルクの裏打ちをしたテーブル、彼女がパリのアフリカ展で手に入れ、愛してやまなかった木製のフレームのすばらしい竹のスクリーンも消えていた。犯人は近くの国境を通過した兵隊と、泥棒もいたのだが、つくりつけの家具や壁の鏡までも持ち去っていた。彼女のデッサンや設計図は火を起こすのに使われたのだった。

ついその二、三年前までは、アイリーンはこの地域に三つの場所をもっていた。それがいまや何もないのである。彼女はパリのボナパルト通りに戻った。そこだけが彼女に残された場所だった。

彼女の人生のなかでひどく悪い時期であった。彼女が嘆いたのは物質的なことではなく、彼女の生涯の全作品、あるいはそう思いたいものすべてがなくなってしまったことだ。このことを振り返って彼女は言っている。「「ロクブリュンヌ」に残ったものは何もありません。ドイツ軍によって港のフラットは粉々にされてしまい、とっておく価値のあるものなど何もないのです」

ゆっくりとだが、ふつうの生活が戻ってきた。パリはまだ飢えていて、寒かった。石鹸もなければ食べるものもほとんど手に入らなかった。けれどもアイリーンの目に映ったパリは「このうえなく美しい。人びとがその日その日で値段の変わる服を買って、なんとかお洒落をしようとしているのは感動的なほどだ」。

アイリーンはずっとパリを愛してきた。ちょっとのあいだ、ロンドンにまた住んでみようかと思ったこともあった。だが、彼女はこう書いている。「もう、ロンドンになじむことはできないような気がする。大きな公園や緑地や、パリに比べたら静かなところはすばらしいと思うけれど、細い糸のように際限なく続くあの家並を見たら目がくらくらしてしまう」。これではとても無理だ。パリに戻るということが、アイリーンにとっては故郷に戻るということだった。

もちろん、そのころロンドンへ行くのは、短いあいだでも無理な相談だった。それでも、手紙が届くのにもう三週間もかからなくなっていたのはありがたかった。イギリスにいる姉に手紙を書いて、コーヒーを少し——「これなしではいられないので」——それからバドヴィッチのためにロンドンの市街地図を送ってくれるように頼んだ。コーヒーは届かず、かわりに「輸出禁止」と書かれた小さなメモ、またロンドンの地図のかわりには「砲術ジャーナル」が届いて、アイリーンは困惑した。アイリーンは役所とかかわ

文化センター（計画 1947 年）模型。右がメインエントランス、左手に多目的施設入口

らなければならない場合の例にもれず、このときも恐怖に怯えて、書類を投げ捨ててしまいたくなるのを抑え、届いたものをていねいに包みなおしてロンドンに送り返した。

「誰にも迷惑がかからないことを祈ります……」

ルイーズはいい肉を手に入れようと努力していたが、たいていはジャガイモしか買えないのだった。停電になっても蠟燭がない。フランス居住許可証をもらうために何時間も並んだこともあった。

でも、とにかくふたたび平和になったので、売りに出ているものはなんでもほしいと夢中になった。雑誌に、展覧会に人びとのおしゃべり。

「しばしの間別れたものに建築や絵画のなかでまた出合うというのはすばらしいこと」

戦争が終わりに近づくにつれて、アイリーンは当時の多くの建築家と同様に破壊されつくした町の復興に夢中になった。ル・コルビュジエもそうだったが、アイリーンも町の計画図面を描くのに何週間も費やした。アイリーンはバドヴィッチの提案を受けてモブージュの町を再建する具体案を完成した。戦争が終わると、バドヴィッチはモブージュとソレムの復興副主任建築家に任命された。これから始まることが都市をもとの姿に修復し、建てなおす以上のことになるのだと予想した人はほとんどいなかった。アイリーンは、精神的、物質的な荒廃のなかから生まれたこの挑戦にしばしば言及した。そして高齢にもかかわらず、建築家やデザイナーには修復などの方法論のうちに新しい方向をめざす建築の生存の可能性が得られると見通していた。

一九四六年、アイリーンは「アートセンターに着手」という明るい手紙を書いている。このアイディアは、かなりの間アイリーンが温めてきたものだった。最初のノートはルールマランでつくった。建築活動がまた始まりつつあるという希望を胸に、アイリーンは熱心に仕事にとりかかった。「何かにすっかり没頭していると、気がつかないうちに日が過ぎていく」。フランスの田舎で「文化的な砂漠」を経験するうちに、アイリーンは地方の文化の復興につい

左ページ・メインエントランス側からの全景。左手ピロティ上の2階は図書館、右隣にガラス張りのギャラリー。下・野外劇場側からの全景。中央観客席の下は映画、コンサートほかの多目的施設

文化センター、野外劇場。手前がステージ

ての考えを蓄えていた。

いまや、地方が演劇その他の視覚芸術の普及に果たす役割はますます大きくなっているし、あらゆる人が芸術を楽しめるのだから、そろそろパリに来られない人のレベルを高めることを考えてもいいのではないだろうか。たとえば外国でよくおこなわれているように、文化とレジャー活動をひとまとめにして誰でも利用できるようにしたらどうだろう。大勢の人が住む場所すらないこのときに、そんな余計なことを考えている場合ではないということはわかっているけれど、わたしたちは大きな変化を経験しながら生き、これからも生きつづけていくのだ。人間にかかわってくることは、どんなことだって考えなおさなくてはならない。人間は自分の歩いていくほう、つまり前に目がついている。もっとも、ヴァレリーは人間は後ろ向きにこの世に出てくると言った。それで、前を向いていてはいけないというのだろうか。いつも振り返ってばかりいる人には光は見えない。過去の影のなかでしか生きられなくなるだろう。強さを蓄えた人は立ち上がって発言すべきだ。信念があれば世界を変えることだってできるのだ。

この一文には日付はついていないが、おそらく戦争終結のころに書かれたと思われる。予言的な言葉で、文化の集中排除計画や、数年後にアンドレ・マルローが創始する文化庁のことがはっきりと書かれている。

一九三七年のヴァケーションセンターのアイディアを生かしながら、アイリーンは文化センターが「エリート意識」をちらつかせただけのものになってしまうことを避けなければいけないと考えるようになった。計画を推し進めるに従って、プロジェクトの名称は「文化センター」から「文化社会センター」へと変わり——それがノートに出てくる最終的な名称となった。「この計画は人びとの社会的状況を変化させ、改善するのが目標となっている。仕事の機械化に伴って余暇の時間は増えていく。従業員が余暇をよりよく過ごせる方法を見いだそうとするのが一般的にな

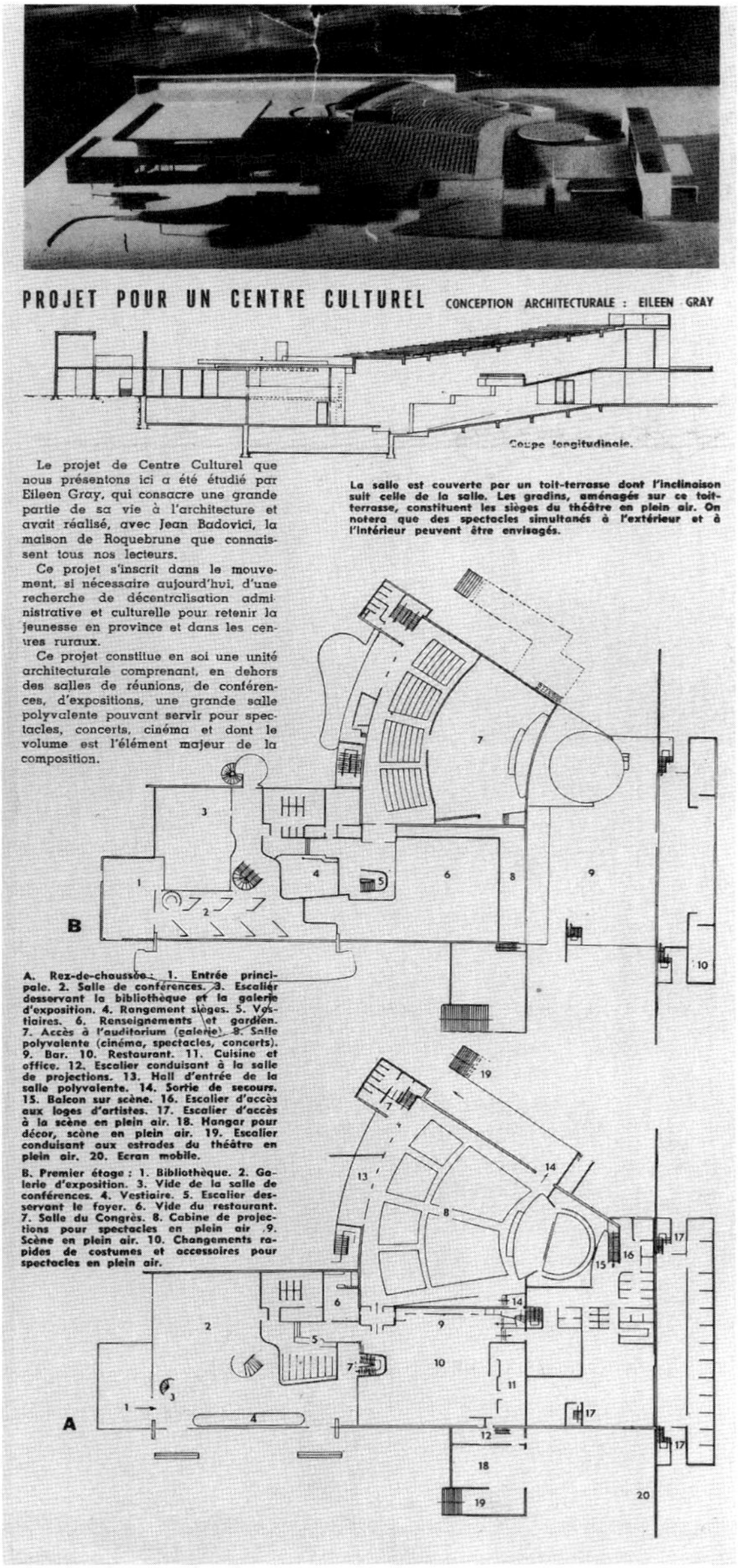

PROJET POUR UN CENTRE CULTUREL CONCEPTION ARCHITECTURALE : EILEEN GRAY

Coupe longitudinale.

Le projet de Centre Culturel que nous présentons ici a été étudié par Eileen Gray, qui consacre une grande partie de sa vie à l'architecture et avait réalisé, avec Jean Badovici, la maison de Roquebrune que connaissent tous nos lecteurs.

Ce projet s'inscrit dans le mouvement, si nécessaire aujourd'hui, d'une recherche de décentralisation administrative et culturelle pour retenir la jeunesse en province et dans les centres ruraux.

Ce projet constitue en soi une unité architecturale comprenant, en dehors des salles de réunions, de conférences, d'expositions, une grande salle polyvalente pouvant servir pour spectacles, concerts, cinéma et dont le volume est l'élément majeur de la composition.

La salle est couverte par un toit-terrasse dont l'inclinaison suit celle de la salle. Les gradins, aménagés sur ce toit-terrasse, constituent les sièges du théâtre en plein air. On notera que des spectacles simultanés à l'extérieur et à l'intérieur peuvent être envisagés.

A. Rez-de-chaussée : 1. Entrée principale. 2. Salle de conférences. 3. Escalier desservant la bibliothèque et la galerie d'exposition. 4. Rangement sièges. 5. Vestiaires. 6. Renseignements et gardien. 7. Accès à l'auditorium (galerie). 8. Salle polyvalente (cinéma, spectacles, concerts). 9. Bar. 10. Restaurant. 11. Cuisine et office. 12. Escalier conduisant à la salle de projections. 13. Hall d'entrée de la salle polyvalente. 14. Sortie de secours. 15. Balcon sur scène. 16. Escalier d'accès aux loges d'artistes. 17. Escalier d'accès à la scène en plein air. 18. Hangar pour décor, scène en plein air. 19. Escalier conduisant aux estrades du théâtre en plein air. 20. Ecran mobile.

B. Premier étage : 1. Bibliothèque. 2. Galerie d'exposition. 3. Vide de la salle de conférences. 4. Vestiaire. 5. Escalier desservant le foyer. 6. Vide du restaurant. 7. Salle du Congrès. 8. Cabine de projections pour spectacles en plein air .9. Scène en plein air. 10. Changements rapides de costumes et accessoires pour spectacles en plein air.

上より断面図、2階・1階平面図。エントランスホール奥にレストランがある（「ラルシテクチュール・ドジュールデュイ」第82号、1959年）

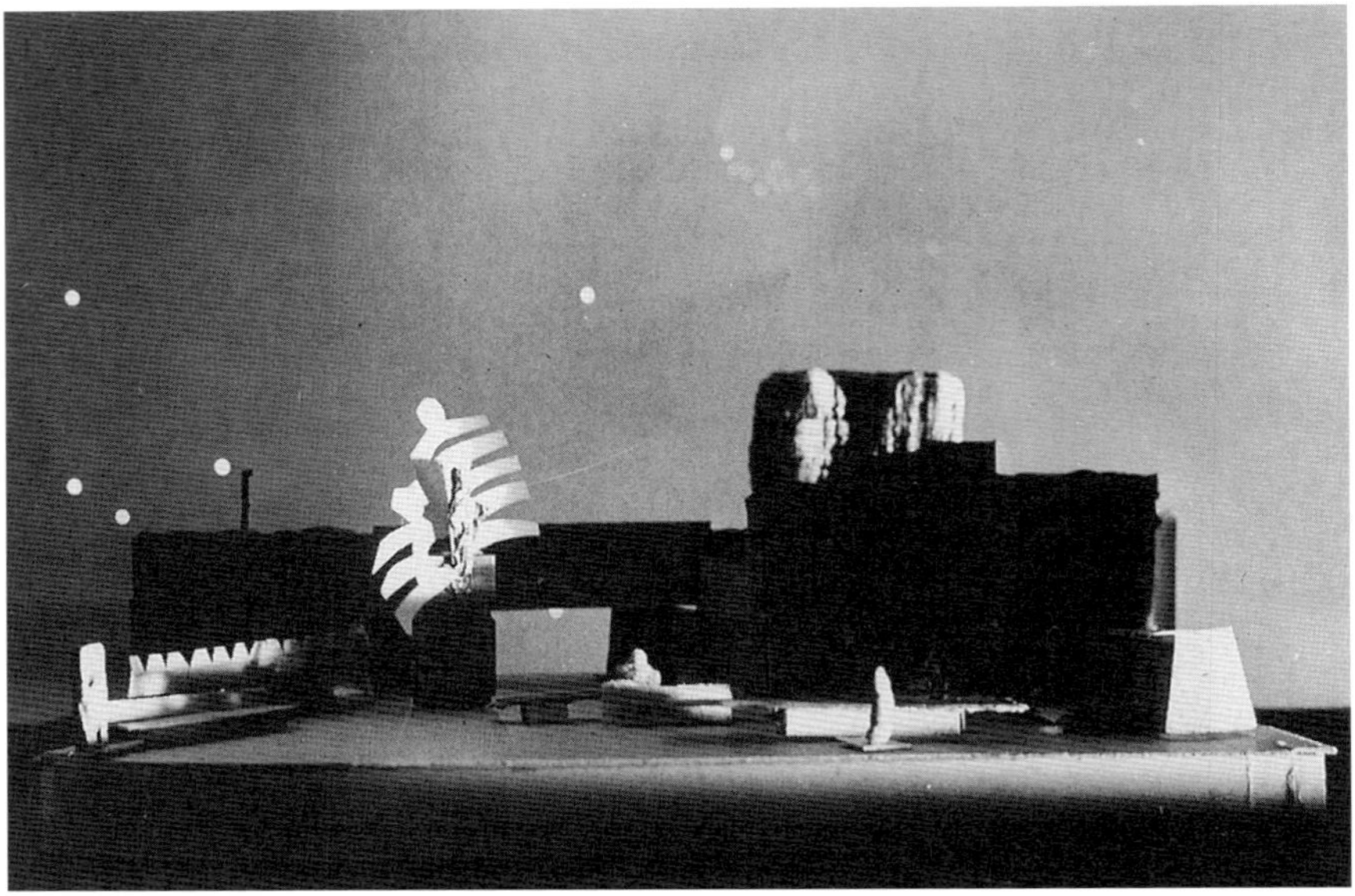

アイリーンによる「アイルランド叙事詩」の舞台模型

ってきた。このセンターを提案することで、地方の町に住むことを余儀なくされている人びとが悩んでいる単調さと孤立といった問題を解決する手助けになればと思う」

文化センターは、アイリーンにとって最後の大規模なプロジェクトとなった。設計は一九四六年から一九四七年にかけておこなわれたが、発表はそれから十二年後の一九五九年に出版された「ラルシテクチュール・ドジュールデュイ」誌上においてだった。センターのなかには会議室、図書館、レストラン、映画館、戦前にデザインした劇場プロジェクトを改善した野外劇場、絵画・彫刻、その土地の民芸品を展示するギャラリーがあった。プールから幅の広い階段がふたつ伸びていて、水面の光のおよぶ巨大なテラスを構成していた。そこからは文化センターの全体像が見渡せる。アイリーンは何ヵ月ものあいだ、その設計に没頭し、毎日「目が見えなくなるまで」仕事を続けた。センターの大きな模型が仕事机を占領した。

例によって細かい部分の実用性にまでこだわる感覚が頭をもたげて、アイリーンはレストランの料理や混雑時の問題まで考え、出演者の楽屋はメーキャップが楽にできるように明るくすることを心がけた。何ページも何ページもステージと衣装のスケッチを重ねた。「アイルランド叙事詩」の公演のための岩と木々のある舞台装置までつくっている。

長い年月を経たいまとなっても、アイルランドへのロマンティックな思いは断ち切ることができなかったのだろう。

アイリーンは若いころ、バレエの舞台装置を手がけたことがあったが、舞台芸術に思い切ってとりくんだのは、それ以来はじめてのことだった。ひところ演劇が好きになって、定期的に芝居を見に行っていたことがあった。ダミアと一緒にいたころには、もちろんミュージックホールに通っていた。それでいて劇場はアイリーンにとって、技術を生かすのにふさわしい場所とは思えなかった。むかしから映画のほうが好きだったし、映画には飽きるということがなかった。

一九四六年の終わりに、アイリーンは翌年五月にパリでおこなわれる国際復興事業博覧会に展示される労働者のフラットのための家具と備品をデザインするように依頼された。フラットの計画に目を通した後で、「実質的に何も手に入らないのだから、材料についての見通しがまったく立たない——辞退しようと思う」と書いている。ほんとうは材料がないから辞退したのではなく、視力がますます衰え、白内障の手術の話も出ていて、アイリーンはひどく気に病んでいたのだ。それでも仕事は続けていた。ときどき、製図を引きすぎて指が麻痺すると、机を離れ、「布地」を見ながら五分間休憩」と言ってひと休みした。ふらりと外に出かけて近くのギャラリーの展示を見てから、ふたたび模型の制作に戻る。おりにふれてアイリーンはパリが少しもおもしろくなっていないことに不満をもらしていた。「サロン・ドートンヌでは、一九〇三年から一九〇五年までの作品がほとんどどというわびしい状況。パレ・モコなどはしんと凍りついたようで、飾っている絵などは墓場の献画のような気がしてくる」と一九四七年にアイリーンは書いている。

同年、アイリーンは労働者のためのクラブの設計にとりかかったと発表したが、満足のいく出来ではなかった。中途半端で投げだすのは大嫌いだったので、一応完成してから南へ下ろうと考えていた。クラブの託児所の壁を飾ろうと思って、子供たちが描いた動物やダンスの絵まで用意している。彼女のバレエのデッサンと同じように、陽気で屈託のない雰囲気が感じられるものだ。アイリーンが死ぬまで固執したこわばったような抽象的な絵やグワッシュとは対照的だった。だが、クラブは建築されなかった。

ボナパルト通りは、それまで住んだところに比べるとなかなかなじめない場所だった。が、このときからアイリーンにとっては主たる住み家となった。ここには他の家の名残の品がとってあった。二階の入口に入るのに小さなエントランスホールを通るようになっていたが、そこには低いテーブルとクロム製の椅子が置かれているだけだった。壁にはアイリーンのつくった照明器具がひとつ架かっていて、なかにはクリスマスツリーに使う玉が入っていた。カタール時代のペルシャの絵と白いブリックパネルも置かれていた。

アイリーンは広い客間で来客をもてなしたが、部屋はいつも非の打ちどころなく整然としていた。片側に並んだ四つの窓にかかった白いモスリンのカーテンは引かれたままになっていた。一九三一年につくったセルロイド製の大きなパネルが入口を隠すように立っていた。ソファは幅が広く、ゆったりとしていて、両脇には白いブリックスクリーンが置いてあった。暖炉の上には十八世紀の鏡が架かっていて、もうひとつのアンティーク、リュクサンブール宮殿で使われていた肘掛け椅子も部屋のなかに置かれていた。金属製で表面が銅仕上げの大きなテーブルは、ジャン・デゼールにあったもの。グレーの木のキューブの上には、漆の板でできたテーブルがひっそりと置かれている。シカモアと樫材でつくられた小テーブルはリートフェルト・スタイルで、一九二〇年のオランダの人気の品だった。天井からは、ワイヤーと羊皮紙でできた飛行機用のランプ。あとは「モンテカルロ・ルーム」から持ってきたフロアランプ、パイプ式のアームチェア、シカモアの小さい床几、それに赤い革のクッション椅子だった。寄木細工の床にはアイリーンがつくった敷物が二枚敷いてあった。とくにめだった飾りはどこにも見当たらなかった。アイリーンがいままでの人生のおりおりにふれてきたものが上手に組み合わせられ、大きな安らぎを感じさせてくれた。「シンメトリーは退屈」というのがアイリーンの意見で、たとえば窓ならまんなかではなく、どちらかに寄せてつけるべきだと語っている。

暖炉の横に置いた古風な戸棚に、アイリーンは本と旅先で買ってきたおみやげを並べていた。琥珀のネックレス、数珠、コイン、翡翠のペーパーナイフ、二枚の扇子——一枚はレース、もう一枚は駝鳥の羽——石鹸のかけら、根付が二個、それに古い陶器。優雅で落ち着いたホールや応接間に比べると、隣のアイリーンの仕事部屋は対照的だった。その部屋でアイリーンが腰かけるのは、ブランコのように揺れる不安定なバー用の高椅子だった。樫材の大きな食堂テーブルはいつも図面でおおわれていた。アイリーンは建築用のテーブルは屋根裏にしまいこんで、仕事はもっぱらこの大きなテーブルでしていた。建築家のパコンのためにむかしアイリーンがデザインしたシカモアの抽斗にはデッサンや絵がしまってあった。その上に架かっているパステル画は、サントロペで何度か会ったことのあるデュノワイ

銅と銀を散りばめた八曲スクリーン（制作1923年ごろ）

エ・ド・スゴンザックの描いたものだった。菅原精造のものだった日本製の小抽斗には、まだ漆のサンプルや金箔が納められていた。壁にはキュビスムの絵の複製、お気に入りの漫画や紙切れがピンで留めてあった。

アイリーンは整然とした混沌のなかにいた。アイリーンはよく海岸で木や金属のかけらを拾ってきて形を変え、いったん捨ててまた拾いあげ、そのまま放ってあったりした。建築されなかった家の模型が未完成のままいつも置いてあったし、ガラスや木でつくった家具やスクリーンの小さなおもちゃもあった。

雑然としているけれど、どこか好もしい感じのこの部屋のなかに立っていたのが、すばらしく美しい大型の漆のパネル――アイリーンの作品のなかでもおそらくもっとも美しいもの――だった。一九二三年ごろに制作されたもので、銀と銅をちりばめた八枚の漆板でできていた（現在はヴィクトリア・アンド・アルバート美術館に納められている。この美術館に好きな作品をとってもらうのが生前からの希望だった）。

天井からは螺旋型のランプが下がっていた。ほかに照明器具としてつけられていたのは、後にアイリーンの代表作となった首を自由に曲げて角度を調節できるランプの先駆けとなるものだった。アイリーンはこのランプを家中につけていて、焼いた木材の上にとりつけたりした。

ボナパルト通りのアパルトマン、寝室。ヘッドボードの左手に軸吊り回転式のナイトテーブル

仕事部屋の隣はベッドルームで、アイリーンがすっかりデザインしなおしたのはこの部屋だけだった。南フランスで住んでいた家の寝室に似せてつくられていて、ベッドの横には机と本棚が置いてあった。アイリーンはよく眠れない質だったので、朝は早く起きて、そのまま書き物をしたり、本を読んだりして過ごした。本棚には菅原の手になる頭部の小さな彫刻、それに目が嵌めこまれた美しいアフリカの木製の像が茶色の漆板に載せられていた。壁に架かっていたのはアイリーン自身のデッサンが一枚と、姪のプルネラ・クロウの油絵だった。

バスルームへ通じるドアは穴開きスクリーンで隠されていた。このスクリーンは、もともとE1027のためにデザインされたもので、粉ふるい用の大きな金属シートでできていた。バスルームは化粧室にもなっていたが、とくにめだつものはなかった。漆でできた手鏡とアイリーンのイニシャル入りのブラシのセットが置いてあった。戸棚のなかなので見えなかったが、じつはもっと華やかな生活をしていた時代の名残の品々が完璧なほどきちんと並べられていた。ポワレのデザインになるイヴニングコートが二着、手づくりの靴がひとそろい（絹の靴も何足か）、スキャパレリやアイリーンの名前をラベルにつけたマダム・グレの帽子の箱など。あとはルイーズの部屋とキッチンだった。

戦争直後の数年間は、パリでの生活は苦しかった。ストライキがおこなわれたので、ルイーズとアイリーンはしょっちゅうガスも電気もなしで過ごさなくてはならず、アイリーンは蠟燭の灯で仕事をしようとした。店も商品を並べようと努力はしていたが、町には暗い雰囲気が漂っていた。アイリーンはアメリカ製品が洪水のように押し寄せてきたことを嘆いた。「むかしのフランスのもののほうがよかったのに」。世のなかをおおっている空気がアイリーンの仕事にも影を落とし、アイリーンは日に日に気弱になりやつれていった。

そのうえ、むかしの腹立たしい問題がまた浮上してきていた。バドヴィッチがル・コルビュジエの作品集を第七巻まで終えた一九四九年、ふたりは喧嘩別れをしたのだ。原因は、おそらく「ロクブリュンヌの家」の壁画のことだった。一九四八年四月、「ラルシテクチュール・ドジュールデュイ」のなかでル・コルビュジエはこう書いたのだ。「この家はわたしの絵で活気を取り戻したが、もともとてもきれいだったから、わたしが手を加えなくても存在価値は十分にあったかもしれない」。さらに、彼は傷つけるだけではあきたらず、次のように書いて侮辱まであたえた。「わたしが九作の大きな絵を描いた壁はもっとも色彩に乏しく、つまらないものだった。わたしの絵のおかげで美しい壁として生き残り、平凡なものがおもしろみをもつものとなったのである」。アイリーンが自分の雑誌からこの不快な文章があるページを引き破ったのも無理はない。壁画の写真のなかには「一九三九年カップ・マルタンの家の外で」とだけ説明されたものもある。入口に描かれた壁画の前に立つ、ル・コルビュジエ夫妻の写真もあった。ほかにはリビングルームや階段や寝室の壁画が写っていた。アイリーンについてはひとこともふれていない。

ル・コルビュジエは自分の手落ちをけっして改めようとしなかった。この家を建てたのはアイリーンではないと世界中の人びとに信じこませようとしているかのようだった。E1027のことがとりあげられるたびに、アイリーンの名前はどんどん人目にふれなくなっていった。『ル・コルビュジエ、人間に捧げられた建築術』（一九四四年）の著者マクシミリアン・ゴーチェはその家を「メゾン・バドヴィッチ」と呼んだ。『ル・コルビュジエその人』（一九七〇年）のなかでもまだ著者のジャン・プティは「ヴィラ・バドヴィッチ」と呼んでいる。

一九七三年、『パイオニアとの出会い』を著したアルフレッド・ロートは、これをバドヴィッチによって建てられた「ホリデー・ホーム」と書いた。『建築家とその神話』（一九七一年）の著者スタニスラフ・ムースも同様だった。

アイリーン・グレイの名は抹殺されていた。一九七九年になってはじめてフランチェスコ・テントーリがその著書『ル・コルビュジエの生涯と作品』のなかで、その家はアイリーンの手によるものだと指摘した。いうまでもないことだが、アイリーンの名はまだ「ヘレン」・グレイとされていた。そして「カーサ・ヴォーグ」（百十九号、一九八一年、ミラノ）のなかで、この家は「アイリーン・グレイとル・コルビュジエによる」と説明されている。アイリーンがデザインしたソファは「ル・コルビュジエ独自の……」ということになってしまっていた。

　一九四九年十二月十三日、バドヴィッチは明らかにアイリーンにせきたてられてこの古傷についての苦情をル・コルビュジエ宛に手紙で送っているが、文面はアイリーン自身の言葉を書きとったものと思われる。

　いままで何年にもわたって、そしてとりわけ今年になってから、あなたの虚栄心のせいでわたしがどんなに窮屈な牢屋に閉じこめられているか、考えてもみてください。わたしのほうは逆に、あなたに対していつも明るくふるまい、信頼しきってきました――あなたが「ラルシテクチュール・ヴィヴァント」でいちばん活躍されているころの七巻を持っているのもそのためです。わたしの小屋は実験場であり、絵画を正面きって排除するという姿勢にこめた深い意味を具現化する場なのです。純粋に機能的で、それこそが長いあいだ（一九二〔ママ〕五年から）この家の強調点となってきたのです。

ル・コルビュジエは、自分の絵がE1027で表現されていた純粋なアイディアを台なしにしてしまったという非難に明らかに気分を害していた。返事はいつもの皮肉な調子で書かれている。

　つまるところ、あなたは――わたしがあなたの深遠なるお考えを正しく理解していればの話ですが――カップ・マルタンの家にあなたが明示した「純粋にして機能的建築の本質」をわたしがお節介にも絵を描いて台なしにしてしまった、そのことをわたしの世界的な権威の上に立って証言してほしいというわけですね。よろしいでしょう、それでは純粋なる機能主義を歪曲したという証拠写真でも送ってください。

　さらにル・コルビュジエは続けて、アイリーンが、しまってあるものに「バジャマ」とか「小物」「ソックス」「レインコートと傘」といった具合にきれいにラベルをつけて内容がわかるようにしていたことをあげて、からかっている。「そうそう、それから「カステラー」、あの機能主義のUボートについての書類も送ってください。そのうえでこの論争を世界中の人に聞いてもらうことにしましょう」（ル・コルビュジエ財団にある手紙）。この手紙はわざとふざけた口調で書かれているようだが、アイリーンにとっては大変な屈辱だった。これまでル・コルビュジエがあの家について言ってきたことを要約したものにすぎなかった。

しかし、いままでもそうだったように仕事に救いを求め、パリにしばらくいてから、アイリーンは荒らされたカステラーの家を勇気を出して見なおす決心を固めた。

アイリーンは外国人だったので——フランスに七十年も住んでいたのにフランス国籍をとらなかった——戦争の被害に対する保証を受ける権利をもたなかった。最終的には金銭をいくらか受けとることができたが、失ったものに比べたらあまりにも少ない額でしかなかった。したがってカステラーの家の修復などとても無理な話だった。建築材料は手に入らなかった。それでもアイリーンは、小さくてもいいから南に家を持ちたくてたまらないのだった。サントロペに出かけていったアイリーンは、そこで以前使っていた小型のモーガンが戦争中そのまま放っておかれて、錆だらけになっているのを見つけた。アイリーンはその車を道に引っ張りだして、いいところを探しまわった。はるばるモンペリエまで足を延ばしてオート・プロヴァンス地方に入ってみると、海岸線よりずっと静かなところだった。「荒れ家のひとつも見つかれば、マントンにもサントロペにもおさらばできるのに」。過去に別れを告げて新たに出発するという意識が、まだアイリーンには強かった。

だがそれからすぐ、アイリーンはマントンに冴えないフラットを見つけカステラーの家の修理にとりかかったが、その仕事は七年も続くことになった。むかしの土地を検分し、役所に提出する数限りない書類に記入するというのは大変な仕事だった。三〇年代とは大違いで、建築物に関する規則は複雑だったので、一九四七年の寒い冬のあいだアイリーンは「ひどいホテル」で寝起きし、ルイーズはマントンの旧市街に小さなフラットを見つけて住んでいた。運よくアイリーンが使っていた大工のロアッティーノがまだその近くにいた。それでもロアッティーノとはしょっちゅう衝突して、苦情の手紙を送ることになった。「もうできあがっただろうと思っていたのに、まだ仕事を始めてもいないのですから」。これは一九五〇年に書かれた手紙。一九五一年になってもまだアイリーンは家に入れなかった。

アイリーンは物事を放っておくことができない性格だったので、デザインの変更を始めた。テラスをいくつかつけたし、シャッターとガレージのドアを新たにとりつけた。家具もすべて見なおさなくてはならなかった。一方、クロムメッキの作業に使える作業場はなかなか見つからなかった。あるときアイリーンはついに怒り心頭に発したらしく、バドヴィッチに手紙を書いて助けを求めている。バドヴィッチは、事態を押し進めるようにとの厳しい手紙を関係先に書いた。

夏のあいだアイリーンとルイーズはサントロペに行って、ランパール街五番地に別のフラットを借りた。セメントの床に腰をおろし、ゴキブリの死骸のまっただなかでアイリーンは家具のデザインを続けた。ときどきラ・バスティード・ブランシュのケイト・ウェザビーのところへ息抜きに出かけたが、そこまで行くのがもはや大変なことだった。視力が落ちたので車は使えない。これはアイリーンにとっては悲惨な事態で、まるで牢に閉じこめられた囚人のように思えるのだ。アイリーンは若いときから車の運転が大好きだったというのに、いまや誰かに頼らなければならなくなった。

一九五三年、アイリーンは七十五歳になったときにようやく「「カステラーの家」は完成」と発表。が、そこにはほとんど住まなかった。若いときからサントロペに抱いていた愛着がまた頭をもたげて、今度はそこに家を建てようと考えたのだった。カステラーがかつてアイリーンにもたらした興奮と魅惑はすっかり消えてなくなった。アイリーンはその家を売りに出した。ボイドという人がその家を買おうとして頭金まで払ったが、結局買うのはやめになった。

アイリーンはパリに行くたびに、できるだけ世のなかから遅れないようにしようと努力した。外界からの刺激を長いこと受けていないからと美術展を見に行ったり、パリ近郊の建築の遺跡に出かけたりした。パリのいわゆる「装飾」に対しては依然として徹底的に軽蔑していた。「現代の装飾は完全に行き詰まっている。ナポレオン三世の時代やヴィクトリア時代前期にもてはやされたものが、いまだに幅をきかせているのだから。現代的な家具をつくるのには経費がかかりすぎて実用的な創作は不可能」。椅子とソファの展示会を見てきたあとでアイリーンは腹立たしげに書いている。「おもしろいものもいくつかあったけれど、一八四〇年以降はひどい落ち込み方だ。ぞっとするようなソファとか、最近のどうしようもない代物ばかり。選択もまずい。世のなかいったいどうしたというのか？　D・H・ロレンスがいみじくも言ったとおり」。「世のなかいったいどうしたというの？」アイリーンはサン・ジェルマン地区に雨後の竹の子のように次々あらわれた「現代的な」家具店を見に行くと、必ずといっていいほど冗談めかしてこう言った。たまに気に入ったものも見つけたが、たいていは椅子の部分とか技術的にうまい解決策があると、それをとりいれて自分の制作に利用するということが多かった。「脚のとりつけ方には見るべきものがあるけれど、使ってある布地はたいしたことはない」。ときにはただ「ひどいリートフェルト」とぶつぶつ言うだけだった。そして結論は「創造性などまるでなし。破滅あるのみ」。

アイリーンはあいかわらず批判的だった。コクトーのオルフェを見たときも、思ったほど神秘的でもなかったので失望していた。「コクトーは自分自身を前面に押しだしすぎています」。当時、社交界で人気のあった画家のベルナール・ビュッフェの個展を見たあとでは次のようにコメントしている。「本物の九十九倍、もしかしたらもっと大きい小鳥たち。それから、あの女の人はアナベルかしら。ぞっとするものばかり」。見てきた展覧会についてアイリーンが言うことを聞いていると、芸術家としてのアイリーン自身の苦境が伝わってくるようだ。「どうやら、芸術家たちは建設的なことにはかかわりたくないらしい。最近わたしの見た芸術家たちは自分らしさを否定し、それを変えようとしている。まわりがみな目まぐるしく変化していることに腹を立てているのだろうが、そんなものは一時的なことにすぎないか、さもなければ絵画というものが死に絶えるしかない」。アイリーンにはソナベンド画廊のいくつかの展覧会もおもしろいとは思えなかった。「フラシ天でできた等身大の巨大なモモがダークグリーンに染めたスポンジの地面の上に散らばっている。こういう言い方は反発しているように聞こえるだろうか？ わたしの意見などしょせんなんの意味もないけれど」。アイリーンは芸術上の実験には賛成の立場で、アーティストは抽象芸術ではとくに伸び伸びと自然になれると言っている。「物や人物を記憶し、消化する――それは抽象画家がいつもしていることだが――そのときに物の本質、真実がいつも思いがけなくあたえてくれるものを、木の枝のようにもっとも平凡なもののなかにもけっして見逃してはならない」。「画家は、建築家が建築のなかで直面するのと同じものに直面しなければならない。それは計画の内容と空間における視覚的表現のあいだにあるものであり、必然的に妥協を意味するものだ」。この言葉は、アイリーンがあらゆるものに構造から生まれる必然といったものがあるとむかしから信じてきたことを物語っている。

しかし、ジェルメーヌ・リシエの作品展を見たときはアイリーンも満足を覚えた。「自分の専門分野をしっかり押さえ、表現したいことにそれを役立てる方法をよくわきまえている」。アイリーンはこう述べて、むかしからの友人ゼルヴォスがリシエを「ジャコメッティの弟」としか認めていないのに抵抗した。

アイリーンは、芸術について自分のしっかりとした意見をつねにもっていた。けっして流行を追いかけるようなことはなかった。「イギリスの若き画家」を見たあとでは、こう書いている。「コルクハウンにアドラー、この人たちはほんとうにイギリスでは優れていると考えられているのだろうか?」。さらにいつものイギリス人に対する軽蔑の言葉が続いている。「基準自体があそこでは違っているのだ。彼らの作品には無理が多く、すでに踏み固められている道を通っていくだけ」。言葉遣いはていねいだが、アイリーンは自分の見方を頑固に守り通した。マックス・エルンストの展覧会の後では「ひとつの作品と他の作品のあいだに深い溝があるように思う」と語っている。

ヴィエイラ・ダ・シルヴァの展覧会にはアイリーンは熱狂し、コールダーを「動きのミロ」と称えた。アイリーンはまたニコラ・ド・スタールの展覧会も見に行った。「満足はできなかったけれど、とてもおもしろかった。特大のカンヴァスは成功しているとは思えなかったので、わたしが感銘を受けたのは他のあざやかな色彩技巧にあるようだ。……絵はすべて苦役のようなものです――第一に、ただひとつの内在的ヴィジョンに集中して、他の多くのものをシャットアウトしなければならないから。……ひとつの決まった考えを勝手気ままに表現することから解放されれば、新しい視覚角度ははたして生まれてくるのだろうか、もしかしたらそれがいまあらゆるところに感じられる手詰まりの状況の原因となっているのではないだろうか、という疑問が一瞬よぎった」

雑誌類はもうたやすく手に入るようになっていた。アイリーンは現代建築に関する出版物の山に目を通した後で、次のように書いている。「なんてこと、全然進歩がみられない」

アイリーンはル・コルビュジエが進展していくさまをつぶさに見つづけた。ラ・トゥーレットに彼が建てた修道院〔一九五九年〕の写真を見たときには熱意を込めて書いている。「あの人のヴァイタリティと、インドで活動するあいだにいかに多くのことを学んできたかということを考えると恐れ入ってしまう。ロンシャン〔礼拝堂、一九五五年〕より修道院のほうがよい。ロンシャンでは斜めになった塀を多用するなど独断的なところがあった」

一九五三年、アイリーンはトロカデロの近代美術館にル・コルビュジエの展覧会を見に出かけた。「深い感銘を受けた。彼はプレゼンテーションというか発表の仕方にかけては天才的。ふだんは陳腐な美術館全体ががらりと変わってしまっていた」。アイリーンはロンシャンの大判の写真がとても気に入って、展覧会に出ていたル・コルビュジエのあざやかな色彩と表現力に富む絵画とも和睦を結んだかのようだった。

アイリーンはシドニーに建てられることになった新しいオペラハウスの建築コンクールをめぐる論争に深い関心を示し、優勝者のヨーン・ウッソンについて知りたがった。一九五五年、アイリーンはハーロウを中心にイギリスのニュータウンをいくつか訪れた。優れた建築の例としてアイリーンはむかしからの仲間であるデ・スティルの作品を何度も引き合いに出した。「デ・スティルの動きのなかには純粋な創造と革命がある……建築の基本はその機能性の表現に真剣であること——たとえ装飾があるとしても——とすれば、およそ最悪の時代の滓でしかないもの、スペースを空白のままにしておくことに対する恐怖心から生まれただけのものなどに頼らないで新しい道を見つけることができるはずだ」

アイリーンは強い観察力と鋭い知的把握力をあわせもった好奇心の強い人で、つねに会話に飢えていた。自由に意見を戦わせられる相手はほとんどいなかったが、そういう相手に対してはアイリーンは無防備になり、いつもの頑固さも和らぐのだった。ときには、アイリーンは自分が世間離れをして情熱的でありすぎるのではないかと取り越し苦労をしたかと思うと、次の瞬間には他人の時間をとってしまっていることをひどく申し訳なく思ったりした。それで相手に詫びるのだが、それも人に同情をみせるときと同じくらいおずおずと、ぎこちないものだった。

アイリーンはもともと人の話に耳を傾けるのが好きで、さまざまな話題に興味を示した。芸術、政治、医学、新しい発明、それにパリのゴシップまで。唯一興味がもてなかったのはアイリーン・グレイに関することだった。アイリーン自身はあまりしゃべらなかったし、たまに口を開いてもためらうような語り口で、いかにもひとりきりで、めったに口もきかずに生きてきた人らしかった。

アイリーンは内気で自信がもてない性格を克服しようと思い、ドロテア・ブラント著『目覚めて生きよ!』という本の全ページを書き写したりした。「内気を取り去る」とか、「失敗なんてするはずないというふりをする」「過去の失敗を思い出し、いま必要とされている才能をそれがどんなものにせよ解放すること」といったフレーズにはアンダーラインまで引いた。

悲劇的としか言いようがないが、アイリーンはほんとうに何かを達成したという感覚をもったことがほとんどなく、あわや評価が決まりそうなときにはいつもどこか違うほうを向いているのだった。アイリーンは大きな夢をもって生きていたが、それを叶えようとするときりがなく、やっとのことで少しはもてた自信すら蝕まれていた。アイリーンはつねに控え目で、自分自身に対して確信がもてなかったが、だからといって無駄に生きてきたとはけっして思わなかった。

晩年になってアイリーンは、人生が自分の行く手においた多くの問題をより深く理解するようになった。ビュトール、ジュネ、セリーヌ、それにユングの『無意識の心理学』などを読んだが、そのうちユングの著書については「著者が潜在意識を強調しているのが気に入った。セックスに囚われ制約されていたフロイトとは大違い」と書いている。アイリーンはいままでなぜ、それほど「セックスによって傷ついてきたか」ようやくわかりはじめていた。「潜在意識」という言葉がアイリーンの世代に大いにもてはやされた。芸術と、また外界や友人・恋人との関係において、アイリーンはこう主張した。「わたしは潜在意識によってのみ動かされている。わたしのしたことはすべてそこから起こってきたものだし、そのために何かをはっきり言うということができなくて、友だちに会うといつも緊張し、自分自身を表現しようとしながらいつも失敗している。そのため、意識の世界では困難はとても克服できないように思えて、非常に心配になってしまう」

アイリーンは、バドヴィッチとはときどき会っていた。バドヴィッチはヴェズレイに住んでいて、「なんの仕事にも就いていなかった」。彼がいたのは戦時中ル・コルビュジエと一緒に住んでいた古い家だったが、そこで自分の書いたものを出版したいと思っていた。「まるで犬みたいなひどい生活」。アイリーンはまた同情を覚えて、バドヴィッチがモブージュの復興について書いた一文が出版されるように手助けをした。アイリーン自身、その問題についてはルールマランでひとりきりでとりくんだことがあったのだ。バドヴィッチはまたアイリーンについての本を出版しようとしていたのだが、残念ながらこれは実現をみなかった。もし出版されていたら大変な情報源となっていただろう。それから二、三年してアイリーンの作品が世のなかでいくらか話題になったとき、アイリーンは「タンプ・ア・ペヤ」について何か出版したいと思ったのだが、「遅すぎた。建ててからもう二十三年も経っている。どんなに大変な仕事だったか図表にでもすれば、それだけでも興味を引くのだろうが、何よりもいま重要なプレゼンテーションの才能などもちあわせていないし――いったい誰に頼めばよいかもわからない」

アイリーンは何かしないではいられない質だったので、

デザインをしようとした。けれども視力は落ち、手も震えて、手伝ってくれる人がいなければ無理だった。むかし抱いた不安がまた頭をもたげた。「もっと早く仕事が進んで、迷うこともなければいいのに」

それでもとにかく、アイリーンは仕事を続けた。仕事はアイリーンが人生と折り合いをつける唯一の方法であり、冷酷な暇つぶしでもあった。「わたしはいつも何かにとりくんでいたので、そんな年月が重ねられていたなどと感じないうちに人生が過ぎてしまった」

一九五三年、アイリーンは「組み立て式シェルターの実用化」というアイディアに本気でとりくむことにした。「アブリ」とアイリーンが呼んでいるそれは、「とても家などという代物ではない。手伝ってくれるエンジニアがいるといいのだが」。アイリーンは「フィガロ」紙で、難民が生活しているひどいあばら屋の写真を見ていた。「古いテントを紙でくるんだり、つなぎあわせたりして使っている。信じられないくらいひどいもの」。アイリーンが提案したのは次のようなものだった。「大きな平たいトンネルあるいは卵のような形のバンガローをつくる。トンネルも卵型も、鋳型でつくれるようにしておいて丈夫なものにする。柱も角もなく、部分ごとにつくって、点と点をセメントでつければいい。床板もたやすくとりつけられる」。アイリーンは、当時手に入るシェルターを見てみたが、どれもブルジョワ用のものだと結論づけた。「貧しい人びとの惨めな気持ちを慰められるような、もっときれいですばやくつくれるものができるはず」。しかし、このアイディアもまた実現にはいたらなかった。

ほかにも完成をみずに終わってしまったプランがいくつもあったが、「キュビストの家」をアイリーンが心から愛したラ・バスティード・ブランシュの丘の上に建てようと思い、スケッチを何枚か描いたのがそのなかにあった。「海を見下ろす丘に建てられ、ここは瞑想の場となる」。アイリーンは、六四・五×七二メートルサイズのテラスを岩から切りとってつくり、蛇紋石の床に自然の岩や木の彫刻で壁をつくろうと考えていた。製図はほとんど残っていない。「海に降りていかれるように」とアイリーンは余白に書きこんでいた。ほかにも窓から直接差しこむ太陽の光と反射鏡が生みだす複雑な光システムを利用したアートギャラリーの製図もあった。そのほか子供がひとりかふたりの家族用にいろいろ考えた家のプラン、学生寮や教授館のある大学の共同ビル、空中に吊るした家、カーペットのための特殊な展示場がついたテキスタイルデザイン研究所、織物の学校、ウィークエンドハウスから摩天楼までいろいろな案があったが、これらのデッサンや設計図には日付がなく、ラフスケッチの段階で、なかにはルールマランにいるころに描かれたものもあるが、ほとんどは戦後のものと思われる。それを見ればアイリーンが六十代、七十代になってもずっと創作しつづけていたということがはっきりわかるのだが、しかしこれらの計画はひとつとして実行に移されなかった。ボナパルト通りの家から生みだされたアイディアで実際に使われたものはほとんどない。アイリーンには、作品が人びとの目にふれるように取り計らってくれる友だちもエージェントもいなかった。

一九五三年、アイリーンはマルサン・パビリオンで個展を開くことになっていたが、いくら待っても主催者であるモダンアート協会からは何も言ってこなかった。「この話はだめなのだと思う」とアイリーンは書いているが、そのとおりだった。その年の十二月二十日、アイリーンは「モダンアート協会都市計画」について討議する会議に出席してほしいという招待状を受けとった。宛先はあいかわらずEileen Greyとなっていたが、書き出しは「親愛なる同志へ」だった。同志として他に招待を受けたなかにバドヴィッチとフェルナン・レジェの名があった。アイリーンは理由を明かさずに会議へ欠席の返事を出した。

しかし一九五五年、ルネ・エルブストがモダンアート協会の創立二十五周年を記念して発行したカタログにE１０２７と「タンプ・ア・ペヤ」がとりあげられた。これはジャン・バドヴィッチの努力によるものだったろう。彼は一九五五年、モダンアート協会の秘書に宛て手紙を書いているのだ。「三十年経った今日でも価値の高いむかしのプロジェクトを必ず掲載してください。「モダンアート協会二十五周年」に入れていただけますね。「ロクブリュンヌの家」「カップ・マルタンの家」（一九二六年）、それから「アヴァンギャルドの振興」の一環だった「ヴェズレイの家」も」。一九五六年に完成したこのカタログを見ると、「インテリア」の項目にE１０２７の写真が三種類、バドヴィッチとアイリーン・グレイによるものとして掲載され、「カステラー」の写真四種類にはアイリーンの名だけがあげられていた。奇妙なことには「建築」の項目にもE１０２７の別の写真が三種類載っていて、こちらは前と逆の順序でアイリーンの名が先にきて、ジャン・バドヴィッチが後になっていた。もっともこれは何も遅ればせながら真の作者をはっきりさせようという意図によるものではなく、校正がいかにいい加減なものだったかということをあらわしている。だいたい日付はいい加減だし、場所についてもマントンといったりカステラーといったり、かなりひどいものだった。

こうしたことがあっても、アイリーンの創造意欲と自信のなさとのあいだの葛藤は根強いものだった。「いまも五、六件のプロジェクトを抱えていながら、それは完成するだけの価値があるものかどうか確信がもてない」。アイリーンがとりくんでいたのは小テーブルで、濃い色の縁をとりつけては、それが気に入らなくて削りとったりしていた。「一日無駄にするとがっくりくる。熱に強い釉薬さえみつかればいいのだけれど」。「ときには夜になっても何もできていなくて、その日はただ過ぎ去ってしまったということがある」。アイリーンが怒って書いているのがわかる。また別の日、「年をとると、時間はあっというまに経ってしまって、世間に遅れないようにしているだけで精いっぱい」。「黒檀材を使って何かつくること」というメモや「カーテンリングで椅子をつくる」というメモも残っている。

その年、アイリーンは故郷のアイルランドへ最後の旅をした。そしてすっかり失望した。グレイ一家の家だった荘厳なブラウンズウッドは人手に渡り、病院になってしまっていた。アイリーンの目に映ったアイルランドは、鮮明に記憶に残っているものとは似ても似つかないものだった——いつも憤りを覚えてはいたけれど、子供のころのことは片時も忘れたことはなかったのだ。

「タンプ・ア・ペヤ」の買い手はまだみつからなかった。ある日のこと、ひとりの紳士が庭先にあらわれた。ルイーズがビーヴァー卿だと教えてくれた。この紳士は、じつは英国系カナダ人の新聞王ビーヴァーブルック卿で、家を見にきたのだった。彼はその家が気に入り、画家のグラハム・サザーランドに買ってもらおうと言った。サザーランドと妻のキャスリンは長いこと家を探していた。よく南フランスに来て、ポン・デュ・ガールのそばのアルジリエにある金持ちの美術収集家ダグラス・クーパーの家に泊まっていた。ときにはカップ・フェラのホテル・ヴォフル・ドールに泊まることもあった。サザーランドはヴィラ・モレスクに滞在中のサマセット・モームの肖像画を完成し、カップ・ダイユに家を持っているビーヴァーブルック卿の肖像画を描きはじめたところだった。

アイリーンの人生では、問題なくすんなりと終わったことはなにひとつなかったが、今回も例外ではなかった。だらだらと長く続く手紙のやりとり。あるときアイリーンはサザーランドにすでに話がついたはずの条件のことを思い出させなければならなかったが、すぐにまたていねいな、いささか古風なやり方で波風が起こるのを防ごうとした。「青い封筒で失礼いたします、ほかのがみつかりませんでしたので」。この手紙を見ると、契約全文を通して読むよりアイリーンのことがよくわかる。「タンプ・ア・ペヤ」は一九五四年、五五〇万フランでサザーランドが買いとった。戸棚、ランプつきのワークテーブル、ダイニングとコーヒー兼用テーブル、ドレッシングテーブル、セルロイドスクリーン、カーペット、さまざまな鏡、ベッド、小型テーブル、本棚など家具もたくさんついていた。残念ながら現在まで残っているものは少ない。金属でできていて、持っている洋服の数によって延ばしたり縮めたりできるワードローブ、暖炉と鏡、蝶番で回転する戸棚、「Sチェア」、テラス用にデザインした長椅子はいまも残っている。

家自体はずいぶん手を入れられた。家の名前はサザーランドのイギリスの家「ホワイトハウス」からとって、「ヴィラ・ブランシュ（白い家）」という月並なものに変えられた。一九六〇年、当時サザビースの会長を勤めていたピーター・ウィルソンの息子で建築家のトム・ウィルソンがイギリスから呼ばれて家の増築を手がけ、アイリーンが建てた部分はゲストハウスとして保存されることになった。何年も経ってから、アイリーンはサザーランドの家のお茶に呼ばれた。丁重に親切に扱われたが、すっかり変わってしまった家を目のあたりにするのは複雑な気持ちだった。

家を売ってしまった後で、アイリーンはいつも仕事を依頼してきた大工のロアッティーノに手紙を書いている。「マントンに別れを告げ、わたしの愛したあの風景を見られなくなると思うと、とても悲しいのです」

一九五六年、アイリーンは「彫刻家のための大きなアトリエのついた小さな家」を完成させて、むかしのプロジェクトの仕上げをしようとした。しばらくのあいだガブリエルというロシア人の製図工が手伝ってくれたが、まもなくいなくなってしまい、アイリーンはとても寂しくなった。「悪い目に震える手では、正確な仕事はとても無理」。自分のつくった模型の写真を古いカメラで撮っていたが、今回のは小さすぎるということがわかった。そこで勇気を奮ってふたたびとりくみ、二倍のサイズの家の模型をつくった。アイリーンは、設計と模型を「完全に同じ」にすることはむずかしいということがわかっていたので、最後の段階で何かが生まれ出てくれればいいと考えていた。模型のできばえがあまりよくないと、残すわけにいかないと言ってプロジェクトを途中で破棄したりした。だが、それにしてもアイリーンが後世に残すといったことをたいして重要視していたわけではない。

最後の家

ルウ・ペルー

アイリーンがとりくんだ最大の難事業は、もう一軒の家の建築にあった。七十五歳で着手したアイリーンは、家が完成したときには八十歳になっていた。

第二次大戦前の一九三九年に、彼女は七万二〇〇〇フランでサントロペの裏手の広大な葡萄畑を購入していた。地名の由来となったサンタンヌ教会がそびえ立つ小さな丘であった。ここにも「風景」があった――アイリーンにとってはつねに風景が重要だったのである。東の方角にははるかにパンプロンヌの海岸を臨み、西にはサントロペ湾が拡がっていた。小さな家、むしろカバノン（小屋）と呼ぶにふさわしい建物がついていた。だが水が引かれてなかったので、アイリーンはこの家をピクニックとかサントロペから逃げるための場所としてしか使わなかった。カステラーの家は処分していたので、彼女は夏のあいだに自分とルイーズが暮らせるようにこの小屋を改装しようと思いたったのだ。

建物には部屋はひとつしかなかったが、アーチ形の天井があって、アイリーンは大喜びだった。彼女はかなりの広さをもつこの部屋の一部を小さく区切ってルイーズの寝室を確保し、一九五八年には側棟を増築し、彼女自身の小さな寝室と浴室と、もはや法の基準を満たさないような狭くて効率的とは言いがたい台所をつくった。また、庭の奥の人目をうまくかわした場所に独立した車庫を建てた。土でおおわれた屋根は沈む夕陽を眺めるにはもってこいの平らな台を形づくった。家の裏にはテラスがあり、夏のあいだはイグサが日除けの役目を果していた。

この家を建てるのはたやすい仕事ではなかった。五年近い歳月を要し、アイリーンほどの気力の持ち主でも弱気になることがあった。「わたしはいつも忙しく立ち働いているのに、うまくいくことはめったにない。引き窓はあるべきところに収まってくれない。サントロペでは何も手に入らない。金属も木材も付属品もすべてトゥーロンかニースから持ってこなければならない始末だ」。しかし、高齢にもかかわらずアイリーンは簡単には打ち負かされなかった。何週間にもわたって雨が降りつづき、洪水で道路が流されるなかでも彼女は建てかけの家のなかでキャンプを張った。小屋の内部を自分で塗装しようと思いたち、色の調合が思いどおりにいかないといっては癇癪を起こした。「壁のひ

サン・トロペ、「ルウ・ペルー」（1958 年）に改修する前の小屋

改修後。居間の左手にルイーズ・ダニーの寝室

同、右手にアイリーンの寝室がある増築された側棟

とつはヴェロネーゼみたいな緑色になってしまった」と彼女は嘆いた。雨戸の塗装も自分でしようとした。「夏になったら、できるだけ早くこの家を売ってしまおう。わたしは手間をかけるのは好きだけれど、そういったものを所有するのは大嫌い」と彼女はいつもの調子で言った。一九五八年に完成したこの家を、アイリーンもしだいに気に入るようになった。

外から見るかぎりは、その地域にいくらでもあるカントリーハウスと変わらなかった。ところが第一印象と実態は大違いで、アイリーンが考えぬいて新旧のものを組み合わせたこの建物は、全体としてすばらしいできばえだった。アイリーンが変更したところを見ると、彼女がもとの小屋のどの部分を残し、どの部分は断固差しかえるように考えたかがよくわかる。この家に向かう人がどの方角から近づくかによって、家の見せる顔は異なっていた。素朴な小屋の正面部分を活気づけるために、アイリーンはお気に入りの青いガラスに大胆な抽象模様をデザインした扉をとりつけた。それは、ヴェズレイのバドヴィッチの家で、一九三〇年代に制作されたものにそっくりだった。家の裏側の二枚の引き窓は、Ｅ１０２７にあったものを思わせた。アイリーンはまた屋根の下の古い鳩の巣のまわりに伝統的な模様の洒落たタイルをあしらった。図面をすべてひとりで描

ルイースの寝室。シャッターつき窓上にタイルで飾られた鳩の出入り口

く体力のなかったアイリーンは地元の建築家に図面描きを頼んだが、しばらくすると手の震えにもめげずその建築家の図面に変更や修正を加え、結局は自分自身で描くようになった。すでに八十歳近かったが、彼女の内なる建築家はまだまだ意気さかんなのであった。

建物の内部も同様に控え目で簡潔だった。ダイニングルームと居間とのあいだには白い煉瓦の仕切りがあった。松の木のベンチが数個、厚板材と四本のまるい金属製の脚を組み合わせただけのダイニングテーブル、そして暖炉のかたわらのソファ。暖炉の上には第一次世界大戦のころからの友人であったイヴ・スターの美しい素朴画がひとつ。壁にはVサインが描かれたコルク材のかけら。これはアイリーンが海岸から拾ってきたもので、勝利の女神に対する彼女の捧げものであった。床の上には花を飾った青いガラスのボールが置かれ、夜にはキャンドルを立てた小さな青いグラス――これはアイリーンが「ロクブリュンヌの家」から持ってきた思い出の品――がテラスの照明となった。マントルピースの上には、柔らかい石を使って彫りはじめたばかりの女の頭部の彫刻――この作品を彼女はついに完成させることはなかった。さらにその上にはこの家の名前の由来となったペルーの地図が掲げられていた。この家はプロヴァンス語の「ルウ・ペルー」と呼ばれていたので、なぜその名前に決めたのかという質問を受けるとアイリーンは彼女らしいすばらしいユーモアをもって答えている。「ルウ・ペルーはスラングで、まあ、エルドラド（黄金郷）の意味ですが、エルドラドほど大げさでもない。何と名づけようか迷っていたときに「主張せよ。されば得られん」という題の手引書のようなものを読んでいたので、それでは「肯定しよう」と考えたのです」。ここで彼女は、庭の松の木の根元の茂みの下に住みついたきれいな海亀に話題を移した。

アイリーンの寝室とテラスには彼女自身がデザインした家具が置かれていた。鋼鉄製の骨組みの簡素なベッドの横には、抽斗が回転するチェストと彼女のスラックスをしまうための別のチェストが並んでいた。家具のほとんどは彼女がかつて実験的につくっていたプロトタイプで、多少ガタついていた。小さな陶器の水盤の上方には、ふたつのランプ用装具と、角に傾斜のついたみごとな鏡が掲げられていた。テラスにはE1027の名残のテラスチェアのうちのひとつが置かれていた。この椅子の脚は革紐で縛ってあったが、その革紐がいつも切れていた。この他にも色あせたカンヴァス地のついたクロム製の椅子が二脚あった。

この家に迷いこんだ人間は誰も、いまでは片眼がくもり

テラス。右手にタンプ・ア・ペアからもちこんだ折り畳み可能な寝椅子

居間から調節可能なルーバーごしに庭を見る

ガラスの奥に隠され、耳もかなり不自由なこの姿勢のよい女性が高名な建築家であるなどと夢にも思わなかっただろう。訪問客がたくさんいたわけでもなかった。ルイーズのほかには彼女の交際の範囲はいまや三、四人の友人に限られていた。アイリーンの身体は仕事に困難をきたすようになっていた。手書きの文字では震えてしまうので、古ぼけたタイプライターで文字を叩き打つほうがよかった。絵を描いたり写真を撮ることもあった。それでもこの家は幸福な気分の漂う場所であった。

古い石壁が残るテラスと庭。ユッカの木の向こうに新しい擁壁

　その何年か前に、アイリーンは一冊のスケッチブックに「庭に関する覚え書」を記していた。「石が――できれば黒い石が――たくさんあるエントランスに位置する庭ならば、約六〇センチの円錐型の（乾式の）壁をつくること。壁の基礎部分は石の流れ（この場合、曲線が望ましい）を表現するような広いものにして、この壁で庭あるいは地面の一部を囲いこむ。このような壁やなめらかな芝生と向かいあわせて花を植えると、花の貴重さが際立ってくるだろう」

　アイリーンは、造園された庭にはあまり興味をもつことはなかった。夾竹桃の茂みが少しと花をつけたユッカの木が植えられたテラスを囲うためにアイリーンは石壁をつくった。テラスにはローズマリーもあり、それをルイーズは大きな枝ごと刈って、冬には虫除けにベッドの上や抽斗のなかに敷いた。残りの土地は葡萄畑のままで残された。アイリーンは葡萄の木が大好きで、年をとったものは新しく植えかえさせた。

　もちろんアイリーンには、もう車の運転は無理だった。そこで彼女はときどきサントロペからの上り坂を二十分も歩いた。ドライブに誘ってくれる人がいると大喜びで応じ、ほとんどが外国人の、ヌード姿の海水浴客のいる海岸へ出かけることもあった。

あるときアイリーンは、スクーターを買おうと思い立った。彼女は調べたい項目を注意深くメモした。
(1)必要な付属品すべてを含めるとベスパの値段はいくらになるか。
(2)どれだけの税金を払わなくてはならないのか。
(3)故障時には女の力で押していくには重すぎるか。
(4)立った姿勢を保たせるのはむずかしいか。
(5)走りにくい道路ではゆっくり走行できるか。
(6)エンジンをスタートさせるのはむずかしいか。
(7)未熟者にとって他にも不便な点はあるか。
(8)ふたり乗りはできるか。
(9)ペダルを相当に踏まなくてはならないのか。
八十歳近くというのに、むかしどおり気の利くアイリーンは健在だった。もちろん、スクーターが購入されることはなかった。

毎年七月、サントロペに人びとがなだれこみ、暑さも本格的になると、ルイーズとアイリーンは家の戸締まりをしてサン・ラファエルから汽車に乗りパリへ向かうのだった。九月には葡萄の収穫のためにいったん帰るが、十月末にはふたたびパリへ舞い戻っていった。

一九五六年八月、アイリーンに電話がかかる。ジャン・バドヴィッチが近代建築国際会議に向かう旅の途中で亡くなったというのだ。アイリーンの悲しみは深かった。過去の経緯はともかく、ジャン・バドヴィッチその人と彼がアイリーンにもたらしたものすべては彼女の人生の一部であった――振り返って思えばいちばん大切な部分だったのかもしれない。ジャンは最後の何年間かは別の女性と暮らしていたが、葬式の手配をしたのはアイリーンだった。彼女はほんの少し前に彼と会い、法律的にはジャンが所有し、実際には彼女のものであるE1027の今後について話しあったばかりだった。彼はそのとき遺言をつくるとアイリーンに約束したが、彼が過去にした多くの約束と同様に、この約束も守られることはなかった。

バドヴィッチの死後、ル・コルビュジエが「ジャン・バドヴィッチを讃えて」という題の追悼文を書いた。

ジャン・バドヴィッチは、ごく洗練された事柄において類い稀な才能を披露してくれた。何もないところから微妙な配合を創出する能力を備えていた。彼の存在そのものが近代精神によって動かされていた。ヴェズレイではいくつかの傑作を残している。彼の改築した家は明快で趣味がよく、しかも古いものを驚くほどうまくとりいれている。これらの小屋は、彼とは不可分だった。こうした作品を通してわたしはバドヴィッチの芸術的特性を受け入れたのである。

これらの家の住人たちに対して人生があたえたくつろぎの時間は貴重なものだったが、こうした時期に一緒に過ごす相手としては、バドヴィッチは楽しい人物だった。彼はふたつの世界大戦の谷間の時期に「ラルシテクチュール・ヴィヴァント」誌を発行し、ピエール・ジャンヌレとわたしの作品に関心をもっていた。

エレン・グレイ［表記はEllen Grey］と共同で、カップ・マルタンに魅力的な家を建てた。この家は建築的感性にあふれ、風景にすんなり溶けこんでいる。

ふたりの共同作業は、たしかに実り多いものだった。バドヴィッチの最近の作品についてわたしは知らない。だが、彼は病気に倒れてしまった。彼のあまりにも突然な発病の知らせをこの夏受けて、悲しみにくれた。そしていまや彼はあの世の人となった。しかし彼を知るすべての人びとに楽しい思い出を遺してくれたのだとわたしは信じている。

一九五六年十月二十四日、パリにて

ル・コルビュジエ

一九五六年に「テクニーク・エ・アルシテクチュール」誌が掲載したジャン・バドヴィッチの追悼記事には、「ロクブリュンヌの家」の図版が四枚添えられ、パリのアパルトマンも紹介されている。しかし、アイリーン・グレイに関する記述はない。著作権の混乱は彼女の死後も続いた。アイリーン亡きあとは、堅実な建築雑誌でさえこの家とその中身の一部をル・コルビュジエの作品として紹介したのである。一九八〇年に「ラルシテクチュール・ドジュールデュイ」誌は「カステラーの家」の写真を四枚掲載したが、建築家の名前を誌面に探しても無駄であった。

バドヴィッチの死によりル・コルビュジエはふたたびアイリーンとかかわることになったが、これはＥ１０２７をめぐる世にも不思議な関係を生みだした。この家はいくつかの点でル・コルビュジエの私生活とつながっていた。一九五〇年に彼は、アイリーンの家の真後ろに小さな土地を購入している。そこに彼は自分用のごく小さな家を建て、「ラ・バラック」という彼が家屋に好んでつけた名前をあたえた。この敷地は彼の友人で地元の酒場「ヒトデ軒」の経営者ロベール・ルビュタトから買ったものであった。

アイリーンはこの家を「ただの木の掘っ立て小屋」と呼び、この偉大な建築家がなぜ自分自身のためにそのようなものを建てたのか理解できなかった。ル・コルビュジエがこの「モデュラーハウス」——ワンルーム形式の、コルシ

「ル・バラック」または「カップ・マルタンの休暇小屋」（ル・コルビュジエ、竣工 1951 年）

カでプレハブ化されたもの――を建てることによって何をめざしていたのかをなぜアイリーンが理解できなかったのか、あるいは理解しようとしなかったのか興味のそそられるところだ。当時の彼女はル・コルビュジエにひどく腹を立てて、彼がこれほど近くに来ることを自分の人生への侵犯と考えたのかもしれない。この家に彼は腰を落ち着け、チャンディガールの家や、ついに建つことはなかったカップ・マルタンの複合住宅について構想を練った。一九五七年にル・コルビュジエの妻イヴォンヌが世を去った。悔やみ状を出したアイリーンは、しばらくしてふたつの手が合わされた絵の入ったカードを受けとった。文面は簡潔だった。「イヴォンヌ・ル・コルビュジエの思い出に。十月五日夜明けのマントンにて。感謝とともに」。ル・コルビュジエが友人たちのためにデザインしたカードであった。

ル・コルビュジエをよく知る人びとは、彼がこのころには陰気で孤独で疑い深くなっていたと回想する。彼はときどきは姿をあらわし、海岸で泳いだ。いつの日にかＥ１０２７を手に入れることが彼の夢だった。バドヴィッチが結局遺言を作成しなかったため、この家は引きつづき彼の財産とみなされ、アイリーンに戻されることなく彼のいちばんの近親者であるルーマニアで尼僧になっていた彼の妹のものとなった。ル・コルビュジエはこの家に絶大な関心を示し、バドヴィッチの妹はフランスの家などほしがらないだろうと考えた。公には関心をもつ当事者としてみられるのを嫌がった彼は、親しい友人でスイス人のマダム・シェルベールにその家を購入するよう説得したのだった。

この事件についてはアイリーンは口を閉ざしたままである。いつものとおり、彼女はヴェールで隠してしまった。しかし、マダム・シェルベールの記憶ではこうなっている――ある日チューリッヒにいた彼女は、大至急パリへ来るように、そして「手に入るだけのお金と、帽子を忘れずに持ってくること!」という緊急の電話を受けた。銀行はすべて閉まっていたので友人から現金は借りたが、帽子のほうは忘れてしまい、ル・コルビュジエを「カンカンにさせた」ことを憶えている。「君には家を買ってほしい」とル・コルビュジエは言った。そしてＥ１０２７の写真を何枚か見せて家の鍵を彼女に渡した。マダム・シェルベールがロクブリュンヌにたどりつくと、家は手のほどこしようもないほど雑草に囲まれていた。その外観にはあまり気乗りしなかったが、ル・コルビュジエの設計した家と思いこんだ彼女は最後には決心した。競売はマントンでおこなわれた。有望な買い手は四人いた。マダム・シェルベールの記憶にあるのは、パリ銀行の男とオナシスと名乗る男だけである。オナシスがいちばん高い値をつけると、駆け引き

ル・コルビュジエによるE1027のフレスコ画。窓に付け加えられたカーテン、ベネチアン・ブラインド

のあいだはめだたない場所にいたル・コルビュジエは競売人と一緒に姿を消した。五分後にふたりがふたたびあらわれたときには、家はマダム・シェルベールに売却されていた。オナシスは激怒して競売人を叱りつけたが、ル・コルビュジエは当局者に対して自分の影響力を使うといって彼を脅かした。この経緯がアイリーンの耳に入ったころには取り引きはまとまっていた。法律上、彼女は正式の所有者ではなかったのだ。

ル・コルビュジエの友人の酒場の主人のロベールがこの地所の入口に店開きした。「まるで番犬」とアイリーンは思い出すたびに苦い顔をした。アイリーンは自分の家具をいくつか運びだそうとしたが、阻止された。

マダム・シェルベールの回想によると、彼女はアイリーンの家具をそのまま残すことにほとんど興味がなく、処分しようと考えていた。だが、この家までつながる道路がなかったために運んでくれる人が見つからなかった。彼女はそこで焚火をしようと思い立った。幸運にもル・コルビュジエが、「ここの家具は特別に貴重なものとして扱うべきだ」と言って彼女を制止した。この挿話はその何年も後アイリーン・グレイの名声がふたたびたしかなものとなったころに披露されたが、その信憑性を疑う理由はない。いずれにしてもマダム・シェルベールは約束を守り、家具をよく手入れして、彼女自身が世を去るまでのあいだ、アイリーンが住んでいたころと同じと思われる様子のままにこの家を保ったのである。

アイリーンはその後いくら説得されてもこの家をふたたび見ようとはしなかったが、彼女の精神がそこにはっきりと投影されていたことに変わりはない。一九六五年八月二十六日、ル・コルビュジエはこの家から海岸へ泳ぎに降りていき、不帰の人となった。水中で心臓麻痺を起こしたのである。享年七十八であった。

後年この家の写真を何枚か見せられたアイリーンは、家の姿が気に入らなかった。「家からテラスまでのシェルターがなくなり、屋根にはガラスのかわりにプラスチックを使っている。見かけも小さくなり、雰囲気が失われてしまった」

こういった事件の後に淋しい後日談がある。家はマダム・シェルベールのかかりつけの医師に遺されたのである。その後、家具は持ち主によってスイスへ移された。この小さな家を博物館にするか、せめて公的な保護のもとに置いて保存しようという動きはまったくなかった。

一九五六年の夏、モダンアート協会はマルサン・パビリオンを会場にジャン・バドヴィッチの作品の展覧会を開いた。この追悼展の手配をしたバドヴィッチの最後のガールフレンドはE1027の多数の写真も展示してある一室を設けた。写真の下には「ジャン・バドヴィッチ作、家具についてはアイリーン・グレイとの共同作品」とのラベルがついていた。事実を確認する手間を誰もとっていなかったのである。これを目にしたアイリーンは怒りのあまりラベルを破り捨てた。彼女はモダンアート協会の会長を務めるルネ・エルブストに抗議したが「なしのつぶて」であった。

これはアイリーンがその設立に尽力したにもかかわらず、めったに彼女の作品を認めなかった団体から受けた最後の侮辱であった。あるとき彼女はエルブストの作品の隣に陳列すると聞かされて自作のカーペットを何枚か貸したが、その展示会場では彼女の名前はいくら探しても見つからなかった。アイリーン亡きあとにはモダンアート協会は彼女を讃えたが、当時の彼女がこの団体をどのようにみていたかは次のコメントに言い尽くされている。「J・Bの作品の展示会は——モダンアート協会が手がける、あるいは手がけようとしない他のあらゆることと同じで——嘆かわしいものだった。わたしが手を貸そうとしても断られた——これについてわたしは何ページも書いたが、手紙で説明するには込み入りすぎている」。その内容がどんなものであったかはわれわれは知る術もない。彼女の大部分の手紙と同じ運命をたどってこの手紙もアイリーンの生涯の終わりに彼女の手で消されてしまった。まるで、それらがもうどうでもいいことであるかのように。死と対面している人間の観点からいえば、たしかにどうでもよかったのかもしれない。だが、そのつい二、三年前に彼女はこう書いていたのである。「人間はあきらめてはいけない。物も処分してはいけない。踏み石を失ってしまうのと同じことだから」

しかし、この「火刑」が実行されたときには、それをやめさせる人間は彼女のまわりにはいなかった。いうまでもなく誤解された天才としてのアイリーン・グレイの役割は誇張されている。埋め合わせようという罪の意識から、大げさに扱われたこともめずらしくなかっただろう。大きな事務所を構えて自分の仕事で手いっぱいの第一線の建築家からみれば、彼女は素人だった。これが彼女の強さであり、同時に悲劇であった。

アイリーンはおおかたの人びとがアイデンティティを損ない、目まぐるしく変わる価値観しかもちあわせていないとして軽蔑し、うまくつきあおうとしなかったが、その彼女の頑固なまでの自制ゆえにプロの建築家に要求される秩序を身につけることがほとんどできなかった。彼女は芸術家であり革新者だったが、自分のアイディアをより大きな規模で実行に移すだけの規律も技術ももちあわせていなかった。アイリーンが事務所を運営している姿など想像もできない。彼女は細かい注文はつけたが、効率が悪かった。アイリーンが生涯に建てたのは二軒の家にすぎない。しかし都市ごと新しく建設される世界において、彼女の作品は未完成なものとはいえ現代建築史にわずかながらも貢献している。アイリーンは二十世紀建築の技術的・経済的・法律的な複雑性に対応しなければならなかったことが一度もない。この点は誰よりも彼女自身が認めたはずである。

アイリーンに対してわれわれが抱く曖昧な印象こそが、彼女の類い稀な人格の一部であった。この女性が生涯のうちの二十五年を、事実上独力で自分の二軒の家を建て、完成させるのに費やしたと考えると、彼女に親しみを感じてしまう。しかし同時にそれは、プロとしては命取りの不器用さの記録でもある。このことにアイリーン自身も気づいていた。彼女は進んで自己批判を他人に披露した。生涯の終わりのこの数年間に、彼女はせめて自分の作品の記録をつくり、ドローイングや写真に日付を入れて整理すべきだと考えた。そこで彼女は二冊の大きなスクラップブックにわずかに残されていた写真を貼り、そのひとつひとつに短いキャプションを添えた。この二冊のスクラップブックは、かえって彼女の秩序の欠落と決断力のなさを証明している。——この秩序と決断力こそがプロの建築家にとって不可欠な資質なのである。自分を語る、あるいはみずからの過去

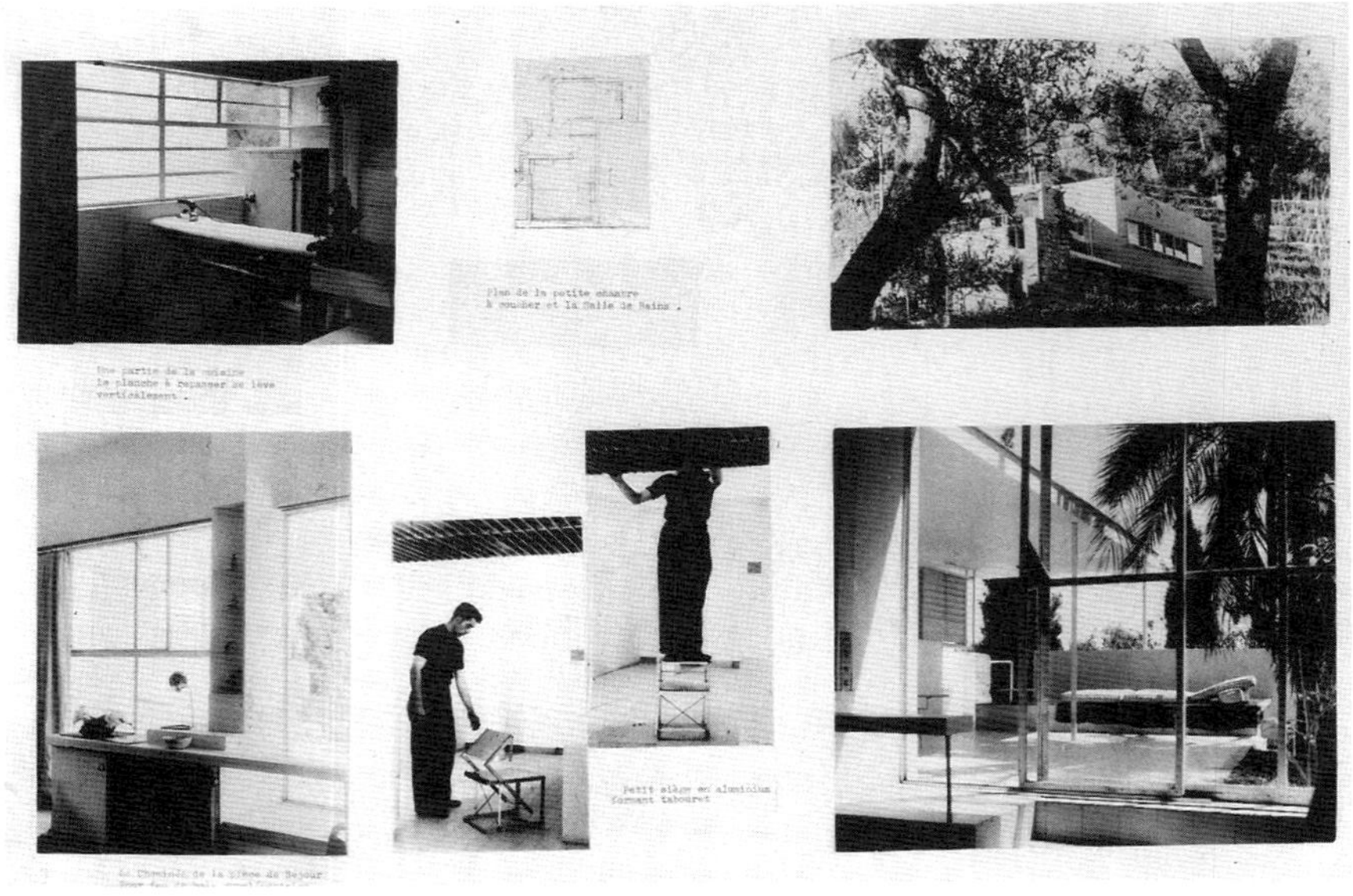

アイリーンのスクラップブックよりタンプ・ア・ペアのページ。左上は台所の折り畳み可能なアイロン台

をいかなる形にせよ秩序づけることをアイリーンは嫌った。彼女はたえずキャプションを書きかえ、写真を剝がしていたので、彼女の建築家としての人生の記録となるはずであったスクラップブックも、図面や写真が順不同でまばらに貼ってあるだけの代物になってしまった。晩年のアイリーンは学生やジャーナリストと一緒に写真に目を通すことがあった。彼ら自身はアイリーンを閉口させる場合もあったが、その好奇心は彼女をいくらか楽しませてくれた。どんなお世辞もあっさりはねのけて、アイリーンは相手に言った。「こんなもの、なんでもないわ。こんな古いもの」。人に気に入られたい、などという卑屈な気持ちをアイリーンはひとかけらももちあわせていなかったのである。

アイリーンはデザインの手を休めようとしなかった。新しい材料につねに関心を寄せ、ある種のプラスチックについて問い合わせたり、プレキシガラスに心を奪われたりした。プレキシガラスを使ってテーブルをいくつかつくってもいる。「でも、わたしの望みをすべて叶えてくれるわけではありません。わたしももう少し謙虚な気持ちでとりくむ必要があるのでしょうが、そうなればフォーマイカやそのまがいものを使うことになるかもしれません」と彼女は手紙のなかで嘆いている。一九五八年にはブリュッセルで開かれた万国博覧会を訪れ、人混みにもまれてよろめき、あちこち歩きまわりながら、展示物には少々退屈していた。彼女の眼が突然輝くのは――何かのデザインのちょっとしたディテールや新しい素材に注意を惹かれたときである。新しい実体にこそ興味をもち、大げさな概念には退屈してしまう、むかしのままのアイリーンの姿がそこにあった。彼女はもちろん、ル・コルビュジエのパビリオンも訪れた。

一九五七年三月にアイリーンは今後遂行すべき作業のメモを作成した。彼女は埃をかぶったままのむかしの試作品の修理をしようと思い立ち、またスクラップブックの整理も継続中であった。

独身者の家の模型を完成させること。
チューブハウスの模型を完成させること。
ヴァケーションセンターのチューブハウスを完成させること。
劇場のインテリア、独身者の家、チューブハウス、彫刻家のアトリエの説明の写真を撮ること。

メモはここで終わっている。変わりばえのしない型どおりの作業に彼女は飽きてしまったのである。ほとんど毎日、何かの用事が発生し、それを実行しなければいけないという煩わしさがあった。虚弱な身体にもめげず、アイリーンは途方もないエネルギーで戦いつづけた。

いまや彼女の時間とエネルギーの大部分は、「ルウ・ペルー」の増築部分の建設の監督にあてられていた。役所とやりあうための南部への面倒な旅も四、五回敢行した。こうして彼女は、体力をさらに消耗していった。一九五八年、「ルウ・ペルー」はついに完成した。一九五九年に「ラルシテクチュール・ドジュールデュイ」誌がアイリーンの文化センターについての短い記事を載せたほかには誰も彼女に注目しなかった。これに続く数年間は比較的平和のうちに過ぎたが、信じがたいほど淋しい年月だった。アイリーンとルイーズはあいかわらず冬のあいだと夏の暑い時期はパリで過ごし、残りを南部で暮らすというむかしからの習慣に従っていた。この南部の家のテラスでアイリーンはほんの少数の友人たちをもてなし、酒をふるまった。こうした機会に交わされる会話を、精神も知性もむかしのままに活気づいているアイリーンは何よりも楽しみにしていた。

この地域にも建物が増え、彼女の家からの美しい海の眺めさえさえぎられるようになった。南フランスへの彼女の幻滅の始まりであった。

一九六四年三月十四日、ケイト・ウェザビーが世を去った。アイリーンはいちはやく彼女の病床に駆けつけていた。彼女はエヴリン・ワイルドに手紙を書いた。「わたしたちの大切なケイトが今日、平和のうちに永眠しました。これがいちばんよかったのでしょう。でも、わたしは取り乱しています」

孤独感が彼女を包みこんだ。「最後には人間を自分自身からも隔離してしまうようなこの寂寥感のなかで」彼女は物思いにふけった。いまだに鋭い知性を宿した彼女の虚弱な身体は、ときには崩れ落ちそうに思われた。彼女は死を切望していた。「死はわたしを忘れてしまったようだ。わたしもとっくに世を去ってもいいものなのに」。数少ない友人たちの荷物になるという不安は、自分の知的能力の一部を失うという恐怖と同じで恐ろしいものだった。アイリーンはこれ以前にジッドの日記の一節を引用して、次のように書いている。「悪臭を放つ人もいれば骨化する人もいる。すべては年齢のせいだ。肉体の疲労と衰弱に打ち勝つことができるのは、強大な知性の炎だけである」

気高さを備えていたアイリーンは老齢の屈辱を軽蔑していた。彼女は作家のジュリアン・グリーンの言葉も引用している。「一般的にいって逃走こそがすべての人生にとっての課題である。わたしが「生きる」と呼んでいる行為は人間の自意識にすぎない。わたしはこの感情を非常に強く体験する。だからこそわたしにとって人間が死に対して抱く恐怖は、われわれがしているもっともあからさまな誤解と思えるのである。この誤解のもとでわれわれはあくせくしている。この誤解がわれわれ自身とわれわれの肉体との関係を支配する混乱から発生しているのは明らかである。ほとんどの場合、われわれの当惑は表面上のものにすぎない。それを求める人には、心の奥深くに平和と幸福の領域が存在しているのである」。この一節をはじめて読んだとき、アイリーンは強く心を動かされた。

彼女のなかにはまだ不屈の精神が残っていた。電力局と争って、自分の土地には高圧線用の鉄塔を建てさせまいとがんばった。「わたし自身のためにこれをやっているのではない」と彼女は書いている。「あとに続く人びとのことをわたしは考える必要があるのだ」

一九六八年に、アイリーンはむずかしい腸の手術を受けた。ルイーズが片時もそばを離れない小さな病室に横たわった彼女は、「飛び立ちたい」という願いがようやく叶えられると感じた。ところが、まるで奇跡のように彼女はほとんど気力だけで衰弱していた体力を取り戻し、生きることとなった。アイリーンは退院を許された。二、三週間のうちに彼女はまたデザインの作業にとりかかった。このとき彼女は九十歳になっていた。

九十代を通して彼女は仕事を続け、数種類の椅子づくりを監督したが、背もたれの傾斜についてはうるさかった。

自分のデザインした作品のいくつかが大量生産されると聞いて彼女は喜んだ。「誰もが買えるように、できるだけ安くつくれるといい」。スラックスとスカートを収納する小さなチェストは大量生産にはもってこいと考えていた。「でも、マキシスカートには向かない。……最初の作品はコルクとセルロイドと磨いたアルミでつくった。手もとに置いておいたものは結局未完成のままだ」。「ロクブリュヌの家」のために最初にデザインした鏡台も持っていたが、ラッカーを塗りなおしたいと考えていた。「Ｓチェアも生産するなら、ロッドにはクロムかアルミか、背景に対してなるべくめだたない素材のほうがいいだろう」

　アイリーンの身体はさらに衰弱した。高齢者の例にもれず彼女はときどき転び、怪我が治るまでに長い時間がかかった。何週間も不眠が続くこともあったが、彼女の知的好奇心は衰えを知らなかった。彼女はゲーテとエッカーマンとの対話を読んだ。「つねに偉大な人物に対して恐れを抱いていた」アイリーンは、ゲーテが「かなり上げ底をしている」人間であると知った。詩と演劇をテーマとしたフィリップ・スーポーとウジェーヌ・イヨネスコとの対談をラジオで聞いたときには、アイリーンは「伝統を打ち捨てて新たに出発する」というイヨネスコの考えに感銘を受けた。九十一歳のとき、彼女はアルゼンチンの劇団ＴＳＥの公演を見に出かけた。主演男優のファクンド・ボーに招待された彼女は、「わたしはもう観劇用の衣装を持っていない」との理由でいったん断った。だがむかしながらのアイリーンは思いなおし、しきたりどおりにカルチエ・ラタンの小劇場の固いベンチに身じろぎもせず二時間も座って劇に見入るうちに「不思議でおもしろい」と感じていた。彼女はアンドレ・ロートの『景観論』を読み返し、旧友ホセ・ルイ・セルトが建てたサン・ポール・ド・ヴァンスの新しいマーグ財団美術館を訪れては、この美術館のあらゆる部分を何時間もかけて観察した。

　彼女は絵筆もふたたびとった。しかし、いつもながら作品のできばえにはあまり満足しなかった。「わたしのなかには意識つまり実際的な面と、その下に横たわる無意識とのあいだにはっきりした境界線が存在している」と彼女は戦後書いている。「片方からもう一方へ、簡単には移れない。あまりにも多くのテクニックを試すという危険にも陥りかねない。無意識な行為にならなければ、それらについて語る資格もない」。アイリーンの建築デザインの多くがいかに合理的にみえようとも、彼女が結局は第一に芸術家であったことを疑う余地はない。「何かの規律を排除することは、それにかわる新しいものを発明したときにのみ可能である」とアイリーンは語っている。

遅れてきた栄誉

アイリーン・グレイはその人生の最後の数年間にふたたび世の注目を集めるところとなった。彼女は突然、自分でも驚くほどの、そしていつも嫌っていたような報道価値のある人物となってしまったのである。一九七二年にドゥーセのフラットにあったものが大きな売り立てで話題を呼び、彼女はいわゆるアールデコのデザイナーの最前線に躍り出ることになった。そして彼女の家具は「コレクターの求める稀少価値」となった。疑心暗鬼のまま彼女は世間の評判を受け入れたが、そうした騒ぎは彼女にはまったくばかげたことに思えた。むしろ一九六八年の「ドムス」誌、一九七二年十二月のイギリスの「アーキテクチュラル・レヴュー」誌で建築家のジョゼフ・リクワートにはじめて作品を正当に評価されたことのほうが彼女にとってはずっと大きな喜びだった。

ひきもきらずジャーナリスト、学生、学者からのさまざまな問い合わせが寄せられた。すべての人に会ったり、増えていく一方の交信に応えていくことがむずかしくなっていった。「訪ねてくる人があまり多いので、すべての手紙に返事を書いている暇も見つけられません」、「手紙はいつもわたしにとって悪夢です」、また「湿気のせいでタイプライターが使えなくなってしまった」といった彼女の言葉はたくさんの不満の一部でしかない。「どういうわけか自分の人生のなかで起きたむかしの出来事が自分のものではないように思えることがあり、まわりの人たちの親切にもかかわらず自分の興味を持続させるのがとてもむずかしく感じられる。ソルジェニーツィンも同じことを言っている。「わたしは新しいものをこそつくりたいのだ」と」。だがこの時期、彼女が世の興味をひいたために喜ばしいこともあった。とくに彼女の人となりにではなく作品そのものに焦点が当てられることが嬉しかった。快活なジョゼフ・リクワートと彼の書きためたものにはしだいに心を開き、「とてもおもしろい」と思うようになった。ブルース・チャトウィンという若くて熱心な作家は、「カステラーの家」を訪ねたあとなので「サンデー・タイムズ」に彼女のことを書きたいといってきた。アイリーンは警戒心を起こし、こう答えている。「わたしは古いアパルトマンでルイ十六世風の木工細工に囲まれており、写真に撮るような家具はひとつもありません」。チャトウィンはパタゴニアについての名著をまだ書いていないときだったが、彼の旅行記はアイリーンを魅了していたのだった。また、「インターナショナル・ヘラルド・トリビューン」紙のメアリー・ブルームをアイリーンは「心細やかな知性の人」と称賛した。このような人びとが彼女を老いの倦怠と寂しさから救うのに大きな役割を果たしてくれた。イヴリン・シュルムベルジェが「コネサンス・デザール」誌にアイリーンのことを書いた記事を送ったとき、アイリーンは大きな感謝の意を示し、この作家の文筆の才能を称賛し、次のように付け加えた。「わたしが実現できたことはとても小さなものです。ですから、あなたがわたしがやりとげられなかったことだけでなく、わたしがやろうと思ったことまで書いてくれてとてもありがたく思いました。記事を読みながら、それがわたしのことだとは信じられないほどでした」。彼女の謙虚さは天性のもので、無邪気とも呼べるほどだった。ヴィクトリア・アンド・アルバート美術館のパーマネント・コレクションに自分の椅子が加わるということで彼女は喜び、美術館館長のロイ・ストロングが直接彼女に礼状を書いたことにはとりわけ感激していた。

一九七二年、彼女は七十名にしかあたえられない名誉である「工業界ロイヤル・デザイナー勲章」を授けられた。この賞を受けると、名前のあとにRDIという称号をつけることが許される。アイリーンがこの特権を使うことなどおよそ考えられなかった。また公式のプレスリリース用に自己紹介を求められると、彼女はプレスリリースなど必要ではないと答えている。アイリーンは公式行事には出席せず、友人にかわりに賞状を受けとってくれるよう頼んだ。このとき同じ栄誉に輝いたのは、テレビ・舞台のデザイナーであるトニー・アボットと衣装デザイナーのジーン・ミュアーであった。ふたりともまだ五十歳にもなっていなか

ボナパルト通りのアパルトマン応接間にてタンプ・ア・ペア時代の椅子に座るアイリーン（90歳代）

った。

このほかにも彼女は栄誉の賞を受けている。「現代建築・デザインの発展にすぐれた貢献をしたことを讃えて」一九七三年、王立アイルランド建築家協会が彼女を名誉会員に選んだのだ。アイリーンは身体の不調で式典に出席できなかったため手紙を書いた。「わたしはこれほどの栄誉に輝く価値のある人間ではないのではないかと思います。人生の終わりになってこうして認めていただいて感激に耐えませんが、これはアイルランドのみなさんからのありがたい贈物であると受けとめ、今後の努力でこれにふさわしいものをつくっていきたいと思います」。それまでの彼女の苦労や仕事のうえで受けてきた侮辱の数々を知る者にとっては、彼女のこの言葉は驚くべきものである。「人生の終わりになって」というのはじつにあたっている。

これらの公的な栄誉は彼女にはたいした喜びをもたらさなかった。というのは、賞というものが建築家として自分を認めさせ、設計図を現実のものとするのに活用できる時期にはまるで授けられはしなかったのだから。かつてはフランスでもイギリスでも世界の他のどこにでも彼女を少しでも認めてくれるような組織はなかった。いまその間のギャップを埋めようとすれば、雑誌、新聞、テレビ番組とどんなに多くの媒体があっても足りないほどだ。だが実際にはこれらの媒体は、彼女が提供した数少ないデータを繰り返しているにすぎないのだった。

人生の最後になって彼女の作品が少なくとも展覧会に出されるようになったという事実には、アイリーンも喜びを感じていた。最初の展覧会は一九七〇年にグラーツとウィーンで開かれた。そこでは彼女の家の写真と設計図のいくつかと模型が展示された。彼女の友人である建築家によって企画されたものだった。一九七二年には王立英国建築家協会が彼女に注目するようになり、イギリスでの初の展覧会を開催した。同展の責任者であるアラン・アーヴァインに彼女は次のような手紙を書いている。「今回の模型に関しては疑問が多いのです。あなた方は建築的な立場から、また模型の現状からみて展示する価値のないものと判断されるでしょうし、却下されても不思議ではありません」。さいわいなことに、彼も彼のまわりの人びともアイリーンよりは模型を高く評価していた。展覧会は写真、建築図面、家具などを集めたすばらしいものとなった。

アイリーンはもちろん、オープニングに出ようとはしなかった。しかし彼女はロンドンまで出向き、こっそりと同展を見た。彼女の下した評価は「おもしろく」うまく展示された「なかなかの」ショーであるというものだった。だが、隅々まで見逃さない彼女の目は、椅子のカバーにちょっとした傷を見つけだした。これには彼女の気がおさまらなかった。アイリーンはチャーミングで明るい人物だったが、簡単に満足することがなかった。寛大で謙虚でやさしい女性ではあったが、いわゆる「いい人」というのではなかった。

アメリカでもいくつかの小さな展覧会が開かれた。ニューヨーク建築家協会による巡回展で、プリンストン大学、コロンビア大学、ボストンをまわった。アイリーン・グレイ展をロサンゼルスのフェミニスト・スタジオ・ワークショップで開催したいと言ってきた女性がいたが、「女性」を強調して同意を求めるこの女性に対するアイリーンの返事はこうだった。「たしかに、これまで女性は法的に正当な扱いを受けてきませんでした。それにしても、ロサンゼルスのこの建物（彼女の展覧会が開かれる予定の場所）が「女性の」ビルと呼ばれているのが残念です。なぜそう呼ばれなければならないのでしょう。まるで女性が男性より劣るようではないですか。もしそうでないのなら、なぜこのビルはすべての人のものでないのでしょう。もちろん、よいところだけを見て批判をおこなわなければなりません。しかし、それは知識につながることです。つまり、新しい視点を認めることです。個々の違いを強調することではありません」。ここでもまた、彼女の常識がこうした考え方を

左ページ上・王立英国建築家協会主催のアイリーン・グレイ展（ハインツ・ギャラリー、1972年）。右端にSチェア。下・スコットランド美術協会主催の個展会場（1979年）。ビベンダムチェア、ノンコンフォーミストチェアほかが並ぶ

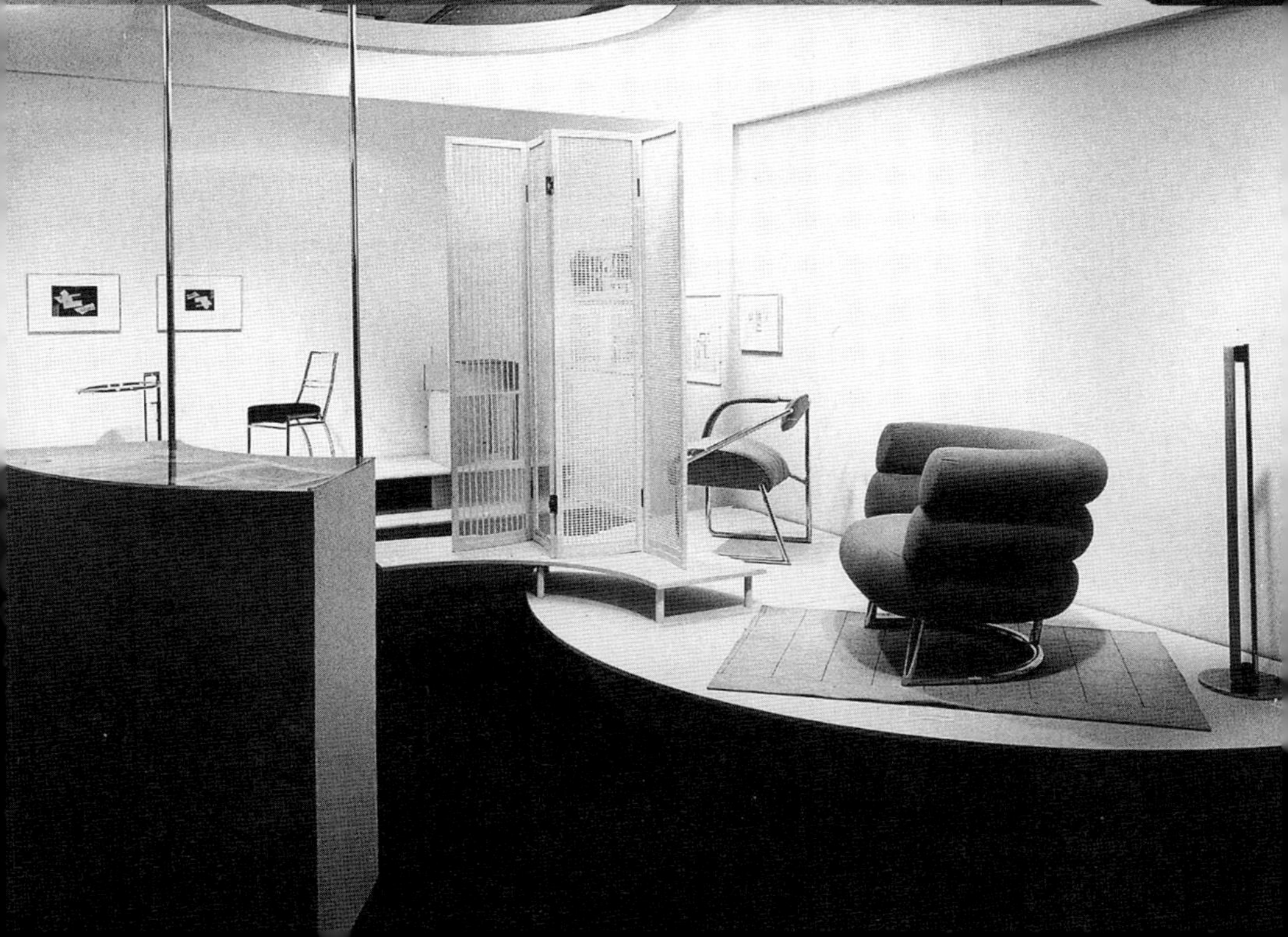

許さなかったのである。

　展覧会がおこなわれていくなかで、彼女もその所在を追えなくなっていた家具がいくつか見つかった。一九七四年には南仏のドラギニャンにあるといわれた二点のビベンダムチェアを探しに彼女自身が出かけていった。地方紙に写真と記事を載せたが、結局徒労に終わってしまった。彼女のランプをいくつか持っているというアメリカのコレクターには、彼女は次のような手紙を出している。「すべてをなくした後で、まだ残っているものがあるとわかってわたしの喜びはあらわしようもありません」。そしてこう付け加えた。「二度のアメリカ訪問はいまも忘れられません。すばらしい印象が残っています」

　彼女は作品すべてについて同じように感じたわけではなかった。ドゥーセのためにつくった房つきのテーブルを見たときには、「こんなもの壊してしまってほしい」と思ったという。あるコレクターが漆のパネルを送ったときの彼女は、嘆いてこう書いた。「二度とこんなものは見たくありません。漆でそれをつくるのがどれだけ大変かを知ろうと思って試してみただけなので、ひどいものなのです。わたしの手もとにあるなら壊してしまうところです。でもどうしようもない。一九一六年の作品なのですから」

　あるライターが漆のテクニックについて彼女に尋ねたことがあるが、ほとんど無駄だった。彼女は自身で言うところの「若き日の過ち」にはもう興味がなかったのだ。アイリーン・グレイ・コレクターたちの熱心さには彼女も喜んだ。彼らがつけた値段は彼女もばかばかしいと思うほどのものだった。彼女が「最上級のコニャック」ヘネシーの広告やフランスのトイレットペーパーのコマーシャルに彼女のＥ１０２７用テーブルが使われているのを見ることができず残念だ。

　彼女の漆の家具の大きな競売に招かれて、彼女は答えた。「競売に出席するつもりはありませんが、カタログをよく拝見させていただきます。むかしが思い出されますので……」。ときにはこっそりと競売に顔を出して帰っていくこともあった。たとえばペリネでサーペントチェアが売りに出されたときだ。「あの椅子は白いカバーなどではなかった。わたしはあれをマシュウ＝レヴィのためにつくったのだけれど、線の入った薄いベージュにした。彼女は何か格別洒落たものを探していたのです」。アイリーンの記憶は失せてはいなかった。

　だが彼女の関心が向けられたのは、当然のことながら彼女の建築と最新の家具であった。一九七〇年、自分の作品をふたつの大きなスクラップブックにまとめていたころ、彼女は書いている。「誰も興味を示さないようなカーペッ

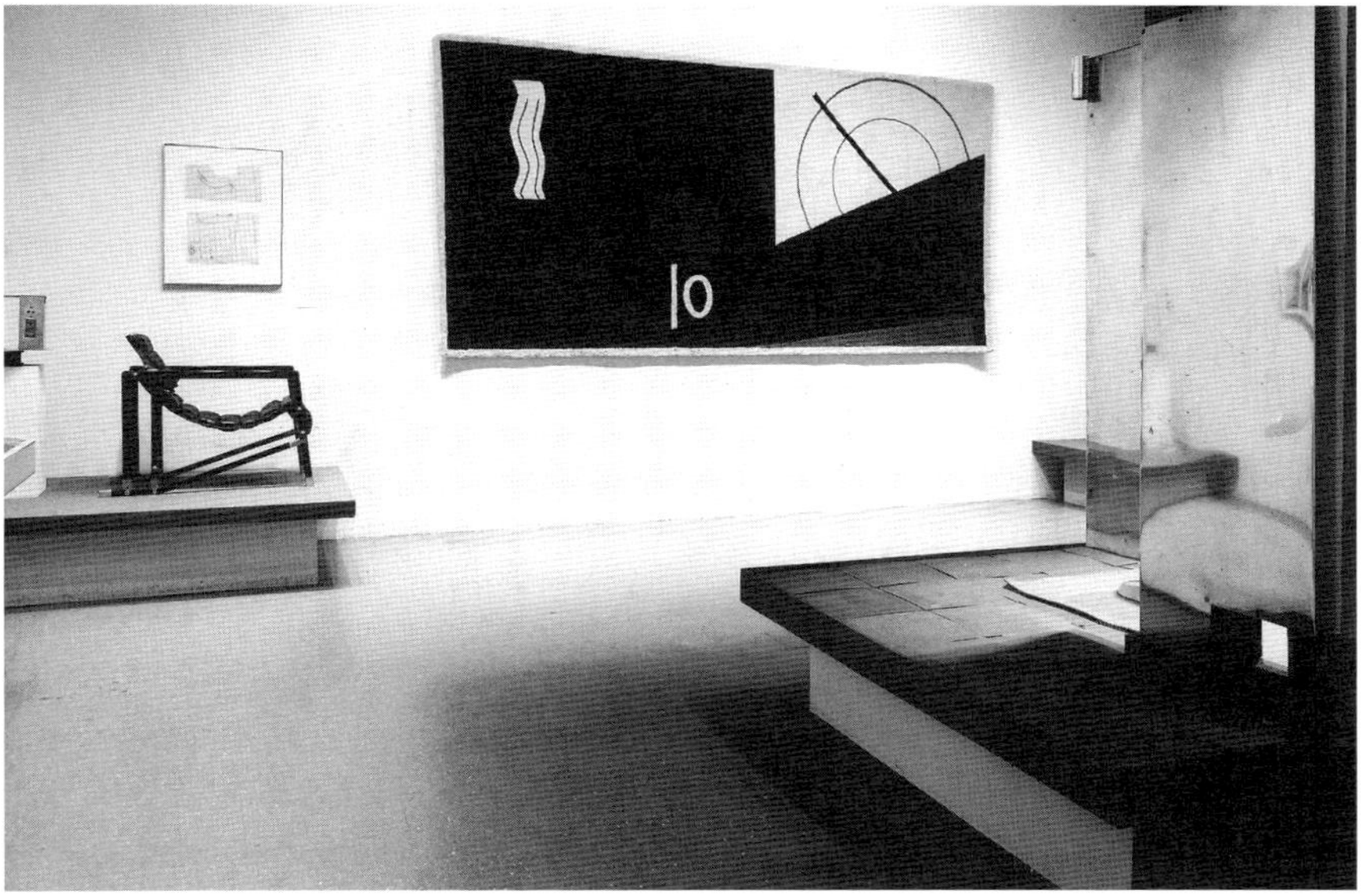

ニューヨーク近代美術館における回顧展（1979-80年）。中央にE1027の敷物（本書口絵13ページ参照）

トや初期の装飾を中心にしてこのようなポートフォリオをつくってしまい、ばかげた感じがしている。逆に「タンプ・ア・ペヤ」、ロワジール文化センター、「海辺の家」やクロッキーは（完成すればだが）いまでも学生たちの関心を引きつけるだろうし、わたしにとってもより大切なものなのに……」

アメリカの画家フランク・ステラがトランザットチェアを自分用に模してつくってもいいかと問い合わせたときは彼女はとても喜び、彼の申し出を快諾した。「画家としてのステラへの称賛」のゆえという。「F・ステラがわたしの作品をコピーしたいなんてとても誇りに思います。印税などいりません」。同時に彼女は自分のデザインの不出来を詫びもした。「たれ端はひどいもので椅子に合っていません。この椅子は一九二六年に重要なクライアントのためにひどく急いでつくられたものなのです」。彼女はこの椅子を十二点つくっていたが、すべて売れてしまっていた。彼女はステラにアームレストをもっと曲げてヘッドレストを少し変えるようにすすめたが、彼がそのままを好むなら、それは自由だとも言っている。自分がデザインしてから五十年も経って、いまだに彼女はそれをあれこれ論じることができるのだった。

晩年になっても、彼女は漆のものも含めてスクリーンを制作した。できあがったものの色に満足がいかなかったが、三つのコルクのスクリーンは気に入っていた。彼女の最後の作品である。もっとも適した材料を見つけだすために、彼女はモンパルナスのある場所に何ヵ月も通いつめた。皮肉なことに完成してもこのスクリーンはなかなか売れず、結局制作に要した費用と同じくらいの値段でしか売れなかった。名声が高まっていたが、彼女が苦々しく言ったように「漆なんかではない」はずであった。が、人びとの関心はまだ現代デザインにはなかったのである。

一九七六年三月八日、アイリーンは建築を専攻するひとりの学生に次のような手紙を書いている。「あなたもエニスコーシーに生まれたと聞いてとても嬉しい……。そろそろ期末試験のころでしょう。（わたしもロンドンにいて一緒にお祝いをしてあげられるといいのですが……）。ブラウンズウッドはいまは病院となり、建物も変わってしまったそうですね。子供のころ、わたしはあのアイルランド建築が好きでした。でも一八九五年だったか、あるいはそれより前にとりこわされて、かわりにブロックのひどい建物が建ったため、わたしはフランスに移ったのです」。アイリーンがこの手紙を書いたのは九十八歳のときだった。昔日の傷はいまだに癒えていなかったのである。

エピローグ

わたしが最後にアイリーンと会ったのは、一九七六年十月十四日の木曜日のことだった。わたしたちは一緒にパリ装飾美術館でおこなわれていた重要な展覧会、「一九二五」を見に出かけたのだった。この展覧会にはアイリーンの作品が何点か出品されていた。彼女はほかの人びとと同じように行列に加わり、入館料を払ってかなりの混雑のなかを建物へ入場した。いつもと変わらず彼女の姿には一分の隙もなかった。肉体的に衰えてこそいたが、彼女の強い精神力がその身体をまっすぐに支えていたのだった。その日アイリーンは機嫌が悪く、神経質になっていた。耳が遠くなっていたので彼女の大きな話し声は周囲の人びとの耳にも入る。アイリーンはひどく批判がましい態度をみせていたのだ。突然、「ほら、そこ。わたしのスクリーン」と嬉しそうに叫んだかと思うと、すぐさま気がついたのか、「あの食器棚は扉を開ければもっとよく見えるのに」と言ったものだ。それから自分の作品の照明ランプに目ざとく気がついて、「これは誰かが手を加えたのにちがいない」と言った。その夜、彼女の仕事場で食事をしながら「この時代のおぞましい事柄」について笑ったりしたが、彼女は「わたしたちのことを世間から葬らないで、少なくとも作品のいくつかを大切に持っていてくれた人たちに感謝しなくてはね。そうでなかったらきっと他の作品と同じように破棄されてしまったにちがいないから」と言った。やがて時間となり、わたしたちは別れの握手をした。そしてわたしは彼女の骨ばった身体を抱きしめた。このときわたしは、どんなに彼女の人生と芸術が困難辛苦に満ちたものであったか、そして肉体のもろさに対する精神の強さというものを感じた。

十月二十五日、アイリーンはテーブルの天板をつくるための木材を買ってきてくれるようルイーズに頼んだ。ルイーズはアイリーンが数ヵ月前に骨折した腕のせいでまだ弱っていたので、彼女をひとり残して出かけることを嫌がった。そしていつもの言い争いが始まった。そのうちアイリーンは仕事部屋に行こうと起きあがった。彼女は倒れ、意識を失って病院に運ばれた。「私は死ぬとき、誰にも見ていてほしくない」と彼女は言っていた。その願いは聞き入れられた。一九七六年十月三十一日、日曜の朝八時三十分、彼女は息を引きとった。夕方五時三十分にはフランスのラジオが彼女の死亡を報じた。アイリーンの名前がラジオから流れたのはこれがはじめてのことであった。

葬式は十一月五日の朝におこなわれた。遺灰は有名なペール・ラシェイズ墓地の東側、一七六一六番の墓のなかに収められた。「上へと行く道があり、下へと行く道がある。この道は一本の同じ道である」。これはアイリーンが書きとめていた言葉のひとつである。

訳者あとがき

「一九二五年様式の五十年」という展覧会がパリの装飾美術館で開かれ、アイリーン・グレイの作品にあらためて世界の注目が集まった。その頃、一九七〇年代後半の東京のデザイン界はとても元気で、インテリア、グラフィック、建築、ファッション、などさまざまな領域に力強い新人の仕事が開花し始めていた。

際立っていた一人のデザイナーが倉俣史朗さんで、彼が創り出す次のものを周囲もまた海外のデザイナーやジャーナリストも、息をつめて見守るような状況があった。倉俣さんは磯崎新さんとともにミラノのデザイナー、エットレ・ソットサス、アレッサンドロ・メンディーニらが立ち上げた〃メンフィス〃というデザイン運動に参加してポスト・モダンの先駆けとも言える作品を発表し、さらに関心を集めていた。

イギリスBBCのプロデューサーで、建築とアートに関するフィルム作家でもあるピーター・アダムが倉俣史朗の取材に日本を訪れたことからこの翻訳本誕生に至る道は開かれることになった。

倉俣さんはキュレーションを仕事として選んだが駆け出しの私に二人の建築家・デザイナーの研究を強力に勧めていた。一人はチャールズ・レニー・マッキントッシュ、一人がアイリーン・グレイである。私は前述の装飾美術館のカタログを手元に置いて彼女の漆の仕事に傾倒していたが、展覧会としてはマッキントッシュ展を先行した。西武美術館のアソシエートキュレーターとしての初仕事である。マッキントッシュはアーカイブも確実、ミラノのカッシーナ社から椅子の復刻生産を監修する研究者の協力も得て、順調に事は進んだ。だが、アイリーン・グレイの方は調査に手間取っていた。

倉俣さんの紹介で会ったピーター・アダムはアイリーン本人への取材を一九六〇年から始めていて、〝人と仕事〟を主題とする評伝の出版に着手していると語った。美しい英国アクセントで静かに、しかし十分な冗談を含みながら話すピーターに私はすっかり魅了され、夢中で「私に翻訳させてください」と言っていた。それはウィンクまじりのイエスを得たのだが、舞い上がっていた私の記憶は霞んでしまっている。いずれにしても二人の敬愛する男性がその時から私のアイリーン探索の足元を見守ってくれることになったのだった。


ピーターの執筆は予想以上に時間がかかり、原著書がエイブラムス社から出たのは一九八七年、リブロポートから翻訳版が刊行されたのは一九九一年の暮れであった。

だがこの年の二月、倉俣史朗さんは急逝された。

誰よりも和訳本の誕生を待っていてくれた倉俣さんのためにピーターと私は奥付に献辞を記すこととした。

「本書を最愛の友人、故倉俣史朗に捧げます。」

二〇一七年秋

小池一子

＊初刊時に翻訳をアシストし助言をいただいた方々の名を記しあらためて御礼申し上げます。
梅田一穂　田中節子　稲垣伸子　神谷百代　速水葉子　安川朋子

図版出典

下記を除く図版はすべてアイリーン・グレイ・アーカイヴズ（ロンドン）より

Berenice Abbott, Commerce Graphics Ltd., Inc.: 167. Isabelle Anscombe, London: 244.

From *Berthe ou un demi-siècle auprès de l'Amazone: Souvenirs de Berthe Cleyrergue recueillis et précédés d'une étude sur Natalie C. Barney* par Michèle Causs, Edition Tierce, Paris, 1980: 109. Madame Blanche, Versailles: 2, 61 below.

Bowater, Edinburgh: 313 below. B.B.C./ Hulton Picture Library, London: 40, 49.

Contact Studio: 103. A.C. Cooper, London: 6 below, 10 below right, 15 above, 81.

Department of Rare Books, Olin Library, Cornell University, Ithaca: 50. H.C. Ellis, Paris: 65 below.

From *Fifteen Years of a Dancer's Life* by Loïe Fuller, Princeton Book Company/ Dance Horizons, Princeton, N.J.: 74.

Fondation Le Corbusier, P: Lucien Hervé, Paris: 249, 258, 259. Eeva-Inkeri, New York: 7 above.

Alan Irvine, London: 208. *L'Illustration*, May 3, 1930: 84, 87.

The Museum of Modern Art, New York: 73 below, 315.E. Muthesius, Berlin: 169.

Gilles Peyroulet: 138. Photothèque des Musées de la Ville de Paris © SPADEM: 83 below.

Private Collection, Paris: 73 above. Slade School, London: 37.

Sociétê des Amis de la Bibliothèque d'Art et d'Archéologie des Universités de Paris: 83 above.

Thames & Hudson, Ltd., London: 48. Eileen Tweedy, London: 1, 3, 67 above.

Victoria &Albert Museum, London. Crown Copyright Reserved: 183 below, 277.

Virginia Museum of Fine Arts, Richmond: 10 left. Etienne-Bertrand Weill, Paris: 271 above.

Rodney Wright-Watson, London: 65 above, 182, 190.

索引

ア行

カ行

サ行

タ行

ナ行

ハ行

マ行

ヤ行

ラ行

ワ行

A-Z

参考文献

M. Pillard-Verneuil, “Le Salon de la Société des Artistes Décorateurs en 1913”, *Art et Décoration*, vol.33, 1913.

A.S., “An Artist in Lacquer”, *Vogue*, August 1917.

“Lacquer Walls and Furniture Displace Old Gods in Paris and London”, *Harper's Bazaar*, September 1920.

“Bargain Time”, *The Daily Mail*, 10 June 1922.

Duchesse de Clermont-Tonnerre(Elisabeth de Gramont), “Les Laques d'Eileen Gray”, *Feuillets d'Art*, no. 3, 1922.

New York Herald, 22 June 1922.

“Odd Designs at Art Studio of Jean Désert”, *Chicago Tribune*, 7 June 1922.

“Beautiful Lacquered Furniture”, *The Daily Mail*, 29 March 1923.

Albert Boeken, *Bouwkundig Weekblad*, 14 July 1923.

René Chavance, “Salons 1923”, *Beaux-Arts*, 1 June 1923.

René Chavance, “Le XIVe Salon des Artistes Décorateurs”, *Art et Décoration*, vol.43, 1923.

“Eastern Influence”, *The Times*, 5 August 1923.

Waldemar George, “Le Salon des Artistes Décorateur”, *Ere Nouvelle*, 8 May 1923.

“Le XIVe Salon des Artistes Décorateurs”, *Journal*, 10 May 1923.

Gabriel Mourey, “Le XIVe Salon des Artistes Décorateurs”, *L'Amour de l'Art*, vol.4, no.5, 1923.

V[an]R[avesteyn, Sybold], *Bouwkundig Weekblad*, 14 July 1923.

Gaston Varenne, “L'Art Urbain et le Mobilier au Salon d'Automne”, *Art et Décoration*, vol.44, 1923.

Jean Badovici, *L'Architecture Vivante*, 1924(Winter).

Henri Clouzot, “En Marge de l'art appliqué Moderne”, *L'Amour de l'Art*, 1924.

Leon Deshairs, “Le XVe Salon des Artistes Décorateurs”, *Art et Décoration*, 1924.

Les Arts de la Maison, Editions Morancé, 1924(Summer).

Wendingen, vol.6, no.6, 1924; monograph on Eileen Gray, with contibutions from Jean Badovici, “L'Art d'Eileen Gray par Jean Badovici Architecte”, and Jan Wils, “Meubelen en interiors”.

Jean Badovici, “Eileen Gray”, *Intérieurs Français*, 1925.

Guillaume Janneau,“Introduction à l'Exposition des Arts Décoratifs: Considérations sur l'esprit moderne”, *Art et Décoration*, vol.47, 1925.

“Un Temple de l'Art Moderne, l'Appartement de M. J. D.”, *Fémina*, January 1925.

Eileen Gray, “Intérieur à Paris, 1924”, *L'Architecture Vivante*, 1926(Winter).

Guillaume Janneau, *Technique de Déécor Intérieur Moderne*, Paris, 1927.

Léon Deshairs,“Une Villa Moderne à Hyéres, *Art et Décoration*, vol.54, 1928.

Eileen Gray, and Jean Badovici, “Maison en Bord de Mer”, *L'Architecuture Vivante*, vol.26, 1929; special issue on E.1027.

Pierre Chareau, *Meubles*. Paris, 1927.

Eileen Gray, and Jean Badovici, “La Maison Minimum”, *L'Architecture d'Aujourd'hui*, vol.1, 1930.

“Le Studio de Jacques Doucet”, *L'Illustration*, 3 May 1930.

“Wohnhaus am Cap Martin, von Gray und Badovici”, *Der Baumeister*, October 1930.

Sigfried Giedion, “L'Architecture Contemporaine dans les Pays Méridionaux”, *Cahiers d'Arts*, 1931.

Louis Cheronnet, “Une Installation de Claude Lévy”, *Art et Décoration*, vol.59, 1931.

“Le Salon de Verre de Mme J. -Suzanne Talbot à Paris”, *L'Illustration*, 27 May 1932.

Alberto Sartoris, *Gli Elementi dell'Architettura Funzionale*, Milan, 1932.

Karel Teige, *Nejmensi Byt*, Prague, 1932.

Roberto Aloi, *L'Arredamento Moderno*, Milan, 1934.

Die Schone Wohnung, Munich, 1934.

Le Corbusier, "Vacation and Leisure Center by Helen[sic] Gray", *Des Canons, des Munitions?Merci! Des Logis... S.V.P.*, Paris, 1937; monograph on "Pavillon des Temps Nouveaux" for the international Exhibition.

Roberto Aloi, *L'Arredamento Moderno*, 2nd series, Milan, 1939.

Rex Martienssen, " Mediterranean Houses", *S[outh] A[frican] Architectural Record*, Johannesburg, October 1941.

Le Corbusier, "The murals of Le Corbusier", *Œuvre Complète, 1938-46*, Zurich, 1946.

Roberto Aloi, *L'Arredamento Moderno*, 3rd series, Milan, 1947.

Le Corbusier, "Unité", *L'Architecture d'Aujourd'hui*, special issue, april 1948.

Lady Kennet, *Self-Portrait of an Artist, Memoirs of Kathleen Bruce*, London, 1949.

Michael Ragon, *Le Livre de l'Architecture Moderne*, Paris, 1958.

Eileen Gray, "Projet pour un Centre Culturel", *L'Architecture d'Aujourd'hui*, no. 82, 1959.

Yvonne Brunhammer, *Les Années"25"*, Paris, 1966.

Joseph Rykwert, "Un Ommagio a Eileen Gray: Pioniera del Design", *Domus*, December 1968.

Martin Battersby, *The Decorative Twenties.*, London, 1969.

Yvonne Brunhammer, *The Nineteen Twenties Style.*, London and New York, 1969.

Carol Hogben, *Modern Chairs*, London, 1970.

J. Stewart Johnson, "The New Antiques: Art Deco and Modernism", *Antiques*, January 1971.

J. Stewart Johnson, "Pioneer Lady", *Architectural Review*, August 1971.

J. Stewart Johnson, "Little Known Pioneer", *Building*, December 1971.

Joseph Rykwert, "Eileen Gray: Pioneer of Design", *Architectural Review*, December 1972.

Joseph Rykwert, "Eileen Gray: Two Houses and An Interior, 1926-1933", *Perspecta*, no. 13/14, The Yale Architectural Journal, 1971.

Dennis Sharp, *A Visual History of Twentieth Century Architecture*, New York, 1972.

Eileen Gray: Pioneer of Design, Heinz Gallery, London, 1972.

Reyner Banham, "Nostalgia for Style", *New Society*, 1 February 1973.

"Eileen Gray: A Neglected Pioneer of Modern Design", *RIBA Journal*, February 1973.

"Eileen Gray", *Plan*, January 1973.

"Eileen Gray", *Form*, no. 3, 1973.

"Folies pour le Style Art Déco", *Connaissance des Arts*, February 1973.

Stephen Gardiner, "The Magic of Eileen Gray", *Observer*, 4 March 1973.

Philippe Garner,"The Lacquer Work of Eileen Gray and Jean Dunand", *The Connoisseur*, May 1973.

D. Gray, "The Complete Designer; The Work of Eileen Gray", *Design*, January 1973.

"Heinz Gallery, London; Exhibit", *Apollo*, January 1973.

"Heinz Gallery. London; Exhibition", *Burlington Magazine*, March 1973.

Andrée Lorac-Gerbaud, *L'Art du Laque*. Paris, 1973.

G. Oliver, "Heinz Gallery, London: Exhibition", *The Connoisseur*, March 1973.

Penny Radford, "Design Report: A One-Woman Show", *The Times*, 22 February 1973.

"RIBA Drawings Collection, London", *Architectural Design*, no. 43, 1973.

John Russell, "Conquering the Landscape", *The Sunday Times*, 28 January 1973.

Evelyne Schlumberger, "Eileen Gray", *Connaissance des Arts*, no. 258, 1973.

"Trois Survivants des Années Folles, Eileen Gray, M. Coard, J. Dufet", *L'Estampille*, no. 40, 1973.

Marina Vaizey, "The Collection of Mr. and Mrs. Robert Walker, Part II", *The Connoissur*, April 1973.

Dorothy Walker, "Alphabetic Extravaganzas", *Hibernia*, 8 June 1973.

Brian Wallworth, "Eileen Gray—Pioneer of Design", *Arts Review*, February 1973.

Mary Blume, "Eileen Gray", *International Herald Tribune*, 11 March 1974.
Mary Blume, "Eileen Gray", *Réalités*, no. 281, April 1974.
Tim Benton, with Charlotte Benton and Aaron Scharf, *Design 1920s: Modernism in the Decorative Arts: Paris, 1910-1930*, Maidenhead, 1975.
Mary Blume, "Decorator, Architect and a Woman of Distinction", *Evening Press*, 8 September 1975.
Yvonne Brunhammer, *Le Style 1925*, Paris, 1975.
S. Eley, "Unflagging Gray", *Architectural Review*, June 1975.
"Eminence Gray", *Design*, July 1975.
Paul Goldberger, "Their Vision Was Bold and Personal", *The New York Times*, 13 May 1975.
Gilbert Herbert, *Martienssen and the International Style*, Rotterdam, 1975.
Alan Irvine, "Lady of the Rue Bonaparte", *The Sunday Times Magazine*, 22 June 1975.
Esther McCoy, "Report from Los Angeles", *Progressive Architecture*, July 1975.
Jean-Paul Rayon, "Eileen Gray: Un Manifeste, 1926-1929", *Architecuture Mouvement Continuité*, no. 37, November 1975.
Rita Reif, "Two Who Made the Present", *The New York Times*, 13 May 1975.
Maeve Binchy, "A Far from Demure Life", *Irish Times*, 16 February 1976.
Yvonne Brunhammer, *Cinquantenaire de l'Exposition de 1925*, Paris, 1976.
"Design Review: Gray Table", *Architectural Review*, December 1975.
Marie-Claude Dumoulin, "Visite chez une Pionnière du Design", *Elle*, 26 January 1976.
Renato de Fusco, *Le Corbusier Designer: i Mobili del 1929*, Milan, 1976.
Ida Grehan, "Pioneer from Enniscorthy", *Cara*, April 1976.
J. H. Kay, "Who Is Eileen Gray, and Are You Sitting in One of Her Chairs?", *MS*, no. IV, April 1976.
Elisabeth Lynch, "Helen Gray, Her Life and Work", thesis, Polytechnic of North London, 1976.
Luis Marín de Teràn, "La Visita de la Vieja Dama Eileen Gray", *Arquitecturas bis*, November 1976.
Elisabeth Murphy, *Eileen Gray: A Monograph*, London, 1976.
R. C. Miller, "Product Analysis: Eileen Gray's 1927 Table", *Interiors*, October 1978.
J. Stewart Johnson, *Eileen Gray: Designer 1879-1976*, New York and London, 1979.
Annette Rinn, and Paula Lakah. "Eileen Gray", seminar paper, Technische Hochschule, Munich, 1979.
Arts Council, *Ten Twentieth Century Houses*, London, 1980.
Victor Arwas, *Art Deco*, New York and London, 1980.
Philippe Garner, *Möbel des 20. Jahrhunderts*, Keysersche Verlagsbuchhandlung, 1980.
Brigitte Loye, "Eileen Gray, un Autre Chemin pour la Modernité... Une Idée Chorégraphique", thesis, Ecole Nationale Supérieure des Beaux-Arts, Paris, 1980.
Sotheby Parke Bernet, *Mobilier Moderniste Provenant du Plais du Maharaja d'Indore*, Monaco, 1980.
Sotheby Parke Bernet, *Collection Eileen Gray, mobile, objets et projets de sa Création*, Monaco, 1980.
Isabelle Anscombe, "Expatriates in Paris: Eileen Gray, Evelyn Wyld and Eyre de Lanux", *Apollo*, new series, February 1982.
Jean-Paul Rayon, and Brigitte Loye, "Eileen Gray, Architetto 1879-1976", *Casabella*, vol.46, no.480, May 1982.
Klaus-Jügen Sembach, *Contemporary Furniture: An International Review of Modern Furniture, 1950 to Present*, London, New York and Stuttgart, 1982.
Jan Vandeweghe, *Eileen Gray*, dissertation, St. Lukas Institute, Ghent, 1983.
Brigitte Loye, *Eileen Gray 1879-1976*, Paris, 1983.
Isabelle Anscombe, *A Woman's Touch: Women in Design from 1860 to the Present Day*, London, 1984.
Jean-Paul Rayon, "L'Etoile du Nord et L'Etoile du Sud", *De Stijl et l'Architecture en France*, eds. Yve-Alain Bois and Bruno Reichlin, Liège, 1985.

本書は一九九一年、リブロポートより刊行された（初版時の書名『アイリーン・グレイ――建築家／デザイナー』）。新版刊行にあたり判型を改め、人名・地名等の表記や図版構成などを一部変更している。また初版巻末の「展覧会」年表と「作品分類」の項目は割愛した。

著者略歴

(Peter Adam)

1929年，ベルリン生まれ．イギリスの映画プロデューサー．BBCでは22年間エグゼクティブ・プロデューサーを務め，ローレンス・ダレル，クルト・ヴァイル，ジョージ・ガーシュウィンほかをめぐる100本以上のドキュメンタリーを制作．1985年，リヒャルト・シュトラウスをとりあげた番組でヒューストン映画祭ベスト長編ドキュメンタリー賞，1989年，「第三帝国の芸術」にて英国アカデミー賞受賞．著書 *Eileen Gray: Architect / Designer*, Harry N. Adams, 1987（本書），*Art of the Third Reich*, Harry N. Adams, 1992, *Not Drowning, But Waving: An Autobiography*, Andre Deutsch Ltd,1995, *David Hockney*, Absolute Press, 1997 ほか．

訳者略歴

小池一子〈こいけ・かずこ〉 1936年生まれ．早稲田大学文学部卒業．クリエイティヴ・ディレクター，十和田市現代美術館館長，武蔵野美術大学名誉教授，「無印良品」創業以来アドヴァイザリー・ボード．1983-2000年，日本初のオルタナティブ・スペース「佐賀町エキジビット・スペース」を創設・主宰し，大竹伸朗，森村泰昌，杉本博司，内藤礼の個展などを開催．1975年，「現代衣服の源流展」（京都国立近代美術館），2000年，ヴェニス・ビエンナーレ国際建築展・日本館「少女都市」企画・監修．2004-05年，武蔵野美術大学美術資料図書館，および鹿児島県霧島アートの森「衣服の領域 On Conceptual Clothing――概念としての衣服」展，2012年，21_21 DESIGN SIGHT（ミッドタウン）「田中一光とデザインの前後左右」ほか公私立の美術館への企画参加多数．編著書『三宅一生の発想と展開 ISSEY MIYAKE East Meets West』（平凡社 1978），『空間のアウラ』（白水社 1993），『Fashion 一多面体としてのファッション』（武蔵野美術大学出版局 2004）ほか．近著『ISSEY MIYAKE 三宅一生』（TASCHEN）．

ピーター・アダム

アイリーン・グレイ

建築家・デザイナー

［新 版］

小池一子訳

2017 年 11 月 1 日　第 1 刷発行

発行所 株式会社 みすず書房
〒113-0033 東京都文京区本郷 2 丁目 20-7
電話 03-3814-0131（営業） 03-3815-9181（編集）
www.msz.co.jp

本文組版 キャップス
本文・口絵印刷所 加藤文明社
扉・表紙・カバー印刷所 リヒトプランニング
製本所 誠製本

Printed in Japan
ISBN 978-4-622-08666-6
［アイリーングレイ］